갈보리의 그림자

THE SHADOW OF CALVARY

by Hugh Martin

스코틀랜드 P&R 시리즈는 칼빈의 종교개혁에 이어 1560년 존 녹스(John Knox)가 주도한 스코틀랜드 종교개혁과 그 신앙을 면면히 계승한 언약도, 그리고 자유교회를 지향한 탁월한 신학자 등 영적 위인들의 명저를 소개합니다. 존 녹스, 사무엘 루터포드(Samuel Rutherford), 윌리엄 거스리(William Guthrie), 로버트 트레일(Robert Traill), 토마스 보스톤(Thomas Boston), 토마스 찰머스(Thomas Chalmers), 제임스 배너만(James Bannerman), 존 던컨(John Duncan), 로버트 맥체인(Robert McCheyne), 앤드류 보나르(Andrew Bonar), 호라티우스 보나르(Horatius Bonar), 휴 마틴(Hugh Martin) 등 일일이 열거하기 힘들 만큼 많은 영적 위인들이 스코틀랜드 개혁 신앙의 맥을 이어왔습니다. 오늘날 대중에게 알려지지 않은 것이 안타까울 만큼 신학적으로나 신앙적으로 너무나 탁월하고도 경건한 글들을 접함으로써 조국 교회 사역자들과 성도들이 천상의 잔치에 참여하게 되기를 소망합니다.

갈보리의 그림자

휴 마틴 지음 | 황의무 · 우상현 옮김

지평서원

차례

지은이 머리말 _ 휴 마틴 · 6

1부 | 겟세마네

1장 사건 · 13
2장 슬픔과 번민 · 33
3장 고뇌의 기도 · 52
4장 잠들어 버린 제자들 · 77
5장 제자들을 위한 기도의 처소 · 103

2부 | 체포

6장　겟세마네 기도에 대한 응답 · 129

7장　모든 사람을 심판하시는 피고인 · 161

8장　사로잡은 자들을 취하시는 포로 · 187

3부 | 재판

9장　재판장 · 219

10장　예수님의 침묵과 대답 · 250

11장　예수님의 대답이 가진 이중성 · 271

12장　상차 임할 하늘의 재판 · 293

13장　공의로롭고도 정당한 정죄 · 315

지은이 머리말

그리스도와 함께
겟세마네에서 십자가까지

휴 마틴(Hugh Martin)

'계간 평론(Quarterly Review[January, 1875])'의 한 저명한 기자는 '파라의 그리스도의 삶(Farrar's Life of Christ)'에 관한 기사에서 "거룩한 삶의 마지막 고비"에 관한 해석학적 사고에 대해 다룬 적이 있습니다. 그는, 그 장엄한 사건으로 인해 십자가를 거룩하게 하고 그로 말미암아 모든 도덕적, 종교적 논쟁과 대립을 불식시키고 통합할 수 있는 신적 개념(divine idea)을 원했습니다.

그런 점에서 그의 글이 어느 정도 유익을 준 것은 분명합니다. 그러나 큰소리친 것과는 달리, 심히 유감스럽게도 실제로 그는 '십자가를 거룩하게 하고 오해와 비방을 불식시키며 모든 수치를 영광으로 덮어 버린 신적 개념'을 완전히 놓쳐 버리고 말았습니다. 그가 '죄를 위한 대속'이라는 구절을 사용한 것은 사실이지만, 이 표현은 '인자의 수난으로 절정에 달한, 하나님의 아들에 관한 계시' 이상의 의미를 지니지는 않습니다. 그는 이런 계시에 대해 "희생에 관한 것이든 속죄(공의의 충족)에 관한 것이든 대속에 관한 것이든 상관없이 모든 교리가 궁극적으로 검증받아야 할 준거이다"라고 주장하면서, "죄인은 이 이상적인 아들 됨(Sonship)에 동참함으로써 죽기까지 순종할 수 있다"라고 덧붙입니다.

만일 그가 속죄에 관한 보편적 교리를 조금만 더 깊이 이해했더라면, 성경이 말하는 '죽기까지 복종'(빌 2:8)이 죄인에게는 해당되지도 않을뿐더러 악한 존재든 거룩한 존재든 피조물에게는 본질상 불가능하다는 사실을 알았을 것입니다. '죽기까지 복종'은 육신을 입으신 신적 인격에만 해당되며, 오직 그분만이 감당하실 수 있는, 배타적이고도 독특한 제사장적 행위입니다. 또한 도덕적으로도 죄인들을 위하여 인성을 입으신 대속물로서 하나님의 공의를 만족시킬 만한 희생 제물이 될 수 있는 그분만이 할 수 있는 일입니다. 이런 속죄관을 가질 때에 비로소 하나님의 아들을 구속주로 인식할 수 있으며, 또 그 사실을 믿음으로 받아들일 때에 하나님의 선물로서의 완전한 구원을 이룰 수 있습니다. 따라서 이 기자가 주장하는 이상한 교리에 따라 그리스도처럼 '죽기까지 복종하겠노라'고 고백하며 구원받은 사람의 대열에 동참하는 일은 없을 것입니다.

물론 제가 지금 하려는 작업도, '그리스도의 보편적 교회가 시대를 초월하여 가지고 있던 십자가를 거룩하게 하고 그로 말미암아 모든 도덕적, 종교적 논쟁과 대립을 불식시키고 통합하는 신적 개념'으로서의 교리를 진술하는 것뿐입니다. 이러한 해석학적 사고 자체는 그 근원이 어디든 바람직한 것이지만, 그것이 하나님의 사고와 배치된다면 참으로 불행한 일이 아닐 수 없을 것입니다. 근래의 작가들이 추구하는 사고방식과 그들이 선택한 어휘나 표현에 부응하기 위해 더욱 정확한 표현 방식으로 주제를 제시하려고 하다 보니 이 책에 다소 논쟁적인 요소가 있기도 합니다. 그러나 성령께서 '거룩한 삶의 마지막 고비'의 시작(눅 22:37 참고)과 끝(막 15:28 참고)에서 강력하게 주장하신 '해석학적 개념'[1]이 아니고서는 '거룩한 삶의 마지막 고비'에 대해 이해할 수 없으며, 또한 성경적 의미에서 보더라도 말이 안 될 수밖에 없다는 것이 이 책의 지배적 사상입니다.

이런 점에서 '제물이나 공의의 만족이나 대속'은 '계간 평론'이 주장하는 것처럼, 다른 교리들과 같이 개별적으로 검증받아야 하는 상이한 요소가 아니라 하나의 위대한 신적 성취, 곧 단순한 수난이 아니라 고난당하신 메시아의 영광스럽고도 범접할 수 없는 제사장적 행위로 묶여야 합니다. 죄인을 대신한 향기로운 제물이신 그리스도께서 대속의 죽음을 통해 거룩한 공의를 만족시키시고, 모든 믿는 사람들과 우리 주 예수 그리스도의 아버지이시요 만유의 심판자이신 하나님 사이에 화목을 이루시고 구원을 성취하셨다는 것입니다. 만일 그리스도의 죽음에 관한 기사와 교리를 연구하면서 그분의 죽음을 하나님께 자신을 대속 제물로 바친 제사장적 행위로 보지 않는다면, 스스로 영원히 빠져나올 수 없는 미궁에 빠지게 될 것입니다. 또한 깊이 탐구하면 할수록, 자신과 다른 사람을 구원하려고 하면 할수록, 십자가를 올바로 해석하고 거룩하게 하는 유일한 사상을 피하려는 교묘함만 드러날 것입니다.

스코틀랜드의 정통 복음주의자들은 동시대 사람들에게, 그리스도의 고난에 대해 웨스트민스터 신학과 청교도 신학이 그처럼 풍성하게 예증하고 강력하고도 확실하게 구축해 놓은 '해석학적 개념' 대신 다른 것을 찾도록 유혹하고 시험하였습니다. 저는 이 일에 대하여 그들이 엄중한 책임을 져야 한다고 생각합니다. '경박한 복음주의'는 우리 시대에 아무런 효력을 발휘할 수 없으며, 상투적인 글귀만 무의미하게 반복하는 것 역시 아무런 효력이 없습

---

[1] "범죄자 중 하나로 헤아림을 받았음이니라"라는 말씀이 이루어졌다는 언급입니다. 이는 이사야 53장 12절 말씀으로, 한글 성경에는 "없음"(막 15:28)으로 기록되어 있습니다.

니다. 하나님의 은혜에 관한 복음과 언약이 우리 안에 거하기 위해서는 그리스도의 제사장직에 관해 더욱 정확하고도 심오한 연구와 풍성한 설교가 반드시 필요합니다. 이미 도처에 '다른 복음'이 만연하고 있으며, 은혜 언약은 실종되고 말았습니다. 그러나 어스킨(Erskine)과 보스톤(Boston)의 저서들과 신앙고백에 대한 신학은 아직도 스코틀랜드 국민들에게 소중한 자료입니다. 또한 영적 설교자가 살아 있는 말씀을 통해 전달하는 동일한 진리는, 새로운 표현을 지향하고 변화를 통해 자신을 강화하며 예기치 않은 조명(교차 조명이나 측광)을 통해 자신을 단장함으로써 우리의 선조들이 누렸던 확실한 성경적 교훈을 대신하는(여러 가지 면에서 준기독교적인) 문학, 거창하게 떠벌리기만 할 뿐 알맹이가 없는 문학을 부끄럽게 만들고 있습니다.

이 책이 이런 의무를 얼마나 감당할 수 있을지를 생각할 때 저 역시 부끄럽습니다. 그러나 저는 이 미약한 것을 여러분 앞에 내놓습니다. 솔직히 말하면, 이것은 스코틀랜드 강론(Scottish Lecture, 롤록[Rollock] 총장 시대부터 스코틀랜드의 경건한 사람들의 사랑을 받은 교훈)의 전형이라고 할 수 있습니다. 그 강론이 '거룩한 삶의 마지막 고비'(저의 경우 독자들을 그 짙은 어둠으로 인도할 자신이 없어 "갈보리의 그림자"라는 제목을 사용하였습니다)를 다루었다면, 이 책은 동일한 교리적 바탕 위에서 그리스도의 고난에 대한 기사를 조명합니다. 이러한 의도로 쓴 이 책에 주님께서 은혜를 입혀 주시기를 간절히 바랍니다.

"용사여, 칼을 허리에 차고 왕의 영화와 위엄을 입으소서"(시 45:3).

"여호와는 맹세하고 변하지 아니하시리라. 이르시기를 너는 멜기세덱의 서열을 따라 영원한 제사장이라 하셨도다"(시 110:4).

1부
겟세마네

- 사건
- 슬픔과 번민
- 고뇌의 기도
- 잠들어 버린 제자들
- 제자들을 위한 기도의 처소

The Shadow of Calvary _Gethsemane

1장 사건

"조금 나아가사 얼굴을 땅에 대시고 엎드려 기도하여 이르시되 내 아버지여 만일 할 만하시거든 이 잔을 내게서 지나가게 하옵소서 그러나 나의 원대로 마시옵고 아버지의 원대로 하옵소서 하시고"(마 26:39).

"[36]이에 예수께서 제자들과 함께 겟세마네라 하는 곳에 이르러 제자들에게 이르시되 내가 저기 가서 기도할 동안에 너희는 여기 앉아 있으라 하시고 [37]베드로와 세베대의 두 아들을 데리고 가실새 고민하고 슬퍼하사 [38]이에 말씀하시되 내 마음이 매우 고민하여 죽게 되었으니 너희는 여기 머물러 나와 함께 깨어 있으라 하시고 [39]조금 나아가사 얼굴을 땅에 대시고 엎드려 기도하여 이르시되 내 아버지여 만일 할 만하시거든 이 잔을 내게서 지나가게 하옵소서 그러나 나의 원대로 마시옵고 아버지의 원대로 하옵소서 하시고 [40]제자들에게 오사 그 자는 것을 보시고 베드로에게 말씀하시되 너희가 나와 함께 한 시간도 이렇게 깨어 있을 수 없더냐 [41]시험에 들지 않게 깨어 기도하라 마음에는 원이로되 육신이 약하도다 하시고 [42]다시 두 번째 나아가 기도하여 이르시되 내 아버지여 만일 내가 마시지 않고는 이 잔이 내게서 지나갈 수 없거든 아버지의 원대로 되기를 원하나이다 하시고 [43]다시 오사 보신즉 그들이 자니 이는 그들의 눈이 피곤함일러라 ⁴⁴또 그들을 두시고 나아가 세 번째 같은 말씀으로 기도하신 후 ⁴⁵이에 제자들에게 오사 이르시되 이제는 자고 쉬라 보라 때가 가까이 왔으니 인자가 죄인의 손에 팔리느니라 ⁴⁶일어나라 함께 가자 보라 나를 파는 자가 가까이 왔느니라"(마 26:36-46).

1. 겟세마네

예루살렘과 감람산 사이에 있는 여호사밧 골짜기에는 '기드론'이라는 작은 개울이 흐르고 있었습니다. 오늘 본문에서 예수님과 열한 제자는 보름달 달빛(유월절은 보름달이 되기 전날이므로) 아래 이 개울을 건너 겟세마네 동산으로 향하였습니다.

이 기념비적인 동산에서 일어난 일은, 우리 주님께서 실제로 십자가에 못 박히신 사건을 제외하면 모든 성경 가운데 가장 끔찍하고 엄숙한 이야기일 것입니다. 어떻게 하면 이 엄청나고 진지한 장면에 경외감을 가지고 접근할 수 있을까요? 어떻게 하면 본문이 제시하는 바 복된 구원자의 영혼이 진 슬픔에 관한 통찰력에 깊은 감명을 받을 수 있을까요? 이 놀랍고도 감명 깊은 장면을 성령께서 기록하신 대로 상고하고 선포하기에는 우리가 너무나 무기력하고 초라하다고 생각하지 않습니까? 주님께서 우리에게 은혜와 간구의 영을 주사 우리가 찌른 주님을 바라볼 수 있게 해 주시기를 바랍니다.

그리스도의 신비한 슬픔의 본질과 이유, 그리고 그분의 기도의 본질과 의미에 대해서는 나중에 상세히 다루기로 하고, 우선 그리스도께서 당하신 고난에 대해서 몇 가지 감명 깊은 사건을 중심으로 살펴보겠습니다.

먼저, 본문은 예수님께서 제자들과 함께 '겟세마네'라 하는 곳에 이르렀다고 말합니다. 요한복음의 병행 기사는 동산에서 일어난 사건에 대해서는 생략하고 있지만 이 장면의 정황에 대해서는 매우 상세히 기록합니다.

"예수께서 이 말씀을 하시고 제자들과 함께 기드론 시내 건너편으로 나가시니 그곳에 동산이 있는데 제자들과 함께 들어가시니라. 그곳은 가끔 예수께서 제자들과 모이시는 곳이므로 예수를 파는 유다도 그곳을 알더라"(요 18:1,2).

우리는 이 구절을 통해 겟세마네 동산이 구속주의 친숙한 휴식처였음을 알 수 있습니다. 비록 예수님의 삶 가운데 가장 끔찍한 일이 기다리고 있었지만, 그곳은 분명히 그분이 즐겨 찾으시는 기도처(하나님과 은밀한 교제와 묵상을 나누는 장소)였습니다. 확실히 그분은 철저한 기도의 사람이었습니다. 그분은 자신이 떠나온, 그리고 곧 다시 돌아가게 될 하나님 아버지와 기도를 통해 교제했습니다. 그분은 육신의 순례 여정 가운데 자신에게 주어진 모든 고난과 슬픔과 비통함을 기도로 극복했습니다. 그분은 모든 기도와 간구로 항상 성령 안에서 기도하심으로써 자신의 안전에 대한 믿음과 아버지의 사랑과 신실함에 대한 근거를 얻었습니다(엡 6:18 참고). 또한 그분은 기도를 통해 아버지와 맺은 언약 가운데 주어진 모든 약속들을 청원하여 얻었습니다. 이러한 약속들은 확실히 성취되리라 보장된 절대적인 약속이었지만, 그 약속을 소유하거나 자기 백성의 것으로 만들기 위해서는 기도가 필요했습니다.

에스겔은 "주 여호와께서 이같이 말씀하셨느니라. 그래도 이스라엘 족속이 이같이 자기들에게 이루어 주기를 내게 구하여야 할지라"(겔 36:37)라고 말합니다. 또 "내게 구하라. 내가 이방 나라를 네 유업으로 주리니 네 소유가 땅 끝까지 이르리로다"(시 2:8)라는 말씀에도 이런 기도와 응답의 원리가 잘 나타납니다. 다른 모든 분야에서와 마찬가지로, 이런 기도의 모범에도 그분의 백성은 그분을 본받아야 합니다. 그분을 본받음으로써 거룩하게 하는 자와 거룩하게 함을 입은 자가 하나가 되어야 합니다.

이와 같이 겟세마네는 예수님께서 아직 완전히 자신을 비우고 낮아지신 상태(빌 2:7 참고)는 아니지만, 수많은 기도와 간구를 올리신 곳입니다. 그것은 오랫동안 계속되어 하나의 습관이 되어 버린 최고의 행위였습니다. 겟세마네는 '가끔 예수께서 제자들과 모이시는 곳'(요 18:2)이었습니다. 그래서 가룟 유다도 그 장소를 알고 있었습니다.

"예수를 파는 유다도 그곳을 알더라"(요 18:2).

그러므로 예수님께서 겟세마네로 들어가신 것은 자신이 감당해야 할 짐을 결코 피하려 하지 않았음을 보여 줍니다. 그분은 자신을 칠 것이라고 말씀하신 칼을 향해 스스로 나아가고 계신 것입니다. 그분의 죽음은 반드시 이런 자발적인 죽음이어야 했습니다. 구약의 신탁도 그것을 증언합니다.

"그때에 내가 말하기를 내가 왔나이다. 나를 가리켜 기록한 것이 두루마리 책에 있나이다. 나의 하나님이여, 내가 주의 뜻 행하기를 즐기오니"(시 40:7,8).

예수님의 죽으심이 자발적이지 않았다면, 그것은 하나님께 열납될 수도 없고, 희생 제물로서의 가치도 지니지 못했을 것입니다. 또한 이런 자발성은 제자들을 위해서도 필요했습니다. 그렇지 않았다면, 열한 제자는 주님께서 자신의 의지와는 달리 힘이 다하여 어쩔 수 없이 결박되는 상황을 맞게 되었다는 생각으로 돌이킬 수 없는 상처를 입고 말았을 것입니다.

참으로 예수님은 제자들에게 자신이 모든 고난을 스스로 당할 것이라고 수없이 예고하셨습니다.

"나는 양을 위하여 목숨을 버리노라"(요 10:15).

"이를 내게서 빼앗는 자가 있는 것이 아니라 내가 스스로 버리노라. 나는 버릴 권세도 있고 다시 얻을 권세도 있으니 이 계명은 내 아버지에게서 받았노라"(요 10:18).

그리고 때가 되자 그분은 배신자의 계획을 좌초시키기 위해 은밀한 장소로 숨으신 것이 아니라, 자신과 함께 다녔던 가룟 유다도 잘 알고 있는 그곳으로

가셨습니다. 겟세마네 동산으로 향하는 모든 걸음에는 마치 "나는 앞으로 어떤 일이 닥칠 것인지를 알고 있으며, 그것을 기꺼이 받아들일 것이다"라는 각오가 서려 있는 듯합니다. 그렇습니다. 예수님은 교회를 사랑하셔서 자신을 주셨습니다. 바울의 말처럼 예수님은 나를 사랑하시고, 나를 위하여 자기 자신을 내주셨습니다(갈 2:20 참고).

2. 제자들

겟세마네 동산에 도착한 예수님은 대부분의 제자들을 동산 입구에 남겨 두시면서 "내가 저기 가서 기도할 동안에 너희는 여기 앉아 있으라"(마 26:36)라고 명하셨습니다. '구원의 주'께서는 혈과 육에 속한 싸움이 아닌 영적 전쟁을 위해 이렇게 제자들을 배치하시고는 홀로 모든 공격과 위협을 감내하시려 했습니다(엡 6:12 참고). 실로 우리의 허물로 인한 희생양이요 정복자이신 그분이 마침내 죽음을 통해 궁극적인 승리를 쟁취하시기 위해 말입니다.

남겨진 여덟 명의 제자에게는 주님께서 그곳에 앉아 기다리게 하신 것이 얼마나 비장한 일이었겠습니까? 그들은 주님의 말투와 어조와 태도에 심상치 않은 슬픔과 비통함이 배어 있음을 본능적으로 알아채야만 했습니다. 사실 주님께서는 다른 세 명의 제자에게 자신을 옥죄어 오기 시작한 엄청난 고뇌의 깊이를 조금 더 드러내 보이려 하셨습니다. 그러나 이미 주님의 얼굴에는 자신의 영혼을 향해 시시각각 다가오는 긴장과 갈등의 흔적이 나타났을 것이며, 그분의 음성에도 틀림없이 이런 위기감이 생생하게 서려 있었을 것입니다. 한시바삐 홀로 기도하는 것만이 이 위기에 맞설 수 있는 방법임이 그분의 음성에 드러났습니다.

"내가 저기 가서 기도할 동안에 너희는 여기 앉아 있으라."

예수님은 제자들이 있어야 할 자리를 지정해 주셨습니다. 그분의 말씀에는 권위가 있었습니다. 그러나 그분은 그들을 종으로 여기지 않고 친구로 대하셨습니다. 그분은 자신이 무엇을 할 것인지를 분명히 말씀해 주셨습니다.

"내가 저기 가서 기도할 동안에."

여기에는 "나의 모든 소망이 오직 기도에 달려 있다. 그렇다면 너희들의 능력은 어디로부터 나오겠느냐? 내가 너희에게 '종이 주인보다 더 크지 못하다'(요 15:20)라고 말한 것을 잊었느냐? 그러므로 모든 기도와 간구로 구하라(엡 6:18 참고)"라는 의미가 담겨 있습니다.

"베드로와 세베대의 두 아들(야고보와 요한)을 데리고 가실새 고민하고 슬퍼하사"(마 26:37).

다른 제자들을 남겨 두신 예수님은 마치 가장 용감한 세 명의 제자와 함께 대적에게 맞서시겠다는 듯이 나아갔습니다. 그렇지만 예수님은 그들의 능력과 도움을 조금도 염두에 두시지 않았습니다. 예수님은 그들이 얼마나 시험에 약한 존재인지를 알고 계셨습니다. 그들의 연약함은 그 어떤 인간의 힘이나 열정으로도 감당할 수 없는 싸움을 오직 주님 홀로 싸우실 수밖에 없음을 증명할 뿐입니다.

이처럼 이 세 제자도 자신들에게 닥친 심각한 위기 상황에 적절하게 대처하지 못했거늘, 이 땅의 어느 누가 그런 상황을 이겨 낼 수 있겠습니까? 그들은 제자들 중에서도 가장 강한 자들이었습니다. 그들은 군계일학(群鷄一鶴)과 같은 존재였습니다. 그들은 누구보다 오랫동안 예수님과 함께 지냈으며, 다른 사람들에게는 접근이 허락되지 않은 상황에서도 그분과 교제할 수 있었습니다. 특히 그들은 예수님이 성부 하나님으로부터 존귀와 영광을 받는 현장에서 그분의 위엄을 직접 목격하였습니다. 그들은 '얼굴이 해같이 빛나며 옷이 빛과 같이 희어진'(마 17:2 참고), 변화된 모습의 구주를 직접 보았습니다. 뿐만 아니라 그들은 영광 가운데 하늘에서 나는 음성도 들었습니다.

"이는 내 사랑하는 아들이요 내 기뻐하는 자니 너희는 그의 말을 들으라"(마 17:5).

그들은 이 땅에서 육체로 계시는 동안 예수님이 보여 주신 가장 영광스러운 모습을 목도했습니다. 그러나 이제 그들은 슬픔의 눈물과 고통의 피땀을 흘리면서 맨땅에 엎드려 계신 주님의 모습을 바라보고 있습니다. 그분의 영광스러운 특권은 비참한 고난을 준비하고 있으며, 모든 계시는 계시를 온전히 성취하고자 육체의 가시를 요구하고 있습니다.

만약 베드로의 소원이 이루어졌더라면, 그는 아직도 변화산에 있었을 것이며(마 17:4 참고), 겟세마네에서의 고통도 없었을 것입니다. 그는 그곳에 초막을 짓고 영광 가운데 거하고 있었을 것이며, 부끄러움도 당하지 않았을 것입니다. 그러나 그가 그런 영광을 누린다면, 인류의 구원은 멀어질 것입니다. 구원의 성취와 보장은 거룩한 산의 영광과 광채가 아니라 겟세마네 동산의 어둠과 고뇌와 십자가의 고통을 통해 얻을 수 있습니다. 이와 같이 하나님의 어리석음이 사람보다 더욱 지혜롭습니다(고전 1:25 참고).

구주의 위엄과 영광을 눈으로 보았을 뿐 아니라 사랑하는 아들과 거룩한 사명에 대한 하늘의 증언을 귀로 들었던 제자들은 예수님이 당하실 끔찍한 고난도 목도해야만 했습니다. 그들이야말로 그 일에 가장 적합한 자로 선택되었기 때문입니다. 그처럼 귀한 일을 경험한 그들의 믿음은 그보다 큰 시련도 감당할 수 있어야 했습니다. 변화산에서 영광의 주님과 함께한 그들은 마땅히 그분의 고난을 목도하면서 함께 아픔을 나누어야 했습니다. 그러나 그들은 그렇게 하지 못했습니다. 그런데도 그들은 여전히 주님께서 가장 신뢰하시는 유일한 친구들이었습니다. 그렇기 때문에 주님은 '심히 놀라시며 슬퍼'(막 14:33)하실 만큼 고통스러운 순간에 그들에게 "내 마음이 심히 고민하여 죽게 되었으니"(막 14:34)라고 토로하십니다.

　예수님은 자신의 아픔을 쉽게 말씀하시는 분이 아닙니다. 그분은 실로 슬픔과 질고를 아시는 분이었으나 언제나 자신의 아픔을 홀로 감당하셨으며, 좀처럼 다른 사람에게 토로하는 것으로 위안을 삼으려 하지 않으셨습니다. 그러나 지금 그분의 영혼은 감당할 수 없는 슬픔으로 넘쳐 나고 있으며, 그러한 아픔은 세 제자의 마음에까지 흘러들고 있었습니다. 주님은 더 이상 자신의 비통함을 숨기실 수 없었습니다.

　그렇다면 이처럼 극심하게 하나님의 아들을 약해지고 고뇌에 빠지게 만든, 놀랍고도 고통스런 슬픔의 근원은 무엇이었을까요? 이것은 오랫동안 숙고해 볼 만한 가치가 있는 엄숙한 질문입니다. 이런 슬픔이 그분이 염려하며 기도하셨던 바, 성부께서 마시라고 주신 잔의 생생한 실상과 그 잔이 점점 다가오고 있다는 인식과 무관하지 않다는 것은 의심할 여지가 없습니다. 그분이 받아야 할 두려운 잔에는 택한 백성을 구속하기 위해 받으셔야 할 하나님의 진노와 성경에 예언된 여호와의 진노의 칼, 십자가의 끔찍한 형벌, 하나님으로부터 오는 모든 위로와 도우심의 상실, 그리고 죄를 짊어진 대속물로서 자신을 향한 하나님의 진노에 대한 현재적 인식 등이 녹아 있었습니다. 그로 인해 주님은 치명적인 슬픔에 잠길 수밖에 없었습니다.

　예수님은 세 제자에게 이런 마음을 쏟아 놓으셨습니다. 더 이상 감출 수 없는 슬픔은 위로를 구하기 마련입니다. 고뇌하는 마음을 제자들에게 털어놓음으로써 얻을 수 있는 작은 위안, 그런 작은 위안조차도 극심한 고통 가운데 있는 그분께는 귀한 것이었습니다. 그러나 실상 이 모든 고뇌는 오직 성부께만 쏟아 놓을 수 있었습니다. 성부 하나님이 아니고서는 어느 누구도 그분에게 진정한 위로와 힘을 줄 수 없기 때문입니다. 그래서 그분은 가장 사랑하는 세 제자를 눈에 보이는 가까운 곳에 두신 후에 홀로 어둠의 권세, 어둠의 때에 직접 맞서기 위해 나아가셨습니다.

예수님께서 행하시는 일련의 걸음을 주목해 보면, 그분이 하나님과 함께하시기 위해 얼마나 철저하게 분리되셨는지를 알 수 있습니다. 그분은 모든 일상과 근심과 염려를 뒤로한 채 열한 제자와 함께 성을 떠났습니다. 이것이 첫 번째 단계입니다. 두 번째 단계로, 그분은 동산 입구에 도착하자 대부분의 제자들을 남겨 두시고서 세 명의 제자만을 데리고 동산으로 들어가셨습니다. 그러나 이내 그분은 홀로 위험에 맞서 하나님과 씨름하며 고뇌하기 위해 세 제자마저 떠나셔야 했습니다. 주님은 그들을 떠나시기 전에 앞서 남겨 둔 제자들에게 하신 것과 동일하게 명령하셨습니다.

"너희는 여기 머물러 나와 함께 깨어 있으라"(마 26:38).

그러나 그들은 그 명령을 지키지 못했습니다. 그것은 분명 비난받아 마땅한 행위입니다. 주님은 그것이 육신의 연약함 때문이라고 변호하시지만, 모든 상황은 결코 어떤 변명도 통하지 않음을 보여 줍니다. 사랑하는 주님이 이처럼 작은 섬김을 요청하신다는 것은 얼마나 감동적인 일입니까? 그분은 '살아 계신 하나님의 아들'(마 16:16)이며 바람과 물결도 순종하는 분입니다(눅 8:24 참고). 더구나 세 제자는 마치 천국의 한 모퉁이에서 보는 듯한 주님의 영광을 직접 보았습니다. 이런 주님께서 이제 홀로 맞서야 할 싸움을 위해 자신과 함께 깨어 있어 달라고 부탁하실 만큼 극한 상태에 이르신 것입니다. 그분의 호소는 그들의 본성의 가장 깊은 내면의 모든 감정과 정서를 건드려야 했으며, 실제로 틀림없이 그렇게 했을 것입니다. 아마도 그것은 우리가 아는 것보다 훨씬 더 진실하고 부드러운 호소였을 것입니다. 그러나 그러한 감동적인 호소가 그들의 심금을 울리며 감명을 주었다고 할지라도, 그들은 그런 감동을 실제로 '깨어 기도'함으로써 끝까지 지키지는 못했습니다.

3. 예수님의 극심한 슬픔과 고뇌

"조금 나아가사(또는 누가복음 22장 41절의 표현처럼 '그들을 떠나 돌 던질 만큼 가서') 얼굴을 땅에 대시고 엎드려 기도하여 이르시되, 내 아버지여 만일 할 만하시거든 이 잔을 내게서 지나가게 하옵소서. 그러나 나의 원대로 마시옵고 아버지의 원대로 하옵소서 하시고"(마 26:39).

이러한 진술로 전달하려는 의도를 본문만큼 정확하게 표현할 수는 없을 것입니다. 본문에는 땅에 엎드려 비통한 마음으로 간구하시는 주님의 모습이나 연약한 인성이 감당해야 할 임박한 위기에 대한 고뇌의 부르짖음이 제시되어 있습니다. 이를 묵상하는 것은 틀림없이 우리에게 말로 표현할 수 없는 생생한 놀라움으로 다가올 것입니다.

그러나 매우 유감스럽게도 많은 사람들은 막연히 무의식적으로, 그리고 실제로 불신앙에 가까운 마음으로 이 말씀을 읽습니다. 이 장면을 실제 일어난 사건으로 여겨 진지하게 묵상한다면 어떻게 그처럼 냉담할 수 있겠습니까? 많은 사람들이 이 말씀을 허구로 여긴다니, 이보다 더 냉담한 태도가 있을까요? 아니, 설령 이것이 허구라 할지라도, 이것은 지금까지 인간이 고안해 낸 어떤 상상력보다도 뛰어난 걸작입니다. 이것이 설령 실제 사건이 아니라 단지 하나의 상상에 불과하다 할지라도, 이것은 모든 사람의 마음을 사로잡아 놀라움과 경외감으로 채울 만큼 강력한 영향력을 발휘할 것입니다. 이것이 한 나라의 운명을 좌우할 힘을 가진 이 땅의 수많은 권력들 위에 좌정하신 살아 계신 하나님에 관한 놀라운 상상력이요 개념이기 때문입니다.

홀로 자존하시는 이 위대하신 여호와께서 인성이라는 연약한 껍질을 입으신 채 차가운 땅바닥에 엎드려 말할 수 없는 겸비함으로 비통하게 기도하고 계십니다. 하물며 이것이 사실은 겟세마네 동산에서 실제로 일어난 사건이라는 것을 생각해 보십시오! 우리의 이성과 양심이 반드시 상기할 가치가 있다고 말하는 것을 아무런 경외심이나 애정이나 칭송하는 마음 없이 대한다는 것은 우리의 마음이 얼마나 사악한지를 잘 보여 줍니다. 우리의 경험이나 관찰은 그리스도에 관한 일을 우리가 보기 위해서는 반드시 성령이 필요하다는 것을 너무나 확실히 증언합니다. 우리가 찌른 그분을 보기 위해서는 먼저 은혜와 간구의 영이 필요합니다.

어떻게 여호와이신 예수님, 영원하신 대주재의 아들이신 그분이 땅에 엎드려 이처럼 비통하고도 애처롭게 부르짖으실 수 있단 말입니까? 그것은 빌립보서 2장 5-8절에 제시된 바 '그리스도 예수의 마음' 때문입니다.

"그는 근본 하나님의 본체시나 하나님과 동등 됨을 취할 것으로 여기지 아니하시고 오히려 자기를 비워 종의 형체를 가지사 사람들과 같이 되셨고 사람의 모양으로 나타나사 자기를 낮추시고 죽기까지 복종하셨으니 곧 십자가에 죽으심이라."

그러나 어떤 사람은 그분이 믿음이 흔들리는 것처럼(두려움이 생긴 것처럼) 기도하시지 않았느냐고 물을 것입니다. 맞습니다. 그분에게 두려움이 일어난 것은 사실입니다. 그러나 결코 예수님의 믿음이 흔들린 것은 아닙니다. 다만 주님은 슬픔으로 번민하는 중에 아들의 영으로 "아빠, 아버지여"(막 14:36)라고 부르짖으셨을 뿐입니다.

"내 아버지여, 만일 할 만하시거든"(마 26:39).

또 어떤 사람은 이런 기도가 주님께서 언약 이행하기를 주저하고 그것이 가져올 고난을 달갑지 않게 여기셨음을 보여 주는 것이 아니냐고 물을 것입니다. 그러나 그렇지 않습니다. 왜냐하면 그분의 말투가 온전하고도 절대적인 순종으로 가득 차 있기 때문입니다.

"내 아버지여, 만일 할 만하시거든 이 잔을 내게서 지나가게 하옵소서. 그러나 나의 원대로 마시옵고 아버지의 원대로 하옵소서"(마 26:39).

그러나 누군가가 이것은 적어도 어떤 면에서는 예수님께서 자신에게 주어진 고난을 간절히 피하고자 하셨음을 보여 주는 것이 아니냐고 묻는다면, 그것은 사실입니다. 만일 고난을 통해 자신의 백성들을 구원하시는 것이 아버지의 뜻만 아니라면, 고난을 받지 않고 그냥 지나가는 것이 가장 바람직할 것입니다. 이 모든 일이 꾸며 낸 이야기나 상상이 아니라 사실이라면, 이런 고백이야말로 고난을 대하시는 주님의 진심이 아니겠습니까? 그분이 실제적인 몸과 이성적인 영혼을 가지고 계신다면, '여호와의 진노'(렘 51:45)에 민감하게 반응하시는 것이 당연하지 않겠습니까? 그분의 영혼이 거룩하고 그분이 진실로 하나님을 경외한다면, 하나님의 엄청난 진노가 다가올 때 슬픔과 번민으로 떨 수밖에 없지 않겠습니까? 그분이 고난에 대해 악의가 아닌 본능적인 반감을 누르고 자신을 부인하고 희생하지 않았다면, 어떻게 그분이 '고난으로 순종함'(히 5:8)을 배울 수 있었겠습니까?

그러나 예수님께서 마치 이 잔이 자신에게서 옮겨질 수 있으리라고 생각하는 것처럼 말씀하신 것은 어딘지 연약하고 불완전한 인상을 준다는 의문이 여전히 남을 수 있습니다.

"내 아버지여, 만일 할 만하시거든 이 잔을 내게서 지나가게 하옵소서."

성경이 "그리스도께서 약하심으로 십자가에 못 박히셨으나"(고후 13:4)라고 증언한 대로 예수님께서 약함 가운데 자신을 드러내셨다는 것은 부인할 수 없는 사실입니다. 그러나 이 불완전함의 본질이 무엇인지에 대해 살펴보도록 합시다. 불완전함의 본질이란, 그 순간 성부의 저주 아래서 그분을 기다리는 비극의 심연에서 벗어나고자 하는 강력한 마음에 사로잡힌 것, 또는 독점적인 임재일 뿐입니다. 그 이상도, 그 이하도 아닙니다. 그분의 거룩한 인성 자체만 놓고 생각할 때 그런 화로부터 벗어나기를 바랄 수밖에 없다는 사실에 대해서는 이미 살펴보았습니다.

하나님의 진노로부터 벗어나고자 하는 마음은 민감하고도 이성적이며 거룩한 인성의 명령입니다. 그것을 바라지 않는 것은 그분을 경외하는 것이 아닙니다. (그렇지 않다는 사실을 알 뿐 아니라 그런 생각을 하는 것조차 두려운 일이지만) 그것은 오히려 감히 하나님의 진노와 의지를 경멸하는 것입니다.

지금 예수님께서 아버지의 진노에 대해 엄청난 두려움을 느끼면서도 (오직 그 일 자체만 생각할 때) 그것으로부터 도피하고픈 간절한 마음이 없다면, 그분이 인간 됨의 본질인 순수한 감각을 지닌 진정한 인성을 소유했다고 볼 수 없습니다. 예수님께서 그 순간 단지 그 일 자체만을 생각하셨다면, 즉 과거의 약속이나 미래의 결과를 고려하지 않고 다만 이 잔이 지나가기만을 열망하셨다면, 그 순간 전능자의 진노에 대한 두려움만이 마음을 가득 채우고 있었다면, 그것을 피하려는 생각은 오히려 불완전함이 아니라 절대적인 순수함과 순결함을 나타내는 것이 아니겠습니까?

그분의 인성은 유한합니다(무한성은 신성의 속성입니다). 이러한 유한성이 없다면, 그분을 참사람이라 할 수 없을 것입니다. 인성은 한순간의 묵상을 통해 진리의 모든 요소들을 동시에 주시할 수 없습니다. 형언할 수 없는 고통과 놀라움 속에 한순간에 두려움의 실체가 모든 사색적인 기능을 압도해 버렸습니다. 그리고 그 순간 자신의 시야를 가득 채우고 있는 유일한 대상에 압도되어, 앞으로 닥칠 끔찍한 경험에 대한 가장 적절하고도 순수하며 결코 부당하지 않은 소원이 밖으로 표출되었습니다. 자신의 모든 지각과 감정을 일깨운 대상에 대해 그런 생각을 하지 않는다면 오히려 부자연스럽고 비이성적이며 순수하지 못할 것입니다. 그것은 그 순간에 가질 수 있는 가장 참되고도 진실하며 합당한 소원이었습니다.

"내 아버지여, 만일 할 만하시거든 이 잔을 내게서 지나가게 하옵소서."

그러나 주님은 곧바로 다른 생각들을 받아들였습니다. 예수님은 영원한 경륜과 절대적 권위의 성경과 신성한 언약을 생각했습니다. 그리고 이런 생각들을 합당하게 받아들이시고는 "그러나 나의 원대로 마시옵고 아버지의 원대로 하옵소서"라고 고백하였습니다. 전적인 순종을 표현함으로써 자신의 소원의 성격을 구체화하신 것입니다. 그렇습니다. 주님은 성부 하나님과 교회를 향한 사랑을 조금도 손상시키지 않고, "내 아버지여, 만일 할 만하시거든 이 잔을 내게서 지나가게 하옵소서"라고 강력하게 외치셨습니다. 이 강력함의 정도는 하나님과 교회를 향한 사랑의 깊이를 가늠할 수 있는 척도가 됩니다. 그 사랑의 힘으로 "그러나 나의 원대로 마시옵고 아버지의 원대로 하옵소서"라고 덧붙이신 것입니다.

그리스도든 죄인 된 여러분이든, 다가오는 진노로부터 벗어나고자 하는 열망만큼 절실한 것이 있겠습니까? 주님이 두려운 성부의 진노를 피할 생각도 하지 않은 채 멍하니 앉아 있는 죄인들처럼 둔감해서 그것을 피하지 않으시는 것이 아닙니다. 그분은 죄인들에게 진노를 피할 수 있는 소망을 주기 위해 진노를 피하지 않으셨습니다. 그분은 삯꾼이 아니라 양들을 위해 자신의 목숨을 내주시는 선한 목자이기 때문에 피하지 않은 것입니다.

4. 천사

여기에서 누가복음에만 기록된 위대한 선언을 덧붙여야 할 것입니다.

"천사가 하늘로부터 예수께 나타나 힘을 더하더라"(눅 22:43).

천사는 구원의 상속자가 될 사람들을 섬기라고 보내신 섬기는 영이 아닙니까? 그렇다면 천사들이 하나님께서 모든 만유의 상속자로 세우신 맏아들이신 그리스도를 섬기는 것이 무엇이 이상하겠습니까? 우리는 천사들이 어떻게 베들레헴에서 아기로 나신 그분의 강림을 선포하고 영광을 돌렸으며, 광야에서 시험받으시는 그분을 어떻게 수종들었는지 알고 있습니다. 또한 우리는 천사들이 어떻게 주님이 부활하실 때 돌을 굴려 그분이 누우셨던 곳을 지키고 섬겼는지 잘 압니다. 그들이 간절히 보고자 했던 구속 사역의 주역이신 중보자를 섬긴 이 모든 행위는 그분에 관하여 성부께서 보이신 영광스러운 계시를 성취하는 분명한 실례입니다.

"또 그가 맏아들을 이끌어 세상에 다시 들어오게 하실 때에 하나님의 모든 천사들은 그에게 경배할지어다 말씀하시며"(히 1:6).

우리는 겟세마네에서 고뇌하시는 주님을 천사가 어떻게 도왔는지에 대해 알 수 없습니다. 그러나 천사가 위의 계시를 성취하고 주님을 '경배'하기 위해 왔다면, 겟세마네의 순간이야말로 그런 사역을 행하기에 얼마나 알맞은 때이며, 큰 힘이 되겠습니까? 주님께서 전능하고도 기적적인 능력을 발휘하실 때나 그분의 신성이 중보자직을 입증하고 제자들에게 복 주시고 구원하실 때와는 달리, 겟세마네의 순간에는 그런 요소들이 예수님과 함께하지 않았기 때문입니다.

당시에는 그분의 신성에 속한 모든 속성들이 잠시 중단되었습니다. 그분이 영광을 취하신다면 결코 이룰 수 없는 '낮아지심(비하)'을 위해 그 순간에는 신적 속성들이 잠시 물러나 있었습니다. 성자의 위격으로서 신격은 인간이 되신 그리스도의 인격 안에서 인성과 떼려야 뗄 수 없는 영원한 결합을 이루었습니다. 그러나 신성의 능력과 속성의 적극적인 개입이 점차 사라지면서 '인자'의 고난은 정점을 향해 치닫고 있었습니다. 이처럼 그리스도께서 하나님과 동등 됨을 취하는 것이 결코 탈취행위가 아닌데도 그로 인한 모든 영광을 포기하셨다는 것이 바로 그리스도의 낮아지심의 본질입니다.

여전히 변함없는 하나님이신 그리스도께서 종의 모습으로 나타나셨으며,

전능하신 힘에 의지하시지도 않고, 신적 능력을 행사하거나 발휘하시지도 않았습니다. 그분은 눈만 한 번 깜빡여도 온 세상의 대적을 물리칠 수 있는 신적 특권과 능력을 감추고 부인하셨습니다. 그분은 피조물의 연약함을 친히 맛보시기 위하여 그 모든 능력을 거두어 들이셨습니다. 만일 그렇게 하시지 않았다면, 그분의 신성은 연약한 인성에 무한한 위로와 능력과 도움을 주었을 것입니다. 그러나 그분은 스스로 그런 것들을 부인하셨습니다. 그것은 육신, 곧 하나님께서 그분을 위해 예비하신 한 몸을 입은 그리스도가 성부께서 메어 주신 멍에에 순종하는지를 알아보는 시험이었습니다. 하나님과 인간의 중보자로서 육체 안에 계시는 동안 아버지와의 관계나 의무에서 벗어나 부당하게 신적 능력을 동원하는 것은 그분을 시험하려고 한 마귀의 역사를 따르는 것과 똑같습니다.

"네가 만일 하나님의 아들이어든 명하여 이 돌들로 떡덩이가 되게 하라"(마 4:3).

만일 예수님께서 그렇게 하셨다면 그것은 결과적으로 스스로 영광을 취하시는 것이 되고 말았을 것입니다. 그것은 종의 모습과 의무를 회피하는 것이며, 율법 아래 있어야 할 자신의 위치를 포기하는 것입니다.

그분의 순종과 고난의 마지막 장면에서 신성의 현현(顯現)과 역사하심과 도우시는 힘은 현저히 사라졌습니다. 마치 모든 신적 영광과 완전함이 내면의 신비한 봉인 속으로 휘말려 들어가 버린 것 같았습니다. 그러하기에 진실로 신적 존재이신 이 거룩한 탄원자가 인간으로서 완전한 연약함에 싸여 얼굴을 땅에 대고 엎드려 계신 것입니다.

그런 위기의 때에 천사의 섬김과 경배를 통해 신적 영광이 나타난다면, 이 얼마나 시의 적절하고도 큰 위로가 되겠습니까? 그것이 그분의 인성이 감당해야 할 고뇌와 부끄러움을 어느 정도 경감시키지 않겠습니까? 사실 그리스도 자신은 연약한 육신이 놀라움과 슬픔으로 인한 연약함과 떨림에 맞설 만큼 전능한 힘으로 강해지지 못하게 하였습니다. 또한 그분은 자신의 전지한 빛이 인성의 영혼을 풍성한 신적 충만함으로 채우거나 고난이 가져올 영광과 기쁨을 계시하지 못하게 하였습니다. 따라서 고통과 번민의 순간에 그분의 영원한 신적 능력은 아무런 위로나 도움을 주지 못했습니다. 그렇게 선민 구원이 연약한 인간의 육신으로 말미암기 위해 모든 신적 특권이 억제되고 보류되며 포기되었던 그때, 하나님의 뜻을 행하는 사자들 가운데 하나가 "하나님의 모든 천사들은 그에게 경배할지어다"(히 1:6)라는 성부의 명령을 실제로 이행하기 위해 하늘로부터 온다면 어떠하겠습니까?

그분은 거룩한 경배와 찬송의 대상이십니다. 사람들이 조소하고 경멸할지라도, 육신이 연약하고 비천하며 영혼이 극심한 번민과 두려움에 빠질지라도, 하나님의 진노가 수많은 죄인들의 대속물로서 모든 죄와 저주를 짊어지신 그분을 향해 있을지라도, 연약한 육신으로 인해 극단적인 무기력과 고통 가운데 있을지라도, 그분은 여전히 살아 계신 참하나님이시며 영원한 왕이십니다. 그분이 고뇌에 찬 경배자로 엎드려 계실지라도, 그분은 여전히 경배받으실 분이시며, 하늘에서 내려온 천사로부터 모든 경배와 영광(심지어 성부의 보좌에 돌렸던 영광까지)을 받으시기에 합당한 분이십니다. 이 모든 경배와 사랑을 상기시키고 신적 경배의 대상이 되게 하는 것이야말로 고통과 번뇌로 연약해진 그분에게 힘을 주는 사역입니다.

또한 이러한 천사의 섬김은 장차 모든 천사들과 정사와 권세가 그분에게 복종하고 '모든 무릎이 예수의 이름에 꿇게' 될 영광의 순간을 미리 맛보게 했습니다(빌 2:10 참고). 이 경배하는 천사는 성부의 사자가 되어 지극히 비천한 자리에 계신 그분에게 다가올 '높아지심(승귀)'의 영광을 전했습니다. 그분의 기도에 대한 이런 응답은 마치 겟세마네의 연약한 사람에게 들려주시는 하나님의 음성과도 같았습니다.

"하나님이여, 주의 보좌는 영원하며"(시 45:6).

모든 거룩한 선지자들을 통해 선포된 그리스도의 영에 관한 증언은 두 가지 위대한 주제로 모아집니다. 바로 '그리스도의 고난과 그로 말미암은 영광'입니다. 한번은 이 영광이 복된 실현의 전조로 나타났는데, 세 제자도 이를 목격했습니다. 그런데 '영광'이 계시되는 동안 구주에게는 '고난'이라는 주제가 주어졌습니다. 거룩한 산에서 하늘의 사자들은 그분과 '장차 예루살렘에서 별세하실 것'에 대해 말했습니다(눅 9:31 참고). 그리고 실제로 '고난'이 시작되고 죽음의 번민에까지 이른 지금, 그분에게는 '고난으로 말미암은 영광'이라는 주제가 주어졌습니다. 바로 그때 천사가 내려와 기진한 그분의 영혼을 향해 창세전에 성부와 함께 누린 영광을 다시금 누리게 되시리라는 것을 분명히 확신시킴으로써 적절하고도 새로운 힘과 위로를 준 것입니다.

5. 권면

참으로 슬픈 장면이 아닙니까! 돌 던질 만큼의 거리, 보이지 않는 다양한 세계(지옥의 고통과 죽음의 굴레에서부터 하늘들의 하늘의 경배와 영광에 이르기까지)가 존재하는 이 역사적 현장을 한눈에 볼 수 있는 가까운 거리에서, 장차 올 세상의 권세들이 중요하게 움직이고 있는 이 결정적인 순간에, 제자들은 잠에 곯아떨어질 만큼 예수님에 대해 안타까워하지 않았습니다.

"제자들에게 오사 그 자는 것을 보시고 베드로에게 말씀하시되 너희가 나와 함께 한 시간도 이렇게 깨어 있을 수 없더냐"(마 26:40).

우리 가운데 어느 누구도 이와 유사하거나 이보다 심각한 죄에 빠지지 말아야 합니다. 우리에게도 고통과 번민으로 기진하신 그리스도께서 가까이 계실 때가 있습니다. 그분이 우리의 죄를 위해 '십자가에 못 박히신' 것을 분명히 보면서도 우리는 죄의 잠을 자며, 허물과 죄로 죽어 있습니다. 우리는 구주를 번민하게 만든 사악한 죄로부터 달아나지도 않고, 예수님께서 두려워하신 진노를 피할 생각도 하지 않은 채로 여전히 죄 가운데 거합니다.

오! 잠자는 자여, 일어나십시오. 죽어 있어서는 안 됩니다. 이제 거룩하신 구원자를 슬픔과 놀라움으로 거의 죽을 지경으로 이끈 고뇌와 두려움의 대상이 되어서는 안 됩니다. 선포된 복음을 통해 사건의 중요성을 깨닫고 고난과 멸시를 당하신 주님을 받아들이는 분명하고도 인격적인 경험이 있어야 합니다. 그렇게 할 때 여러분이 하나님의 율법을 범함으로써 받아야 할 신적 공의를 그리스도께서 당하신 고난과 죽음을 통해 만족시킬 수 있습니다. 그렇지 않으면, 하나님은 동일한 방식으로 여러분으로 하여금 죄의 삯인 '둘째 사망'(계 21:8)의 영원한 고통을 치르게 하심으로써 자신의 공의를 만족시키실 것입니다.

참으로 무지한 죄인들이여! 여러분은 하나님의 아들이 고난당하고 죄를 위한 대속물로 돌아가신 이 땅에서 잠들어 있습니다. 어쩌면 여러분은 예수님 가까이에서 잠든 세 제자보다 보이지 않는 나라에 더 가까이 있는지도 모릅니다. 여러분은 죽음의 문턱 바로 앞에 있습니다. 깨어 회개하고 믿으십시오. 고난의 주가 베푸시는 소망으로 피하십시오. 칼이 그리스도 밖에 있는 여러분을 찾아내 둘째 사망으로 이끌지 않도록 더는 지체하지 마십시오.

신자들도 잠드는 경우가 있지 않습니까? 예수님께서 고통과 번뇌의 기도를 마치고 돌아오셨을 때 제자들은 잠들어 있었습니다. 그렇다면 오늘날에도 영혼의 잠에 취해 있는 제자들이 얼마나 많겠습니까? 우리 가운데 어느 누가 자신은 겟세마네 사건이 주는 가르침에 확실하게 깨어 있다고 말할 수 있겠습니까? 아니, 이런 주제에 대해서 생각할 때 예수님이 당하신 고난과 그 고난을 견뎌 낸 놀랍고도 거룩하며 비할 수 없는 사랑이야말로 어떻게 보답하더라도 부족할 수밖에 없음을 누가 모르겠습니까? 신실한 그리스도인이라면 어찌 예수님을 향한 자신의 초라한 사랑과 변덕스러운 마음을 부끄러워하지 않겠습니까? 어찌 그분의 나라를 위하여 가끔씩 건성으로 섬긴 일을 부끄러워하지 않겠습니까? 게으르고 변덕이 심하여 그분을 본받는 일에 최선을 다하지 못하고, 믿음과 열정이 부족하여 그분의 말씀 안에서 거룩하고도 기쁜 교제를 하지 못한 것을 어찌 부끄러워하지 않겠습니까?

그리스도인들이 겟세마네의 예수님과 조금만 더 머무른다면, 고난당한 주님의 마음과 사랑을 조금만 더 헤아린다면, 온 힘을 다해 그분의 '고난에 참여'(벧전 4:13)하고, 하나님의 아들이 당한 고난의 깊은 곳에서 영원토록 솟아오르는 심오한 구원의 영광을 인식하고 그분이 당한 엄청난 고통으로 말미암아 무한하고도 확실한 구원이 보장되었음을 깨닫는다면, 그들은 보이지 않는 영원한 것들에 대해 훨씬 더 깨어 있게 될 것입니다. 그리고 장차 올 세상의 능력을 입어 더욱 거룩하고도 복된 삶을 누리게 될 것입니다.

하나님의 자녀들이여, 여러분을 위해 죽고 부활하신 그분에 대해 더욱 살아 있는 믿음과 회개하며 감사하는 사랑으로 깨어 있으십시오. 지금이야말로 잠에서 깨어나야 할 때입니다. 여러분이 처음 믿었을 때보다 구원이 더욱 가까이 임했습니다. 머지않아 겟세마네에서 땅에 엎드린 그분이 오셔서 크고 흰 보좌에 앉으실 것입니다. 깨어서 믿음과 사랑으로 그분을 섬기십시오. 여러분을 위해 겟세마네의 고통당하고 십자가를 지신 그리스도, 그분의 값없는 용서의 희생과 사랑의 깃발 아래 그분을 섬기고 믿음의 선한 싸움을 싸우십시오. 여호와의 선하심을 맛보고 경건한 두려움으로 그분을 섬기며, 우리 하나님 여호와가 거룩한 분임을 기억하십시오. 그렇게 할 때 그분께서 다시 오시는 날에 그분 앞에서 부끄러움을 당하지 않을 것입니다.

2장 슬픔과 번민

"이에 말씀하시되 내 마음이 매우 고민하여 죽게 되었으니 너희는 여기 머물러 나와 함께 깨어 있으라 하시고"(마 26:38).

성경에는 겟세마네의 비통함이 매우 강렬하고 끔찍했음을 보여 주는 증언들이 많습니다. 성경은 "내 마음이 매우 고민하여 죽게 되었으니"라는 예수님의 말씀과 함께 그분이 "심히 놀라시며 슬퍼하사"(막 14:33) 또는 "고민하고 슬퍼"(마 26:37)하셨다고 증언합니다. 그러나 이런 표현들로는 예수님께서 실제로 느끼신 엄청난 강도의 비통함을 온전히 전달할 수 없습니다.

예수님께서 자신의 비통함을 제자들에게 쏟아 놓으실 때 사용하신 용어들은 더 이상 그런 슬픔을 토로하지 않고 담아 둘 수 없는 예수님의 인식과 더불어, 그분의 비통함이 본질적으로 오직 죽음의 그림자와 헤아릴 수 없는 고통에서만 비롯될 만한 것임을 명백히 증언합니다.

예수님은 마치 제자들이 자신의 극심한 고통을 경감시키고 약간의 위로를 줄 수 있기라도 한 것처럼 그들에게 깨어 있으라고 경고하시면서 도움과 협조를 부탁하셨습니다. 그분은 피조물이 사용할 수 있는 가장 강력한 도구인 기도를 즉시 시작하셨으며, 생명을 걸고 간절히 기도하셨고, 유일한 수단이자 원천인 기도에만 매달리셨습니다. 그분은 비록 소용은 없었지만 수시로 제자들을 찾아가 간곡히 부탁하셨습니다. 추운 밤(요 18:18 참고)인데도 처절한 기도로 인해 땀이 핏방울같이 되었습니다. 이 모든 것들은 겟세마네에서 주님이 당하신 고통이 '고난의 사람'이신 그분조차도 겪어 보지 못한 전무후무한 고통임을 말해 줍니다.

1. 고뇌의 잔의 실체

이제 주님의 고뇌와 비통함에 모든 초점을 맞추어 성경을 통해 그 본질과 이유를 찾아보고자 합니다. 그러기 위해서는 무엇보다도 주님의 영의 임재가 필요합니다. 천사도 함부로 다가가지 못하고 두려워하며 감히 쳐다볼 수도 없어 날개로 얼굴을 가려야 하는 영역을 우리가 무례하게 침범하지 않기 위해서는 여호와를 경외하는 지혜의 영이 필요합니다. 일반적으로 인간 세계에서도 깊은 슬픔은 가까이 다가가기 어려운 법입니다. 그런데 우리는 지금 영원히 복된 하나님이신 그분의 슬픔을 보고 있습니다. 전능하신 주 하나님이신 그분의 슬픔과 약함과 두려움과 떨림, 지금도 하늘 보좌 우편에 앉아 천사와 통치자와 권세의 경배를 받고 계신 그분의 눈물과 고뇌와 울부짖음을 보고 있습니다.

겟세마네의 어둠이 '갈보리의 그림자'라는 인식에서 우리는 죄를 위한 유일한 대속 제물로서 그리스도가 당하실 고난이 말로 표현할 수 없을 만큼 끔찍하다는 데 대한 가장 강력한 증언을 듣습니다. 또한 이런 인식에서 그리스도께서 "내 마음이 심히 고민하여 죽게 되었으니"(막 14:34)라고 말씀하신 것의 본질과 원천이 무엇인지를 듣습니다. 겟세마네 동산에서의 고뇌는 바로 십자가에 대한 고뇌와 번민인 것입니다.

　이 사실은 겟세마네의 기도의 어조에 잘 드러납니다. 왜냐하면 갈보리의 그림자는 겟세마네의 어둠에 대한 실마리를 제공하는 것이 분명하기 때문입니다. 그것은 의심할 바 없이 겟세마네의 기도의 주제가 된 고뇌의 원천입니다. 우리는 이런 비통함에서 비롯된 반복적인 기도를 통해, 당시에는 예수님께서 성부의 진노의 잔을 직접 마시고 있지는 않음을 알 수 있습니다. 그 일은 십자가 위에서 이루어질 것입니다. 곧 그분이 육체를 입고 나무에 달려 우리를 위하여 저주를 받은 바 되사(갈 3:13 참고) 의인으로서 불의한 자를 대신하여 고난받으실 때 이루어질 것입니다(벧전 3:18 참고). 그러나 지금 겟세마네에서 말할 수 없는 슬픔과 비통함에서 비롯된 고뇌에 차 드려지는 이 기도는 진노의 잔을 마시는 일과 직결되는 것이 아니라 궁극적인 차원에서 그것과 연계시킬 수 있습니다. 즉, 지금 진노의 잔을 마시고 있는 것이 아니라 그 잔을 자신이 감당해야 할 몫으로 인정하고 때가 되면 마시기 위해 최종적으로 받아 든 상태인 것입니다.

　이 문제와 관련하여 주님의 비통함과 반복된 기도가 이 잔을 직접 마신 고통에서 비롯된 것이 아니라 앞으로 이 잔을 마심으로써 감당해야 할, 할 수만 있다면 이 잔이 지나가기만을 간절히 바랄 만큼 말할 수 없이 끔찍한 고통에 대한 고뇌에서 비롯되었다는 사실을 모르고서는 본문을 깊이 이해할 수 없습니다. 또한 "그러나 나의 원대로 마시옵고 아버지의 원대로 하옵소서"(마 26:39; 막 14:36)라는 말씀처럼, 성부의 뜻을 이루고 백성을 구원하기 위해 결국 이 잔을 받을 수밖에 없다는 당위성을 분명히 인식하지 않고서는 본문을 깊이 이해할 수 없습니다. 따라서 이런 고뇌의 시간은 단순히 잔을 비움으로써 지나가는 것이 아니라, 한편으로는 성부의 뜻에 의해 잔이 주어지고, 또 한편으로는 이런 성부의 뜻에 전적으로 순종하여 그것을 받아들이심으로써 지나가는 것입니다.

이어지는 예수님의 말씀을 통해 이렇게 주어지고 또한 받아들여진 잔이 그 시간에 이미 비워진 것이 아니라 아직 받으시기만 했다는 사실을 알 수 있습니다. 예수님은 가룟 유다가 데려온 군병들에게 체포되심으로써 최종적이고도 궁극적인 죽음의 고난을 시작하기 전에 베드로의 경솔한 행동을 꾸짖으시면서 이렇게 말씀하십니다.

"칼을 칼집에 꽂으라. 아버지께서 주신 잔을 내가 마시지 아니하겠느냐"(요 18:11).

예수님은 죄인과 같이 체포되심으로써 실제로 이 잔을 마시기 시작하신 것입니다.

우리는 이런 사실을 통해 아버지께서 그분에게 주신 잔이 사실상 우리의 죄를 예수님에게 전가하고 예수님을 죄인의 자리에 세우는 역할을 했음을 알 수 있습니다. 겟세마네에서의 고뇌가 끝나자마자 그곳에서 결정된 일의 은밀하고도 영적인 실체가 곧바로 드러나기 시작했습니다. 그 순간부터 부활하실 때까지 예수님은 죄인의 모습으로만 나타납니다. 지금부터 그분의 모든 걸음은 죄인으로서의 걸음입니다. 그분의 남은 행로는 체포(모욕과 수치)와 재판(정죄, 사형 집행)으로 요약할 수 있습니다. 범죄자이자 죄인으로서 감당해야 할 이 모든 과정들은 즉시 시작되어 완벽하게 진행되고 완성되었으며, 마침내 저주의 나무 위에서 마지막 잔을 비우셨습니다.

베드로는 예수님께서 이 잔을 거부하시기를 바랐습니다. 그는 예수님이 범죄자의 자리에 서시는 것을 막아섰습니다. 그는 주님이 이 일을 시작하시고자 체포당하시는 것을 막으려 했습니다. 그러나 예수님은 체포당하는 것을 거부하지 않으셨습니다. 그것을 거부하는 것은 곧 성부께서 주신 잔을 거부하는 것이기 때문입니다. 그렇다면 이 잔의 성격도 충분히 알 수 있지 않겠습니까? 겟세마네에서 체포당하심으로써 시작된 죄인으로서의 삶과 그로 인한 모든 고난과 형벌이 바로 지금 그분이 동산에서 기도하며 그토록 염려하고 고뇌하시는 잔인 것입니다.

우리는 사람들이 영광의 주님을 얼마나 부당하게 범죄자의 자리로 몰고 갔는지 알고 있습니다. 우리는 예수님을 체포한 것이 정당하지 않으며, 그분에 대한 고소가 거짓이고, 재판은 명분일 뿐이며, 그분에 관한 증언은 모두 조작된 위증이며, 사형을 선고한 것은 사악하고 불법적인 행위이며, 사형을 집행한 것은 살인을 행한 것임을 잘 알고 있습니다. 그런데도 이 모든 상황과 과정(화려함이나 위엄은 결여되어 있지만)이 삶과 죽음에 관한 재판이라면, 그리고 하나님의 예정된 섭리와 예지에 의해 결정된 사건들을 통해 무한한 지혜가 보여 주시고자 하는 것들을 깊이 연구해 본다면, 진노의 잔을 마시는 그리스도에 관한 가르침이 곧 대속물의 대속적 고난에 관한 가르침과 동일하다는 사실을 알 수 있습니다. 따라서 그분이 체포되고 고소당하고 정죄당하고 특별한 죄인의 죽음에 이르기까지의 모든 과정은, 마치 지존자가 동일한 방식으로 공의를 시행하는 과정을 거울을 통해 보는 것과 같습니다. 하나님은 체포할 수 있는 권한과 기소를 명할 수 있을 만큼 두려운 문서와 필적, 그리고 모든 사람을 정죄할 수 있는 심판의 권한과 하늘의 진노를 시행하는 영원한 칼로 무장하시고는 죄를 위한 대속물로 잃어버린 자를 찾아 구원하러 오신 구주를 끝까지 철저하게 추적하실 것입니다.

배신자에 의해 성취된 외적인 체포와 신속하게 이어진 일련의 사건(모욕과 수치, 재판, 정죄, 사형 집행) 자체는 불법적인 것이었습니다. 그러나 하나님의 예정된 섭리의 차원에서 볼 때 이 모든 과정은 진노의 심판을 통해 '범죄자 중 하나로 헤아림을 받은'(사 53:12 참고) 그리스도에 대한 은밀하고도 영적인 기소와 집행이 아니고 무엇이겠습니까? 공권력에 의해 체포된 죄인으로서, 법정에 기소된 자로서, 교회와 국가의 최고 권력에 의해 정죄당한 자로서, 십자가를 지고 끌려가 강도 사이에서 십자가에 못 박힌 자로서 그분이 서 계셨던 모든 자리는, 비록 불의한 사람들에 의해 불법적으로 당하신 일이라 할지라도, 세상의 심판자와 관련하여 그분에게 부과된 바 가장 적절하고 참되며 의로운 자리인 것입니다. 심지어 군중들이 강도요 선동자이자 살인자인 바라바를 놓아 달라고 했던 것조차도 그리스도에 대한 은밀한 정죄의 징표로서 정당하고도 당연한 과정이었습니다. 이처럼 죄인들의 대속물이신 예수님은 정상적인 경우보다 훨씬 더 무거운 형벌을 받으셨습니다.

이와 같이 주님이 마신 잔은 그분이 받아들이신 숙명(죄인의 자리와 죄인이 받아야 할 징벌)이었습니다. 이러한 숙명은 사람들이 악한 마음과 말과 행위로 그분에게 범한 모든 죄들을 통해 정확히 상징되었고, 이런 상징을 훨씬 뛰어넘어 그분이 만나고 감당해야 할 하나님과 하나님의 진노를 통해 실재가 되었습니다.

주님이 마신 잔이 이런 것이라면, 예수님께서 그것을 받아들이기로 하신 것은 우리를 위한 죄가 되고 범죄자 중 하나로 헤아림을 받으며 백성들의 죄를 대신 지시겠다는 뜻이 아니고 무엇이겠습니까? 이것이 바로 겟세마네에서 성부와 성자 사이에 있었던 일입니다. 성부 하나님은 예수님에게 최종적이고도 공식적으로 교회의 죄를 담당하실 것을 제시하셨으며, 예수님은 영원한 평화의 의논 안에서 결정된 것을 최종적이고도 공식적으로 받아들이고 확인하셨습니다. 예수님께서 선민에 관해 모든 책임을 지겠다는 이전의 모든 약속에 대해 엄숙히 비준하신 것입니다. "그러나 나의 원대로 마시옵고 아버지의 원대로 하옵소서"라는 말씀은 "아버지의 뜻이 이루어지기를 원합니다"라는 말입니다.

성부 하나님은 아들에게 주신 모든 사람들의 죄를 그에게 담당시키셨습니다(사 53:6 참고). 하나님은 구원받을 사람들의 죄를 그분에게 전가시키고, 죄를 알지도 못하신 그분을 우리를 위한 죄로 삼으셨습니다(고후 5:21 참고). 또한 예수님으로 하여금 많은 사람의 죄를 대신 진 범죄자 중 하나로 헤아림을 받게 하셨습니다. 예수님은 "아버지의 원대로 하옵소서"라고 말씀하실 때 이것들을 염두에 두셨습니다. 그러므로 그분은 성부의 뜻에 따라 모든 죄를 대신 지시고 십자가에 달리셨습니다. 이어지는 피의 세례는 죄의 전가를 통해 그분을 가장 악하고 무거운 죄를 짊어진 자로 만든 언약의 표지이자 보증입니다.

2. 죄의 전가

아직도 그분의 슬픔의 본질과 핵심을 이해하기가 어렵습니까? 성부는 만유의 심판주이시요 그분의 아버지이자 하나님이십니다. 그분의 칭찬과 기뻐하심은 그리스도의 모든 삶에서 말할 수 없는 빛과 기쁨이 되었습니다. 그런데 그런 성부를 향해, 이 끔찍한 자리로 나아가시는 예수님을 생각해 보십시오. 성부에 의해 전가된 수많은 모든 죄를 담당하기로 동의하신 그리스도를 묵상해 보십시오. 그분은 온갖 종류의 크고 작은 도덕적 악(다양한 상황과 결합된 모든 종류의 악)이 전가되는 것을 받아들이셨습니다.

천국에는 영원한 의가 기록한 심판의 책이 있습니다. 이 책에는 무한하고도 엄격한 공의가 어둠과 빛을 모두 감찰하시는 불꽃 같은 눈으로 모든 가증한 자들에게서 찾아낸 죄목들이 전부 기록되어 있습니다. 하나님의 선민과 관련된 이 끔찍한 두루마리가 겟세마네의 예수님 앞에 펼쳐져 있습니다. 거기에는 하나님께서 지금 그분에게 전가시키시려는 '우리 모두의 불법'이 드러나 있습니다. 그 책에서 고발하는 모든 죄에 대한 책임을 전적으로 져야 하는 그리스도의 비통함에 대해 생각해 보십시오. 그리스도는 시편 40편과 같은 예언적인 말씀을 통해 자신을 성부의 뜻을 따르는 언약의 종으로 선포하셨습니다.

"그때에 내가 말하기를 내가 왔나이다. 나를 가리켜 기록한 것이 두루마리 책에 있나이다. 나의 하나님이여, 내가 주의 뜻 행하기를 즐기오니 주의 법이 나의 심중에 있나이다"(7,8절).

또한 스스로 무거운 죄를 지고 그로 인해 부끄러움을 당하시면서 이렇게 외치셨습니다.

"수많은 재앙이 나를 둘러싸고 나의 죄악이 나를 덮치므로 우러러볼 수도 없으며 죄가 나의 머리털보다 많으므로 내가 낙심하였음이니이다"(12절).

예수님은 이런 성경의 증언에 따라 심히 놀라고 고민하기 시작하였으며, 제자들에게 "내 마음이 심히 고민하여 죽게 되었으니"라고 말씀하셨습니다.

거룩한 예수님께 주어진 죄의 전가로 인해 야기될 수밖에 없는 슬픔과 고민에 대해 판단할 때, 특별히 주의해야 할 잘못된 생각이 있습니다. 즉, 그분이 대신 당하신 죄의 삯(진노와 죽음)이 아무리 끔찍하고 두렵다 할지라도 그것은 어디까지나 죄가 전가된 것이며 자신이 죄를 범한 것은 아니므로(자신의 순수한 거룩에 대한 인식으로 인해) 그렇게 큰 근심이나 슬픔을 일으키지는 못할 것이라는 생각입니다.

그러나 악인들이 자신이 전가한 죄에 대해 비방(그분을 불법적으로 다룬 법정에서의 모욕과 욕설)을 퍼부었을 때, 그것이 전적으로 거짓이었는데도 그리스도는 실로 엄청난 근심과 슬픔을 느꼈습니다. 그분은 고난에 관한 시편을 통해 이렇게 한탄합니다.

"비방이 나의 마음을 상하게 하여 근심이 충만하니 불쌍히 여길 자를 바라나 없고 긍휼히 여길 자를 바라나 찾지 못하였나이다"(시 69:20).

또한 겟세마네에서 심히 놀라고 고민함으로 기진하셨을 때도 주님은 이와 동일한 비통함을 느끼셨습니다. 사람들의 비방이 주님께 이런 비통함을 준 것입니다.

그렇다면 이제 두 가지 전가(인간에 의한 전가, 하나님에 의한 전가)에 대하여 그 차이점을 중심으로 살펴보겠습니다.

첫째, 한편으로 그리스도에게 전가된 죄는 인간과 인간의 법정에서 왔습니다. 그러나 다른 한편으로는 하나님께서 그분에게 우리 모두의 죄악을 전가시키셨습니다. 하나님은 그분을 죄로 삼으셨습니다. 그분이 한없이 사랑한 아버지이시요 옳은 일만 하시는 분이며 무한히 존경하는 심판자이신 하나님께서 그분을 범죄자 중 하나로 여기신 것입니다. 둘째, 한편으로 그분은 자신의 마음을 찢고 심히 고민하게 만든 '인간에 의한 죄의 전가'를 전적으로 반박하고 부인하셨습니다. 그러나 다른 한편으로 그분이 정당하게 받아들인 전가도 있습니다. 그분은 무한히 의로우신 사랑과 지혜의 계획, 거룩하신 삼위 하나님의 영원하신 경륜과 섭리의 결과로서의 전가를 정당하게 받아들이셨습니다.

인간이 전가한 죄는 모든 면에서 거부되고 사실상 존재하지 않았습니다. 그런데도 그것은 그리스도의 마음에 상처를 주었습니다. 그렇다면 하나님께서 전가하시고 그리스도가 정당하고도 참된 의도로 받아들이신 죄는 얼마나 큰 아픔과 상처가 되었겠습니까? 그리스도는 그것에 대해 즉각적이고도 온전히 책임을 지고 모든 진노와 징계를 받아들이기로 결심하셨습니다. 그분께 전가된 죄들은 실상 그분의 것이 아니었지만, 그분께 부과되어 그것을 참아 내실 뿐만 아니라 그 죄가 가져올 형벌을 정당하게 받아들이실 만큼 온전히 그분의 것이 되었습니다. 그분은 단지 죄의 삯에 해당하는 죽음을 당하신 것이 아닙니다. 그분은 자발적으로 목숨을 내주시고, 그것을 마땅히 감당해야 할 정당한 의무로 여기셨습니다. 자신이 그토록 고뇌하며 두려워했던 그 일을 정당한 것으로 받아들이셨습니다.

　이런 죄의 심판은 겉으로만 행해진 것이 아닙니다. 그분은 실제로 모든 형벌을 정당한 것으로 여겨 감당하기로 하셨습니다. 그러므로 이로써 죄가 그분의 것이 되었다면, 그분의 흠 없는 거룩함과 완전함을 제외한 모든 면에서 실제로 그리고 진실로 그러해야만 하지 않겠습니까? 또한 이처럼 자신의 것이 된 죄로 말미암아 진노를 받아 모든 형벌을 끝까지 받는 것이 그분의 몫이 되었다면, 죄의 전가로 인해 형언할 수 없는 비탄과 슬픔에 빠지는 것 역시 온전히 그분의 것이 되어야 하지 않겠습니까? 사실 이 죄는 그분이 직접 범한 것이 아니기 때문에 개인적으로 그분의 것이 될 수 없으며, 따라서 자기 비난과 자기 경멸, 낙담, 양심의 가책과 절망에 빠질 필요가 없습니다. 그러나 그것은 성부의 법정에 서 계신 그리스도의 거룩한 영혼에 부끄러움과 비참함과 슬픔과 처절한 놀람을 유발하기에 충분한 그분의 죄였습니다. 그분은 인류가 영원히 짊어져야 할 책임 이상의 것을 감당하신 것입니다.

　그런데도 여전히 우리는 전가된 죄로 인해 그분이 그토록 슬퍼하고 놀라며 비통해하셨다는 사실을 이해하기가 어렵습니다. 우리가 아는 한 그것은 오직 법정적 합의였습니다. 불쌍한 사람들을 구하려는 자비의 계획일 뿐이라는 말입니다. 다르게 표현하더라도 그것은 죄를 용서하기 위한 공의의 계획에 지나지 않습니다. 그런데도 왜 대속물의 의식적인 순결이 이 전가된 죄의 슬픔과 치욕을 극복하지 못한 것일까요? 왜 그분은 이 전가가 궁극적으로 가져올 형벌에 대해서뿐만 아니라 이런 전가 자체가 직접적으로 가져오는 고통(부끄러움과 슬픔에 대한 현재적 인식과 감수)에 대해서도 비통함과 놀라움에 두려워 떨어야 하셨을까요? 도대체 죄가 무엇이기에 자신이 직접 죄를 범하지 않았는데도 그토록 고통과 번민으로 신음하며 눈물과 부르짖음으로 간구할 수밖에 없었을까요?

하나님의 도덕적 통치와 관련된 모든 역사를 비교한다 하더라도 심판주께서 거룩한 분에게 전가한 죄가 왜 그분의 영혼을 비통함으로 채울 수밖에 없었는지를 충분히 알 수 없습니다. 그러나 대조를 통해서는 어느 정도 알 수 있습니다. 아마도 전가된 의의 기쁨을 숙고함으로써 전가된 죄의 슬픔을 이해할 수 있을 듯합니다. 거룩한 분에게 전가된 죄는 즉시 죄인에게 전가된 의라는 반대 효과를 가져옵니다. 그러하기에 어쩌면 그리스도의 의를 통해 주어지는 신자와 교회의 칭의라는 개념 속에서 그리스도께서 모든 죄인들의 죄를 책임지심으로 당하셔야 했던 끔찍한 치욕과 정죄에 대한 무언가를 발견할 수 있을지도 모릅니다.

① 이제 유추를 통해 이런 논리에 정당성을 부여하고자 합니다. 그러기 위해 가장 먼저 알아야 할 점이 있습니다. 우리가 연구하려는 대조가 성경의 여러 곳에 매우 분명하게 제시되어 있습니다. 이런 대조를 살펴보면 한편에서 성취된 일의 결과가 다른 편의 성과나 열매로 나타납니다.

"하나님이 죄를 알지도 못하신 이를 우리를 대신하여 죄로 삼으신 것은 우리로 하여금 그 안에서 하나님의 의가 되게 하려 하심이라"(고후 5:21).

"우리 주 예수 그리스도의 은혜를 너희가 알거니와 부요하신 이로서 너희를 위하여 가난하게 되심은 그의 가난함으로 말미암아 너희를 부요하게 하려 하심이라"(고후 8:9).

고린도후서 8장 9절 말씀은, 그리스도께서 가난하게 되신다는 것이 어떤 것이든 그분의 가난함이 가져온 우리의 부요함 속에 그분의 가난과는 정반대되는 것이 분명히 들어 있음을 보여 줍니다. 한편에 죄와 슬픔과 치욕과 죽음이 있다면, 다른 한편에는 의와 기쁨과 존귀와 영원한 생명이 있습니다. 고린도후서 5장 21절의 말씀은, 하나님께서 죄가 없으신 분에게 우리의 죄를 전가하신 것이 아무런 의가 없는 우리에게 그리스도의 의를 전가하시기 위함임을 분명하게 보여 줍니다.

그리스도께서는 교회와의 신비한 인격적 연합을 통해 이 엄청난 거래를 성사시키고자 하셨습니다. 그리스도는 교회로 하여금 그리스도의 의로 풍성하게 되며 그로 인한 기쁨을 누리고 하늘의 복을 받게 하기 위하여 그들의 죄를 대신 지고 그 죄의 쓰라림과 저주를 맛보셨습니다. 이러한 대조는 '신적 협약'을 잘 설명해 줍니다. 한편에서 성취된 일이 다른 한편에서 영광스러운 결과로 나타납니다. 거룩하신 분이 죄인이 되심으로 말미암아 많은 죄인이 의롭다하심을 받을 수 있는 것입니다.

② 예수님을 믿는 사람은 비록 죄인일지라도 자신에게 전가된 그리스도의 의로 말미암아 의롭다하심을 받았습니다. 그러므로 그는 그 의가 자신의 것이 아닐지라도 그것을 충분히 누릴 수 있는 자격을 가집니다. 그에게 주어진 것 가운데 자신의 것은 하나도 없습니다. 그가 가진 것이라고는 죄밖에 없습니다. 그런 그가 전능하심과 거룩하심이 어떤 흠이나 점도 찾아내지 못할 만큼 영광스러운 옷을 입은 자로서 기뻐할 수 있는 자격을 가지게 되었습니다. 비록 자신(육신) 안에는 선한 것이 전혀 없지만, 그리스도 안에서 의를 소유함으로써 그분 안에서 승리의 기쁨을 누리며 자랑할 수 있게 되었습니다.

마찬가지로 자신에게 전가된 백성들의 죄를 대신 지고 범죄자 중 하나로 헤아림을 받으신 예수님, 그들을 향한 무한한 사랑으로 성부의 뜻을 받아들여 "아버지의 원대로 하옵소서"라고 말하며 순종하신 예수님은, 자신이 범한 죄는 아니지만 전가된 죄로 말미암아 필연적으로 슬픔과 부끄러움을 당하실 수밖에 없게 되었습니다. 이렇게 전가된 죄 가운데 자신의 죄는 하나도 없으며, 오히려 그분에게는 오직 영광스럽고도 흠 없는 거룩함만이 있을 뿐입니다. 그런데도 그분은 성부와 성자의 전능한 거룩함 앞에서 온갖 가증함이 드러난 더러운 옷을 입은 자가 되어 슬픔과 치욕을 당하셨습니다. 그분은 성부 하나님의 영원한 기뻐하심을 입은 하나님의 사랑하는 자입니다. 특히 그분이 아직도 깨끗함을 받지 못한 교회의 죄에 대한 거룩한 책임을 말없이 떠맡으신 것은 하나님께 큰 기쁨이 되었습니다. 그런데 그런 분이 아직도 깨끗함을 받지 못한 교회와 하나가 되어 두려움과 비천함에 이르신 것입니다.

신자는 진정한 의가 전가되어 주님께서 죄를 보시지 않는 복된 자가 되었습니다. 그리하여 그의 본래의 무가치함도 그의 기쁨을 손상시킬 수 없게 되었습니다. 마찬가지로 그리스도께는 죄가 전가되었으며, 여호와의 거룩함이 아니라 죄를 전가한 자가 마땅히 받아야 할 재앙을 기꺼이 떠맡으셨습니다. 그리하여 대속물이 지닌 본래의 흠 없는 거룩함이 비통함과 슬픔을 막을 수 없게 되었습니다.

③ 신자들이 기쁘게 누리고 있는 의는 본래 자신들의 것이 아닙니다. 그러나 이 사실은 그 기쁨을 약화시키지 못하며, 오히려 예기치 못한 기쁨에 놀라운 짜릿함을 더해 줍니다. 타인의 공로로 말미암아 죄책과 진노와 두려움과 죽음에서 즉시 사랑과 평화와 복과 영원한 생명으로 옮겨 갔습니다. 그 공로로 말미암아 분노에 찬 심판자의 찡그린 얼굴이 사랑이 가득한 아버지의 따뜻한 미소로 바뀌었습니다. 타인의 의가 전가된 결과 나의 모든 죄가 도말되고 나의 모든 두려움이 소멸되었으며, 나의 모든 처지가 놀랍게 역전되었습니다. 이 모든 사실은 단순히 즐겁기만 한 것이 아니라 불가사의하고 놀랍습니다. 그것은 참으로 주님께서 행하신 놀라운 기적입니다.

이와 같이 죄의 전가로 인해 죄인이 되신 예수님은 슬픔과 비통함뿐 아니라 놀라운 고통까지 당하셔야만 했습니다. 그분의 슬픔에는 특별히 '놀람'이라는 요소가 있습니다. 예수님은 심히 놀라셨습니다(막 14:33 참고). 물론 그분이 그것을 전혀 예상하지 못하신 것은 아닙니다. 그러나 막상 그 일이 닥칠 때 그 모든 변화는 본질적으로 '놀라운' 것이었습니다. 그분은 아무런 결점도 없이 온전히 순결한 상태에서 모든 통탄할 죄에 대해 책임을 져야 하는 자리로 옮겨 가셨습니다. 온전하고 흠 없는 사랑을 가지고 언제나 순수하고 아름답고 선한 일을 행하심으로 성부 하나님의 칭찬과 사랑을 받는 상태에서(요 8:29 참고), 사랑과 행함에는 변함이 없지만 자신을 두려움과 공포로 몰아넣은 성부의 공의(성부의 뜻이 아니라면 가능한 피하고 싶었던)의 진노와 두려움을 정당한 것으로 받아들이는 상태로 옮겨 가셨습니다. 이로 인해 그분의 슬픔을 극도의 비통함과 두려움에까지 이르게 한 놀라움이 더해진 것이 분명합니다. 그리스도의 의 안에서 누리는 신자들의 기쁨이 놀라운 흥분과 설렘으로 배가되었다면, 대조적으로 하나님의 거룩하신 분이 타인의 죄로 말미암아 성부의 법정에서 정죄당하는 자리에 이르실 때 느꼈을 놀라움이 어떠했을지를 충분히 짐작할 수 있습니다.

④ 의로워진 신자는 그리스도의 의 안에서 기쁨을 찾습니다. 그 기쁨은 이 의가 신자 자신의 것이 아니라 가장 친밀한 사랑의 관계를 맺고 있는 머리이자 맏형이신 '나의 주 나의 하나님'의 의라는 사실로 말미암아 최고조로 고양된 기쁨입니다. 만일 이 의가 자신과 사랑의 관계가 전혀 없는 자나 장차 자신과 무관한 외인이나 소식을 다시는 들을 수 없는 자, 또는 적어도 우애나 사랑을 나눌 수 없는 자의 의라면, 그런 의가 전가된 신자의 기쁨은 훨씬 더 줄어들 것입니다.

신자는 하나님과 천사들 앞에서 자신의 모든 자랑인 예수님의 의를 마음으로 받아들일 때 말할 수 없는 영광으로 가득 찬 기쁨을 풍성히 누릴 수 있습니다. 그것은 언제나 죄인들의 연약한 심령에 힘을 주고, 죽음에서 건져 생명으로 이끄는 생수의 근원이 됩니다. 그것은 그들이 사랑하는 분이요 그들의 구원과 소망이 되시며 영원히 그들과 함께하실 분의 의입니다. 이 사실을 기억하는 데서 예수님의 의 안에서 누리는 기쁨의 은밀하고도 형언할 수 없는 환희가 우러나옵니다. 따라서 신자에게는 이 의가 자신의 의보다 훨씬 더 좋습니다. 이러한 의의 전가는 자신이 실제로 가지고 있는 것으로는 결코 누릴 수 없는 강력한 기쁨과 환희를 누리게 합니다.

그런데도 죄의 전가에 관한 이런 원리를 적용하지 못하고, 그리스도께 슬픔이 동반될 수 없다고 생각하는 것은 참으로 안타까운 일이 아닐 수 없습니다. 예수님께서 억지로 죄인의 자리와 책임을 떠맡으신 것이라면 사정이 많이 달라졌을 것입니다. 그러나 우리는 그분이 오직 사랑 때문에 그 죄가 전가되는 것을 받아들이셨음을 압니다. 오직 그 사랑 때문에 예수님은 하나님의 어린양으로서 세상 죄를 지셨습니다.

만약 예수님이 사랑하지 않는 자들의 죄를 대신 지셨다면, 그로 인한 슬픔도 훨씬 줄어들었을 것입니다. 혹은 자신이 범하지 않은 죄가 단순히 전가된 것이라면, 그것을 가벼운 마음으로 짊어지셨을지도 모른다고 조심스럽게 짐작해 볼 수도 있습니다. 그러나 그것은 그분이 형제라고 부르기를 거부하지 않고 조금도 부끄러워하지 않은 자의 죄이며, 그분의 자녀요 교회이며 그분이 참으로 사랑하는 자요 그분이 택하신 자, 어린양의 신부의 죄입니다. 그러므로 그분의 사랑은 영원한 선택적 사랑이며, 죄 많은 교회를 택하여 강력하고도 거룩한 사랑의 관계로 인도하신 사랑이요, 값없고도 주권적이며 자기희생적인 사랑입니다. 그분의 기쁨은 샛별들이 기뻐 노래하기 전에 교회와 함께했습니다. 그분은 교회를 자신의 마음과 팔에 도장을 새기듯이 교회의 죄를 자신의 것으로 새기셨습니다. 이스라엘의 거룩한 자가 죄로 삼으신 바 되신 것입니다. 그 죄는 그분이 친히 범한 것이 아니라 교회의 이름으로 그분의 것이 되었습니다. 그러하기에 죄의식이 없으신 그분의 영혼이 죄책감으로 심히 고민하여 죽게 된 것입니다(막 14:34 참고). 그분께서 자신이 '죄로 삼으신 바' 되었다는 사실을 실감하셨기 때문입니다.

예수님이 인격적으로 온전히 거룩하신 분이기 때문에 범죄자 중 하나로 헤아림을 받았다는 사실에 대해 특별한 슬픔을 느끼지 못하셨으리라고 생각해서는 안 됩니다.

신자가 그리스도의 전가된 의 안에서 기쁨을 누리지 못하는 것은 그가 죄인이기 때문이 아닙니다. 타인의 공로로 말미암아 믿음으로 의롭게 된 사람은 주님 안에서 기뻐하며 구원의 하나님을 즐거워할 수 있습니다. 모든 기쁨과 즐거움의 원천이 타인의 공로라는 사실은 그런 기쁨과 즐거움에 감탄과 놀라움을 더합니다. 더구나 그것이 사랑하는 친구의 의라는 사실은 이런 기쁨에 형언할 수 없는 즐거움과 가장 아름답고도 고결한 환희를 부여합니다. 참으로 아무것도 하지 않고서 하나님으로부터 의를 전가받은 사람은 복된 사람입니다.

"내가 여호와로 말미암아 크게 기뻐하며 내 영혼이 나의 하나님으로 말미암아 즐거워하리니 이는 그가 구원의 옷을 내게 입히시며 공의의 겉옷을 내게 더하심이 신랑이 사모를 쓰며 신부가 자기 보석으로 단장함 같게 하셨음이라"(사 61:10).

이제 이 대조의 다른 한편에 해당하는 슬픔(확실히 이 문제는 우리의 마음에 애통함을 줍니다, 슥 12:10 참고)에 관해 살펴보겠습니다. 우리가 누리고 있는 모든 기쁨과 풍성함이 바로 이 슬픔의 깊은 비통함과 고뇌에서 비롯됩니다. 우리는 그분에게 죄가 전가되었을 때에도 동일하게 그분의 거룩함이 슬픔과 번민을 막을 수 없었음을 알고 있습니다. 오히려 어떻게 그분의 슬픔에 특별한 두려움과 놀라움이 더해졌는지를 이해하게 됩니다. 전가된 죄가 자신의 것이 아니라 다른 사람들의 죄이기에 그러했습니다. 또한 그리스도께서 이 사람들을 자신에게 연합시키고 자신과 동일하게 여기신 사랑의 크기만큼 그분의 비통함도 깊고 끔찍할 수밖에 없었음을 깨닫게 됩니다. 그리스도는 성부의 공의가 그들에게 요구하는 모든 죄책을 그분이 결코 거절하지 않으신 죄인들의 이름으로 자신의 것으로 삼으셨습니다.

물론 임마누엘의 공로로 의롭다하심을 얻은 신자가 실제로 경험하는 기쁨이 예수님의 슬픔에 정확히 상응하는 것은 아닙니다. 죄인들의 대속주와 보증이신 그분의 슬픔에 정확히 상응하려면, 그것은 가장 순수한 형태요 완전한 수준의 기쁨이어야 합니다. 이 땅에서는 비교조차 할 수 없는 수준에 해당하는 무엇인가를 형성할 수 있는 근거를 가진 기쁨이어야만 합니다. 그러나 우리는 전가된 죄와 전가된 의 사이의 유비에 대해서는 충분히 살펴보았습니다. 의의 경우 자신의 것이 아니라 전가된 것인데도 그 의가 놀라운 기쁨과 의의 근거를 제공하였듯이, 죄의 경우도 자신의 것이 아니라 전가된 것이지만 그로 인한 놀라운 슬픔과 부끄러움이 경감될 수는 없습니다.

사실 이러한 유추가 헤아릴 수 없는 구주의 슬픔과 비통함의 깊이를 이해하는 데 줄 수 있는 도움은 미미합니다. 그것은 지식의 문제라기보다는 믿음의 문제입니다. 그러나 구원받은 사람의 기쁨을 통해 구속주의 슬픔을 가늠해 보는 이런 유추에 의한 방식이 옳다면, 다음과 같은 몇 가지 내용을 더 관찰할 수 있을 것입니다.

첫째, 신자들이 그리스도의 의를 발견하면 할수록, 그리고 믿음으로 자신의 것으로 만들면 만들수록, 그들은 그들의 의이신 주님 안에서 보장된 기쁨을 더욱 깊이 누리게 됩니다. 먼저 거룩하고도 절대적인 확신으로 말미암아 최고의 능력을 얻을 수 있는 신자의 믿음과 신앙적 의식을 생각해 보십시오. 그리고 더 나아가 신자로 하여금 자신에게 전가된 의가 지닌 도덕적 사랑스러움과 아름다움에 이르게 할 영광스러운 영적 통찰력을 생각해 보십시오. 이러한 통찰력은 자신이 이 영광스러운 구원의 옷을 입은 하나님의 소유가 되었음을 깨닫게 합니다. 그리하여 그의 기쁨이 그것을 흔들거나 빛을 잃게 만들려는 이 땅의 모든 세력을 능가하게 됩니다. 이러한 기쁨은 전가된 공로를 인식하는 정도만큼 커질 것입니다.

전가된 죄로 인해 나타나는 슬픔의 깊이를 측정하는 조건도 마찬가지입니다. 먼저 '절대적 확신'입니다. 이것은 일반적인 의미의 믿음과는 다른 개념으로서, 전가의 효력을 창출하는 확신이라고 할 수 있습니다. 다음으로 전가된 죄를 증오하고 도덕적으로 혐오하는 '근본적인 통찰력'입니다. 성부 하나님은 겟세마네 동산에서 예수님과 함께 이런 것들에 대해 나누셨습니다. 성부께서는 아들에게 그 잔에 담긴 모든 것을 알려 주셨습니다. 그러므로 그분에게 전가된 죄는 실상 엄중하고도 끔찍하며, "내가 매우 고민하여 죽게 되었으니"라고 말씀하실 만큼 심각한 것이었습니다.

둘째, 그리스도의 의 안에서 누리는 신자의 기쁨은 실제로 구속함을 입은 사람들을 위해 예비된 집에 들어가 지존하신 아버지 앞에 설 때 비로소 아무런 방해도 없는 순수하고도 절대적인 환희와 기쁨에 이르게 됩니다. 진실로 그들은 주님 안에서 그분의 의를 자랑하게 될 것이며, 주님의 의의 공로로 말미암아 영원한 생명에 들어가게 될 것입니다.

그렇다면 신자는 왜 자신이 수용할 수 있는 만큼만 기쁨을 누릴 수 있을까요? 여러 가지 이유가 있겠지만, 그중 하나는 신자의 순수하고도 거룩한 영적인 눈만이 자신을 빛으로 인도하는 탁월한 의의 감춰진 진가와 복을 볼 수 있기 때문입니다. 결국 신자의 온전한 거룩은 그리스도의 의 안에 있는 기쁨을 궁극적인 하늘의 광채로 덧입히는 것입니다.

아, 이 대조가 다시 한 번 감동적으로 적용되는 것을 볼 수 있지 않습니까? 인격적인 거룩함과 흠 없는 순결함은 그분이 더러운 옷을 입고 겪어야 했던 끔찍한 치욕과 고통(모든 죄를 지고 죄가 되어 범죄자로 여김을 받으신 고통)을 결코 경감시킬 수 없습니다. 결코 그렇게 할 수 없습니다. 예수님의 흠 없는 인격적 거룩함은 성부의 법정에서 그분이 죄인으로서 받아야 하는 모든 치욕에 극도로 민감하게 반응했습니다. 구주의 의 안에서 기뻐하는 신자는 죽어서 온전히 거룩함을 입고 영광으로 들어갈 때, 비로소 사랑하는 친구가 자기를 위해 베푸신 완전한 의의 영광스러운 심오함을 맛보게 됩니다. 그러나 죄가 전혀 없는 예수님은 (슬픔을 덜어 줄 것 같은) 그 무죄함으로 말미암아 오히려 자신에게 전가된 도덕적 악의 모든 추함과 더러움과 악함을 더욱 깊이 꿰뚫어 보게 되셨습니다. 그리고 그분의 영혼은 거룩한 만큼 더 놀라고 슬퍼하며 심히 고민하여 죽을 지경에 이르셨습니다.

셋째, 이 대조의 완성은 신자 한 사람의 기쁨과 모든 사람을 위해 죽으신 구주의 슬픔에 있지 않습니다. 이 땅에는 피로 씻어 구속함을 받아 기뻐하는 사람들이 얼마나 많은지 모릅니다. 한때는 배교자였지만 의롭다하심을 받은 죄인들, 구원받아 영원히 거룩하게 된 수없이 큰 무리가 하나님 안에서 누릴 구원의 기쁨의 크기를 어느 누가 측량할 수 있겠습니까? 이 엄청난 기쁨의 소리는 실로 크고도 오래갈 것이며, 영원할 것입니다. 그렇습니다. 그것은 다함이 없는 깊음으로부터 영원히, 그리고 갈수록 크게 솟구치는 많은 물의 요란함과 같을 것입니다. 예수님께서 당하신 슬픔으로 인해 우리가 누리는 기쁨의 규모가 이처럼 크다면, 예수님의 슬픔 역시 성령 안에서 영원토록 계속될 이 엄청난 양의 기쁨에 견줄 정도일 것입니다.

그러므로 우리는 마음을 찢고 슬퍼하며 머리 숙여 경배하는 동시에 조용하고도 나지막한 음성으로 "나의 고통과 같은 고통이 있는가"(애 1:12)라고 부르짖어야 하지 않겠습니까?

3장 고뇌의 기도

"예수께서 힘쓰고 애써 더욱 간절히 기도하시니 땀이 땅에 떨어지는 핏방울같이 되더라"(눅 22:44).

1. 기도의 사람이신 그리스도

겟세마네 동산에서 행해진 주님의 기도의 중요성에 대하여 고찰하기 전에 먼저 몇 가지 예비적 내용에 대해서 살펴보겠습니다.

첫째, 성경은 예수님을 기도의 사람으로 제시합니다. 우리는 그분의 사역의 초기 행적과 관련하여 다음과 같은 구절을 볼 수 있습니다.

"새벽 아직도 밝기 전에 예수께서 일어나 나가 한적한 곳으로 가사 거기서 기도하시더니"(막 1:35).

오천 명을 먹이신 후 예수님은 즉시 제자들을 재촉하여 자기가 무리를 보내는 동안에 배를 타고 앞서 건너편으로 가게 하시고, 무리를 보내신 후에 기도하러 따로 산에 올라가셨으며, 저물매 거기 혼자 계셨습니다(마 14:22,23 참고). 그분은 밤 사경(새벽 3시에서 6시)까지 그곳에 계시다가 물 위를 걸어서 제자들에게로 오시며 바람을 잠잠하게 하시는 놀라운 기적을 행하셨습니다(마 14:25-32; 막 6:47-51 참고). 이와 마찬가지로 예수님은 열두 명의 제자를 택하여 증인으로 삼으시기 전날 밤에도 기도하셨습니다.

"이때에 예수께서 기도하시러 산으로 가사 밤이 새도록 하나님께 기도하시고 밝으매 그 제자들을 부르사 그중에서 열둘을 택하여 사도라 칭하셨으니"(눅 6:12,13).

이 구절들은 예수님이 탁월한 기도의 사람임을 잘 보여 줍니다.

둘째, 예수님은 죄가 없다는 사실만 제외하면 모든 면에서 우리와 같이 되셨습니다. 모든 책무와 필요와 연약함의 면에서 자기 백성과 똑같이 되신 것은 구주께서 인간의 본성을 입으신 목적이었습니다. 그분은 죄는 없었지만 인간에게 해당하는 모든 것을 경험하셨고, 자신에게 전가된 죄를 짊어지고 인간의 모든 삶을 교감하며 체휼하셨습니다. 이처럼 모든 면에서 필연적으로 인간적인 연약함에 휩싸인 예수님은 오직 하나님만 의지할 수밖에 없었으며, 언제나 간절한 기도와 간구로 하나님께만 절대적으로 매달리셨습니다. 예수님은 여자에게서, 그리고 율법 아래 나셨습니다. 따라서 그분은 다른 규례나 의무에 관한 율법과 마찬가지로 기도의 법에도 순종하셔야 했습니다. 하늘로부터 주어지는 것들을 받기 위해서는 반드시 기도가 필요했습니다(겔 36:37 참고).

셋째, 그리스도께서 기도의 사람이 되실 수밖에 없었던 것은 그분이 성부 하나님과 맺은 언약의 조건 때문이었습니다. 그 언약으로 인해 그분은 특정한 의무를 지고 많은 약속의 상속자가 되었습니다. 그러나 이 약속을 성취하기 위해서 예수님은 기도로 구하셔야 했습니다. 자신을 위한 일이든 하나님의 나라를 세우는 일이든, 이러한 것들을 얻기 위해서는 반드시 성부께 기도하셔야만 했습니다.

예수님은 개인적으로 필요한 능력이나 은혜나 도움이나 위로를 모두 기도로 구하셔야 했습니다. 또한 그분의 죽으심의 열매나 하나님의 자녀들을 불러 모으시는 일 역시 기도가 필요했습니다. 예수님은 모든 일에 기도와 간구로, 자기 구할 것을 감사함으로 하나님께 아뢰어야만 했습니다. 그것은 예수님의 직무와 관련하여 그분이 해야 할 일이었습니다. 또한 그것은 메시아의 직무와 관련하여 시편 2편을 통해 그분에게 들려주신 명령이기도 합니다.

"내가 여호와의 명령을 전하노라. 여호와께서 내게 이르시되 너는 내 아들이라. 오늘 내가 너를 낳았도다. 내게 구하라. 내가 이방 나라를 네 유업으로 주리니 네 소유가 땅 끝까지 이르리로다"(시 2:7,8).

여호와께서 거룩한 자에게 말씀하신 시편 89편 26절 말씀 역시 하나님의 아들, 다윗의 자손이자 그의 주가 되시는 분의 기도에 관한 예언입니다.

"그가 내게 부르기를 주는 나의 아버지시요, 나의 하나님이시요, 나의 구원의 바위시라 하리로다."

넷째, 중보자의 직분과 관련하여 그리스도의 신성이 기도에 의존해야 하는 자리에 이르기까지 순종하신 것은 그분의 낮아지심이 지닌 진정한 본질을 잘 설명해 줍니다. 기도는 자신의 부족함과 연약함에 대한 고백입니다. 그런데 그리스도께서 신성을 지닌 영원한 하나님의 아들이신 것을 감안한다면, 이는 매우 독특한 일이 아닐 수 없습니다.

기도에 의존하신 그분은 육체로 오신 하나님이십니다. 참으로 그분은 낮아지신 하나님이십니다. 생각해 보십시오. 예수님은 과연 누구에게 자신의 연약한 인간적 본성에 필요한 은혜와 능력을 구하셨습니까? 그분은 자신의 연약함을 온전하게 할 능력과 충분한 은혜가 어떤 원천으로부터 공급되기를 갈망하고 기대했습니까? 그것은 분명히 신성으로부터 나옵니다. 성부의 신격 안에 있는 무한한 원천과 모든 충만함으로부터 나오는 것입니다.

그러나 예수님에게는 신성의 모든 충만이 육체로 거하지 않았습니까?(골 2:9 참고) 그런데 왜 그분은 직접, 그리고 즉시 이런 중보자적 신성이 가진 모든 능력과 위로의 원천을 사용하지 않고 성부께 기도하신 것입니까? 왜 진실로 하나님이신 그분이 자신의 연약한 인성이 신성과 연합함으로써 고양된 강력한 능력의 보고를 통해 즉시 풍성한 원천을 얻지 않으신 것입니까? 이 땅에 오신 예수 그리스도께서 자기 속에 거하는 신성으로 말미암는 하나님의 모든 충만하심을 직접 사용하셨다면, 성부 하나님께 간구하지 않고서도 필요한 은혜와 능력과 은사를 지체 없이 얻을 수 있지 않았겠습니까?

예수님은 기꺼이 연약한 인성을 위해 자신의 신적 원천으로부터 어떤 힘이나 능력을 충당하지 않고, 오직 아버지께로부터 오는 능력만을 겸손한 마음으로 간절히 구하고 기다렸습니다. 바울이 예수님에 대해 증언하는 놀라운 말씀 속에 이 사실이 잘 나타납니다.

"그는 근본 하나님의 본체시나 하나님과 동등 됨을 취할 것으로 여기지 아니하시고 오히려 자기를 비워 종의 형체를 가지사 사람들과 같이 되셨고 사람의 모양으로 나타나사 자기를 낮추시고 죽기까지 복종하셨으니 곧 십자가에 죽으심이라"(빌 2:6-8).

종의 형체를 가지사 사람들과 같이 되어 사람의 모양으로 나타나신 그분은 바로 하나님이십니다. 모든 신격의 속성들(신성이 줄 수 있는 모든 능력과 은혜와 은사)에 대한 권한이 전적으로 그분의 뜻에 달려 있습니다. 하나님이자 사람이신 그분은 신성을 통해 피조물에게 생명의 유지와 번영에 필요한 것들을 공급하신 것처럼 자신의 인성에도 이런 것들을 얼마든지 공급하실 수 있습니다. 그분이 그렇게 하신다고 하더라도 그것은 결코 '도둑질'이 아니었습니다.

그런데도 그분은 자신을 비우셨습니다. 낮아지신 그분은 그런 식으로 인성의 필요를 채우시지 않았습니다. 그분은 '사람의 모양으로' 나타나셨으며, 비록 감추어져 있으나 여전히 지니고 계신 신성의 능력을 자신을 위해 사용하는 것을 포기하셨습니다. '하나님의 형체'를 입으신 그분은 하나님의 특권을 소유하고 보여 주며 행사하실 수 있었습니다. 그러나 그분은 오히려 '종의 형체'를 취하고 종의 직분에 충실히 복종하셨습니다. 하나님의 모양은 감추어지고 종의 모양만 나타났던 것입니다. 그래서 그분은 참으로 하나님이시면서도 인간의 연약함과 궁핍함이 온전히 그분의 것이 되었습니다. 성부 하나님의 신성만이 그분의 피난처요 힘이며 모든 환난 날의 도움이 되었습니다.

그러하기에 예수님은 기도하셨습니다. 그분에게는 기도가 필요했습니다. 왜냐하면 예수님께서 낮아지심을 통해 자신을 비우셨으며, 오직 성부 하나님께만 그분을 도울 수 있는 모든 능력이 있었기 때문입니다. 그분이 행하신 기적도 모두 성부의 능력으로 행해진 것입니다.

"내 아버지께서……일하시니"(요 5:17).

그분은 기도를 통해 이러한 힘을 얻었습니다. 우리는 예수님께서 나사로를 부활시킨 놀라운 기적을 통해 이 사실을 확인할 수 있습니다.

"눈을 들어 우러러보시고 이르시되 아버지여 내 말을 들으신 것을 감사하나이다. 항상 내 말을 들으시는 줄을 내가 알았나이다. 그러나 이 말씀하옵는 것은 둘러선 무리를 위함이니 곧 아버지께서 나를 보내신 것을 그들로 믿게 하려 함이니이다. 이 말씀을 하시고 큰 소리로 나사로야 나오라 부르시니"(요 11:41-43).

성부의 능력으로 이 놀라운 일이 일어났습니다. 그것은 기도의 응답이었습니다. 예수님은 마음으로 기도하셨으며, 은밀한 가운데 기도의 응답을 감지하셨습니다. 혹 그분이 성부와 기도로 교통하는 것을 곁에 서 있는 사람들만 들었을지도 모릅니다. 그러나 예수님은 이렇게 말씀하심으로써 그들로 하여금 성부 하나님이 자신을 보내시고 이런 기적을 행하신다는 것을 믿게 하려 하셨습니다.

그러므로 그리스도의 낮아지심의 본질은 그분이 기도해야만 하는 필요성과 본질에 대해 설명해 주는 동시에, 그분과 마찬가지로 모든 믿는 사람들에게도 기도가 반드시 필요함을 보여 줍니다. 그분은 신성에 속한 모든 능력을 사용하실 권리를 포기하시고는 가난하고 연약한 자녀들처럼 가난하게 되셨습니다. 그분에게는 그들이 의지할 수밖에 없는 성부의 약속과 신성의 풍성함만이 남았습니다. 그분은 모든 면에서 참으로 우리와 같이 되셨습니다. 그러고 나서 그분은 우리와 같은 본성 안에서 높아지심으로 모든 신적 특권과 영광을 다시 취하셨으며, 성부의 영광과 자신의 영광을 위해 하나님의 아들에게 주어진 모든 것들을 자신의 뜻대로 행사하실 수 있는 권리를 회복하셨습니다.

"아버지여 창세전에 내가 아버지와 함께 가졌던 영화로써 지금도 아버지와 함께 나를 영화롭게 하옵소서"(요 17:5).

이처럼 그분이 형제들과 같이 되시기 위해서 자신을 낮추신 것처럼, 인성 안에서 높아지심으로 말미암아 우리도 그와 같은 자리에 이를 수 있게 되었습니다. 이런 사실은 "내게 주신 영광을 내가 그들에게 주었사오니"(요 17:22)라는 중보 사역에 잘 나타납니다.

2. 겟세마네 기도에 대한 고찰

이제 겟세마네에서 행해진 기도에 대해 살펴보겠습니다. 여기서 우리가 주목해야 할 점이 세 가지 있습니다. 첫째는 기도의 주제이고, 둘째는 기도의 본질이며, 셋째는 기도의 결과입니다.

1) 기도의 주제(내용)

이 기도의 주제 혹은 내용에 대해 살펴봅시다.

"내 아버지여, 만일 내가 마시지 않고는 이 잔이 내게서 지나갈 수 없거든 아버지의 원대로 되기를 원하나이다"(마 26:42).

우리는 이 구절을 '하나님의 뜻에 대해 수동적으로 참고 따르겠다는 포기와 복종'의 표현 정도로 여깁니다. 실제로 예수님께서 사용하신 표현이 그런 의미로 사용되기도 합니다. 선지자 아가보가 예루살렘에서 바울에게 일어날 일에 대하여 예언하는 것을 듣고서 사도 바울의 동역자들은 바울에게 목적지를 바꾸라고 간절히 요청했습니다(행 21:10-12 참고). 그러나 바울이 그 말을 듣지 않자 그들은 "주의 뜻대로 이루어지이다"(행 21:14)라고 했습니다. 상황을 바꿀 수 없다고 생각한 그들은 어쩔 수 없는 묵종의 뜻을 드러냈습니다. 그들은 바울이 예루살렘에 올라가는 것을 받아들이지 않을 수 없었던 것입니다.

그러나 예수님의 기도에는 그 이상의 의미가 담겨 있습니다.

"내 아버지여……아버지의 원대로 되기를 원하나이다."

예수님은 제자들에게 "하늘에 계신 우리 아버지여……뜻이 하늘에서 이루어진 것같이 땅에서도 이루어지이다"(마 6:9,10)라고 기도하라고 명하셨습니다. 이것은 천사들이 하늘에서 하듯이 우리가 모든 일에서 하나님의 뜻을 기꺼이 알고 복종하며 순종하겠다고 기도하라는 뜻입니다. 이와 같이 예수님도 지금 하나님의 뜻이 반드시 이루어져야만 한다는 긍정적이고도 강한 열망을 표현하고 계신 것입니다. 예수님은 처음에 "내 아버지여, 만일 할 만하시거든 이 잔을 내게서 지나가게 하옵소서"(마 26:39)라고 기도하실 때보다 더욱 간절히 이렇게 기도하셨습니다. 그분은 야곱이 언약의 천사가 자신을 축복하지 않을 때 몸부림치며 부르짖었던 기도보다 더욱 '간절한 부르짖음과 눈물로' 기도했습니다. 그것은 실로 피땀 어린 기도였습니다. 만일 그분의 표현을 피할 수 없는 잔을 기꺼이 마시겠다는 정도로만 이해한다면, 우리는 그리스도의 마음을 온전히 알았다고 할 수 없습니다. 구주께서는 지금 하나님의 뜻이 반드시 이루어지기를 강력히 소원하고 계십니다.

그렇다면 하나님의 뜻은 무엇입니까? 본문에는 두 가지 내용이 명확하게 대조되어 나타납니다.

"내 아버지여, 만일 내가 마시지 않고는 이 잔이 내게서 지나갈 수 없거든 아버지의 원대로 되기를 원하나이다."

예수님은 이 잔이 자신에게서 지나가지 않는 것이 아버지의 뜻이므로 자신이 기꺼이 그것을 마시겠다고 말씀합니다. 이 잔을 마심으로써 아버지의 뜻이 이루어지기를 원한다는 것입니다. 양이나 방식 면에서 아버지의 모든 뜻을 온전히 이룸으로써 아버지의 가장 거룩하고도 은혜로우며 영원하신 목적이 확실히 성취되도록 하시겠다는 것입니다.

"오, 내 아버지여, 아버지의 뜻이 이루어지기를 원합니다. 아버지는 제사와 예물이 아니라 나를 위하여 한 몸을 예비하셨습니다. 죄를 위한 번제와 희생에서 주님은 아무런 기쁨도 얻지 못하셨습니다. 그러나 주여, 내가 왔습니다. 두루마리 책에 나를 가리켜 기록된 것과 같이 하나님의 뜻을 행하러 왔습니다. 이런 아버지의 뜻에 따라 나의 몸을 단번에 드림으로 말미암아 아버지께서 나에게 주신 사람들이 거룩하게 될 것입니다. 그러므로 나는 그들을 위하여 나를 거룩하게 합니다. 즉, 그들의 죄를 위한 희생 제물이 됨으로써 그들이 거룩해지고 세상과 구별되며, 아버지께 거룩하게 바쳐질 것입니다(히 10:5-10; 요 17:19 참고)."

아버지의 뜻은 예수님께서 죄를 위하여 대속물이 되심으로 그분을 죄로 삼으시는 것입니다.

"하나님이 제사와 예물을 원하지 아니하시고 오직 나를 위하여 한 몸을 예비하셨도다……내가 하나님의 뜻을 행하러 왔나이다"(히 10:5,9).

또한 아버지의 뜻은 교회가 거룩해지는 것입니다. 한마디로 영원한 구원을 받고 다함 없는 기쁨을 누리는 것입니다.

"이 뜻을 따라……우리가 거룩함을 얻었노라"(히 10:10).

그러므로 예수님의 기도에는 두 가지 내용이 담겨 있습니다.

첫째, 예수님은 죽음을 앞두고 하나님의 모든 뜻과 명령을 감당할 수 있도록 충분한 도움과 은혜를 달라고 기도하고 있습니다. 이러한 죽음은 그분의 언약적 내용이 자신이 자신에게 주어진 짐을 수동적으로 지기만 하는 것이 아니라 능동적이고도 자발적이며 순종하는 마음으로 자신을 하나님께 드리고 자신의 영혼을 죽음에 이르게 함으로써 속건제가 되시는 것임을 보여 줍니다. 그러므로 그분은 죽음을 앞두고서 성령의 교통하심과 믿음과 사랑과 열심 등의 신적 은혜의 방편들과 하나님과 교회를 향한 진실한 사랑을 통해 하나님의 뜻에 순종할 뿐만 아니라 끝까지 열정적으로 순종하기를 기도하셨습니다. 왜냐하면 모든 고난을 기꺼이 감당하시려는 능동적 헌신의 자세와 순종하는 마음으로 모든 고통과 고난을 안고 '의인으로서 불의한 자를 대신하는 죽음'(벧전 3:18 참고)을 죽는 한, 그분께서 승리하실 것이기 때문입니다. 그분은 자발적이고도 능동적으로 죽으심으로써 죽음을 정복하고 죽음으로부터 구원받으실 수 있었습니다. 그러므로 성경은 이러한 그분의 기도에 대해 이렇게 말합니다.

"그는 육체에 계실 때에 자기를 죽음에서 능히 구원하실 이에게 심한 통곡과 눈물로 간구와 소원을 올렸고 그의 경건하심으로 말미암아 들으심을 얻었느니라"(히 5:7).

이것은 예수님이 죽음에서 구원을 얻기 위해 기도하셨다는 의미가 아니라 죽음을 통해 구원을 얻으셨다는 뜻입니다. 그분은 죽음을 통해 죽음을 이기고 승리하심으로써 죽음의 집어삼킴에서 구원받으셨습니다. 예수님은 한없이 풍성한 은혜 안에서 성부의 명령을 사랑하고 순종하는 마음으로 능히 죽음과 맞서게 하시는 분에게 양 떼를 위하여 목숨을 내놓을 수 있게 해 달라고 기도하셨습니다. 예수님은 한없는 사랑을 행할 수 있게 하시는 하나님께 '죽기까지 복종하심'(빌 2:8 참고)으로 죄인을 위한 대속물을 드릴 수 있게 해 달라고 기도하셨습니다. 예수님이 이와 같이 거룩한 순종의 결심으로 기꺼이 죽음을 받아들이고 죽음에 맞서시는 한, 그리고 이러한 순종이 지속되는 한 결코 죽음에 정복당하지 않습니다. 그분의 순종이 '죽음에까지' 이르는 것이기 때문에, 바로 이런 죽음을 통해 '죽음으로부터 구원'받고 사망의 권세를 잡은 자를 멸하시게 된 것입니다.

따라서 연약한 가운데 예수님은 하나님에게서 오는 능력이 새롭게 공급되기를 기도했습니다. 그분은 자신에게 부과된 교회의 죄와 그에 따른 하나님의 진노와 보응의 형벌, 또는 진노 아래 공의의 희생물이 되어 하나님께 향기로운 제물로 바쳐지는 일이 연약한 인성으로 감당하기에는 너무나 큰 짐이며, 흠 없는 순종으로 이런 시련에서 벗어나기에는 벅차다고 생각하셨습니다. 그러하기에 그분은 간절히 하나님을 찾았습니다. 그분은 번민하고 고통하며 하나님과 씨름하였습니다. 그분은 많은 눈물과 부르짖음으로 간구와 기도를 드렸습니다. 그분은 거룩한 두려움에 사로잡혔습니다.

"누가 주의 노여움의 능력을 알며 누가 주의 진노의 두려움을 알리이까"(시 90:11).

이러한 두려움으로 미루어 볼 때 적어도 메시아께서는 우리가 알 수 없는 성부의 진노의 위력을 실감하셨던 것 같습니다. 그분은 떨며 당황하셨습니다. 그분은 땅바닥에 주저앉으셨습니다. 그분의 기도로 이루어진 시편 40편에서 그분은 "내가 주의 뜻을 행하러 왔나이다"(8절 참고)라고 말씀하셨으며, 자신에게 전가된 백성의 죄에 대하여 "수많은 재앙이 나를 둘러싸고 나의 죄악이 나를 덮치므로 우러러볼 수도 없나이다"(12절 참고)라고 부르짖으셨습니다. 그리고 그에 따른 진노를 생각하며 "여호와여 은총을 베푸사 나를 구원하소서. 여호와여 속히 나를 도우소서……나는 가난하고 궁핍하오나 주께서는 나를 생각하시오니 주는 나의 도움이시요 나를 건지시는 이시라. 나의 하나님이여 지체하지 마소서"(13, 17절)라고 외치셨습니다.

예수님께서 얼마나 간절하고 강력하게 부르짖으며 아버지의 도움을 구하셨는지는 메시아를 예언하는 것이 분명한 예언시에 포함된 메시아의 기도에 잘 나타납니다. 여러분이 잘 아는 대로 시편 22편과 69편이 이에 해당합니다. 우리는 이 시편에서 예수님의 기도를 찾을 수 있습니다.

"하나님이여 나를 구원하소서. 물들이 내 영혼에까지 흘러 들어왔나이다. 나는 설 곳이 없는 깊은 수렁에 빠지며 깊은 물에 들어가니 큰 물이 내게 넘치나이다. 내가 부르짖음으로 피곤하여 나의 목이 마르며 나의 하나님을 바라서 나의 눈이 쇠하였나이다……여호와여 나를 반기시는 때에 내가 주께 기도하오니 하나님이여 많은 인자와 구원의 진리로 내게 응답하소서. 나를 수렁에서 건지사 빠지지 말게 하시고 나를 미워하는 자에게서와 깊은 물에서 건지소서. 큰 물이 나를 휩쓸거나 깊음이 나를 삼키지 못하게 하시며 웅덩이가 내 위에 덮쳐 그것의 입을 닫지 못하게 하소서. 여호와여 주의 인자하심이 선하시오니 내게 응답하시며 주의 많은 긍휼에 따라 내게로 돌이키소서. 주의 얼굴을 주의 종에게서 숨기지 마소서. 내가 환난 중에 있사오니 속히 내게 응답하소서. 내 영혼에게 가까이하사 구원하시며 내 원수로 말미암아 나를 속량하소서……오직 나는 가난하고 슬프오니 하나님이여 주의 구원으로 나를 높이소서"(시 69:1-3, 13-18, 29).

"나를 멀리하지 마옵소서. 환난이 가까우나 도울 자 없나이다……나는 물같이 쏟아졌으며 내 모든 뼈는 어그러졌으며 내 마음은 밀랍 같아서 내 속에서 녹았으며 내 힘이 말라 질그릇 조각 같고 내 혀가 입천장에 붙었나이다. 주께서 또 나를 죽음의 진토 속에 두셨나이다……여호와여 멀리하지 마옵소서. 나의 힘이시여 속히 나를 도우소서. 내 생명을 칼에서 건지시며 내 유일한 것을 개의 세력에서 구하소서"(시 22:11,14,15,19,20).

"여호와여 주의 긍휼을 내게서 거두지 마시고 주의 인자와 진리로 나를 항상 보호하소서. 수많은 재앙이 나를 둘러싸고 나의 죄악이 나를 덮치므로 우러러 볼 수도 없으며 죄가 나의 머리털보다 많으므로 내가 낙심하였음이니이다"(시 40:11,12).

이 기도에 공통적으로 들어가는 한 가지 변하지 않는 소망은, 하나님의 뜻을 온전히 이룰 수 있도록 하나님의 도우심과 은혜와 보호하심을 구하는 것입니다. 그분의 가장 큰 근심은 하나님께서 예비하신 몸을 입고서 그 뜻을 온전히 수행하지 못하고 실패하거나 흔들리는 것이었습니다. 그래서 그분은 자신의 힘으로 교회에 대한 저주와 교회의 죄에 대한 성부의 진노를 짊어지지 못하는 일이 없도록 언약의 하나님의 도우시는 능력을 간구하였습니다. 이 사역이 그분에게 매우 소중한 것이기에 그분은 그 일을 능히 감당하게 해달라고 고뇌하며 기도했습니다. 아버지의 뜻에 따라 이 사역이 그분에게 주어졌고, 그분은 '아버지의 뜻이 이루어지이다'라고 간절히 부르짖었습니다.

둘째, 이 기도에 함축되어 있는 또 한 가지 요소는 사역의 열매, 즉 하나님의 백성들을 구원하심으로써 얻게 되는 하나님의 영광입니다. 왜냐하면 성경은 이런 하나님의 뜻에 대해 "이 뜻을 따라 예수 그리스도의 몸을 단번에 드리심으로 말미암아 우리가 거룩함을 얻었노라"(히 10:10)라고 말하기 때문입니다. 그러므로 예수님의 기도에는 구별되어 하나님께 바쳐짐으로써 최종적이고도 완전한 구원을 받는 교회의 거룩에 대한 간구가 포함됩니다. 그분은 하나님의 뜻을 이룸으로써 많은 자녀가 영광에 이르는 언약의 성취라는 열매를 맺게 해 달라고 기도하였습니다. 그러므로 앞에서 인용한 시편에는 예수님께서 받으실 고난과 속죄의 세례를 위해 은혜를 간구하는 내용 곳곳에 그분의 백성을 위하여, 그리고 그들의 구원을 위하여 드리는 간구가 나타나 있습니다. 이것은 자신이 실패하면 교회의 모든 구원의 소망이 끊기게 될 것이라는 생각으로 커진 염려를 반영하고 있습니다.

그러므로 그분은 시편 69편에서 자신이 범하지 않았으나 자신에게 전가된 죄와 그에 따른 형벌을 자신의 것으로 끌어안고 모든 책임을 대신 지는 대속물을 묘사하면서 이렇게 고백합니다.

"내가 빼앗지 아니한 것도 물어 주게 되었나이다. 하나님이여, 주는 나의 우매함을 아시오니 나의 죄가 주 앞에서 숨김이 없나이다. 주 만군의 여호와여 주를 바라는 자들이 나를 인하여 수치를 당하게 하지 마옵소서"(4-6절).

또한 이어지는 구절에서는 자신이 간구한 모든 풍성한 은혜와 자기 백성들의 완전한 속죄와 아버지의 공의가 온전히 만족되리라는 영광스러운 결과를 기대하면서 이렇게 말씀하십니다.

"곤고한 자가 이를 보고 기뻐하나니 하나님을 찾는 너희들아 너희 마음을 소생하게 할지어다"(32절).

시편 40편에 나타난 그분의 기도에서도 같은 내용이 발견됩니다.

"여호와여, 은총을 베푸사 나를 구원하소서. 여호와여 속히 나를 도우소서……주를 찾는 자는 다 주 안에서 즐거워하고 기뻐하게 하시며 주의 구원을 사랑하는 자는 항상 말하기를 여호와는 위대하시다 하게 하소서"(시 40:13,16).

여기서 그리스도는, 모든 은혜 가운데 하나님의 뜻에 순종하게 하시고, 그리하여 자신을 드림이 실로 하나님께 열납되는 측량할 수 없이 귀한 희생 제물이 되어 여호와와 그 얼굴을 구하는 모든 사람에게 한없는 소망과 구원의 근거가 되며, 하나님의 구원을 사모하는 모든 사람들이 기뻐 노래하며 영원히 여호와의 위대하심을 찬양하는 놀라운 구원의 근원이 되게 해 달라고 기도하십니다.

그러므로 가장 경이로운 이 기도에는 두 가지 주제가 담겨 있습니다. 첫째, 주 예수님은 제사장으로서 영원한 성령을 통하여 자신을 흠 없는 희생 제물로 하나님께 드리는 사명에 '죽기까지 복종'(빌 2:8)하시기 위해 필요한 모든 은혜를 간구하고 있습니다. 둘째, 예수님은 자신의 백성들의 영원한 구원과 그로 말미암아 드러나게 될 아버지의 영광을 간구하고 있습니다.

'하나님의 뜻'은 그리스도의 몸을 단번에(once for all) 제물로 드리는 것이었습니다. 그러므로 주님께서는 이 일을 수행하기 위해 필요한 모든 도움을 구했습니다. 또한 '하나님의 뜻'은 자신의 백성들의 거룩함과 온전함을 이루는 것이었습니다. 이것 역시 그분의 기도의 주제였습니다. "아버지의 원대로 되기를 원하나이다"라고 말씀하실 때 예수님은 이 두 가지를 염두에 두고 기도하신 것입니다.

2) 기도의 본질

이번에는 겟세마네 기도의 본질에 대해서 살펴보겠습니다. 예수님의 기도는 한마디로 끈질긴 믿음의 기도였습니다. 믿음과 끈기의 기도였다는 것입니다.

(1) 믿음의 기도

하나님의 영원한 아들이신 예수님은 '믿음의 사람'이었습니다. 그분은 성육신하심으로써 오직 믿음으로만 자신을 지탱할 수 있는 본성과 지위를 취하셨습니다. 그분께는 영광스러운 신성이 거하셨지만, 그분이 순종하신 낮아지심으로 인하여 믿음으로 사는 것이 필요하고, 또 가능했습니다. 그분은 근본 하나님의 본체시나 자기를 비워 종의 형체를 가지사 사람들과 같이 되셨습니다(빌 2:6,7 참고). 그분은 죄가 없으신 것만 제외하면 모든 면에서 자신의 형제들과 같이 되셨습니다. 히브리서 기자는 인간이 되신 그리스도 예수의 믿음에 대해 '살아 계신 교회의 머리이신 그분이 성도들과 완전히 같아지셨다'고 증언합니다.

"거룩하게 하시는 이와 거룩하게 함을 입은 자들이 다 한 근원에서 난지라. 그러므로 형제라 부르시기를 부끄러워하지 아니하시고, 이르시되 내가 주의 이름을 내 형제들에게 선포하고 내가 주를 교회 중에서 찬송하리라 하셨으며, 또다시 내가 그를 의지하리라 하시고 또다시 볼지어다 나와 및 하나님께서 내게 주신 자녀라 하셨으니"(히 2:11-13).

하나님께 대한 예수님의 믿음은 오히려 자신을 비난하는 구실을 제공할 만큼 매우 특별하고 열정적이었습니다.

"나를 보는 자는 다 나를 비웃으며 입술을 비쭉거리고 머리를 흔들며 말하되 그가 여호와께 의탁하니 구원하실 걸, 그를 기뻐하시니 건지실 걸 하나이다"(시 22:7).

이것은 성령에 의해 예언된 말씀입니다. 그리고 이것은 문자적으로 성취되었습니다.

"그와 같이 대제사장들도 서기관들과 장로들과 함께 희롱하여 이르되……그가 하나님을 신뢰하니 하나님이 원하시면 이제 그를 구원하실지라"(마 27:41,43).

그분의 믿음은 대적에게조차도 독특했습니다.

이러한 믿음의 기도에는 말씀과 성령이 필요합니다. 그 기도는 성령 안에서 행하는 기도요 말씀을 따르는 기도였습니다. 모든 성도의 기도 역시 그래야만 합니다. 교회의 머리이신 예수님도 우리와 동일한 율법 아래 계시며, 그래서 예수님도 성령으로 기도하셔야 응답을 받았습니다. 예수님도 자기 속에 하나님의 말씀이 거해야 원하는 것을 구하여 받으실 수 있었습니다. 언약(그분의 모든 삶과 죽음과 부활이 이 언약 아래서 진행되었습니다)은 말씀을 풍성히 제공합니다. 여호와께서 그리스도에게, 즉 하나님께서 우리 주님께 이렇게 말씀하셨습니다.

"여호와께서 이르시되 내가 그들과 세운 나의 언약이 이러하니 곧 네 위에 있는 나의 영과 네 입에 둔 나의 말이 이제부터 영원하도록 네 입에서와 네 후손의 입에서와 네 후손의 후손의 입에서 떠나지 아니하리라 하시니라. 여호와의 말씀이니라"(사 59:21).

① 예수님께서 말씀에 대한 보증을 가지고 기도하셨습니까? 그분이 여호와의 약속에 호소하셨습니까? 그분이 "주의 종에게 하신 말씀을 기억하소서. 주께서 내게 소망을 가지게 하셨나이다"(시 119:49)라고 말씀할 수 있는 분으로서 호소하셨습니까? 아마도 확실히 그러할 것입니다. 예수님은 성부의 도우시는 힘을 구하실 때 오직 성부의 언약에만 호소하였습니다.

"내가 붙드는 나의 종, 내 마음에 기뻐하는 자 곧 내가 택한 사람을 보라. 내가 나의 영을 그에게 주었은즉 그가 이방에 정의를 베풀리라……그는 쇠하지 아니하며 낙담하지 아니하고 세상에 정의를 세우기에 이르리니 섬들이 그 교훈을 앙망하리라"(사 42:1,4).

또한 여호와께서는 선지서에서 '사람들이 멸시한' 그분에 관해 "은혜의 때에 내가 네게 응답하였고 구원의 날에 내가 너를 도왔도다. 내가 장차 너를 보호하여 너를 백성의 언약으로 삼으며"(사 49:8)라고 말씀하셨습니다. 그러하기에 그분은 믿음으로 다음과 같이 말씀하셨습니다.

"주 여호와께서 나를 도우시므로 내가 부끄러워하지 아니하고 내 얼굴을 부싯돌같이 굳게 하였으므로 내가 수치를 당하지 아니할 줄 아노라. 나를 의롭다 하시는 이가 가까이 계시니 나와 다툴 자가 누구냐. 나와 함께 설지어다. 나의 대적이 누구냐. 내게 가까이 나아올지어다. 보라 주 여호와께서 나를 도우시리니 나를 정죄할 자 누구냐. 보라 그들은 다 옷과 같이 해어지며 좀이 그들을 먹으리라"(사 50:7-9).

그렇습니다. 메시아에게는 풍성한 약속이 있습니다. 그것은 그분 안에서 모두 '예'와 '아멘'이 되는, 매우 위대하고도 소중한 약속들입니다. 그러므로 그분의 기도는 단지 여호와께서 말씀하신 것들을 요구한 것에 불과합니다.

② 그리스도의 기도가 말씀을 따르는 기도일 뿐만 아니라 성령 안에서 드린 기도입니까? 우리는 그분에게 하나님의 영이 한량없이 주어졌다는 사실을 알고 있습니다. 그러므로 그분은 성령 안에서 기도하신 것이 틀림없습니다. 모든 신자는 그리스도로부터 성령을 약속받았습니다. 성령은 그리스도께서 각 사람에게 나누어 주신 은사에 따라, 그 영을 한없이 받은 살아 계신 머리로부터 교회에 주어집니다. 그리고 신자에게 거하시는 성령이 은혜와 간구의 영이라면, 예수 그리스도 안에서도 성령은 모든 충만과 효과적인 역사하심을 통해 동일하게 은혜와 간구의 사역을 행하실 것입니다.

사실 성경에는 예수님이 성령 안에서 기도하셨다는 표현이 명백히 나타나지 않습니다. 그러나 그런 추론은 얼마든지 가능하며, 또 그렇게 추론할 수밖에 없습니다. 사도는 성령이 우리의 연약함을 도우시며 하나님의 뜻에 따라 말할 수 없는 탄식으로 우리를 위하여 친히 간구하신다고 말합니다(롬 8:26 참고). 이 말씀을 염두에 두고서 이제 나사로의 무덤 앞에 서 계신 예수님 곁에 잠시 서 봅시다. 그리고 예수님께서 자신의 기도에 응답하신 아버지께 올리는 감사의 음성을 들어 봅시다.

"아버지여 내 말을 들으신 것을 감사하나이다. 항상 내 말을 들으시는 줄을 내가 알았나이다"(요 11:41,42).

그러나 앞의 구절들을 살펴보면 예수님께서 기도했다는 내용이 전혀 없음을 알 수 있습니다. 다만 그보다 몇 구절 앞에서 예수님은 마리아가 우는 것과 또 함께 온 유대인들이 우는 것을 보시고 성령으로 탄식하셨을 뿐입니다.[1] 그런데 이것을 예수님께서 나중에 자신의 기도에 대해 언급하신 것과 바울이 하나님의 자녀들이 기도할 때 성령께서 역사하시는 일에 관해 언급한 구절[2]과 연결해 본다면, 예수님께서 '성령으로 탄식'하신 것이 비록 큰 소리로 부르짖으신 것은 아닐지라도 눈물을 흘리시며(요 11:35 참고) 성령으로 기도와 간구를 올렸을 것이라고 추론해 볼 수 있지 않겠습니까? 예수님은 자신의 말을 들으시는 아버지께 기도하여 응답을 받고 즉시 감사를 드렸으며, 아버지께 받은 바 죽은 사람에게 생명을 불어넣는 능력을 발휘하셨습니다. 진실로 교회에 내주하신 은혜와 간구의 영이 바로 그들의 마음속에서 '아빠, 아버지'(갈 4:6)라고 부르짖고 있는 성자의 영입니다. 이와 같이 예수님도 분명히 동일한 성령 안에서 "아빠 아버지여, 아버지의 뜻이 이루어지이다"라고 부르짖으셨습니다.

성도가 아들의 형상을 본받기 위해서는 모든 면에서 자신들과 같이 되신 그분을 더욱 많이 닮아야 하지 않겠습니까! 이것은 매우 중요한 사실입니다. 그리스도는 기도의 사람입니다. 그러므로 성도들도 마땅히 기도의 사람이 되어야 합니다. 그리스도의 기도는 믿음의 기도입니다. 그러므로 성도들의 기도도 믿음의 기도이어야 합니다. 그리스도의 믿음의 기도는 성령의 능력 안에서, 말씀의 보증 또는 약속을 따르는 기도입니다. 따라서 성도들도 성령 안에서, 그리고 그들 속에 거하는 주님의 말씀을 따라 기도해야 합니다.

---

1) 역자주 – 개역개정 성경에는 "심령에 비통히 여기시고"(요 11:33)로 번역되어 있습니다.
2) 롬 8:26 오직 성령이 말할 수 없는 탄식으로 우리를 위하여 친히 간구하시느니라.

(2) 끈질긴 기도

그리스도의 기도는 믿음의 기도인 동시에 끈질긴 기도였습니다. 그것은 결코 마다할 수 없는 간절한 기도였습니다. 그것은 하나님을 향해 강력하고도 큰 소리로 부르짖는 기도였습니다. 그것은 눈물의 기도이자 피맺힌 기도였습니다.

"땀이 땅에 떨어지는 핏방울같이 되더라"(눅 22:44).

지금까지 어느 누구도 하나님께 이렇게 기도한 적이 없습니다. 언약의 천사와 씨름하면서 자신을 축복하지 않으면 결코 보내지 않겠다고 한 야곱의 기도도 간절하고 끈질기며 성공적인 기도였습니다. 그러나 예수님께서 씨름하고 분투하며 번민하신 기도는 하늘도, 땅도 보지 못한 기도였습니다. 그분은 아버지의 율법을 준수하고 수많은 사람들을 영원히 구원하는 일과 관련하여 성부 하나님을 영화롭게 할 책임을 지고 있었습니다. 그분이 이 모든 것들을 책임질 수 있는 방법은 한 가지뿐이었습니다. 그것은 피조된 본성(영과 육)에 주어진 모든 능력과 기능 안에서 하나님의 공의를 만족시킬 뿐만 아니라 예수님께서 대신하여 자신을 내주신 자들의 두 번째 사망(영원한 죽음)에 상응하는 의를 이루기 위해 모든 고난을 당하시는 것이었습니다.

그분은 바로 이런 공의에 대하여 놀라고 두려워하였으며 심히 고민하여 죽기까지 되었습니다. 우리와 같이 모든 신체적 고통에 극도로 민감한 육체를 입었을 뿐만 아니라, 지극히 거룩하고도 전능하신 분의 노여움으로 임하게 될 영적인 고통에 훨씬 더 민감할 수밖에 없는 순결한 영혼을 가진 그분이 부딪치게 될 그처럼 끔찍한 운명을 생각해 본다면, 그분에게 그런 반응은 지극히 당연할 것입니다. 그분은 깊은 영적 고뇌에 빠졌습니다. 그리고 다가올 십자가를 순종하며 견디는 영원한 기적을 위해 하나님의 도우심을 간절히 구하는 기도에 매달렸습니다.

자기 백성을 향한 그분의 사랑은 영원한 사랑이었습니다. 그분은 자신이 얼마나 끔찍한 상황으로부터 그들을 구원해야 하는지에 대해서 인식하셨습니다. 지금까지는 전혀 알지 못하였으나, 이제 그분은 얼마나 무서운 저주와 부끄러움으로부터 그들을 구원해야 하는지를 알게 되었습니다. 만일 자신이 그들을 대신하여 이 모든 것들에 대해 순종하는 마음으로 기꺼이, 그리고 성공적으로 견뎌 내지 못한다면, 이 끔찍한 운명이 모두 그들에게 임하여 그들이 그 모든 고통을 당할 수밖에 없는 것입니다.

그들을 향한 사랑이 깊어질수록 그들을 구원하기 위해 대신 당해야 할 일에 대한 두려움 역시 더욱 뚜렷하고 분명하게 다가왔습니다. 이 사실을 분명하게 인식할수록 주어진 사명을 수행하는 일이 쉽지 않겠지만, 그럴수록 더욱 백성을 구원하려는 결심을 굳게 하셨습니다. 하나님의 진노를 견뎌야 한다는 생각에 두려워하거나, 실패할 경우 사랑하는 사람들에게 그 모든 고통을 떠넘기게 되리라는 생각으로 두려워하는 것은 당연합니다. 그러나 그분은 피난처이자 힘이 되신 여호와께 자신의 모든 것을 맡겼습니다. 예수님은 자신에 대한 성부 하나님의 예언을 성취하셨습니다.

"그가 내게 부르기를 주는 나의 아버지시요 나의 하나님이시요 나의 구원의 바위시라 하리로다"(시 89:26).

그분은 큰 소리로 부르짖으면서 아버지의 약속에 호소하셨습니다.

"내 손이 그와 함께하여 견고하게 하고 내 팔이 그를 힘이 있게 하리로다······ 나의 성실함과 인자함이 그와 함께하리니 내 이름으로 말미암아 그의 뿔이 높아지리로다"(시 89:21,24).

그분은 거룩한 두려움 속에서 자신을 죽음에서 구원하실 이에게 심한 통곡과 눈물로 간구와 소원을 올렸습니다.

3) 기도의 결과

겟세마네에서 드려진 기도의 결과는 무엇이었습니까? 그것은 '풍성한 응답'이었습니다.

"그의 경건하심으로 말미암아 들으심을 얻었느니라"(히 5:7).

그분은 부끄러움에 개의치 않고 십자가의 고난을 능히 견딜 수 있는 풍성한 은혜와 도우시는 능력을 받았으며, 앞에 놓인 기쁨을 누릴 수 있는 영원한 자격을 얻었습니다.

이 기도에는 두 가지 중요한 소원이 포함되어 있습니다. 첫째로, 그분은 죽기까지 순종하심으로써 사망을 이기고 생명의 주로서의 직분을 온전히 수행할 수 있는 은혜와 열심과 사랑을 소원하였습니다. 둘째로, 그 일의 확실한 열매로서 아버지께서 자신에게 주신 모든 사람의 구원을 이루고자 자신의 영혼이 수고하는 것을 보기를 소원하였습니다. 성경은 그분이 기도에 대한 응답으로 이것을 받으셨다고 증언합니다.

첫째, 죽음에서 구원해 달라는 그분의 기도에 대한 응답으로, 하나님께서는 그리스도에게 죽기까지 순종함으로써 죽음을 멸할 수 있음을 가르치셨습니다.

"그의 경건하심으로 말미암아 들으심을 얻었느니라. 그가 아들이시면서도 받으신 고난으로 순종함을 배워서"(히 5:7,8).

아버지는 그리스도에게 자신을 기꺼이 죽음에 내줄 수 있는 모든 은혜를 베푸셨습니다. 능동적인 제사장으로서의 사역과 거룩한 열심을 통해 그분은 양 떼를 위하여 자신의 목숨을 내놓으라는 명령에 순종할 수 있는 은혜를 받았습니다. 하나님께서는 그리스도에게 마지못해 죽음을 받아들이는 수동적인 태도가 아니라 적극적이고도 능동적인 순종을 통해 자신을 흠 없는 제물로 하나님께 드림으로써 죽음을 멸하고 죽음에서 구원받을 수 있다는 위대한 사실을 가르치셨습니다. 하나님께서는 적절한 때에 이것을 가르쳐 주셨습니다. 그리고 이 하나님의 교훈에 따라 밤마다 그의 양심이 그를 훈계하였습니다.

"이는 주께서 내 영혼을 스올에 버리지 아니하시며 주의 거룩한 자를 멸망시키지 않으실 것임이니이다"(시 16:10).

예수님은 이것을 배우셨습니다. 그분은 고난으로 순종함을 배우셨습니다. 그분은 죽기까지 순종하심으로써 죽음에서 구원받고 "다 이루었다"(요 19:30)라고 외치셨습니다. 이로써 그분은 자신의 모든 직분과 사역에서 온전하게 되신 것입니다(히 5:7-9 참고).

둘째, 예수님은 죽음에서 구원해 달라고 기도할 때 개인적인 차원에서의 자신만이 아니라 교회의 머리와 대제사장으로서의 자신, 즉 온 백성의 구원을 염두에 두셨습니다. 단지 두려운 왕의 모든 청구로부터 자신을 보호할 뿐 아니라, 자신과 함께 자신이 대신하여 죽은 모든 백성의 영원한 구원을 위해 죽음의 문턱에서 건짐받기를 기도하신 것입니다. 성경은 이 점에 대해서도 그분이 응답받으셨다고 확언합니다. 그분은 마지막 대적의 비웃음과 죽음으로부터 구원을 받고, 여호와께 죽기까지 순종하는 것이 곧 죽음을 이기는 길이라는 오묘한 교훈을 받았습니다. 이것은 그분만을 위한 것이 아닙니다. 그분은 이런 것들에 대한 응답과 함께 주어진 고난을 통해 순종을 배우고 힘을 얻으셨을 뿐만 아니라 자기 백성도 함께 구원을 얻게 하셨습니다. 그분은 그들로 하여금 그분의 죽으심 안에서 함께 죽고 그분의 부활과 합하여 새로운 생명을 얻게 하심으로써 '자기에게 순종하는 모든 자에게 영원한 구원의 근원'(히 5:9)이 되셨습니다.

이와 같이 예수님께서 슬픔 가운데 드리신 기도의 내용과 관련하여 앞에서 인용한 시편들은 모두 교회의 구원, 즉 약속된 후손과 주님의 기쁨과 예수 안에서 모든 택한 자들이 하나로 모이는 것에 대해서 언급하고 있습니다. 첫머리에서 기도 응답을 찬미하는 시편 40편은 이렇게 노래합니다.

"내가[3] 여호와를 기다리고 기다렸더니 귀를 기울이사 나의 부르짖음을 들으셨도다. 나를 기가 막힐 웅덩이와 수렁에서 끌어올리시고[4] 내 발을 반석 위에 두사 내 걸음을 견고하게 하셨도다. 새 노래 곧 우리 하나님께 올릴 찬송을 내 입에 두셨으니[5] 많은 사람이 보고 두려워하여 여호와를 의지하리로다"(시 40:1-3).

이 말씀은 곧 "많은 사람들이 영혼의 구원을 믿게 될 것이다. 많은 사람들이 온전해지신 구원의 주를 의지하게 될 것이다. 많은 사람들, 즉 백성의 큰 무리가 나의 노래를 듣게 될 것이다"라는 말입니다.

시편 69편 역시 이러한 기쁨의 응답으로 끝납니다.

"하나님이 시온을 구원하시고 유다 성읍들을 건설하시리니 무리가 거기에 살며 소유를 삼으리로다. 그의 종들의 후손이 또한 이를 상속하고 그의 이름을 사랑하는 자가 그중에 살리로다"(시 69:35,36).

시편 22편의 마지막 내용도 정확히 일치합니다.

"후손이 그를 섬길 것이요 대대에 주를 전할 것이며 와서 그의 공의를 태어날 백성에게 전함이여 주께서 이를 행하셨다 할 것이로다"(시 22:30,31).

즉, "다 이루었다"는 것입니다.

이와 같이 아버지께서는 항상 그분의 기도를 들으십니다.

---

3) 7절에서 "내가 왔나이다. 나를 가리켜 기록한 것이 두루마리 책에 있나이다"라고 말한 그분입니다.
4) 시편 69편 2절에도 같은 내용이 등장합니다. "나는 설 곳이 없는 깊은 수렁에 빠지며 깊은 물에 들어가니 큰 물이 내게 넘치나이다."
5) 왜냐하면 "거룩하게 하시는 이와 거룩하게 함을 입은 자들이 다 한 근원에서 난지라. 그러므로 형제라 부르시기를 부끄러워하지 아니하시고 이르시되 내가 주의 이름을 내 형제들에게 선포하고 내가 주 교회 중에서 찬송하리라"(히 2:11,12)라고 말씀하시기 때문입니다.

"여호와께서 자기에게 기름 부음 받은 자를 구원하시는 줄 이제 내가 아노니 그의 오른손의 구원하는 힘으로 그의 거룩한 하늘에서 그에게 응답하시리로다"(시 20:6).

"여호와여 왕이 주의 힘으로 말미암아 기뻐하며 주의 구원으로 말미암아 크게 즐거워하리이다. 그의 마음의 소원을 들어주셨으며 그의 입술의 요구를 거절하지 아니하셨나이다(셀라)"(시 21:1,2).

3. 권면

지금까지 우리는 주님이 겟세마네 동산에서 드린 기도의 주제와 본질과 결과에 대해 살펴보았습니다. 구체적인 적용은 뒤로 미루고, 세 가지 권면을 전하며 이번 장을 마치겠습니다.

첫째로, 자신의 구원을 위해 기도하지 않는 사람들이여, 여러분은 부끄러움과 좌절을 맛보게 될 것입니다. 의의 왕이요 평화의 왕이신 하나님의 아들이 눈물과 부르짖음, 고통과 피 흘림으로 간구하고 계시는데도 여러분은 그분이 기도와 피로 이루신 구원을 위해 힘쓰며 기도하지 않겠습니까? 영광의 주님께서 여러분을 위해 이루신 그 큰 구원을 경멸하고 등한시하겠습니까? 그분은 여러분과 같은 죄인을 위하여 겟세마네 동산에서 극도의 번민과 고통과 피 흘림으로 엎드리셨습니다. 그리고 여러분이 등한시하는 그것을 혹시라도 이루지 못할까 봐 말할 수 없는 두려움과 놀라움에 사로잡히셨습니다. 여러분이 그런 기도가 없는 삶을 산다면, 여러분의 영혼을 영원히 잃게 되는 것은 마땅하고도 불가피한 일일 것입니다.

둘째로, 구원을 찾는 사람들이여, 힘을 내 예수님께로 담대히 나아가십시오. 그분이 피와 땀과 눈물을 흘리며 고뇌하고 기도하신 것을 이제 기쁘고 즐거운 마음으로 여러분에게 나누어 주실 것입니다. 그리스도께서 여러분을 부르실 때, 오직 그분과 함께 거하십시오. 그분이 기도 응답을 받고 영원한 구원의 주가 되신 것처럼, 그분은 반드시 여러분의 기도를 들으시고 여러분을 받아 주실 것이며, 여러분을 모든 파멸의 구렁텅이로부터 구원하실 것입니다. 그리고 여러분은 그분께 순종하고 그분을 사랑하게 될 것입니다. 여러분은 "내 마음으로 사랑하는 자를 너희가 보았느냐?"(아 3:3)라는 부르짖음의 의미를 더욱 잘 이해하게 될 것입니다.

 셋째로, 신자들은 그와 같은 그리스도의 능력 안에서 간구하고 기도해야 합니다. 그리스도는 여러분의 살아 계신 머리가 되십니다. 믿음으로 그분의 기도의 풍성한 유업과 응답으로 나아가십시오. 여러분의 눈물과 부르짖음이 기도를 통해 그리스도의 눈물과 부르짖음과 하나가 되게 하고, 구주와 함께 거하십시오. 그렇습니다. 그분의 영광스러운 중보하심과 연합하십시오. 여호와께서 자신의 기름 부음 받은 자를 보실 때 그분의 얼굴빛은 여러분을 향할 것이며, 여러분의 모든 간구를 들어주실 것입니다.

4장 잠들어 버린 제자들

"너희가 나와 함께 한 시간도 이렇게 깨어 있을 수 없더냐"(마 26:40).

이 위기에 제자들이 보인 모습을 살펴볼 때 우리를 가장 놀라게 하는 것이 있습니다. 그것은 한편으로 제자들의 연약함과 실패와 다른 한편으로 주님의 신실함과 승리 사이에 존재하는 완벽한 대조입니다. 이 사건에서 세 명의 제자들은 마치 이 위기의 순간(어둠의 때와 권세)에 아무리 탁월한 인간이라 해도 그 힘이 얼마나 부질없는지를 보여 주기 위해 일부러 선택된 것처럼 보입니다. 예수님은 아무도 도와줄 수 없는 일을 수행하고 있었습니다. 이 땅에서 가장 탁월한 신자인 세 제자도 형제들을 구원하시려는 예수님의 고난에 동참하지 못했을 뿐 아니라, 이 역사적인 장면을 보기만이라도 하기 위해 깨어 있으라고 하신 명령조차 지키지 못한 것입니다.

"제자들에게 오사 그 자는 것을 보시고"(마 26:40).

이제 그들의 죄와 그에 대한 책망과 권면, 그리고 변명 혹은 설명과 반복된 실패에 대해서 순서대로 살펴보겠습니다.

1. 잠들어 버린 제자들의 죄

먼저 제자들의 죄에 대해 고찰해 봅시다. 그들은 자신들의 주님이요 친구이자 구주께서 슬픔과 기도의 번민 속에서 씨름하시는 동안 깊은 잠에 빠져 있었습니다.

"제자들에게 오사 그 자는 것을 보시고."

그러나 유사한 다른 상황에서와 마찬가지로 이 사건의 경우에도 우리의 관심도나 일반적이고도 실제적인 적용이라는 관점에서 죄 자체가 아니라 그런 죄를 범하게 된 상황과 습성이 가장 중요한 문제로 대두됩니다. 우리는 이런 문제들에 대해 살펴봄으로써 이 사건의 본질을 더욱 깊이 이해할 수 있습니다. 특히 이 사건과 같이 죄가 발생한 상황에 따라 그 죄를 판단해야 하는 경우라면 더욱 그러합니다. 그들이 잠든 것이 죄라고 할 때, 잠든 것 자체가 아니라 잠을 자게 된 상황 때문에 죄가 되는 것입니다. 그것은 그들의 주님에게 심각한 상처를 주고 그들 자신에게는 깊은 치욕을 안겨 주었습니다. 이런 행위는 특히 다음과 같은 면에서 죄가 됩니다.

첫째, 그들은 주님의 명령을 직접 위반했습니다. 예수님은 그들에게 "내 마음이 매우 고민하여 죽게 되었으니 너희는 여기 머물러 나와 함께 깨어 있으라"(마 26:38)라고 말씀하셨습니다. 비단 이런 특별한 요구가 없었다 하더라도, 또 예수님에 대한 애정이나 개인적 친분은 뒤로하더라도 모든 일의 정황상, 또는 신실한 그리스도인으로서 지켜야 할 일반적인 원리만으로도 그들은 마땅히 그 순간에 주어진 의무를 이행하기 위해 깨어 있어야 했습니다.

이것은 모든 그리스도인과 그들이 처한 상황에서도 마찬가지입니다. 그리스도인은 매혹적인 세상과 영적 악과 이 세상의 어둠의 주권자들 가운데 거하는 자로서, 그리고 세상과 구별되고 하나님께 바쳐진 자로서 지켜야 할 원리가 있습니다. 그 위치와 원리만으로도 마땅히 그리스도인들은 시험에 빠지지 않도록 깨어 자신을 지켜야 합니다. 그런데 이런 것들을 신실하게 지키기는커녕 주님께서 직접 하시는 명령도 지키지 못한다면, 즉 자신이 처한 악한 상황을 망각하고 그리스도인으로서의 원리에 부응하지 못할 뿐 아니라 무엇보다도 주님의 직접적인 명령에 귀를 막는다면, 세 제자들과 마찬가지로 죄를 범하는 것입니다.

둘째, 그들은 특별한 경고를 받은 직후에 죄를 범했습니다.

"오늘 밤에 너희가 다 나를 버리리라"(마 26:31).

"죄가 문에 엎드려 있다(창 4:7 참고). 위험이 다가오고 있다. 바로 오늘 밤에 말이다. 오늘 밤에 너희들은 공격당할 것이다. 이전에 너희가 깨어 있었다면, 또는 깨어 있거나 깨어 있으려고 한다면, 가장 치명적인 위험이 다가오고 있는 오늘 밤에 그렇게 하라. 너희에게 가장 어렵고 위험한 순간이 다가오고 있다. 사탄에게는 기회가, 너희에게는 곤경이 있을 것이다. 이 세상의 왕이 다가오고 있다. 지금은 어둠 권세가 지배하는 어둠의 때이다. 사탄이 밀 까부르듯 하려고 너희들을 원하고 있다."

이처럼 엄숙한 경고를 거듭 들은 후에 그들의 범죄가 더욱 악해지지 않았습니까? 이것은 신자들이 범하는 죄의 전형적인 모습입니다. 여러분의 죄 역시 이런 면에서 그들과 비슷하지 않습니까? 여러분은 하나님의 경륜의 가르침에서 비롯된 경고와 그런 죄를 멀리하라는 촉구와 함께 선언한 징벌의 경고를 듣고도 죄를 범하지 않습니까? 자신의 결심이나 지식에 의지하는 것이 얼마나 위험한 일인지를 경험함으로써 경고를 받고도 죄를 범합니다. 적절한 때에 증언된 말씀을 통해 특별한 경고를 받고도 죄를 범합니다. 하나님의 선한 영이 여러분을 의의 나라로 인도하기 위해 마음에 강력히 역사함으로써 경고한 후에도 죄를 범합니다. 다른 사람이 여러분이 주의를 기울이지 않던 유혹에 빠져 비참한 결과에 이른 것을 보고도, 그처럼 파괴적이고 치명적인 경고를 받고도 죄를 범합니다. 그렇다면 바로 지금이 여러분이 반드시 깨어 있어야만 하는 중요한 순간입니다.

셋째, 그들의 죄는 자신들의 주님에게 개인적인 애정을 베풀기를 거부했기 때문에 더욱 심각한 것이 됩니다. 예수님은 자신이 요청한 의무들을 명령하실 수 있는 충분한 근거를 가지고 있으십니다. 사실 제자들의 주님이요 선생으로서 그분이 지니는 권위만으로도 충분합니다. 또한 그분이 자세히 설명하신 대로 그들이 처한 위험 역시 충분한 근거가 됩니다. 그런데도 예수님은 자신을 향한 제자들의 진실한 사랑을 인정하시고는 자신에게 개인적인 애정을 베풀어 깨어 있어 달라고 부탁하는 쪽을 택하셨습니다. 그분은 제자들에게 찢기고 상한 자신의 마음을 여셨습니다. 그분은 그들에게 자신이 처한 곤경을 보여 주셨습니다. 그러고는 자신을 사랑하는 그들에게 영혼이 고통당하는 그 순간에 깨어 있기를 간청하셨습니다. 오, 어느 누가 그분이 제자들에게 보여 주신 개인적이고도 애처로운 호소에 담긴 부드러움과 심오함을 설명할 수 있겠습니까?

"내 마음이 매우 고민하여 죽게 되었으니 너희는 여기 머물러 나와 함께 깨어 있으라"(마 26:38).

이런 이유로 제자들에게 깨어 있을 것을 요청하신 예수님은 그들이 그 일을 수행할 수 있는 가능성을 가장 염두에 두셨습니다. 예수님은 그들에게 그 일을 감당해야만 하는 확실한 동기를 제시하셨습니다. 거룩한 우정에서 비롯된 요구에 민감한 모든 사람은, 단지 자신의 유익이나 윗사람으로서 공식적인 권위를 근거로 의무를 부과하는 것보다는 자신에 대한 애착의 진실성을 나타내고 검증하기 위해 의무를 부과할 때, 사랑하는 친구의 요구를 더 잘 따른다는 것을 압니다. 따라서 예수님께서 개인적인 애정의 표현으로서, 그분이 만족스럽게 받으실 만한 사랑의 표현으로서 깨어 있기를 요구하실 때, 우리는 그 요구를 만족시키지 못한 사람들을 보고서 분노하는 것이 당연하다고 생각합니다.

그러나 우리 자신을 살펴보십시오. 예수님께서 우리에게 개인적인 애정을 보이라고 요구하신 적이 전혀 없습니까? 만약 요구하셨다면, 우리는 그들처럼 실패한 적이 한 번도 없습니까? 자신의 능력으로는 죄를 더욱 악화시키기만 했던 자들이 그 열한 명의 제자들, 또는 그 가운데서 특별히 사랑받았던 세 명의 제자들뿐일까요? 이러한 가능성이 예수님께서 육체로 계실 때 그분과 동행했던 소수의 사람들에게만 국한될까요? 그렇지 않습니다. 예수님께서 우리에게 요구하시는 모든 성화의 근거는 제자들에게 요구하실 때와 동일한 논리에 바탕을 두고 있습니다. 그것은 우리의 안위와 진정한 도덕적 품위를 증진시키거나 가벼운 율법을 지킬 때 주어지는 보상을 초월합니다. 또한 하나님의 변함없는 주권과 우리가 반드시, 그리고 온전히 지켜야 할 규례로서의 율법에 대한 영원한 의무를 초월합니다. 그것은 우리와 삼위(성부, 성자, 성령) 하나님의 관계에서 비롯된, 그리고 율법이나 복음과 같이 변하지 않는 원리로부터 나오는 모든 책임감과 동기 이상의 것입니다. 예수님은 자신을 향한 지속적인 사랑(개인적 애정)에 근거를 둔 순종을 요구하심으로써 백성들의 의무 위에 특별한 친절과 생명과 능력과 새로운 힘과 특권을 부여하셨습니다. 바로 이것이 참그리스도인이요 중생한 심령의 가장 순결한 정서를 깨우는 것입니다.

이처럼 사랑에 근거한 순종은 복음을 알지 못하는 사람들이 자기 의를 위해 쏟아 붓는 이기적인 노력과 값없이 용서받은 사람들이 행하는 풍성한 복음적 순종을 구별하는 요소입니다. 또한 이것은 복음의 거룩함을 단장하는 요소로서, 왕의 딸을 모든 영광으로 치장하고, 값없이 베푸신 칭의를 거룩한 칭의로 정당화하며, 하나님의 자녀를 배나 거룩하게 합니다.

그들은 복음을 통해 그들의 주님께 한없는 개인적인 애정을 쏟아야 합니다. 그들은 그들의 사랑하는 자요 친구인 하나님의 아들에게 감사해야 하며, 그분에게 최고의 만족을 드려야 합니다. 또한 그분으로 하여금 자기 영혼의 수고를 보게 해야 하며, 그의 손으로 성취하신 기쁨을 맛보게 해야 합니다. 예수님은 "너희가 나를 사랑하면 나의 계명을 지키리라"(요 14:15)라고 말씀하시면서 우리의 순종을 요구하셨습니다. 바로 이것이 이러한 의도나 근거에서 나온 것이 아니고 무엇이겠습니까? 또한 "그리스도의 사랑이 우리를 강권하시는도다……그가 모든 사람을 대신하여 죽으심은 살아 있는 자들로 하여금 다시는 그들 자신을 위하여 살지 않고 오직 그들을 대신하여 죽었다가 다시 살아나신 이를 위하여 살게 하려 함이라"(고후 5:14,15)라는 바울의 가르침 역시 이처럼 부드럽고도 매력적인 능력을 염두에 둔 것이 아니겠습니까? 이것이 사실이라면, 이처럼 부드러운 주님의 호소를 거부하고 그분의 기쁨이 되기를 거절하는 신자들의 죄는 얼마나 악한 것이겠습니까?

넷째, 예수님께서 제자들을 굳게 믿고 신뢰하셨다는 점에서 그들의 죄는 더욱 심각해집니다. 그분은 온 나라 가운데 특별히 그들을 택하여 자신의 제자와 동료로 삼으셨습니다. 그리고 그들과 거룩하고도 친밀한 교제를 나눔으로써 모든 세대로부터 (이런 표현을 사용해도 된다면) 거룩한 부러움의 대상이 되게 하셨습니다. 예수님은 제자들과 함께 유월절 만찬을 나누시면서 고별 강화를 통해 거룩한 진리와 다정함과 사랑 가운데 자신의 마음을 모두 쏟아 부으셨습니다. 그것은 그들의 통찰력이나 거룩이나 사랑과는 비교할 수도 없이 신선하고도 놀라운 영적 가르침으로 다가왔습니다.

특별히 예수님은 제자들 가운데 세 명을 택하여 번민과 고통의 현장에 가까이 와서 자신이 무자비하고도 냉혹한 세상으로부터 위축당하는 모습을 보게 하셨습니다. 더욱이 예수님이 세 명의 제자들에게만 특별한 것을 보고 듣게 하신 일은 이번이 처음이 아닙니다. 그들은 확실히 관대하고도 특별한 대우를 받았습니다. 이처럼 명예로운 대접을 받은 그들은 그러한 위기의 순간에 실패하지 말았어야 합니다. 그런데도 그들이 실패했다면, 그들에 대한 신뢰와 확신을 저버린 행위로 말미암아 그들의 죄가 더욱 가중되어야 하지 않겠습니까?

이것은 온갖 감정이 자리 잡고 있는 본성에 강력하게 역사하는 원리입니다. 이러한 신뢰나 확신은 그런 확신을 받아들이고 입증하며 정당화하는 명예를 창출하거나 불러 일으켜야 합니다. 이것은 더욱 높은 마음의 요소(때로는 가장 낮은 요소) 가운데 종을 자신의 주인에게 가장 강력하게 묶어 주고 양자의 관계에 도덕적 존엄성을 부여하는 요소로 나타납니다. 즉, 그분이 나를 명예롭게 하셨으며 나는 그분이 결코 실수하지 않았음을 증명하는 요소인 것입니다.

복음에 사로잡혀 거룩하게 되고 그것을 실천할 수 있게 된 본성에 담긴 모든 고상한 정서를 발견하는 것은 얼마나 아름다운 일인지 모릅니다. 하나님의 은혜롭고도 영광스러운 복음은 하나님께 절대 신뢰받을 수 없는 배교자요 대적자요 배신자인 죄인을 찾아내 적대감을 없애고, 배교 행위에서 돌아서게 하며, 모두 배신과 악을 제거합니다. 그리하여 그를 믿을 수 있고 충성스러운 자녀로 변화시킵니다. 동시에 이런 변화는 전적으로 그에 대한 강력한 신뢰와 확신이 있기 때문에 나타날 수 있습니다.

이러한 '복음적 신뢰'는 파탄 상태에 빠진 죄인, 타락하여 인격이 와해되고 도무지 신뢰할 수 없는 존재가 된 죄인의 모습을 여실히 드러냅니다. 그리고는 그에게 하늘의 왕관의 보석을 심음으로써 새로운 인격을 부여합니다. 설령 그가 가치 없고 신뢰할 수 없는 사람일지라도, 그의 모든 죄를 완전히 용서하고, 그로 하여금 죄를 범한 하늘에 계신 하나님과 화목하게 합니다. 그가 이처럼 크고도 관대한 자비를 남용하지 않기를 바랍니다.

'복음적 신뢰'는 죄인을 그리스도의 한량없는 풍성함에 담긴 위대한 언약의 보고로 이끕니다. 그가 자신의 정욕으로 그것을 남용하거나 은혜를 풍성히 하려고 죄를 범하지 않기를 바라면서 말입니다. 그것은 죄인의 모든 삶과 운명을 바꾸고, 은혜를 통하여 큰 위로와 선한 소망을 줍니다. 또 어떤 대가나 값없이 그를 하나님의 자유한 아들로 삼으신 후에 그를 부르신 고귀한 소명에 따라 살아가게 하십니다. 그것은 깨끗한 심령과 의로운 마음을 주고, 성령께서 그 마음속에 거하시며, 내주하시는 성령을 통하여 자신에게 주어진 선한 사역을 감당하게 합니다. 그것은 죄인에게 자비를 베풀며, 그가 하나님의 율법을 지키며 살아갈 것이라고 신뢰합니다. 또한 하나님의 명예를 그의 손에 맡기고, 반드시 하늘 아버지의 형상을 지닌 하나님의 자녀로서 자신의 인격으로 헌신하게 하며, 대적에게 비방거리를 제공하지 않고 오히려 자신으로 인해 하나님께 영광을 돌리며, 자신이 예수님과 함께하고 있음을 깨닫게 합니다. 끝으로 그것은 죄인에게 그리스도를 소유하게 하고, 믿음이 그의 마음에 거하고 모든 것의 근원과 보증이 되게 하심으로써 "내게 주신 모든 은혜를 내가 여호와께 무엇으로 보답할까"(시 116:12)라고 부르짖게 합니다.

그러나 태만과 강퍅함으로 인해 이처럼 관대한 신뢰를 저버린다면, 그런 신자의 죄는 얼마나 가증하고도 악한 것이겠습니까? 겟세마네 동산의 제자들처럼 말입니다!

다섯째, 우리는 그들의 죄의 심각성을 보여 주는 또 하나의 요소를 지적하지 않을 수 없습니다. 그들에게는 예수님께서 몸소 보여 주신 사역의 모범과 격려가 있었습니다. 그런데도 그들은 주어진 의무를 다하지 못했습니다. 설령 예수님이 동산에 잠시 쉬러 가셨을지라도, 그날의 피로와 염려와 다음 날

벌어질 끔찍한 일에 대한 불안으로 제자들에게 자신의 신변을 보호하고 적이 다가오는 것을 알리라고 보초를 세워 두고는 잠시 휴식하러 가셨을지라도, 설령 그럴지라도 그들은 마땅히 주님께서 쉬시는 동안 극도의 경각심을 가지고 자신의 자리를 지켰어야 합니다. 그들은 그 영광된 자리를 거룩한 열심으로 지키고, 적어도 모든 위험한 징후들을 미리 파악하고, 접근하는 자들에게 용감히 맞서야 했습니다. 그들에게는 아가서의 신부가 가진 용기가 있어야 했습니다.

"예루살렘 딸들아 내가 노루와 들사슴을 두고 너희에게 부탁한다. 내 사랑이 원하기 전에는 흔들지 말고 깨우지 말지니라"(아 2:7).

그러나 이 경우는 전혀 다릅니다. 깨어 있으라는 명령은 그분의 안녕과 평안을 위한 것이 아니었습니다. 그것은 그분이 감당해야 할 엄청난 일에 비하면 아무것도 아니었습니다. 예수님은 그들을 떠나 혼자 기도하셨습니다.

"내가 저기 가서 기도할 동안에 너희는 여기 앉아 있으라"(마 26:36).

그런데 그들은 이 중대한 의무를 망각하고 저버렸습니다. 그들을 붙들고 있는 죄만이 예수님을 바라보고 있었습니다. 예수님은 그들이 볼 수 있는 거리에 계셨습니다. 그분은 그들의 눈앞에서 깨어 기도하고 계셨습니다. 그분은 확실히 "모든 기도와 간구를 하되 항상 성령 안에서 기도하고 이를 위하여 깨어 구하기를 항상 힘쓰며 여러 성도를 위하여 구하라"(엡 6:18)라는 말씀대로 기도하고 계셨습니다.

참으로 그분은 자신이 꺼리고 기피하는 일을 시키신 것이 아닙니다. 또한 제자들이 경험하지 못한 생소한 일이나 어려운 일을 맡기신 것도 아닙니다. 예수님께서 시험에 들지 않도록 깨어 기도하라고 말씀하셨을 때, 이 의무는 그분이 제자들에게 보여 주신 모든 은혜와 권위 이상의 의미로 다가와야 했습니다. 예수님은 몸소 깨어 기도하셨습니다. 그분은 깨어 기도하는 고통을 맛보았습니다. 제자들은 마땅히 이 장면을 목도했어야 합니다. 그들의 시선이 거기에 고정되었어야 합니다. 그들은 그분이 자신들과 마찬가지로 공격받고 있다는 사실을 깨닫고 보고 스스로 분발하여 각성하고 쏟아지는 잠을 떨쳐 냈어야 합니다. 그렇습니다. 그분은 그들보다 훨씬 더 격렬한 공격을 받고 있었습니다. 제자들에게는 전쟁의 먹구름의 끝자락만이 드리워 있었지만, 어둠의 세력에 맞서 싸우며 깨어 기도하고 계신 그분은 먹구름의 중심에서 맹렬히 공격받고 있었습니다.

고난에 처한 모든 신자도 마찬가지입니다. 그들도 마치 겟세마네 입구에서 예수님의 처절한 기도를 목격하듯이, 그분이 당하신 시험을 기억하고 깨어 기도해야 합니다. 예수님이 시험을 받으셨다는 취지의 말씀이 자주 언급됩니다. 이것은 그분이 그와 같이 시험받고 있는 우리를 능히 구원하실 수 있다는 사실을 우리에게 보여 주시기 위함이 아니겠습니까? '우리에게 있는 대제사장은 우리의 연약함을 동정하지 못하실 이가 아니요 모든 일에 우리와 똑같이 시험을 받으신 이로되 죄는 없으신 분'(히 4:15 참고)이라는 사실은 주님께서 깨어 기도하신 것처럼 우리도 깨어 기도해야 함을 보여 주지 않습니까? 구원의 주님께서 악의 권세와 싸우고 있는 것을 본 제자들은 마땅히 지치지 않고 꾸준히 깨어 기도했어야 하지 않겠습니까? 주님이 깨어 기도하심으로써 성취하신 것을 본받아 동참하는 한 결코 넘어지거나 실패하지 않을 것이라는 사실만으로는 끊임없이 저항할 힘을 얻기에 충분하지 않은 것입니까? 예수님의 모범을 따르지 않는 것은 그분의 승리를 버리는 것이며, 그분이 그들을 위해서 쟁취하신 바 '죄를 지배하기'를 거절하는 것입니다.

그분은 그들에게 "나와 함께 깨어 있으라"(마 26:38)라고 말씀하셨습니다. 이것은 깨어 기도하시는 자신의 모범을 따라 함께 깨어 있기만 하면 자신의 승리에 동참하여 그 승리를 함께 누리게 되리라고 말씀하신 것과 같지 않습니까? 따라서 어디서도 볼 수 없는 본이요 승리의 능력과 구원의 보증으로 가득한 이런 모범이 눈앞에 있는데도 신자가 그 싸움을 회피하거나 잠들어 있다면, 이는 제자들보다 더 큰 죄를 범하고 있는 것입니다.

그렇습니다. 이것은 지극히 악한 죄입니다. 주님께서 슬픔에 빠져 있을 때, 그들은 잠자고 있었습니다. 그들은 주님의 분명한 명령을 위반하였습니다. 그들은 특별한 경고를 무시하고, 개인적인 애정에 호소하신 주님의 간청을 거부하였습니다. 뿐만 아니라 그들은 그들에 대한 주님의 신뢰를 저버렸으며, 눈앞에서 행해진 주님의 모범도 팽개쳐 버렸습니다.

그러므로 그들에게 의분이 담긴 책망이 주어진 것은 당연한 일입니다.

2. 책망과 권면 _너희가 나와 함께 한 시간도 이렇게 깨어 있을 수 없더냐

"제자들에게 오사 그 자는 것을 보시고 베드로에게 말씀하시되 너희가 나와 함께 한 시간도 이렇게 깨어 있을 수 없더냐"(마 26:40).

먼저 주님이 모두를 책망하시면서 특별히 준엄하게 베드로를 지목하고 있음에 주목하십시오. "방금 '모두 주를 버릴지라도 나는 결코 버리지 않겠나이다……내가 주와 함께 죽을지언정 주를 부인하지 않겠나이다'(마 26:33,35)라고 굳게 결심한 네가 어떻게 그럴 수 있느냐? 너의 용기와 너의 사랑이 이토록 빨리 사라진단 말이냐?"라고 말씀하시는 것입니다. 예수님은 베드로에게 "시몬아 (너도) 자느냐? 네가 한 시간도 깨어 있을 수 없더냐"(막 14:37)라고 말씀하셨습니다. 베드로에게 "너마저 자면 누구를 믿어야 한다는 말이냐"라고 하신 것입니다.

특별히 베드로를 지목하셨지만, 사실 이 책망은 모두에게 하신 것입니다. 왜냐하면 다른 제자들 역시 베드로와 똑같이 말했기 때문입니다.

"모든 제자도 이와 같이 말하니라"(막 14:31).

그들 중에는 이런 책망을 듣고서 양심적으로 적절하고도 마땅한 꾸중이 아니라고 반박할 수 있는 사람이 아무도 없었습니다. 그것은 진실로 선한 일을 위해 더 나은 길로 인도하는, 교훈과 책망과 바르게 함과 의로 교육하기에 유익한 말씀이었습니다(딤후 3:16 참고).

여러 가지 상황에서 잠들어 있는 모든 신자들에게 적용할 수 있는 이 책망의 다양한 강조점에 주목해 보겠습니다.

"너희가 나와 함께 한 시간도 이렇게 깨어 있을 수 없더냐?"

"나와 함께 다녔고 함께 고난당했으며 깊은 관계를 맺고 있는 너희도 나와 함께 깨어 있을 수 없느냐? 너희는 지금도 너희가 아는 것 이상으로 나의 슬픔과 시련과 성공적인 극복, 나의 싸움과 시험과 승리에 깊이 관련되어 있다. 너희는 나와 운명을 함께한 자들이다. 너희는 모든 것을 버리고 나를 따랐으며, 나에게 모든 소망과 행복을 걸었다. 이런 너희가 아니면 누가 나와 함께 깨어 있을 수 있다는 말이냐?"

이러한 강조는 나태하거나 배교한 모든 신자들에게 전하는 주님의 책망에서도 발견됩니다. "나에 대해서 알고 나를 믿으며 나를 사랑하고 모든 운명을 나에게 맡기며 나를 너희의 모든 구원과 소망으로 여기라고 배운 너희가 나와 함께 깨어 있을 수 없느냐? 시험에 빠져 깊은 잠에 빠진 세상은 깨어 기도할 수 없다 할지라도, 특별한 대우를 받고 그리스도를 다르게 배워 온 너희마저 깨어 기도할 수 없더냐? 나와 함께 교제하도록 허락을 받고 나에게 모든 것을 맡겼으며 나의 사랑에 동참하여 하늘에 있는 아버지의 나라를 간절히 열망해 온 너희마저 시험에 들지 않도록 나와 함께 깨어 있을 수 없느냐?"

"너희가 나와 함께 한 시간도 이렇게 깨어 있을 수 없더냐?"

'나와 함께'라는 말은 어떤 의미입니까? 그것은 홀로 있는 것이 아니라 예수님과 함께 있다는 것입니다. "너희들만 하는 싸움이 아니다. 너희의 기술이나 힘으로만 싸우는 것이 아니다. 이것은 모든 면에서 '나와 함께'하는 싸움이다. 깨어 있는 것이 비록 힘들고 고통스러울지라도, 그것은 나와 함께하는 행위이다. 너희가 모든 면에서 나를 본받기 위해 너희는 나와 함께해야 한다. 나를 본받는 복을 누리고, '나와 함께'하는 교제의 결속과 유익을 잃지 않기 위해 나와 함께해야 한다. 그런데도 너희가 깨어 있을 수 없더냐? 나는 너희 혼자서 감당해야 할 싸움에 너희를 보내지 않는다. 나는 너희의 힘만으로 싸워야 하는 전쟁에 너희를 보내는 것이 아니다. 나는 이 전쟁에서 깨어 기도하고 너희의 지도자가 되며, 너희의 보호자와 선구자가 될 것이다. 나는 너희가 당하는 모든 고통을 당하였다. 나는 모든 면에서 너희와 같이 시험을 받았으며, 고통을 당하였다. 따라서 너희가 '나와 함께' 깨어 있는다면, 내가 승리할 때 너희도 승리할 것이다. 너희가 나와 함께 고난을 받는다면, 나와 함께 다스릴 것이다."

이것이 바로 그리스도인이 모든 면에서 승리할 수 있는 유일한 비결입니다. 그리스도인은 모든 일에 '그리스도와 함께'합니다. 그들은 믿음으로 자신이 당하는 시험을 그리스도의 시험과 연결짓고, 그분의 승리를 통해 자신의 승리를 발견합니다. 그가 그리스도와 함께 깨어 있으면, 그분이 광야와 같은 세상에서 눈먼 그의 눈이 되어 주십니다. 그가 그리스도와 함께 기도하면, 그분은 아무 공로 없는 우리에게 중보자요 공로가 되어 주십니다. 그리스도께서 육체로 계실 때 깨어 기도하신 것은 신자에게 본이 될 뿐 아니라 유업이 됩니다. 그분은 제자들이 요구하거나 기대한 것보다 훨씬 많은 것을 가지고 있습니다. 지금도 영원한 생명의 능력으로 깨어 계신 이스라엘의 목자가 신자를 지키고 있습니다. 눈물과 고뇌를 그치고, 이제 천국에서 하나님 우편에 앉아 영광스럽고도 위엄 있는 모습으로 자기 백성들을 위하여 간구하고 계신 그분이 신자를 위해 중보하고 계십니다.

이와 같이 그리스도인은 그리스도와 연합한 자로서 자리를 지키는 한, 시험을 받더라도 그분과 함께 승리합니다. 그의 안에 사는 것은 그 자신이 아니라 그리스도이십니다. 그러므로 그가 이 땅에서 당하는 고난의 삶은 그를 위해 고난당하고 승리하신 하나님의 아들에 대한 믿음으로 말미암아 승리의 삶으로 바뀔 것입니다. 이 원리를 따르기만 하면 결코 시험에 들지 않습니다. 그런데도 이 원리를 따르지 않는다면 불신과 분노의 책망을 받는 것이 당연합니다.

"너희가 참으로 나와 함께 깨어 있어 달라고 부탁하는데도 깨어 있을 수 없더냐?"

"너희가 나와 함께 한 시간도 이렇게 깨어 있을 수 없더냐?"

"너희의 경각심이 벌써 무너지고 너희의 저항력이 벌써 사라졌느냐? 나는 이미 너희들에게 오늘 밤이 얼마나 중요한지를 말했으며, 밤새도록 특별한 주의와 경각심이 요구된다는 사실을 일러 주었다. 그리고 날이 새기까지(새벽이 오거나 닭이 울 때까지) 내 말을 지킬 수 있는 자가 아무도 없을 것이라고 말했다. 그러나 시몬아, 네가 한 시간도 깨어 있을 수 없더냐? 네가 그렇게 빨리 나에게서 떠나다니 놀라울 뿐이다! 변하지 않겠다는 너의 약속은 어떻게 되었느냐? 나는 네가 할 수만 있다면 나를 위해 너의 눈도 뽑아 줄 수 있을 듯이 장담한 것을 안다. '내가 시험받고 고통 중에 깨어 기도한 것이 너희 눈앞에 밝히 보이거늘 누가 너희를 꾀더냐?'(갈 3:1 참고)"

때때로 우리에게는 이러한 질책이 필요합니다. 여러분은 그리스도와 함께 한 시간도 이렇게 깨어 있을 수 없습니까? 여러분의 마음은 그리스도의 강력하고도 부드러운 사랑으로 감화되고 뜨겁게 녹았습니다. 여러분은 복음의 부르심을 받고 그분에게로 나아와 믿음으로 평안과 기쁨을 찾았습니다. 여러분은 죄의 포로였던 이전의 모든 것으로부터 완전히 벗어나 처음으로 정직한 자녀로서 기도하면서 그분께 여러분의 마음을 쏟아 놓았습니다. 여러분은 결코 결심한 것을 바꾸지 않으시는 그분께 자신을 드리겠다고, 모든 사람이 그분과 그분의 말씀을 버릴지라도 자신만은 그렇게 하지 않겠다고 맹세했습니다. 마치 나와 내 집은 여호와만 섬기겠다고 했던 여호수아처럼 말입니다(수 24:15 참고).

여러분은, 열한 제자가 주님께 그랬던 것처럼, 정직하고 신실하게 맹세했습니다. 여러분은, 마치 그 역사적인 밤에 적어도 당시에는 어떤 거짓도 없는 참이스라엘 사람으로서 제자들이 주님을 배반하지 않겠다고 맹세한 것처럼, 조금의 망설임도 없이 맹세했습니다. 그러나 얼마 지나지 않아 그들처럼 여러분도 이전에 주님을 뜨겁게 사랑할 때에는 생각하지도 못한 악한 본성이 속에서 꿈틀대는 것을 느끼게 됩니다. 이전의 세속적인 영향력과 하와를 속인 간교한 자의 지배를 받는 연약함이 거룩한 목적을 향해 올라가는 여러분을 끌어내립니다. 그러고는 그리스도인으로서의 경주를 시작하고 어느 정도 '잘 해내게 했던' 힘을 약화시킵니다. 그 정도의 면에서는 하나님의 은혜가 여러분을 깨울 당시와는 비교할 수 없지만 본질상 동일한 잠이 다시금 여러분을 사로잡습니다. 그때 여러분은 양심의 가책이나 하나님의 섭리 또는 성경 말씀(이것들 중 한 가지 요소 또는 전부)을 통해 그리스도의 고통스러운, 그러나 정당한 책망을 듣게 됩니다.

"너희가 나와 함께 한 시간도 이렇게 깨어 있을 수 없더냐? 어찌 그리 속히 무너져 버리느냐?"

아무리 심한 질책일지라도 그분이 여러분에게 다가오신 것이 얼마나 고맙습니까? 예수님이 잠들어 있는 여러분을 그대로 두고 떠나지 않고 찾아와 여러분이 잠든 것을 발견하셨으니 얼마나 다행입니까? 여러분이 믿는 자로서 이런 배교에 빠졌을 때, 예수님께서 책망과 경고의 말씀으로 여러분을 찾아와 다시 한 번 권면하며 은혜를 베푸사 여러분의 진실됨을 입증하고 처음의 사랑과 신실함을 회복할 새로운 기회를 주신다면 훨씬 유익하지 않겠습니까?

이와 같이 그리스도는 안타까운 책망뿐 아니라 의로 교육하기에 유익한 교훈을 주십니다. 그분은 그들이 잊어버린 교훈을 다시 한 번 들려주십니다.

"시험에 들지 않게 깨어 기도하라"(마 26:41).

우리는 예수님이 동일한 의무를 새롭게 명하신 것을 살펴보았습니다. 모든 복음서 기자들이 제공한 정보를 종합해 봅시다. 마태와 마가는 예수님께서 그들을 떠나 겟세마네 동산에 들어가시기 전에 깨어 있어야 할 필요성에 대해서 말씀하신 것을 기록합니다.

"너희는 여기 머물러 나와 함께 깨어 있으라"(마 26:38).

한편 누가는 예수님이 기도의 필요성에 대해서도 언급하셨다고 기록합니다.

"예수께서 나가사 습관을 따라 감람산에 가시매 제자들도 따라갔더니 그곳에 이르러 그들에게 이르시되 유혹에 빠지지 않게 기도하라 하시고"(눅 22:39, 40).

그러므로 예수님이 그들에게 새롭게 말씀하신 것은 없습니다. 그것은 추가되거나 새로운 말씀이 아니라 그들이 처음부터 들은 말씀입니다.

여기서 배울 점이 있습니다. 여러분의 영적 삶이 부패하거나 잠들어 있을 때, 여러분을 부흥시키는 것은 새로운 어떤 것이 아닙니다. 새로운 교리도 아니고, 한 번도 들어 보지 못하거나 새롭게 발견한 기독교적 권면도 아닙니다. 또한 회중이 한 번도 걸어 보지 못한 길에 대한 독특하고도 충격적인 주장도 아니며, 여러분이 전혀 모르는 새로운 부흥의 수단이나 방법도 아닙니다. 그러한 기대에는 큰 덫이 숨어 있습니다. 여러분이 새로운 은혜와 영혼의 안식을 찾고자 한다면, 지금까지 밟아 온 길에 서야 하며, 이전에 지나온 선한 길을 구해야 합니다.

'옛적 길 곧 선한 길'(렘 6:16)을 구하라는 옛 계명이 여러분에게 새로운 계명으로 다가오는 것이 바람직합니다. 성령의 새로운 세례와 새로운 겸손과 위험에 대한 인식과 자신에 대한 새로운 영적 자각이 절대적으로 새로운 계명에 가장 알맞고 시의 적절한 것으로 생각될 것입니다. 그러나 그것은 여러분이 그리스도인으로서의 삶을 시작할 때부터 계속 들어온 것과 동일한 계명입니다.

"시험에 들지 않게 깨어 기도하라."

그렇다고 여러분이 이것을 옛 계명으로 받아들일 필요는 없습니다. 이것을 옛 계명으로 받아들이더라도 오래된 신실한 친구처럼 맞아들여야 할 것입니다.

여러분은 자신의 경험을 통해서, 특별히 죄와 실패를 통해서 예수님이 다시 한 번 오셔서 명령하신다는 사실을 깨달아야 합니다. 여러분은 자신의 연약함과 무기력함과 더불어 여러분의 영혼을 대적하는 자들의 다양하고도 막강한 힘을 깨달아야 합니다. 그리고 여러분이 처음으로 경험을 통해 배운 유일한 경험의 지식이 절대적으로 부족함을 인식해야 합니다. 마귀의 간교함과 교활함에 대해, 그리고 육신이 지치고 피곤하거나 마음이 약해져 취약한 여러분을 사탄이 찾아내는 위험한 순간들에 대해 생각해 보아야 합니다. 원수 마귀가 어떻게 그러한 취약점을 이용하는지 생각해 보십시오. 그리고 여러분이 그것을 극복하지 못할 경우 뒤따르게 될 무섭고도 끔찍한 결과를 생각해 보십시오. 만일 이 싸움이 마지막 싸움이라면, 여러분은 영원히 끝나고 말 것입니다. 그러할 때 옛 명령이 언제나 영원토록 효력이 있으며 위대하고도 소망 가득하다는 사실을 발견한다면 기쁘지 않겠습니까?

비록 시험에 둘러싸여 공격받고 있을지라도 여러분에게는 영원한 자유가 있습니다. 시험에 들지 않도록 깨어 기도하는 것은 의무가 아니라 특권이요 보증이며 고상한 권리입니다. 깨어 기도하며 믿음으로 신실한 하나님의 무한한 지혜와 사랑과 능력을 구한다면, 이 새로운 옛 계명은 그것을 유의하여 지키는 한, 눈에 보이지 않는 수많은 위험들 가운데서도 여러분을 현재의 안전에 대한 즐거운 확신과 궁극적인 승리에 대한 확실한 소망으로 두를 것입니다.

"시험에 들지 않게 깨어 기도하라."

이제 예수님은 그들에게 말씀하신 것과 동일하게 우리 모두에게 말씀하십니다.

먼저, '깨어'라고 말씀하신 것은 경각심을 가지라는 의미입니다. 여러분은 각자 자신의 자리에서 신실한 파수꾼이 되어야 합니다. 여러분의 자리에서 영적인 지혜와 믿음의 눈을 크게 뜨십시오. 그러면 여러분은 세상이 볼 수 없는 많은 것들을 보게 될 것입니다. 여러분은 여러분 자신과 관련하여 꼭 보아야 할 것들을 보게 될 것입니다. 그리고 무엇보다 자신을 살피고 아는 것은 영적 전쟁의 군사와 파수꾼에게 주어진 특별한 임무입니다.

여러분은 부지런히 깨어 자신의 마음을 지켜야 합니다. 모든 생명의 근원이 마음으로부터 나오기 때문입니다. 마음이 정욕과 죄를 품지 못하도록 붙들어 매야 합니다. 그것들을 정죄하고 십자가에 못 박으십시오. 죄가 즉시 도말되지 않는다면(속성상 쉽게 제거되지 않을 것입니다), 더욱 많이 경계하십시오. 죄에 대한 주의를 배나 기울이고, 가장 강력한 양심의 힘과 명예로 감독해야 합니다. 하나님에 대한 신실함과 믿음으로 죄를 못 박고 경계하며, 죄가 여러분을 지배하여 거룩하신 분과 교제하는 것을 가로막지 않도록 하여 하나님의 평화가 여러분의 마음을 지키고 다스리게 해야 합니다.

여러분의 특별한 소명과 교우 관계, 세상과 맺은 특수한 관계들과 개인적으로 애착을 가진 대상에 주의하십시오. 특히 과거에 경험한 잘못이나 실패의 원인과 이유에 주의를 기울이십시오. 대적이 여러분을 넘어뜨리기 위해 접근하는 방법에 주의하십시오. 대적 마귀는 우는 사자같이 두루 다니며 광명의 천사로 가장합니다(벧전 5:8; 고후 11:14 참고). 대적의 속임수에 넘어가지 않도록 깨어 있어야 합니다.

여러분의 은혜가 어떤 상태에 있으며 얼마나 강한 힘을 가지고 있는지, 또 어떤 위험에 놓여 있는지를 살피십시오. 특히 여러분의 회심과 믿음을 살피십시오. 이것들을 날마다 새롭게 해야 합니다. 포도 열매가 무성한지, 포도원을 해치는 작은 여우가 있지는 않은지 살피십시오. 주님께서 여러분에게 주신 귀한 선물들, 곧 은혜와 회개하는 마음과 온유하고도 평온한 심령을 살펴보십시오. 회복된 여러분의 심령이 선한 열매를 맺을 수 있도록 주의를 기울이십시오. 그리고 여러분 안에 거하시는 성령을 통해 그 선한 열매들을 지키십시오. 간교한 사탄은 언제든지 여러분을 기만하려 할 것입니다. 그러므로 한순간도 잠이 들어서는 안 됩니다. 대적의 힘을 항상 인식하고 있어야 합니다. 예언의 말씀과 함께 깨어 있으십시오. 그리스도와 함께 망대에서 지켜야 합니다. 그리스도와 함께 깨어 있으십시오. 그리스도 안에 거하며, 그분과 함께 깨어 있어야 합니다.

다음으로, '기도'해야 합니다. 모든 기도와 간구로 늘 깨어서 모든 일에 인내해야 합니다. 시험에 들지 않게 보호해 주시고 시험받을 때에 그 시험을 이길 수 있는 힘을 달라고 기도하며 하나님의 은혜를 구해야 합니다. 하나님은 원하시기만 하면 여러분이 시험에 들거나 시험의 덫과 유혹에 걸려들지 않게 하실 뿐 아니라 아예 시험이 찾아오지도 않게 하실 수 있습니다. 실제로 하나님은 연약함과 거룩한 두려움으로 올리는 호소에 응답하셔서 시험을 면해 주시기도 합니다. 그러나 이런 경우를 제외하면, 자기 백성들을 시험하여 입증하는 일은 불가피한 일입니다. 그러므로 아버지의 지혜와 뜻에 따라 그분의 시험이 여러분을 대적해 구조적인 틀을 형성하지 않게 해 달라고 기도해야 합니다. 또한 시험이 스스로 틀을 형성하고 번성하지 않도록 기도해야 합니다.

시험의 때를 알게 해 달라고 기도하십시오. 모든 특별한 위험을 미리 알려 달라고 기도하십시오. 여러분이 이런 것들에 대해 미련하지 않고 마귀의 간계와 주님의 뜻을 분별할 수 있도록 해 달라고 기도하십시오. 주님 안에서, 그리고 주님의 능력의 영광 안에서 여러분을 강하게 만들어 달라고 기도하십시오. 하나님의 전신 갑주를 입게 해 달라고 기도하십시오(엡 6:11 참고). 하나님의 전신 갑주를 입고 날마다 성령 안에서 기도하십시오.

시험에 들지 않기 위해서는 무엇보다도 모든 일에 여러분과 똑같이 시험을 받으시되 죄는 없으신 주님의 이름으로 기도해야 합니다. 주님의 시험을 기억하면서 그분이 시험받는 자들을 능히 구원하실 수 있으며 또한 구원하실 것이라는 확신을 가지고서 여러분의 믿음을 새로운 생명과 소망으로 가득 채우십시오.

그러므로 '깨어' '기도'하는 두 가지 일을 행해야 합니다. 이 두 가지는 별개의 것이 아니라 상호 의존적인 일입니다. 깨어 있기 위해 기도해야 합니다. 그리고 무엇을 위해 기도해야 하는지를 알기 위해 깨어 있어야 합니다. 깨어 있는 은혜를 위해 기도해야 합니다. 기도할 내용을 위해 깨어 있어야 합니다. 단순히 시험이 다가오기만 할 때 그것을 알 수 있도록 깨어 있어야 합니다. 그 시험이 이미 막강한 힘을 발휘한 후에야 깨닫지 않도록 기도해야 합니다. 여러분의 눈이 흐려지지 않도록 기도하고, 안약을 발라 더욱 멀리 보고 선악을 분별하게 해 달라고 기도하십시오. 예민하고도 통찰력 있는 눈으로 깨어 기도 응답을 볼 수 있어야 합니다.

기도의 효력에 깨어 있어야 합니다. 깨어 있는 일에 실패하지 않도록 기도하십시오. 조금도 빈틈없는 기도가 될 수 있도록 깨어 있으십시오. 여러분의 망대에서 빈틈없이 경계할 수 있도록 기도하십시오. 대적은 간교하기 때문에 여러분은 그의 움직임을 예의 주시해야 합니다. 또 한편 여러분은 약하기 때문에 능력을 얻기 위하여 기도해야 합니다.

여러분이 자신을 지킬 수 있다면 깨어 있는 것만으로도 충분할 수 있습니다. 그러나 오직 하나님만이 여러분을 지키실 수 있습니다. 그래서 여러분은 깨어 있을 뿐 아니라 기도해야 합니다. 만일 하나님께서 여러분이 스스로 자신을 지키도록 힘을 주고 인도하는 것 외에 다른 방법으로 여러분을 지키신다면 기도하는 것만으로도 충분할 것입니다. 그러나 그렇지 않기 때문에 여러분은 기도할 뿐 아니라 깨어 있어야 합니다. 여러분의 구원을 이루기 위하여 두려움과 떨림으로 깨어 있어야 하며, 여러분 안에서 일하고 자신의 선한 뜻을 보여 주시는 주님을 보기 위하여 깨어 있어야 합니다. 그래서 주님께서 "시험에 들지 않게 깨어 기도하라"(마 26:41)라는 두 가지 사항을 명하신 것입니다.

이것이 바로 제자들을 꾸짖고 책망하기 위해 오신 주님께서 은혜 가운데 주시는 복된 권면입니다.

3. 은혜와 긍휼

예수님은 친절하게도 은혜로운 설명을 덧붙이십니다. 부모가 자녀를 가엾게 여기며 진실한 마음과 사랑으로 책망하는 것처럼, 주님도 자신을 경외하는 제자들을 불쌍히 여기십니다. 예수님은 그들의 연약함을 지적하고 정죄하시면서도 그들의 순수한 마음을 인정하셨습니다.

"마음에는 원이로되 육신이 약하도다"(마 26:41).

"육체의 소욕은 성령을 거스르고 성령은 육체를 거스르나니 이 둘이 서로 대적함으로 너희가 원하는 것을 하지 못하게 하려 함이니라"(갈 5:17).

이것은 제자들이 슬픔으로 인하여 잠들었다고 말하는 누가의 증언과도 일치합니다.

"기도 후에 일어나 제자들에게 가서 슬픔으로 인하여 잠든 것을 보시고"(눅 22:45).

그들은 주님의 슬픔에 냉혹하게 무관심하지는 않았습니다. 그들은 모든 것이 자신들의 일인 양 마음 아파했습니다. 그들 역시 심히 고민하였습니다. 그러나 미련한 자가 헛된 번성의 위험을 깨닫지 못하는 것처럼, 제자들도 내리누르는 슬픔의 위험을 감지하지 못했습니다. 이러한 슬픔의 무게는 그들의 경계심을 허물고 그들을 때 아닌 잠에 빠지게 만들었습니다. 참으로 마귀의 간계는 우리의 경솔하고도 무거운 마음을 살펴 악한 기회를 찾습니다. 그러나 사탄이 신실한 자들을 타작할 때 알곡은 절대 쭉정이처럼 다루어지지 않을 것입니다. 비록 중생한 사람이 잠시 사로잡혀 있을지라도 실제로 그 사람 속에 거하는 은혜로 말미암아 주님의 눈이 계속 그 사람에게 머물기 때문입니다.

예수님은 그들의 슬픔을 보았습니다. 그리고 비록 육신의 연약함에 잠식되기는 했지만, 그것을 순수한 마음의 의지로 여겼습니다. 예수님은 제자들을 꾸짖고 권면하실 때에도 당연히 그들을 사실상 영적인 자들이요 진정한 신자이자 신실한 형제로 여기셨습니다. 그래서 그들을 꾸짖고 권면하신 것입니다.

깨어 있으려는 의지(마음)가 없었다면 깨어 있지 못한 그들에게 놀라거나 책망하지 않았을 것입니다. "너희가 나와 함께 한 시간도 이렇게 깨어 있을 수 없더냐?"라는 책망의 핵심은 그들이 마음이나 의지가 새로워져 즐거이 헌신하는 자라는 데 있습니다(시 110:3 참고). 그런 책망은 세상적이거나 회심하지 못한 마음에는 해당되지 않습니다. 책망뿐만 아니라 권면도 동일한 맥락에서 고찰할 수 있습니다. 이러한 권면은 회심하지 않은 자들에게는 해당되지 않습니다. 회심하지 않은 자들에게 이런 권면부터 할 수는 없습니다. 주님은 여러분에게 처음부터 "시험에 들지 않게 깨어 기도하라"라고 책망하시지 않습니다. 여러분이 육에 속한 자이며 죄로 인해 죽은 자들이라면 시험이나 죄로부터 절대 벗어날 수 없기 때문입니다. 그분은 여러분에게 가장 먼저 엄중하게 "왜 너는 죽어 있느냐"라고 질문하실 것입니다. 그리고 그분이 여러분에게 권면하신다면, 아마도 가장 먼저 이렇게 권면하실 것입니다.

"장차 올(임박한) 진노를 피하라"(눅 3:7; 마 3:7).

"그들 중에서 나와서 따로 있고 부정한 것을 만지지 말라"(고후 6:17).

"잠자는 자여 깨어서 죽은 자들 가운데서 일어나라"(엡 5:14).

"회개하고 복음을 믿으라"(막 1:15).

영적으로 눈먼 자는 깨어 있을 수 없습니다. 즉, 영적으로 죽은 사람들은 시험에 들지 않게 기도할 수 없습니다.

그러나 만일 여러분이 마음은 원이로되 육신이 약한 상태에 있다면, 이것은 핵심을 짚은 권면이 될 것입니다. 마음으로 원하기 때문에 지킬 수 있습니다. 다만 '육신이 약하기' 때문에 주의해야만 합니다.

그렇다면 이제 이 권면이 누구에게 주어진 것인지에 주의하여 여러분 자신에게 즉시 적용할 수 있는지 살펴보겠습니다. 여러분의 육신은 약하지만 진실로 여러분의 마음은 원하고 있습니까? 여러분이 가장 중요하게 생각하는 우선순위가 주님을 향한 총체적인 거룩함입니까? 깊이 생각하고 확인해 보십시오. 여러분의 마음에 실제로 숨어 있는 속사람은 누구입니까? 십자가에 못 박히지 않은 옛사람입니까, 아니면 하나님의 온전하신 형상을 이루어가기를 원하는, 하나님의 형상을 따라 새로 지으심을 받은 사람입니까?

여러분이 실패했을 때, "마음에는 원이로되 육신이 약하도다"(마 26:41)라는 예수님의 말씀에 대해 기쁨으로 나아가는지 슬픔으로 나아가는지를 살피십시오. 그리고 여러분이 이런 위로와 긍휼을 적용할 때 여러분의 회개가 더욱 깊어집니까, 아니면 회개의 필요성을 느끼지 못합니까? 그리고 자신의 실패에 대해 슬퍼할 때, 그리스도인으로서 합당한 인격과 삶을 나타내지 못한 것과 관련하여 단순히 양심이 요구하는 의무를 다하지 못한 데서 오는 후회와 슬픔입니까, 아니면 여러분의 심령이 여러분에게 말하는, 그리고 여러분보다 크신 하나님이 여러분에게 알게 하신 여러분의 의무요 전적이고도 정직하며 흔들리지 않는 소원을 이루지 못하고 실패한 것에 대한 특별한 슬픔입니까? 만일 참으로 여러분의 마음에 원(의지)이 있다면 후자에 해당할 것입니다.

4. 실패와 경고

마지막으로, 열한 명의 제자들의 결말이 어떠했는지를 통해 경고를 받아야 합니다. 그들은 거듭해서 퇴보했습니다. 그들은 이 싸움에서 철저히 패했습니다. 예수님도 결국 그들에 대한 권면을 거두셨습니다. 그리고 괴롭고 쓰라린 경험을 통해 직접 배우게 하셨습니다.

"이제는 자고 쉬라. 보라, 때가 가까이 왔으니 인자가 죄인의 손에 팔리느니라. 일어나라 함께 가자. 보라 나를 파는 자가 가까이 왔느니라. 말씀하실 때에 열둘 중의 하나인 유다가 왔는데, 대제사장들과 백성의 장로들에게서 파송된 큰 무리가 칼과 몽치를 가지고 그와 함께하였더라"(마 26:45-47).

깨어 기도하셨던 예수님은 위엄과 평안과 흔들리지 않는 견고함으로 그들과 맞섰습니다. 그러나 열한 명의 제자는 스스로 그렇게 무장할 기회를 놓쳐 버렸습니다.

베드로에게는 예수님을 버리고 도망친 다른 제자들보다 더 큰 실패가 기다리고 있었습니다. 제자들은 모두 부활하신 주님에게서 용서를 받고 회복될 때까지 죄책과 슬픔에 눌려 있었습니다. 만일 그들이 그 끔찍한 시간에 예수님의 명령에 따라 예수님처럼 깨어 기도했다면, 그들의 행위와 그들이 받은 위로가 얼마나 달라졌을지 누가 추측할 수 있겠습니까? 그들은 여전히 생명의 믿음을 소유한 채 달아났습니다.

예수님은 아무도 함께하지 않는 가운데 홀로 깨어 기도하셨습니다. 그분이 깨어 기도하신 것은 자신을 위함이라기보다 오히려 그들을 위함이었습니다. 그들은 두려움 때문에 도망치고 말았습니다. 그러나 여러분이 그리스도의 것이라면, 설령 그렇게 도망할지라도 결국 천국에는 갈 것입니다. 여러분이 그리스도의 것이라면 그리스도의 영이 여러분 안에 내주하시기 때문입니다. 그리스도의 영이 내주하고 계시지 않다면, 여러분은 그분의 것이 될 수 없습니다. 그리고 그리스도를 죽은 자 가운데서 살리신 이의 영이 여러분 안에 거하시면, 여러분 안에 거하시는 그 영으로 말미암아 여러분은 새롭게 될 것입니다(롬 8:11 참고). 또한 육신은 약하나 마음은 원할 것이며, 주님은 여러분과의 언약을 깨뜨리지 않으실 것입니다.

모든 참신자에게 어떤 일이 일어날지라도 결국 시온의 하나님 앞에 서게 될 것이며, 슬픔이나 한숨이나 고통이 없는 곳에 거하게 될 것입니다. 그곳에 거하는 사람들은 아프다는 말을 하지 않을 것입니다. 왜냐하면 그곳에 거하는 사람들은 모든 죄를 용서받았으며, 하나님께서 그들의 눈에서 모든 눈물을 닦아 주실 것이기 때문입니다.

그러나 마음으로 원하는데도 육신이 연약하여 깨어 기도하지 못하고 시험에 들어 잠을 잔다면, 마지막 날에 천국에는 갈지라도 그날이 오기까지 결코 주님의 기쁨이 여러분의 힘이 되지는 못할 것입니다. 또 수많은 슬픔으로 아픔을 자초할 것이며, 여러분의 길은 하나님께서 만드신 '쑥과 담즙'(애 3:19) 같은 두려운 쓴 잔으로 가득 찰 것입니다. 그러므로 시험에 들지 않도록 깨어 기도하십시오.

5장 제자들을 위한 기도의 처소

"그곳은 가끔 예수께서 제자들과 모이시는 곳이므로"(요 18:2).

제자들이 가끔 예수님과 함께 모인 곳은 참으로 복된 장소가 아닙니까? 참으로 겟세마네는 교회로 모인 '거룩한 장소(oratoire)'이자, 영적으로 은밀한 가운데 보실 뿐만 아니라 고난의 사람에게 공개적으로 보상하시는 아버지께 여러 가지 귀한 신앙적 도움을 구하고 기도하는 골방으로 간주해야 하지 않겠습니까?

흔히 죄인은 십자가 앞으로 나아갈 뿐만 아니라 그곳에 거해야 한다고 말합니다. 신자는 갈보리에 거해야 한다는 것입니다. 바울의 경험은 이에 대한 영적인 증언을 제공합니다.

"내가 그리스도와 함께 십자가에 못 박혔나니 그런즉 이제는 내가 사는 것이 아니요 오직 내 안에 그리스도께서 사시는 것이라. 이제 내가 육체 가운데 사는 것은 나를 사랑하사 나를 위하여 자기 자신을 버리신 하나님의 아들을 믿는 믿음 안에서 사는 것이라"(갈 2:20).

"나는 십자가를 통해 그리스도와 하나가 되었습니다. 나는 십자가에 못 박히신 그분과 연합하였습니다. 나는 죽음으로써 하나님께 향기로운 제물이 되신 그분 안에서, 그리고 그분과 함께 하나님께 드려졌습니다. 진실로 나는 산 제사로 드려졌습니다. 나와 함께 못 박히신 그분이 나를 위해 못 박히셨기 때문입니다. 그분은 죽었으나 살아 계십니다. 그러므로 나도 살아 있습니다. 그러나 내 안에 사는 것은 내가 아니라 그리스도이십니다. 그러므로 십자가로 말미암아 생명을 얻은 나는 십자가에서 살고 있는 것입니다. 나의 집, 나의 요새, 나의 높은 산성, 그리고 나의 거할 처소는 갈보리입니다."

같은 믿음의 원리와 보증으로 신자 역시 겟세마네를 자기 영혼의 비밀스러운 기도 처소라고 말해야 하지 않을까요?

그분은 크게 보상하실 것입니다. 겟세마네에서 기도하는 사람은 거기에서 세 가지가 공급된다는 것을 알게 될 것입니다. 첫째는 복되고도 완전한 보증이며, 둘째는 정확하고도 포괄적인 기도의 주제이고, 셋째는 영광스럽고도 복된 교제입니다. 겟세마네를 여러분의 기도의 처소로 만들기 위해서는 이런 것들이 동기가 되어야 합니다. 이 아름다운 주님의 동산으로 와서 주님께서 기억하고 일어나 여러분과 그분의 거룩한 처소인 시온에 자비를 베푸실 때까지 그분을 쉬게 하지 마십시오. 이곳으로 오십시오. 그러면 여러분은 성공에 대한 확신과 고귀한 보증을 발견할 것이고, 여러분의 간구의 올바른 주제와 포괄적인 범위를 발견할 것이며, 겟세마네에서 드리는 기도를 통해 오직 예수님과 함께하는 교제를 발견할 것입니다.

1. 기도 응답의 확신과 보증이 있는 곳

먼저 겟세마네에서 올리는 기도를 통해 우리는 기도의 권리와 특권을 깨닫는 복된 유익을 얻게 될 것입니다. 반드시 기도를 들어주신다는 보장과 확신을 얻는 것입니다. 왜냐하면 실제로 겟세마네에서 "보라 지금은 은혜 받을 만한 때요 보라 지금은 구원의 날이로다"(고후 6:2)라는 영광스러운 신탁이 선포되고 있기 때문입니다. 이 복된 진리의 말씀이 어떤 근거 위에 있으며 어디서 처음 선포되었는지를 유의하십시오. 무엇보다 귀한 이 선언은 주님께서 이렇게 말씀하신 이유와 결코 분리할 수 없으며, 처음 이 말씀을 하신 장소도 절대 잊어서는 안 됩니다.

사실 이 두 가지 요소는 예수님의 기도와 그분에게 주어진 응답과 관련이 있습니다. 겟세마네에서 예수님은 자신의 열납(은혜 받음)과 구원을 위해 부르짖으셔야만 했습니다. 예수님께서 열납될 때와 구원의 날을 기다리신 것입니다. '구원'은 예수님이 번민 가운데 심한 통곡과 눈물로 하나님께 구한 짐이었습니다. 그분은 '자기를 죽음에서 능히 구원하실 이'(히 5:7)에게 부르짖었습니다. 그리고 '열납'은 구원을 위해 반드시 필요한 요소입니다. 하나님 앞에서 의롭다함을 받아야 하는 것입니다. 그래서 예수님도 이러한 믿음과 소망에 대해 "나를 의롭다 하시는 이가 가까이 계시니"(사 50:8)라고 말씀하십니다.

예수님이 육체로 계실 때 하나님의 의로운 종으로서 '의롭다하심(열납)'을 받고 죽음의 지배에서 '구원'받는 일이 필요했습니다. 예수님은 두 가지를 모두 얻었습니다. 그분은 죽기까지 순종하심으로써 구원을 받았습니다. 죽기까지 순종하심으로써 죽음을 도말하셨습니다. 그분의 영혼이 스올에 버림당하지 않고, 주님의 거룩한 자가 멸망당하지 않았습니다(시 16:10 참고). 또한 그분은 범죄한, 그러나 자신이 사랑하는 백성을 대신하여 기꺼이 정죄를 당하심으로써 영으로 의롭다하심(열납)을 받았습니다.

이런 구원(죽음을 통해 죽음으로부터 구원됨)과 열납(자발적으로 정죄당하심으로써 얻은 의롭다하심)에 대해 이사야는 성령의 감동으로 성부 여호와께서 언약의 머리요 보증이신 성자 여호와와 나누신 대화를 통해 증언합니다. '이스라엘의 구속자 이스라엘의 거룩한 이이신 여호와께서 사람에게 멸시를 당하는 자'(사 49:7), 곧 '멸시를 받아 사람들에게 버림받은 자'(사 53:3 참고)에게 이렇게 말씀하십니다.

"은혜의 때에 내가 네게 응답하였고 구원의 날에 내가 너를 도왔도다. 내가 장차 너를 보호하여 너를 백성의 언약으로 삼으며 나라를 일으켜 그들에게 그 황무하였던 땅을 기업으로 상속하게 하리라. 내가 잡혀 있는 자에게 이르기를 나오라 하며 흑암에 있는 자에게 나타나라 하리라"(사 49:8,9).

"너는 온전해질 것이며 영원한 구원의 주가 될 것이다. 너는 죄인들을 어둠에서 구하고 그들의 결박을 풀어 줄 권리와 능력을 얻게 될 것이다. 네가 은혜 받을 만한(열납될 수 있는) 때에 은혜를 받기 위해(열납되기 위해) 나에게 부르짖기만 하면, 너는 죄인들에게 가서 '나오라' 하고 어두운 데 앉아 있는 사람들에게 '나타나라'라고 말할 수 있는 권위와 은혜를 가진 절대적 주권을 얻게 될 것이다. 또한 구원의 날에 너를 '죽음에서 능히 구원하실 이에게 심한 통곡과 눈물로 간구'(히 5:7)하기만 하면, '성소에서 너를 도와주시고 시온에서 너를 붙드시는'(시 20:2 참고) 응답과 도움을 얻을 것이며, 네가 두려워하던 것에서 구원받게 될 것이다"라고 말씀하시는 것입니다.

"보라 주 여호와께서 나를 도우시리니 나를 정죄할 자 누구냐"(사 50:9).

"너는 나의 종이요 내 영광을 네 속에 나타낼 이스라엘이라"(사 49:3).

"은혜의 때에 내가 네게 응답하였고 구원의 날에 내가 너를 도왔도다"(사 49:8). 성자에게는 이런 언약이 주어졌습니다.

확실히 이 약속은 하늘의 천사가 그분에게 나타나 힘을 주던 겟세마네에서 현저하게 성취되었습니다. 성부 하나님은 그의 영혼 안에서 능력으로 도우시고, 모든 은혜와 사랑과 인내와 담대함으로 채우셨으며, 그로 하여금 부끄러움을 개의치 않고 십자가를 질 수 있도록 결심하게 하셨습니다. 겟세마네에서 드려진 기도보다 더 '많은 인자와 구원의 진리'(시 69:13)로 응답을 받고 반김을 받은 기도는 없습니다.

그렇다면 은혜의 때와 구원의 날에 대해 응답을 받은 예수님은 그런 복을 혼자만 지키고 있습니까, 아니면 장차 그것을 진정한 복으로 여겨 받아들이기로 동의할 사람들에게 아낌없이 베풀기로 하셨습니까? 이제 '구원의 날'과 '은혜 받을 만한 때'는 죄인의 것이 되었습니다. 지금은 그분이 가까이 계시기 때문에 언제든지 부르면 들으시고 찾으면 만날 수 있는 때입니다. 그러나 이 은혜 받을 만한 때와 구원의 날은 무엇을 말합니까? 그것은 바로 그리스도의 열납되심에 동참하는 것이 아니겠습니까? 그분의 열납되심과 구원으로 인해 우리의 열납과 구원이 성취되었으며, 우리는 여기에 보증과 확신을 가지고 동참하도록 부르심을 받았습니다.

그러므로 사도 바울은 자신에게 주어진 지혜를 따라 우리의 기도 열납에 대한 모든 보증을 앞서 열납되고 응답을 받으신 예수님의 기도에서 찾았습니다. 고린도후서 6장 2절에서 바울은 이사야서에 기록된 바 성부 여호와께서 성자 여호와에게 약속하신 내용, 즉 기도를 듣고 응답하며 돕겠다는 말씀을 인용한 후에 그것을 우리의 영광스러운 보증의 근거로 제시하였습니다. 이러한 보증이 없이는 믿음도, 소망도, 기도도 없습니다.

"하나님의 은혜를 헛되이 받지 말라. 이르시되(예수님에게 말씀하시되) 내가 은혜 베풀 때에 너에게 듣고 구원의 날에 너를 도왔다 하셨으니, 보라(고린도 성도들이여) 지금은 은혜 받을 만한 때요 보라 지금은 구원의 날이로다"(고후 6:1,2).

그렇습니다. 여러분의 기도가 열납되리라는 소망을 가질 수 있는 근거는 예수님께서 은혜 받을 만한 때에 응답받으신 것입니다. 여러분이 지금 구원의 날을 가지게 된 것은 그분이 능히 자기를 구원하실 이에게 기도하심으로 두려워하던 것으로부터 구원을 받으셨기 때문입니다. 복되신 구주, 겟세마네의 기도를 통해 들으심과 응답하심을 받은 그분은 이제 어둠과 죄의 포로 된 자들에게 다가가 그들을 자신의 왕국의 빛과 구원으로 이끄십니다. 그분은 포로 된 자들을 향해 "나오라"라고 말씀하십니다. 아직도 어둠에 앉아 있는 여러분을 향해 "나타나라"라고 말씀하십니다. 그분이 여러분을 자신의 구원의 날에 참여하는 자로 세우고자 여러분과 은혜 받을 만한 때를 나누려고 하시는데 여러분은 왜 거절합니까? 그분은 자신이 겟세마네의 기도를 통해 들으심과 응답하심을 받은 것처럼, 여러분의 영혼이 구원받고 여러분의 기도가 응답되리라는 보증을 주고 계십니다. 성부께서는 시온으로부터 그의 기도를 들으시고 죽음의 지배 아래로 떨어지는 것으로부터 그를 구원하셨습니다.

따라서 여러분은 겟세마네를 통해 기도에 대한 확실한 보증을 얻게 됩니다. 여러분은 겟세마네를 통해 은혜 받을 만한 때, 즉 여러분이 열납되는 구원의 날을 찾게 될 것입니다. 예수님께서 찾으신 구원처럼, 그리고 그분의 기도가 열납된 것처럼, 참되고도 확실하며 오류가 없는 구원과 열납하심을 얻게 될 것입니다. 겟세마네에서 그분이 가까이 계실 때에 그분을 부르고, 만날 만한 때에 그분을 찾으십시오(사 55:6 참고).

이쯤에서 기도하지 않는 것과 미루는 것에 대해 생각해 봅시다. 우리는 겟세마네의 끔찍함을 알고 있습니다. 그래서 그분이 가까이 계실 때에 부르고 만날 만한 때에 찾아야 하는 것입니다. 왜냐하면 참으로 겟세마네가 믿음의 기도와 그 응답을 보증한다면, 기도하지 않는 사람들에게 임할 끔찍한 저주 역시 확실할 것이기 때문입니다. 그곳에서 말할 수 없는 슬픔과 고민과 번민과 놀라움으로 기도하며 고난받으신 예수님은 믿는 사람들의 짐을 대신 지셨습니다. 따라서 믿지 않는 사람들의 짐은 영원히 그대로 남을 것입니다. 죄와 세상을 사랑하고 이스라엘의 거룩하신 분 앞에서 자신의 힘만 믿고 계속 불신앙의 길을 걷는 사람, 주님의 구원에 어떤 몫이나 지분도 없이 예수님께서 찾고 나누어 주기를 원하시는 은혜의 때를 멸시하는 사람들에게는 예수님이 죄인의 자리에서 당하신 모든 것이 동일하게 임할 것입니다.

참으로 그분의 영혼이 전가된 죄로 말미암아 심히 고민하고 슬퍼하셨습니까? 그렇다면 아직도 여전히 남아 있는 죄를 지고 영원으로 들어가야 하는 사람들의 고통과 슬픔은 어떠하겠습니까? 그분이 대신 지신 죄로 말미암아 심한 고통과 번민과 고민으로 죽게 된 것이 마땅하다면, 여러분이 당할 슬픔이 어찌 그보다 못하겠습니까? 회개하지 않고 그리스도 밖에서 살다가 죽는 자들에게는 괴로움이 더할 것입니다(시 16:4 참고). 그분이 심히 놀라셨습니까? 그렇다면 겟세마네에서 예수님을 헤아렸던 공의로부터 구원과 용서를 받지 못한 사람들이 만날 공포와 저주에 대한 놀라움은 얼마나 더 끔찍하겠습니까? 왜 그분입니까? 왜 하나님을 자신과 상관없는 분으로 여겨 멸시하고 무관심하며 기도하지 않는 불신앙으로 하나님의 아들을 거절하고 멸시하는 여러분이 아니라 그분이어야만 합니까?

"시온의 죄인들이 두려워하며 경건하지 아니한 자들이 떨며 이르기를 우리 중에 누가 삼키는 불과 함께 거하겠으며 우리 중에 누가 영영히 타는 것과 함께 거하리요 하도다"(사 33:14).

기도하지 않는 영혼들이여! 거룩하고도 신령하며 통찰력 있는 주님께서도 이처럼 죄가 전가되었을 때 놀람과 두려움으로 떨었습니다. 처음부터 거룩한 지성으로 이 일이 임할 것을 알고 저주가 되기로 작정하신 그분이 상상할 수도 없는 놀람과 공포로 그처럼 떨고 두려워하며 눈물과 피를 쏟으셨습니다. 전능하신 주 하나님께서 죄 있는 육신의 모양을 한 그분을 땅바닥에 던져 땀방울이 핏방울처럼 흘러내리기까지 고통스러워하며 부르짖게 만들었습니다. 그렇다면 하물며 육신의 잠에서 깨어나 진노의 사자들에게 사로잡혀 영원한 사망의 골짜기로 내팽개쳐질 때, 그리하여 겟세마네에서 성취된 은혜의 때와 구원의 날이 지나고 슬픔과 놀람과 번민과 긍휼 없는 심판만 남았다는 사실을 깨닫게 될 때, 여러분은 얼마나 큰 두려움과 놀라움과 경악할 만한 공포에 사로잡히겠습니까?

이제 선택하십시오. 지금은 은혜 받을 만한 때입니다. 은혜 받을 만한 때에 고뇌의 기도로 나아가고, 구원의 날에 좁은 문으로 들어가기를 힘쓰며 영원한 영광으로 향하겠습니까? 아니면 보복하심과 불타는 분노만을 바라보며 영원히 슬퍼하겠습니까? 선택하십시오. 선택의 여지가 없습니다. 즉시 은혜의 때를 받아들여 활용하십시오. 구원의 날에 구원을 받으십시오. 지금 이 은혜의 때에 주님의 풍성한 자비와 구원의 진리 안에서 기도하십시오. 여러분이 기도하지 않는 것과 미루고 늦추는 것으로 아직 봉인되지 않은 데 대해 하나님께 감사하십시오. 겟세마네로 가까이 나아가 기도하고, 응답에 대한 온전한 확신과 믿음을 가지고 기도할 권리와 보증을 주신 것에 대해 떨리는 마음으로 감사하십시오. 그리고 믿음과 인내로 약속을 유업으로 받은 사람들의 뒤를 따르십시오.

주님이 기억하시는데도 기도의 고상한 의무와 특권에 대해 모르는 자들이여! 예수님이 기도 응답을 받으신 것에 모든 근거와 확신을 두십시오. 그러면 여러분도 응답받을 것입니다. 믿음의 기도로 하는 싸움은 반드시 승리합니다. 겟세마네에서도 그러했습니다. 여러분은 그저 승리를 따라갈 뿐입니다. 그러므로 겟세마네로 와서 간구하십시오. 주님께서 거기에서 열납되셨으며, 거기에서 기도의 들으심과 응답하심을 받고 죽음으로부터 구원을 받았습니다. 거기에서 살아 있는 계시가 여러분에게 선포되고 있습니다.

"보라 지금은 은혜 받을 만한 때요 보라 지금은 구원의 날이로다"(고후 6:2).

2. 열납되는 기도의 내용과 범위를 발견하는 곳

여러분은 겟세마네에서 열납되는 기도의 참된 내용과 온전한 범위를 찾을 수 있습니다. 분명하고도 포괄적인 기도의 주제를 알게 되는 것입니다. "아버지의 원대로 하옵소서"(막 14:36; 마 26:39)라는 겟세마네의 기도는 여러분이 하나님께 구하는 모든 기도의 요약이자 실재입니다. 여기에는 단순히 모든 기도에서 아버지의 뜻에 순종하고 그 뜻을 따르겠다는 뜻만 있는 것이 아닙니다. 그것도 이 교훈 속에 담긴 진리의 한 부분입니다. 하나님의 뜻에 합하는 것만을 구하고 그것만을 바라는 것이 기도의 핵심입니다. 따라서 하나님의 뜻에 반대되는 것을 구하려는 의도가 없는지를 자세히 살펴 가장 악한 형태의 교묘한 불신앙의 사고를 즉각 떨쳐 내야 합니다.

"그를 향하여 우리가 가진 바 담대함이 이것이니 그의 뜻대로 무엇을 구하면 들으심이라"(요일 5:14).

이 말씀은 이성과 성경 모두의 명령입니다. 그리고 겟세마네는 이 가르침을 매우 엄숙하게 확증하고 주장합니다.

"내 아버지여 만일 할 만하시거든 이 잔을 내게서 지나가게 하옵소서. 그러나 나의 원대로 마시옵고 아버지의 원대로 하옵소서"(마 26:39).

이와 같이 우리는 겟세마네에서 기도의 법칙을 충분히 공급받게 됩니다. 그 법칙은 모든 기도에 최대한 적용할 수 있는 일반적인 원리이며, 전체적인 원리, 혹은 항상 기도에 적용할 수 있는 원리입니다. 말하자면 기도의 주제가 무엇이든 하나님의 뜻에 합하는 것만을 구해야 하는 것입니다.

그러나 여기서 겟세마네의 기도가 기도의 주제와 논제와 내용을 함축적이면서도 포괄적으로 제시한다고 말하는 데는 그 이상의 의미가 담겨 있습니다. 겟세마네로 와서 예수님이 무엇을 위해 기도하셨는지를 배우십시오. 여기로 와서 예수님의 마음과 생각 속으로 들어와 예수님이 이루어지기를 구하셨던 하나님의 뜻을 보십시오. 이 초청에 응하면 참으로 큰 유익을 얻을 것입니다. 그로 인해 주어지는 영적인 풍성함은 얼마나 귀한지요! 하늘로부터 오신 예수님은 자신의 뜻이 아니라 하나님의 뜻을 이루시려 했습니다.

"나의 하나님이여 내가 주의 뜻 행하기를 즐기오니 주의 법이 나의 심중에 있나이다 하였나이다"(시 40:8).

그러므로 여기로 와서 동일한 하나님의 뜻을 붙잡고 그리스도 예수 안에 있는 하늘의 영적인 복으로 풍성해지십시오.

먼저, 하나님의 뜻을 구함으로써 얻을 수 있는 직접적인 복은 자신이 즉시 주님께로 구별된다는 것입니다. 여러분 자신에게서 구별되며, 주님이 여러분의 아버지가 되시고 여러분은 주님의 자녀가 됩니다. 그분의 뜻은 여러분을 세상과 구별하며, 동이 서에서 먼 것같이 여러분의 죄과와 죄를 여러분에게서 멀리 옮기십니다(시 103:12 참고). 우리는 성경에서 예수님께서 행하러 오신 이러한 뜻에 관해 읽지 않습니까?

"아버지의 원대로 되기를 원하나이다"(마 26:42).

"내가 하나님의 뜻을 행하러 왔나이다"(히 10:9).

"이 뜻을 따라 예수 그리스도의 몸을 단번에 드리심으로 말미암아 우리가 거룩함을 얻었노라"(히 10:10).

우리는 거룩함을 얻었습니다. 즉, 하나님께 구별되었습니다. 우리는 그분의 피로 거룩해지고 구속함을 입은 특별한 소유로 구별된 자들로서, 자기 자신의 것이 아니라 값 주고 사신 자들이 되었습니다. 그러하기에 이 하나님의 뜻을 붙잡을 때, 그로 인해 여러분이 세상으로부터 구별된다는 것을 알게 됩니다. 여러분은 흑암의 권세에서 건져져 하나님의 찬란한 빛과 사랑의 아들의 나라로 옮겨질 것입니다(골 1:13 참고). 그 안에는 여러분을 주님의 특별한 상속자로 요구하고 얻어 내며 지켜줄 수 있는, 저항할 수 없는 능력이 있습니다. 이러한 하나님의 뜻에 따라 여러분은 단번에 주신 그리스도의 몸을 통하여 거룩함을 입게 되었습니다.

그러므로 겟세마네로 들어와 예수님이 그렇게도 고통스럽게, 그러나 신실하게 구하신 하나님의 뜻으로 기도하고 간구하는 일은 얼마나 복된 일인지 모릅니다. 여러분은 자신을 주님께 드리고 여러분의 영혼과 몸과 사랑과 섬김을 구원의 하나님께 바치기 위해 나아옵니다. 여러분은 겟세마네에서 믿음의 기도를 통해, 예수님이 오셔서 행하고자 하신, 그리고 그 일을 위해 한 몸이 예비된 하나님의 뜻과 확실히 관련된 그 일을 합니다.

여러분은 주님이 번민하셨던 이 동산에서 여러분의 기도의 주제를 배웁니다. 여러분은 하나님의 뜻을 붙잡고 그 뜻에 순종합니다. 지금은 은혜 받을 만한 때입니다. 여러분의 순종은 참으로 진실하게 받아들여집니다. 주님께서는 자신의 소유된 자들을 물리치지 않으십니다. 여러분이 하나님의 뜻으로 거룩해지고 그분이 결코 거절하지 않으시는 소유로 구별되는 것입니다. 주님께서 자신의 소유된 자들을 아시기 때문입니다.

여러분에게는 너무 고상한 위로입니까? 회개하였으나 아직도 그리스도 안에서 어린아이와 같이 연약한 여러분이 먹기에는 너무 단단한 음식입니까? 그처럼 복된 상태와 원리가 여러분의 것이라는 사실을 깨닫는 것만으로도 만족스럽지 않습니까? 그러나 여러분에게 말합니다. 겟세마네로 와서 예수님에게서 그분의 모든 기도에 나타난 것과 동일한 하나님의 뜻을 생각하는 기도를 배우십시오.

둘째로, 여러분은 이 말씀을 기억하고 있습니까?

"아버지께서 내게 주시는 자는 다 내게로 올 것이요 내게 오는 자는 내가 결코 내쫓지 아니하리라"(요 6:37).

오, 이 복된 두 개의 진리여! 첫 번째 확신은 예수님께 매우 영광스러울 뿐 아니라 위안을 주는 것이었습니다.

"아버지께서 내게 주시는 자는 다 내게로 올 것이요."

그리고 두 번째 확신은 여러분에게 매우 은혜롭고 위안이 됩니다.

"내게 오는 자는 내가 결코 내쫓지 아니하리라."

이 두 개의 진리는 모두 동일한 하나님의 뜻에 달려 있으며, 이 뜻에 의해 예수님은 두 진리 모두를 입증하여 밝히실 것입니다.

우리는 종종 그리스도의 말씀을 원래의 연결 고리에서 분리함으로써 말씀의 온전한 능력을 잃어버리기도 합니다. 아마도 그분의 말씀을 마음에 간직하기 위함일 것입니다. 그리고 복되신 구주께서 선언하신 바 영원히 기억될 만한 말씀들 가운데, "내게 오는 자는 내가 결코 내쫓지 아니하리라"라는 말씀보다 더 자주 혹은 깊이 우리의 마음판에 새겨진 것은 없을 것입니다. 이 말씀은 영원히 살아 내주하시며 우리의 모든 어두운 염려를 내쫓고 모든 죄책을 없애며, 예수님이 없다면 존재할 수 있는 두려움을 없애며, 모든 의심과 불신앙적인 반발을 잠잠하게 하는, 영원히 은혜로운 주님의 말씀입니다. 또한 그리스도의 이 말씀은 따로 떼어 놓아도 틀림없이 매우 귀중한 말씀이며, 아무리 크게 도발하고 배교했거나 아무리 추악하고도 더러운 죄를 범한 자라도 자신의 죄를 그분에게로 가져갈 보증으로 삼기에 충분한 말씀입니다. 그러나 가장 좋은 것은 주님이 이 말씀과 연결하여 묶어 놓으신 다른 진리로부터 나오는 온전한 능력에 유의하고, 예수님이 어떤 근거나 기초 위에서 이 진리의 말씀을 보증하시는지를 살펴보는 것입니다.

예수님은 "아버지께서 내게 주시는 자는 다 내게로 올 것이요 내게 오는 자는 내가 결코 내쫓지 아니하리라"라고 말씀하셨습니다. 왜 그러합니까? 왜 아버지께서 예수님께 주시는 자는 반드시 그분에게로 오며, 왜 그분에게로 오는 자는 그가 어떤 사람이며 무슨 일을 했건 상관없이 결코 버림받지 않는 것입니까? 예수님은 이 말씀이 진실하며 확실하다는 증거나 이유를 보여 주셨습니까? 물론입니다.

예수님은 "내가 하늘에서 내려온 것은 내 뜻을 행하려 함이 아니요 나를 보내신 이의 뜻을 행하려 함이니라"(요 6:38)라고 말씀하셨습니다. 그러므로 두 가지 다 진실하고 확실한 것입니다. 예수님은 즉시 이 두 가지 확실한 진리를 자신이 행하려 하는 하나님의 뜻과 연결하셨습니다. 모든 택함 받은 사람들이 예수님께로 나아올 것이며, 예수님께로 나아오는 사람은 모두 영접 받을 것입니다. 왜냐하면 자신의 뜻을 행하려 함이 아니요 자신을 보내신 이의 뜻을 행하고자 예수님이 하늘에서 내려오셨기 때문입니다.

또한 예수님은 "내가 하나님의 뜻을 행하러 왔나이다"(히 10:9)라고 말씀하셨습니다. 그런데 어떻게 예수님이 오셔서 이루시고자 한 하나님의 뜻이 한편으로는 아버지께서 그분에게 주신 자들이 오는 것을, 다른 한편으로는 그분에게로 오는 자들은 누구든지 영접받는다는 것을 보증합니까? 그것은 확실히, 그리고 분명히 하나님의 뜻이 그런 것들을 주시고 공급하며 보증하기 때문입니다. 그것은 이중적 보증입니다. 하나는 하나님의 감추어진 일로서 자기 백성을 택하시는 일과 관련됩니다. 또 하나는 하나님의 드러난 일로서 자기 백성을 부르시는 일과 관련됩니다. 이 두 가지는 모두 하나님의 뜻에 기초를 두고 있습니다. 하나님의 택하심은 예수님에게 주어진 사람이 다 그분께로 올 것이라고 선언합니다. 왜냐하면 예수님이 이 일과 관련된 아버지의 뜻을 행하기 위해 오셨기 때문입니다.

"나를 보내신 이의 뜻은 내게 주신 자 중에 내가 하나도 잃어버리지 아니하고 마지막 날에 다시 살리는 이것이니라"(요 6:39).

하나님의 부르심은 누구든지 주님께로 오는 사람은 결코 내쫓지 않겠다는 선언입니다. 주님께서 자신을 보내신 이의 뜻을 행하고자 하늘에서 내려오셨기 때문입니다. 예수님은 "내 아버지의 뜻은 아들을 보고 믿는 자마다 영생을 얻는 이것이니 마지막 날에 내가 이를 다시 살리리라"(요 6:40)라고 말씀하십니다. 그러므로 주님이 겟세마네에서 "이 잔이 내게서 지나갈 수 없거든 아버지의 원대로 되기를 원하나이다"(마 26:42)라고 기도하신 것은, 주님이 이 뜻을 이루기 위해 하늘에서 오셨으며 이를 위해 하나님께서 그 일을 이룰 수 있도록 한 몸을 예비하신 것을 보여 줍니다(히 10:5 참고). 주님의 기도의 주제는 아버지께서 주신 자들이 모두 그리스도에게로 나아오며, 그분에게로 오는 모든 사람이 기꺼이 영접받고 받아들여지는 것입니다.

다시 한 번 말하지만, 겟세마네로 와서 예수님의 기도를 붙잡으십시오. 예수님께 기도의 주제를 배우십시오. 그분과 함께 그분이 오셔서 이루신 하나님의 뜻을 붙잡으십시오. 특히 모든 풍성함 안에서 계시된 것을 붙잡으십시오. 아들을 보고 믿는 자는 모두 영원한 생명을 얻으리라는 말씀을 붙잡으십시오. 그리고 예수님께서 마지막 날에 그들을 다시 살리실 것이며 그분에게로 오는 자를 결코 내쫓지 않으실 것이라는 진리를 붙잡으십시오. 이것이 겟세마네의 기도가 그렇게 진지하게 추구한 하나님의 뜻입니다.

아버지의 뜻을 그토록 소중하게 여기고 고통과 번민으로 지새운 이 동산으로, 그분에게로 오십시오. 아버지의 뜻이 그분에게로 돌아오는 여러분을 결코 내쫓지 않는 것이라면, 여러분이 큰 기쁨과 자원하는 마음과 충만한 믿음의 확신으로 나아와야 마땅하지 않겠습니까? 오, 진실한 마음과 충만한 믿음의 확신으로 나아오십시오. 우리를 이렇게 부르셨다면, 우리의 택함 역시 확신하십시오. 우리가 예수님께로 나아갈 때에 기꺼이 받아 주실 뿐 아니라 우리가 진실로 아버지의 뜻에 따라 아들에게 주신 자들 중 하나가 되었기 때문에 그분에게로 나아갈 수 있다는 사실을 알아야 합니다. 그러므로 예수님과 그분의 모든 지체들에 관해 기록된 성경 말씀(시 40:7, 139:16 참고)과 같이, 우리가 그분을 택한 것이 아니라 그분이 우리를 택하신 것입니다.

우리는 여기서 동일한 하나님의 뜻에 의해 그리스도의 몸이 단번에 드려짐으로써 우리가 거룩하게 되고 구별되었다는 사실을 알 수 있습니다. 그러므로 셋째로, 여러분은 겟세마네에서 믿음의 기도를 통해 여러분을 결코 내쫓지 않고 오히려 거룩하게 구별하시는 하나님의 뜻을 붙잡을 때에 "하나님의 뜻은 이것이니 너희의 거룩함이라"(살전 4:3)라는 말씀을 기억해야 합니다. 여러분의 성화는 주님께로 구별된다는 의미뿐만 아니라 구별된 자로서 거룩해야 한다는 의미도 담고 있습니다.

"너희로 하나님의 모든 뜻 가운데서 완전하고 확신 있게 서기를 구하나니"(골 4:12).

그러므로 여러분은 마땅히 여러분 자신이 구별된 자임을 인식하고, 이 구별됨이 요구하는 바 악으로부터 자유하고 은혜를 향해 믿음으로 나아가야 합니다. 이러한 하나님의 뜻에 따라 단번에 드려진 그리스도의 몸으로 말미암아 여러분이 거룩함을 얻게 되었습니다(히 10:10 참고). 또한 그 한 번의 제사로 예수님은 거룩하게 된 사람들을 영원히 온전하게 하셨습니다(히 10:14 참고). 그분은 여러분을 온전히 받아 주시고 양자로 삼으셨습니다. 기도와 기도에 대한 응답으로 온전하게 되신 그분은 자신의 피로 죄를 씻고 거룩하게 하사 왕 같은 제사장으로 삼은 사람들을 온전하게 하셨습니다(히 5:9 참고). 주님은 여러분을 하나님 보시기에 의로운 사람으로 세우십니다. 이때의 의는 어떤 흠이나 티가 없고 저주도 없는 온전한 의입니다. 그분은 여러분을 하나님 나라의 양자로 받아들이십니다. 그것은 종이나 나그네나 외인으로서의 근본을 말끔히 제거하여 흔적이 전혀 남지 않는 완전한 입양입니다. 그러므로 여러분은 이제 나그네나 외인이 아니라 하나님의 집의 가족이며, 그들과 동일한 성도요 하나님의 사랑하는 자녀로서 그분의 제자가 되었습니다.

오, 그렇다면 값없이 온전하게 받아들여지고 완전하고도 확실하며 값없는 양자 됨에 무엇이 더 남아 있습니까? 이제 여러분도 하나님의 뜻을 온전히 이루는 삶을 살며 하나님 앞에서 완전하게 행해야 하지 않겠습니까? 예수님의 의로 의롭게 되어 깨끗하고도 흠 없는 의복을 입은 여러분이여, 여러분을 바라보며 격려하시는 왕 앞에서 자신의 영예를 아름답게 지키고, 자신의 의복을 세상의 때로 더럽히지 않고 깨끗하게 보존해야 하지 않겠습니까? 값없이 하나님의 자녀가 된 여러분이여, 오늘 포도원으로 가서 그분이 오실 때까지 부지런히 일하며 사랑으로 반짝이는 눈으로 계시된 영광을 바라보아야 하지 않겠습니까? 언제나 겟세마네에서 아버지의 뜻을 따라 기도하시던 그리스도처럼 기도하면서 진실로 아버지의 모든 뜻을 거룩이라는 미덕으로 아름답게 치장해야 하지 않겠습니까?

"하나님의 뜻은 이것이니 너희의 거룩함이라"(살전 4:3).

이와 같이 항상 겟세마네에서 드려지는 모든 기도와 간구가 응답받게 되리라는 확신이나 보증, 또는 여러분이 간구할 풍성한 주제가 결코 부족해지지 않을 것입니다.

3. 겟세마네에서 예수님과 나누는 교제

겟세마네에서 행해진 기도에서 배울 수 있는 세 번째 유익이 있습니다. 겟세마네에서 여러분은 가장 존귀하고 복된 교제를 나누게 될 것입니다. 이곳에서 여러분은 예수님을 여러분의 친구로 얻게 될 것입니다. 이곳에서 여러분은 기도를 통해 그분과 친밀히 사귀고 교제하며 연합하게 될 것입니다. 여러분이 갈보리에서 그리스도의 고난을 통해 교제하며 그분과 함께 십자가에 못 박힌 것처럼, 골고다에서 그분의 무덤을 통해 교제하며 죽음의 세례로 그분과 함께 묻힌 것처럼, 그분의 부활을 통해 교제하며 부활의 권능을 알고 그분과 함께 새로운 생명으로 다시 살아난 것처럼, 이제 동일한 믿음을 가지고 겟세마네로 와서 기도로 그분과 교제하십시오.

이곳에 와서 기도하십시오. 주님처럼 종종 이곳을 찾아 기도하십시오. 그리고 여러분 혼자서는 여전히 기도가 고된 의무요 이 귀중한 기도의 특권을 누릴 수도 없음을 인식하십시오. 여러분에게는 가장 존귀하고 훌륭한 동료가 있습니다. 그분은 사람들 가운데 여러분과 함께하기 위해 선택된 인자이자 인도자이고 지도자이며, 모든 면에서 여러분의 선구자이십니다. 그분은 여러분의 모범이요 그 이상이며 기도의 주이십니다. 여러분은 아무도 없거나 혼자 무릎을 꿇어야 하는 곳으로 갈 수 없습니다. 마치 자신의 목소리만으로 기도를 끌고 갈 수 있기라도 하다는 듯이 자신의 이름이나 목소리만으로 기도할 수는 없습니다. 결코 그럴 수 없습니다. 예수님께로 나아가야 합니다. 그분의 곁에서 함께 기도해야 합니다. 그분과 교제하며 그분의 기도 속으로 빠져 들어가야 합니다. 믿음으로 여러분의 기도가 그분의 기도로 향하고 하나가 되어야 합니다.

"형제들아 내가 우리 주 예수 그리스도의 이름으로 너희를 권하노니 모두가 (그분과)[1] 같은 말을 하고 너희 가운데 분쟁이 없이 같은 마음과 같은 뜻으로 온전히 합하라"(고전 1:10).

---

[1] 역자주 – 여기에 덧붙여진 '그분과(with Him)'라는 표현은 한글 성경에는 없습니다.

아들의 영이 여러분 안에서 '아빠 아버지'라 부르짖고 있습니다.

믿음으로 여러분의 골방이 예수님께서 기도하신 겟세마네 동산이 된다면, 하늘에 계신 아버지가 은밀하게 보고 계시는 여러분의 골방이 결코 강요된 방처럼 따분하고 쓸쓸하며 황량한 곳이 되지 않을 것입니다. 여러분은 그곳에서 그분의 기도와 하나님의 뜻을 향한 간절한 사랑을 통해 친밀한 그분을 발견할 것입니다. 그곳은 여러분에게 진실되고도 깊은 교제의 장소가 될 것입니다. 그곳에서 예수님과 함께 보며 함께 기도하는 것입니다.

예수님이 지금 실제로 겟세마네에 계시지 않는 것은 사실입니다. 그분은 손으로 짓지 않은 온전한 장막에 계십니다(히 9:11 참고). 그러나 여러분은 마치 예수님께서 한 번도 그곳에 계시지 않았던 것처럼 겟세마네로 오지 않습니다. 아닙니다. 그렇지 않습니다. 여러분보다 먼저 예수님께서 그곳에 계셨기 때문에 여러분에게 많은 변화가 생겼습니다. 예수님께서 그곳에 계셨기 때문에 모든 것이 여러분에게 투명하고 안전해졌습니다.

그분은 선구자로 계셨던 모든 곳에 천국의 광채와 향기로운 몰약을 남겨 두셨습니다. 믿음의 눈으로 보면, 무덤도 죽음의 냄새가 사라지고 빛납니다. 왜냐하면 예수님이 그곳에 계셨기 때문입니다. 와서 주님이 계셨던 장소를 보십시오. 그분은 여기 계시지 않고 말씀하신 대로 승천하셨습니다. 이곳에는 어떤 두려움도 없습니다. 이곳에는 치욕을 도말한 영광만이 있습니다. 이곳에는 죽음의 지배나 파괴적인 통치가 전혀 없습니다. 여러분은 구원자가 이곳에 계셨고 죽었다가 다시 살아나신 것을 알고 있으며, 영원히 살아 계신 것을 보고 있습니다. 여러분은 여러분의 대속자가 살아 계시며 마침내 땅 위에 서실 것을 알고 있습니다. 또한 육신의 벌레가 여러분의 육신을 다 갉아 먹은 후에라도 육체 안에서 하나님을 볼 것입니다.

"내 가죽이 벗김을 당한 뒤에도 내가 육체 밖에서 하나님을 보리라"(욥 19:26).

"사망아 너의 승리가 어디 있느냐? 사망아 네가 쏘는 것이 어디 있느냐?"(고전 15:55)

예수님이 그곳에 계셨기 때문에 이스라엘을 해할 점술이 없고, 사망도 더 이상 이스라엘을 지배하거나 이길 수 없습니다. 와서 예수님께서 누우셨던 곳을 보십시오!

마찬가지로 겟세마네로 오십시오. 와서 주님께서 기도하셨던 곳을 보십시오. 그분은 이곳에서 간구와 강한 부르짖음과 눈물로, 심지어 핏방울 같은 땀을 흘리기까지 씨름하며 기도하셨습니다. 물론 지금 그분은 여기에 계시지 않습니다. 그분은 말씀하신 대로 승천하셨습니다. 그러나 그분이 영광을 받으신 것처럼, 그분의 기도도 영광을 받았습니다. 그분의 무덤이 아직도 매장의 향기로 가득한 것처럼, 그래서 여전히 신자의 육신이 그곳에서 그리스도와 연합한 채 부활의 때를 기다리는 것처럼, 여러분이 겟세마네로 나아올 때에도 처절한 부르짖음과 눈물로 지내신 그분의 향기와 온기가 그곳을 가득 채울 것입니다. 여러분은 그곳에서 계속 기도하면서 여러분보다 먼저 그곳에 계셨던 그분과 연합하여 교제를 나누고, 그분의 기도에 동참해야 하지 않겠습니까? 그분은 자신의 양들인 여러분을 인도하실 때 언제나 앞장서 가십니다. 따라서 겟세마네에서도 기도로 여러분을 앞서 가십니다. 그분은 그곳에서 기도를 통해 여러분과 교제하심으로써 여러분의 실패나 성공이 전적으로 그분에게 달려 있음을 알게 하십니다.

고난당하신 구세주의 가장 복된 권면을 받아들여야 하지 않겠습니까? 곧 깨어 기도하라는 권면을 받아들여야 하지 않겠습니까? 여러분은 왜 그 권면을 거절하려 합니까? 그것이 얼마나 복된 일인지 모릅니까? 이제 여러분의 기도는 그분과 동일한 근거를 가지게 되었습니다. 여러분의 기도는 그분의 기도와 동일한 약속과 언약 위에서 동일한 주제를 붙들고 있으며, 동일하게 주조되어 동일한 목적지를 향해 나아갑니다. 또한 동일한 아들의 영으로 '아빠 아버지'라고 부르며, 같은 배를 탄 공동 운명체가 되었습니다. 여러분의 기도는 그분의 기도와 하나로 연결되었습니다. 그러므로 그분의 기도가 두려움 가운데 응답을 받았듯이, 여러분의 기도도 응답받을 수밖에 없습니다.

누더기 옷과 같은 자신의 의를 붙들고 자신의 힘만 의지하거나 지식이 명령하는 대로만 따르면서 그리스도에게서 떨어져 보십시오. 여러분의 기도는 결코 열납되지 않을 것입니다. 주님은 자만과 오만을 멀리하십니다. 반면 겟세마네에서 고난당하신 간구자와 함께해 보십시오. 참이스라엘이며 주 되신 그분이 하나님과 교제하며 간절히 구했던 기도에 믿음으로 온전히 빠져 보십시오. 생명의 왕, 평화의 왕, 기도의 왕과 교제하십시오. 그러면 여러분은 절대 복을 놓치지 않을 것입니다. 그리고 만유의 왕께서 여러분에게 사랑의 면류관을 씌워 주실 것입니다.

그렇습니다. 여러분이 드리는 믿음의 기도가 처음부터 밀접한 관련이 있는 그리스도의 기도와 연결되고 하나가 되어야 마땅하지 않습니까? 모든 믿음의 기도는 예수님의 기도 응답의 한 부분인, 이 독특하고도 흥미 있는 연합으로 인해 그리스도의 기도와 연결되지 않습니까? 여러분이 믿음과 양자의 영으로 기도하라고 배우고 인도받는 것이 바로 그분의 기도에 대한 응답이 아닙니까? 예수님께서 아버지의 뜻이 이루어지기를 기도하실 때 그분은 아버지의 뜻으로 우리가 거룩해지고 하나님께 구별되며 기도를 생명처럼 중요하게 여기는 기도의 삶을 살게 되기를 구하시지 않았습니까? 여러분이 드리는 믿음의 기도가 결국 예수님의 기도로 뿌려진 씨앗의 열매가 아니고 무엇이겠습니까? 그분은 눈물로 기도의 씨앗을 심고, 핏방울로 물을 주셨습니다. 그리고 자신의 죽음으로 무덤 속 땅 속 깊이 누르셨습니다.

"한 알의 밀이 땅에 떨어져 죽지 아니하면 한 알 그대로 있고 죽으면 많은 열매를 맺느니라"(요 12:24).

예수님은 자신의 죽음으로 구원받을 수많은 백성의 살아 있는 뿌리가 되어 새로운 생명을 부여할 것이라고 말씀하셨습니다. 이 원리는 그분의 기도에도 적용됩니다. 믿음의 자녀들이 그분의 영혼이 수고한 열매이듯이, 믿음의 기도는 그분의 기도의 열매입니다. 그리고 구속받은 자들의 인격이 그리스도의 인격과 연합하듯이, 구속받은 자들의 기도도 그리스도의 기도와 하나가 됩니다. 그러므로 겟세마네에서 기도하는 가운데 예수님과 나누는 교제를 경험하십시오. 이것은 결코 공상이 아니라 생명을 주는 영적 진리입니다. 여러분의 인격이 그분의 인격과 연합하듯이, 여러분의 기도도 그분의 기도와 연합해야 합니다. 여러분이 그분 안에, 그분이 여러분 안에 거하듯이, 여러분의 기도도 그분의 기도 안에 거하고 그분의 기도와 하나가 되어야 합니다. 그리고 그분의 말씀과 기도가 여러분 안에 머물러야 합니다. 그러면 여러분이 원하는 것을 구할 때에 이루어질 것입니다.

이렇게 여러분은 영적 지혜와 능력이 더해 가며 예수님의 이름으로 기도하는 권리를 행사하는 법을 배우게 됩니다. 여러분은 그분의 기도의 공로만이 아니라 그 기도의 능력과 교제와 계승을 통해 기도하게 됩니다. 그러므로 여러분의 기도는 확실히 응답될 것입니다. 예수님이 부활하심으로 잠자는 자들의 첫 열매가 되신 것은 때가 되면 모든 사람이 부활할 것임을 보증합니다 (고전 15:20 참고). 이와 같이 그분의 기도 응답도 모든 기도에 대한 응답의 첫 열매가 됩니다. 영적으로 보면 그분의 기도는 사실상 모든 인간의 기도 가운데 처음으로 응답받은 기도입니다. 나머지 모든 기도 응답은 이 기도가 하나의 전형이자 선구자가 되어 이끌고 있는 기도 대열에 합류하여 동일한 기도를 시연함으로써 응답받는 것이며, 앞으로도 그럴 것입니다. 따라서 예수님 자신과 마찬가지로, 이러한 기도의 첫 열매를 계승하는 모든 기도에도 동일한 원리를 적용할 수 있습니다.

    시간적으로 본다면 이 기도 이전에도 응답을 받은 기도가 있습니다. 그러나 나사로와 나인성 과부의 아들과 죽은 선지자의 뼈에 자신의 뼈가 닿아 살아난 사람은 모두 예수님이 죽었다가 부활하시기 전에 살아났지만, 사실상 예수님이 '죽은 자 가운데서 먼저 다시 살아나신' 것입니다(행 26:23 참고). 이렇게 그분이 죽은 자들의 첫 열매이며 다른 자들은 모두 그 후에 일어난 것처럼, 겟세마네에서 응답받은 기도가 응답받은 모든 기도의 첫 열매입니다. 그분의 기도가 가장 먼저 응답받았습니다. 그리고 그것이 모든 나라, 모든 시대의 믿음의 기도를 영광스럽게 인도합니다. 그러므로 여러분은 예수님께서 앞서 가시는 곳으로 따라가기만 하면 됩니다.

    예수님이 기도하신 겟세마네에서 기도하십시오. 비록 심한 통곡과 눈물이 있을지라도 그분과 함께 그곳에 있어야 합니다. 천국을 침노하는 그곳에 그분과 함께 거해야 합니다. 좁은 문으로 들어가기를 힘쓰면서 그분과 함께 그곳에 거하십시오. 그리고 그분이 그러하셨듯이 천국을 침노하여 빼앗으십시오. 그분 안에서, 그리고 그분과 함께 그렇게 하십시오. 그분의 미쁘심과 인내하심에 동참하십시오. 그러면 여러분은 그분이 이루신 고귀한 열매를 함께 누리게 될 것입니다.

    만일 여러분이 겟세마네에서 눈물과 통곡과 피 흘림으로 기도하시는 그리스도와 연합하기를 멸시하지 않는다면, 여러분은 믿음으로 그분과 함께 있는 것이며, 지금도 지성소의 말할 수 없는 영광 가운데 이미 하늘의 처소에서 믿음으로 그분과 함께 앉아 있는 것입니다. 이것이 바로 우리가 그분과 함께 고난을 받으면 또한 그분과 함께 다스리게 된다는 원리입니다. 여러분이 그분의 낮아지신 기도에 동참한다면, 여러분은 지극히 높은 위엄의 보좌 우편에서 주권적이고도 권위 있는 중보의 영광스러운 열매에 참여하게 될 것입니다. 자신을 낮추는 자는 높아지리라는 약속을 하나님께서 여러분에게 성취하시는 것입니다(마 23:12; 눅 14:11 참고).

예수님에게서도 이 약속이 성취되었습니다. 그분은 낮아지셨을 뿐만 아니라 그에 상응하는 영광을 받으셨습니다. 그분은 이 동산에서 이 땅의 온갖 먼지와 더러움을 덮어쓴 채 피로 물들었습니다. 그러나 이제 인자는 영원한 생명의 능력과 썩지 아니함으로 하늘 보좌에 앉아 계시며, 창세전에 아버지와 함께 누린 영광으로 가득하십니다. 또한 그분의 기도도 영광을 받으셨습니다. 복되신 그분이 땅 위의 온갖 더러움과 고통의 피로부터 깨끗함을 입으셨듯이, 이제 그분의 기도도 심한 통곡과 부르짖음에서 벗어났습니다. 그때와 지금의 그분의 위상이 다른 만큼, 그분이 육체로 계실 때 드렸던 간구와 지금 아버지의 우편에서 능력과 권위로 하시는 중보도 다릅니다. 하나님은 그분이 낮아진 모든 곳에서 그분을 높였습니다. 그리고 그분과 함께 낮아진 그분의 간구도 이제 그분과 함께 영광을 받고 있습니다.

신자들이여, 여러분은 겟세마네 동산에서 낮아진 예수님의 기도에 동참하고 있습니까? 주님께서는 손으로 짓지 않은 성소에서 그리스도 안에 있는 여러분을 보고, 자신의 판단에 따라 여러분을 높이십니다. 그 보상이 어떠하겠습니까?

기도에 대한 권면이 얼마나 귀한지요! 여러분의 기도가 하나님 앞에 올려질 때 모든 불완전함에서 깨끗하게 될 것이며, 대제사장의 향로 앞에서 존귀하게 될 것입니다. 만일 여러분이 예수님과 함께 교제하며 믿음으로 기도한다면, 여러분을 끊임없이 부끄럽게 하고 낮아지게 만들며 여러분의 짐이 되는 모든 것이 기도를 통해 사라질 것입니다. 영광 받은 머리가 되시는 그분의 중보로 인하여 그 모든 마음의 고통스러운 방황과 수많은 연약함과 불신앙과 시험과의 처절한 투쟁이 차단되고 해결되며 도말될 것입니다. 그리하여 여러분의 모든 간구가 깨끗해지고 정화되며 영광스러워지고, 향기로 충만해질 것입니다. 우리를 변호하시는 그분이 하나님 앞에서 영광을 받고 그분의 중보가 통곡과 부르짖음에서 벗어난 것처럼, 여러분의 모든 간구도 죄와 더러움의 오염과 처절한 투쟁으로 말미암은 피와 먼지에서 벗어나 자유를 누릴 것입니다.

이러한 기도의 특권을 잡동사니나 이 세상이 주는 즐거움, 또는 지옥의 권세가 여러분을 유혹하는 뇌물과 바꾸겠습니까? 과거에 이런 기도를 무시한 것을 부끄러워하고 뉘우치십시오. 그리고 이제부터는 그곳이 겟세마네일지라도 그리스도와 함께하십시오. 그러면 여러분은 원하는 것을 구할 때 얻게 될 것입니다. 여전히 자신이 심한 통곡과 눈물이 있을 수밖에 없는 듯한 그 고투의 동산에 거한들 어떻습니까? 아버지께서 여러분이 이미 영적으로 아들과 함께 일어나 하늘의 처소에서 그분과 함께 앉아 있는 것을 보십니다. 여러분은 믿음과 소망으로 예수님이 먼저 들어가신 휘장으로 이미 들어갔습니다. 믿음과 소망 가운데 이미 여러분의 소유가 된 것은 주님께서 오셔서 여러분에게 주님의 기쁨에 참여하라고 명하실 때에 영광 가운데 여러분의 것이 될 것입니다. 그곳에서는 겟세마네의 처절한 부르짖음과 통곡과 핏방울이 더는 기억되지 않을 것입니다. 그때에는 피로 씻어 흰옷을 입은 백성이 대속물로써 구원을 얻을 것입니다. 그들에게는 겟세마네가 하나님께서 여러분의 눈에서 모든 눈물을 닦아 주실 영광으로 들어서는 문이 될 것입니다.

2부
체포

- 겟세마네 기도에 대한 응답
- 모든 사람을 심판하시는 피고인
- 사로잡은 자들을 취하시는 포로

The Shadow of Calvary _The Arrest

6장 겟세마네 기도에 대한 응답

"유다가 군대와 대제사장들과 바리새인들에게서 얻은 아랫사람들을 데리고 등과 횃불과 무기를 가지고 그리로 오는지라"(요 18:3).

"³유다가 군대와 대제사장들과 바리새인들에게서 얻은 아랫사람들을 데리고 등과 횃불과 무기를 가지고 그리로 오는지라 ⁴예수께서 그 당할 일을 다 아시고 나아가 이르시되 너희가 누구를 찾느냐 ⁵대답하되 나사렛 예수라 하거늘 이르시되 내가 그니라 하시니라 그를 파는 유다도 그들과 함께 섰더라 ⁶예수께서 그들에게 내가 그니라 하실 때에 그들이 물러가서 땅에 엎드러지는지라 ⁷이에 다시 누구를 찾느냐고 물으신대 그들이 말하되 나사렛 예수라 하거늘 ⁸예수께서 대답하시되 너희에게 내가 그니라 하였으니 나를 찾거든 이 사람들이 가는 것은 용납하라 하시니 ⁹이는 아버지께서 내게 주신 자 중에서 하나도 잃지 아니하였사옵나이다 하신 말씀을 응하게 하려 함이러라"(요 18:3-9).

하나님의 메시아가 한 명의 죄인으로 체포되고 잡히는 과정에는 명백한 설명이 없으면 안 될 만큼 많은 치욕과 불명예가 가득합니다. 이 사건에서 사람이 맡은 역할에 대해서는 굳이 설명할 필요가 없습니다. 거기에 대해서는 앞에서 예수님이 자신을 박해하는 자들과 논쟁하실 때 이미 제시되었기 때문입니다.

"우리 아버지는 아브라함이라 하니 예수께서 이르시되 너희가 아브라함의 자손이면 아브라함이 행한 일들을 할 것이거늘 지금 하나님께 들은 진리를 너희에게 말한 사람인 나를 죽이려 하는도다. 아브라함은 이렇게 하지 아니하였느니라……너희는 너희 아비 마귀에게서 났으니 너희 아비의 욕심대로 너희도 행하고자 하느니라. 그는 처음부터 살인한 자요 진리가 그 속에 없으므로 진리에 서지 못하고 거짓을 말할 때마다 제 것으로 말하나니 이는 그가 거짓말쟁이요 거짓의 아비가 되었음이라"(요 8:39,40,44).

그러나 이런 설명을 전적으로 받아들일지라도 실제적인 문제가 여전히 남아 있습니다. 왜냐하면 예수님이 복종하신 모든 부끄러움이 '하나님께서 정하신 뜻과 미리 아신 대로'(행 2:23) 진행되었기 때문입니다. 그러므로 다음과 같이 급히 요구되는 설명, 또는 제거해야 할 치욕이나 장벽이 있습니다. 예수님의 죄 없으심이라는 측면에서 볼 때, 하나님이 메시아에게 모든 책임을 빠짐없이 묻고 실제로 죄에 대한 보응을 정식으로 부과하신 것이 하나님의 공의와 양립할 수 있느냐 하는 것입니다. 언뜻 생각하면 예루살렘에서부터 온 세계에 이르기까지 복음이 전파되는 곳마다 하나님의 능력과 기적을 베푸신 예수님이 도둑이나 강도처럼 붙잡혀 가셨다는 부끄러운 소식이 세상 끝 날까지 퍼져 나가지 않겠습니까? 그리고 그것이 하나님의 뜻이었다는 사실이 알려진다면, 그리스도가 당한 치욕이나 불명예가 규모나 위험성 면에서 엄청난 파장을 몰고 오지 않겠습니까?

이들은 인자를 제압하려는 무자비한 폭도들이 아닙니다. 지금 그분의 상황은 나사렛 회당에서 처음 말씀을 전하실 때 '회당에 있는 자들이 이것을 들고 다 크게 화가 나서 일어나 동네 밖으로 쫓아내어 그 동네가 건설된 산 낭떠러지까지 끌고 가서 밀쳐 떨어뜨리고자'(눅 4:28,29) 했던 상황과는 많이 다릅니다. 이것은 또 하나의 설명을 요구합니다. 이곳은 그분을 체포하려는 당국의 권리와 공권력이 행사되고 있는 현장입니다. 하나님의 섭리가 고위 관직자들의 계획을 통해 그 심오한 뜻을 이루어 가고 있습니다. 국가와 교회의 권력이 연합하여 예수님에게 국가와 교회, 즉 인간과 신의 법을 위반했다는 혐의를 씌워 그분을 죄인의 자리에 세우기 위해 모든 법적 수단을 동원하고 있습니다.

칼과 무기로 무장한 무리가 임무를 완수하기 위해 등과 횃불을 들고 모였습니다. 그들은 동원할 수 있는 모든 권력으로 무장하였습니다. '대제사장들과 장로들과 바리새인들'은 병사와 장교로 구성된 군대를 대동하고 나타났습니다(요 18:3; 마 26:47 참고). 장교들이 포함된 이 '군대'는 빌라도가 보낸 자들로 로마군에 속한 것이 분명합니다. 즉, 이미 세상의 군왕들과 관원들이 서로 꾀하여 하나님의 기름 부음 받은 자를 대적하기 위해 나선 것입니다. 눈앞에 다가온 끔찍한 결전이 시작되고, 유대인은 이방 나라와 하나가 되어 헛된 일을 꾸미고 있었습니다. 모든 회당의 권위와 정부의 권력은 인자를 체포하기 위한 영장에 합법성을 부여하고 공권력을 행사하는 일에 하나가 되었습니다.

그분에 대한 체포 영장은 비록 불의하지만 공적인 것이었기에 막강한 효력을 가지고 있었습니다. 바라바의 체포 절차도 예수님의 경우보다는 철저하지 않았을 것입니다. 더구나 예수님의 경우에는 하나님의 정하신 뜻에 의한 것이었습니다. 이것을 어떻게 설명해야 할까요? 왜 의로우신 하나님께서 거룩한 메시아를 그런 방법으로 체포당하게 하셨을까요? 죄 없으신 예수님이 범죄자에 대한 기소 절차를 거쳐 죄수로서 형벌을 받으심으로써 생을 마감하는 것이 왜 하나님의 섭리이어야 할까요?

예수님의 죽음을 피로써 자신의 가르침을 확증한 순교자의 죽음으로 보는 소시니안(Socinian)의 교리가 이런 치욕을 제거할 수 있을까요? 그렇지 않습니다. 그런 교리는 하나님의 성품을 모독하고 인간의 양심에 반발을 일으킬 뿐입니다. 모든 사람들의 심판주이며 의로운 통치자 하나님께서 자신의 정한 뜻과 섭리에 따라 예루살렘의 모든 법적, 공적 힘을 동원하여 예수님에 관한 사건을 법정으로 가지고 가 처음부터 끝까지 법적 절차로 진행하신 것이 단지 한 명의 순교자로서의 증언을 얻기 위한 것이라고 생각합니까? 하나님은 결코 그렇게 하시지 않습니다.

또는 어떤 의미에서 예수님의 죽음이 모든 인류를 위한 죽음이었다고 주장하는 알미니안주의(Arminianism)가 그것을 제거할 수 있을까요? 그들의 주장을 면밀히 살펴보십시오. 그들은 예수님의 죽음이 어떤 면에서 인간의 선을 위한 죽음에 지나지 않기 때문에 모든 사람이 하나님과 좀 더 나은 관계를 맺거나 지옥을 피할 수 있는 기회, 즉 느슨해지고 완화된 언약을 통해 자신을 구원할 수 있는 기회를 얻게 되었다고 말합니다. 이러한 주장으로도 이 통탄할 치욕을 제거하거나 불명예스러운 장면을 설명하기는 힘듭니다.

우리에게 필요한 것은 고난의 사람을 법적으로 기소하고 몰아가신 하나님의 공의를 정당화할 수 있는 설명입니다. 하나님께서 정하신 뜻에 따라 진행된 모든 절차나 기소가 신적 공의를 부정하는 것이 아니라 오히려 이런 공의를 드러내는 모범적 사례라는 차원에서 하나님의 성품을 입증하는 설명만으로는 부족합니다. 그 치욕을 영광으로, 십자가의 모욕을 고귀한 도덕적 탁월함과 승리로 만들 수 있는 설명이 필요합니다. 명예 회복의 차원이 아니라 의의 승리를 설명할 수 있어야 합니다.

따라서 예수님의 죄 없으심과 하나님의 공의를 입증하고 치욕을 영광으로 바꾸며 부끄러움을 도덕적 아름다움으로 승화시킬 수 있는 교리는, 예수님이 자기 백성을 대신하여 그들의 허물을 자신에게 전가함으로써 그들의 보증과 대속자가 되셨다는 교리입니다. 성령께서는 이 법적 절차의 시작과 끝에 예수님에게 전가된 죄를 이 모든 문제의 해결 방안으로 제시함으로써 이 진리를 확증하십니다.

먼저 이 모든 일이 시작된 그날 밤에 제자들이 받을 정신적, 신앙적 충격에 대해 경고하시면서, 예수님은 그들을 안전하게 인도할 참된 원리를 제시하셨습니다.

"내가 너희에게 말하노니 기록된 바 그는 불법자의 동류로 여김을 받았다 한 말이 내게 이루어져야 하리니 내게 관한 일이 이루어져 감이니라"(눅 22:37).

"이것이 나에 관한 일들이 가지는 목적이다. 나는 죄인들 중 하나로 여김을 받아야만 한다. 이것이 나의 숙명적인 삶의 시발점이다. 이제 이 목적을 이루기 위하여 모든 것들이 나에게 초점을 맞추어 나를 향해 전개되고 있다. 나는 죄가 되어야 하며, 많은 사람의 죄를 지고 그들의 죗값을 대신 당할 것이며, 죄인에게서 전가된 죄로 말미암아 범죄자로 취급받을 것이다. 그렇다. 나는 셀 수 없이 많은 사람들의 죄를 짊어지고 그들과 하나가 되어 그들의 법적 대리자요 보증인으로서 그들의 모든 범죄에 대한 책임을 지고, 그들을 대신하여 마땅하고도 정당한 죽음을 당할 것이다. 너희들은 이 원리를 깨달아야 한다. 지금 여기서 의로우신 하나님의 목전에 서 있는 나를 보라. 그리고 당국과 공권력에 의해 진행되는 이 법정에서 하나님의 섭리가 이 엄청난 사건에 감춰진 실재를 어떻게 명백히 드러내시는지를 보라. 이 명백한 사건의 뒤에서 상징적으로 전개되고 있는 싸움(죄인들의 죄를 대신 지신 대속주를 향해 하나님의 칼이 주도하는 무한히 의로우면서도 보이지 않는 영적 심판)을 보라."

그러고 나서 모든 절차가 끝나고 예수님의 피 흘리심으로 칼이 멈췄을 때, 성경은 다시 한 번 매우 분명히 이 원리를 선언합니다. 마가는 이 법적 절차의 마지막 장면, 즉 십자가에 못 박히는 장면에 대해 "강도 둘을 예수와 함께 십자가에 못 박으니 하나는 그의 우편에, 하나는 좌편에 있더라"(막 15:27)라고 기록합니다. 그러고는 이 사건이 실제로 예언을 성취했다는 놀라운 사실에 대해 덧붙여 설명합니다.

"이에 범죄자 중 하나로 헤아림을 입었음이라는 말씀이 응하였느니라"(막 15:28).[1]

설령 그리스도의 마지막 고난에 관한 수많은 외적 환경들이 다르게 진행되었더라도, 성경은 모든 교리적 의미에서 온전하게 성취되었을 것입니다. 그러나 본질적으로 이 예언은 예수님이 죄인의 자리에서 그들을 대신하여 저주의 죽음을 죽으심으로써 성취되었습니다. 예수님이 사람의 손에 의하여 범죄자로 체포되지 않았거나, 유대 산헤드린과 로마 의회의 법정에서 재판을 받지 않았거나, 죄인들과 함께 십자가에 달리지 않으셨다 할지라도, 그분의 죽음은 하나님의 공의를 만족시킬 수 있었을 것입니다. 그러나 그렇게 되면, 그분이 죄를 대신할 보증인으로서 기꺼이 자신에게 전가된 죄를 짊어지고 죽으셨다는 것을 보여 주는 분명하고도 복되며 풍성한 증거들은 훨씬 줄어들었을 것입니다.

보이지 않는 그리스도 예수의 영혼을 향한 보이지 않는 하나님의 진노는 인간의 눈으로는 볼 수 없습니다. 그런데도 세상은 마치 유리를 통해 보듯이 그것을 보라고 강요받고 있는지도 모릅니다. 그러므로 보이지 않는 임마누엘의 영혼을 향한 아버지의 진노에 대해 분명하고도 엄중한 성례적 표적과

---

1) 역자주 – 한글 개역개정 성경에는 마가복음 15장 28절이 '없음'으로 되어 있습니다. 다만 난외주에 "불법자와 함께 인정함을 받았다 한 성경이 응하였느니라"라고 되어 있습니다.

증표를 보이기 위해 성부께서는 무한한 거룩하심 안에서 기쁘신 뜻대로 이 땅의 고위 관직자들의 공적인 힘을 사용하셨습니다. 그리하여 형사소송과 관련된 모든 형태의 강력한 법적 절차가 동원되었습니다. 말하자면, 성례적인 차원에서 하나님은 '현존하는 권력'의 모든 제도적 기능과 하나님의 명령에 따라 그분의 사역자가 되어 진노하심을 따라 보응하는 모든 사람들을 동원하신 것입니다. 그러므로 이 모든 절차의 시작과 마지막 부분에 선언된 신탁을 우리는 그 사이에 일어난 모든 일을 설명하고 정당화하는 것으로 받아들여야 합니다.

"이는 그가 자기 영혼을 버려 사망에 이르게 하며 범죄자 중 하나로 헤아림을 받았음이니라. 그러나 그가 많은 사람의 죄를 담당하며 범죄자를 위하여 기도하였느니라"(사 53:12).

또한 이 예언은 감춰진 영적 사실을 보여 줍니다. 즉, 하나님은 자신의 아들이 처음 체포된 순간부터 마지막 십자가형이 집행될 때까지, 기소된 죄인이 거쳐야 할 모든 절차를 천사들과 사람들로 하여금 목도하게 하셨습니다. 그리고 동시에 참을 수 없는 치욕이 될 수도 있었던 이 사건이 오히려 우리를 위해 죄인이 되신 거룩한 예수님께서 죄를 끝내고 불법을 사하며 영원한 의를 가져오실 영광의 언약에 대한 확실한 증거가 되어 환하게 빛나는 것을 믿음의 눈으로 들여다 볼 수 있게 하셨습니다.

그날 밤 겟세마네에서는 신기한 장면이 펼쳐지고 있었습니다. 유월절 보름달의 환한 빛이 고요한 골짜기를 가득 메우고, 감람나무 사이로 흐르는 시냇물이 곳곳에서 달빛에 반짝이고 있었습니다. 그리고 슬픔에 지친 한 사람은 피곤해 잠에 빠진 사람들을 애정 어린 책망으로 깨우고 있었습니다. 그때 등과 횃불의 불빛과 함께 급히 달려오는 수많은 발소리와 무기가 부딪히는 소리가 들려왔습니다. 그리고 갑자기 찾는 자의 소재를 아는 한 사람의 인도를 받은 군인들과 한 무리의 사람들이 예수님과 제자들 앞에 나타났습니다. 우리는 여기서 조금도 흐트러짐이 없는 위엄으로 그들을 대하시는 예수님의 모습에 주목해야 합니다. 배신자의 입맞춤과 인사를 받은 예수님은 즉시 그들이 찾는 자가 자신임을 밝히고 자신을 잡아가도록 허락하셨습니다.

우리가 지금 주목해 보려는 것이 바로 이 부분입니다. 요한은 이 장면에 관해 다른 복음서 기자들의 증언을 충분히 보충할 만큼 상세히 기록합니다. 우리는 요한이 특별히 기뻐하면서 주님의 영광스러운 성품과 사역에 관해 상세히 설명하였음을 어렵지 않게 알 수 있습니다. 왜냐하면 이 장면은 앞서 언급한 대로 예수님의 위엄으로 충만하며 영적인 의미도 풍성하기 때문입니다. 사실 겟세마네에서 드린 기도 응답을 추적해 본다면 이에 대한 열쇠를 얻을 수 있을 것입니다. 그리고 이런 관점에서 바라볼 때 본문은 처음 생각했던 것보다 훨씬 조화를 이루며, 그 의미도 더욱 풍성해질 것입니다.

우리는 그리스도의 기도에 나타난 궁극적인 고뇌가 하나님의 뜻이 이루어지기를 간절히 원하는, 타오르는 불길과도 같은 열망에서 비롯되었다는 사실을 기억해야 합니다.

"아버지의 원대로 하옵소서"(마 26:39; 막 14:36).

이 하나님의 뜻에는 두 가지 의미가 담겨 있습니다. 첫째, 예수님이 하나님께 자신을 향기로운 제물로 드려야만 한다는 것입니다. 둘째, 아버지께서 예수님에게 주신 사람들의 구원을 보장하기 위해 그분이 효력 있고도 열납되는 대속물이 되어야 한다는 것입니다. 이런 아버지의 뜻에 담긴 첫 번째 의미, 곧 그리스도의 몸이 단번에 드려진 것에 관한 내용은 우리에게 잘 알려진 다음 말씀에 나타납니다.

"하나님이 제사와 예물을 원하지 아니하시고 오직 나를 위하여 한 몸을 예비하셨도다. 번제와 속죄제는 기뻐하지 아니하시나니, 이에 내가 말하기를 하나님이여 보시옵소서 두루마리 책에 나를 가리켜 기록된 것과 같이 하나님의 뜻을 행하러 왔나이다"(히 10:5-7).

그리고 두 번째 의미, 곧 그리스도의 죽음과 희생의 열매로 성취된 구원과 하나님께 대한 구별과 거룩에 관한 내용은 몇 구절 뒤에 전자와 밀접하게 관련되어 나타납니다.

"이 뜻을 따라 예수 그리스도의 몸을 단번에 드리심으로 말미암아 우리가 거룩함을 얻었노라"(히 10:10).

사도는 겟세마네에서 행해진 예수님의 번민의 기도에 대해 "그는 육체에 계실 때에 자기를 죽음에서 능히 구원하실 이에게 심한 통곡과 눈물로 간구와 소원을 올렸고"라고 말한 후에 그분의 기도가 "그의 경건하심으로 말미암아 들으심을 얻었느니라"(히 5:7)라고 확인합니다. 이것은 그분의 기도에 대한 응답이 정확히 다음의 두 가지 요소를 전제하고 있음을 보여 줍니다. 첫째로, 그분은 '죽기까지 복종'(빌 2:8)하기 위해 필요한 모든 은혜를 받아 기꺼이 자신을 제물로 드리고자 했습니다. 그것이 그분이 이 땅에 오셔서 이루고자 하신 하나님의 뜻이기 때문입니다. 둘째로, 그분은 영혼의 수고에 해당하는 자신의 모든 양 떼(자신의 자녀)의 영원한 구원을 확실히 보장받기를 원했습니다. 확실히 사도는 이런 점에서 그분이 "경건하심으로 말미암아 들으심을 얻었다"는 사실을 우리에게 이해시키려 하였습니다.

예수님은 다음과 같은 두 가지 면에서 응답을 받았습니다. 첫째로, '그가 아들이시면서도 받으신 고난으로 순종함을 배워서'(히 5:8) 대제사장으로서의 역할에 온전하게 되셨습니다. 그것은 단순히 희생물이 어쩔 수 없이 당해야 하는 수동적인 고난이 아닙니다. 그것은 제사장, 특별히 예수님과 같은 제사장의 의무에 해당하는 능동적인 순종으로, 영원한 성령을 통해 자신을 흠 없이 하나님께 드렸습니다. 둘째로, 그와 같이 예수님으로 말미암아 하나님의 뜻, 즉 자기 백성들의 성화와 구원 역시 그분께 주어졌습니다. "온전하게 되셨은즉 자기에게 순종하는 모든 자에게 영원한 구원의 근원이 되시고"(히 5:9)라는 말씀이 바로 이런 뜻을 가지고 있습니다.

이것이 하나님의 뜻에 담긴 두 가지 의미요, 그리스도의 기도에 내포된 두 가지 요소이며, 그분의 기도에 대한 두 가지 응답입니다. 이것들은 성부와 성자 간의 약속으로 이루어진 영원한 언약 안에 담긴 하나님의 위대한 뜻과 목적을 함축적으로 제시합니다. 먼저 성자의 입장에서는, 죽기까지 성부에게 복종하심으로 교회를 위한 대속물과 의가 되어야 했습니다. 그리고 성부의 입장에서는, 성자에게 그분의 영혼이 수고한 것을 보여 주며, 온 교회가 구속받아 그리스도 안에서 영원토록 하나님의 의가 되도록 하는 것이었습니다.

이러한 하나님의 뜻과 그리스도의 기도와 그 응답이라는 두 가지 요소는 정확히 예수님이 체포되어 대속물이 되신 장면에서 다시 나타납니다. 우리는 예수님께서 잡혀 가시기 전에 자신을 잡으러 온 자들과 나눈 대화 가운데서 두 개의 연속된 질문과 응답을 찾을 수 있습니다. 이 질문과 응답이 각각 가지고 있는 특별한 성격과 목적에 대해서는 앞서 언급한 내용을 통해 쉽게 이해할 수 있을 것입니다.

1. 첫 번째 질문과 대답

"예수께서 그 당할 일을 다 아시고 나아가 이르시되 너희가 누구를 찾느냐? 대답하되 나사렛 예수라 하거늘 이르시되 내가 그니라 하시니라. 그를 파는 유다도 그들과 함께 섰더라. 예수께서 그들에게 내가 그니라 하실 때에 그들이 물러가서 땅에 엎드러지는지라"(요 18:4-6).

이 일련의 질문과 대답의 모든 초점은 예수님께서 적극적이고도 능동적인 자신의 의지를 분명히 밝히신 것과 어떤 강압도 없이 스스로 자신을 대적에게 넘기신 것에 맞추어져 있습니다. "마치 도수장으로 끌려가는 어린양과 털 깎는 자 앞에서 잠잠한 양같이 그의 입을 열지 아니하였도다"(사 53:7)라고 말하는 것만으로는 충분하지 않습니다. 물론 이 말씀은 사실이며 가장 복된 진리입니다. 창세전에 죽임 당하신 어린양으로서 그리스도의 희생은 구약의 상징적인 희생이 요구하는 요건들을 갖추어야 했습니다. 그러므로 그분은 제단을 향해 억지로 끌려가지 않아야 하며, 흠이나 점도 없어야만 했습니다. 이런 점에서 그분이 '마치 도수장으로 끌려가는 어린양'과 같았다는 사실에 초점을 맞추는 것은 당연합니다. 그러나 이것이 그분에 관한 진리의 전부는 아닙니다. 왜냐하면 그분은 어린양이실 뿐 아니라 어린양인 자신을 속죄 제물로 바쳐야 하는 대제사장이시기 때문입니다.

그러므로 그분은 아무런 불평 없이 순종할 뿐 아니라 제사장으로서의 직무도 능동적으로 수행해야 했으며, 온순하게 고난당하기만 할 뿐 아니라 그런 고난을 통해 순종을 배우셔야 했습니다. 그래서 그분은 온갖 치욕을 당하면서도 보이지 않는 하나님의 제단에서 말할 수 없는 위엄으로 영광스러운 직무를 감당하셨으며, 강력하고도 능동적인 의지와 행위로 자신을 드리셨습니다. 그분은 주어진 사명을 위해 영원한 공의가 죄에 대한 책임을 물어 기소한 곳으로 속히 나아가셨습니다. 의심할 바 없이 겟세마네에서 그분의 손에 쥐어진 잔은 대속물의 자리에 계신 그분에게 주어진 최후의 과제이자 죄의 전가라는 결과로 나타났습니다. 그분의 모든 운명과 신분은 즉시 범죄자의 것이 되었습니다. 비록 불의한 인간에 의해 진행되었지만, 그분이 체포당할 때부터 형이 집행되기까지의 모든 과정은 성례전적 의미와 중요성을 가지고 있었습니다. 하나님께서 그 모든 과정을 주관하신 것입니다. 체포 요구를 받은 순간 그분은 자신에 관한 시편 40편의 예언을 받아들여야 할 특별한 때가 되었다고 생각하셨습니다.

"오 나의 하나님, 하나님은 제사와 예물을 원하지 아니하시고 오직 나를 위하여 한 몸을 예비하셨습니다(히 10:5 참고). 나는 하나님의 뜻을 행하러 왔습니다. 아버지여, 아버지의 뜻이 이루어지기를 원합니다. 오, 의로우신 아버지, 지금 아버지의 거룩하신 섭리에 따라 법적 당국의 대행자들이 나를 치욕스러운 죽음으로 데려가기 위해 왔습니다. 그들은 아버지의 거룩한 진노의 성례를 위해 아버지의 뜻을 이루는 대행자가 되어 나를 아버지의 칼로 공격하려 합니다. 그러므로 나는 그들, 즉 그들 안에서 역사하시는 아버지께 순종하고자 합니다."

"너희가 누구를 찾느냐?"

"나사렛 예수라."

"내가 그니라."

이것이 체포당하신 예수님과 관련하여 겟세마네의 기도와 그 응답에서 생각할 수 있는 첫 번째 내용입니다. 그분은 하나님의 뜻에 순종할 수 있는 은혜와 능력을 간절히 구했습니다. 그리고 이제 자신의 분명한 의지와 행위로 자신을 드리시기에 이르렀습니다.

이것이 본문의 요지이자 실재입니다. 전체적인 목적과 관점에서 바라볼 때, 본문은 모든 상황을 각각의 의미를 가지고 정확하게 제시하고 있습니다.

첫째, 복음서 기자는 예수님께서 자신이 당할 일을 온전히 알고 계신 상황에 대해 상세히 언급합니다.

"예수께서 그 당할 일을 다 아시고 나아가 이르시되 너희가 누구를 찾느냐"(요 18:4).

예수님은 결과를 미리 알고 계셨습니다. 그러나 그분이 단순히 모든 것을 알면서도 자기 백성을 향한 사랑으로 말미암아 앞으로 닥칠 고난의 길을 걸어가셨다는 사실을 우리에게 보여 주기 위해 기꺼이 순종하신 것만은 아닙니다. 물론 그것은 사실이며, 확실히 그분의 위대한 사랑을 보여 줍니다. 그러나 복음서 기자는 좀 더 직접적인 부분에 초점을 맞추고자 하였습니다. 예수님은 그 당할 일을 다 아셨습니다. 그 일이 수동적으로 고난당하려는 예수님을 찾아온 것이 아니라 그분이 그 일에 맞서기 위해 적극적이고도 당당하게 나아가신 것입니다.

그분은 전에는 그렇게 하시지 않았습니다. 그것이 불필요한 자극이며 화를 초래할 뿐만 아니라 자신에게 주어진 일들을 부당하게 재촉하는 것이기 때문입니다. 그때에는 그렇게 하실 필요가 없었습니다. 그분은 앞으로 '당할 일'을 결코 스스로 일으키지 않았습니다. 그분은 위험을 구하거나 자초하거나 요구하기 위해 나아가지 않았습니다. 그러나 위험과 운명이 다가오자 그분은 그것을 맞으러 나아가셨습니다. 조금 더 일찍 나섰더라면 악을 야기하거나 비극을 초래할 수 있었을 것이며, 더 늦게 나섰더라면 죽기까지 복종하는 능동적 행위가 아니라 수동적으로 고난당하는 자로 그들에게 체포되실 수도 있었을 것입니다. 그러므로 지금이야말로 예수님께서 자신을 드리기에 가장 적절한 순간인 것입니다. 그분은 '그 당할 일'을 주도하지도, 수동적으로 당하지도 않으셨으며, 다만 때가 되자 능동적으로 임하여 그 일을 완수하셨습니다. 예수님은 적절한 때에 적절한 자세로 임하셨습니다.

"예수께서 그 당할 일을 다 아시고 나아가 이르시되 너희가 누구를 찾느냐."

둘째, 예수님은 그들이 찾는 사람이 자신이라는 것을 그들 스스로 인정하게 하셨습니다.

"예수께서……다 아시고 나아가 이르시되 너희가 누구를 찾느냐? 대답하되 나사렛 예수라."

예수님은 자신을 숨긴 채로 잡히실 생각이 없었습니다. 그들이 찾는 자가 누구이며 잡혀 가는 자가 누구인가 하는 것이 사람들이 모두 알도록 뚜렷하게 드러나야만 했습니다. 그분은 오직 자신의 이름에 대해서만 대답할 것이며, 설명되고 이해된 일에만 순종하실 것입니다. 이 일이 은밀하게 진행될 수도 있었지만, 어떤 오해도 남지 않아야 했습니다. 그러하기에 예수님은 스스로 순순히 체포되셨습니다. 그분은 이름 없는 방랑자나 아무도 모르는 모험가가 아닙니다. 온 예루살렘이 그분의 놀라운 사역과 은혜로운 말씀에 대해 익히 알고 있었으며, 그분을 체포하러 온 자들도 알고 있습니다. 이 모든 일이 위기에 처하게 되었습니다. 그들은 자신들이 찾는 자가 예수님이라는 것을 시인해야 했으며, 그들에게 자신을 내주신 분이 예수님이라는 것을 알아야만 했습니다. 이것은 책임감과 관련된 문제입니다. 그렇습니다. 그분은 확실히 '예수'라는 이름으로 자신을 그들에게 내주셨으며, '자기 백성을 그들의 죄에서 구원할 자'(마 1:21)로서 자신을 제물로 바쳤습니다.

셋째, 복음서 기자는 질문과 대답이 오가는 현장에 유다가 있었음에 주목합니다.

"대답하되 나사렛 예수라 하거늘 이르시되 내가 그니라 하시니라. 그를 파는 유다도 그들과 함께 섰더라"(요 18:5).

가룟 유다가 그들과 함께 있었습니다. 그는 예수님이 잡혀 가는 모든 과정을 다 보고, 모든 대화를 다 들었습니다. 그는 매우 당황하고 놀랐습니다. 이는 절대 그가 기대한 결과가 아니었습니다. 자발적으로 자신을 온전히 넘겨주신 그리스도의 적극적인 순종은 전혀 예상 밖의 일이었습니다. 어떤 의미에서 이런 상황은 그의 모든 변절과 계략을 우스꽝스럽게 만들었습니다. 입맞춤으로 자신의 주가 누구인지 알리려 한 그의 모든 책략을 비롯하여, 군인들에게 "그를 잡으라"(마 26:48), "그를 잡아 단단히 끌어가라"(막 14:44)라고 주문한 것이 아무 짝에도 쓸모없는 일이 되고 말았습니다. 당시의 상황은 그 배교자가 하려 한 모든 일을 경멸했습니다. 그의 계획은 전혀 필요 없고 쓸데없는 일이 되고 말았습니다. 예수님이 스스로 자신을 알리고 드러내시자 미리 조정되고 동의된 그의 계략이자 비밀 신호인 입맞춤은 쓸모없는 것이 되었습니다. 그리고 예수님이 스스로 잡혀 가심으로써 "그를 잡으라"라는 가룟 유다의 말도 필요 없는 것이 되고 말았습니다. 그의 사주를 받아 철저히 준비된 군대도 할 일이 없어졌습니다. 예수님의 적극적인 순종으로 인해 배신자는 놀라고 당황스러워하였습니다. 예수님은 그렇게 적극적으로 순종함으로써 가룟 유다의 '넘치는 악(쓸모없이 지나친 악)'을 공개적으로 드러내셨습니다.

신자들이여! 예수님처럼 하나님의 뜻을 행하십시오. 그러면 여러분의 신실함이 여러분을 공격하는 대적의 모든 혼란과 계략을 드러낼 것입니다.

넷째, 본문에서 요한이 주목하는 마지막 상황 역시 흥미롭습니다.

"예수께서 그들에게 내가 그니라 하실 때에 그들이 물러가서 땅에 엎드러지는지라"(요 18:6).

사도는 이 사건의 핵심인 하나님의 뜻에 적극적으로 순종하는 일과 관련하여 "그가 아들이시면서도 받으신 고난으로 순종함을 배우셨다"(히 5:8 참고)라고 말했습니다. 우리는 이와 더불어 예수님께서 고난을 받음으로써 순종함을 배우셨을지라도 그분이 여전히 성자 하나님이심을 기억해야 합니다. 그분은 아버지의 영광의 광채인 영원한 아들이십니다. 모든 사람을 입 기운으로 멸망시키고 콧김으로 사라지게 하는 참된 하나님이십니다(욥 4:9 참고).

또한 하나님의 신실한 종이자 인자로서 그분의 순종은 인간의 마음속에 하나님의 아들이 지니는 영광의 가공할 만한 흔적과 증거를 각인시켰다는 데도 의미를 부여할 수 있습니다. 이 장면에서 그분의 목소리에는 위엄과 두려움이 깃들어 있는 듯했습니다. 그래서 대적자들은 마치 영광의 광채에 밀려난 것처럼 땅에 엎드러졌습니다.

"여호와의 소리가 물 위에 있도다. 영광의 하나님이 우렛소리를 내시니 여호와는 많은 물 위에 계시도다. 여호와의 소리가 힘 있음이여, 여호와의 소리가 위엄차도다"(시 29:3,4).

"말씀이 육신이 되어 우리 가운데 거하시매 우리가 그의 영광을 보니 아버지의 독생자의 영광이요 은혜와 진리가 충만하더라"(요 1:14).

예수님이 자신을 죄인으로 내주며 부드럽게 말씀하실 때, 그 음성은 칼과 무기를 든 큰 무리가 마치 광채에 눈이 먼 것처럼 뒤로 나가떨어질 정도로 두려운 것이었습니다. 그렇다면 지금 죄인으로 잡혀 가는 영원한 분이 온 세계의 심판주로 보좌에 앉으실 때, 그분의 책망은 얼마나 두려운 음성으로 들리겠습니까?

그리스도께서 잡혀 가시는 과정을 기도의 응답으로 보는 관점으로 이 사건을 생각할 때, 결론적으로 본문은 예수님이 실제로 적극적이고도 가치 있는 행위를 통해 자신을 내주셨다는 증언의 기초를 제공합니다. 예수님께서 그 상황에서 더 나은 행동을 하실 수 없었던 것이 아닙니다. 또 이미 군인들에게 포위되어 어쩔 수 없이 불평하지 않고 이 일을 받아들이신 것도 아닙니다. 예수님은 대적의 힘에 압도되어 그들이 하라는 대로 할 수밖에 없는 상황 가운데 자신에게 남아 있는 가장 적절한 조치로서 복종하신 공로를 주장하시지 않았습니다. 결코 그렇게 하시지 않았습니다. 그분은 군인들에게 그저 부드럽게 자신이 그들이 찾는 자임을 알리셨을 뿐이었지만, 그들은 즉시 떨며 죽은 자와 같이 되었습니다. 마치 무덤을 지키던 자들이 천사들의 빛나는 영광 앞에서 그랬던 것처럼 말입니다.

이와 같이 그들에게, 아니 그들을 통하여 감춰진 자신의 뜻을 선포하는 하나님께 자신을 내주신 그분의 적극적인 순종에 담긴 하나님의 온전하신 뜻과 그분의 공로야말로 본문이 가르치고자 하는 교훈이요, 성령의 뜻에 따라 마땅히 기록된 모든 상황이 확증하는 교훈입니다. 그러므로 하나님의 뜻에 관한 겟세마네 기도는 완전하고도 영광스럽게 응답되었습니다. 또한 우리는 이 귀한 사건을 통해 우리의 위대한 대제사장의 복된 말씀이 성취되었음을 알 수 있습니다.

"너는 기도할 때에 네 골방에 들어가 문을 닫고 은밀한 중에 계신 네 아버지께 기도하라. 은밀한 중에 보시는 네 아버지께서 갚으시리라"(마 6:6).

그러나 하나님의 뜻과 예수님의 기도에는 죽기까지 순종한 일의 결과와 관련된 두 번째 요소가 있습니다. 그것은 구원, 즉 교회의 구원입니다. 따라서 이어지는 두 번째 질문과 대답을 보면서 두 번째 장면에 주목해야 합니다.

2. 두 번째 질문과 대답

"이에 다시 누구를 찾느냐고 물으신대 그들이 말하되 나사렛 예수라 하거늘, 예수께서 대답하시되 너희에게 내가 그니라 하였으니 나를 찾거든 이 사람들이 가는 것은 용납하라 하시니, 이는 아버지께서 내게 주신 자 중에서 하나도 잃지 아니하였사옵나이다 하신 말씀을 응하게 하려 함이러라"(요 18:7-9).

주님께서 다시 한 번 이상한 질문을 던지신 것은, 앞서 하신 말씀을 성취하는 데 그 특이점이 있습니다. 이것이 두 번째 대화의 요지이자 주제입니다. 첫 번째 대화는 자신을 내주신 그리스도의 적극적인 순종이 지닌 절대적 온전함과 관련이 있었습니다. 이것은 한마디로 이렇게 표현됩니다.

"내가 하나님의 뜻을 행하러 왔나이다"(히 10:9).

그리고 두 번째 부분은 이렇게 표현됩니다.

"이 뜻을 따라 예수 그리스도의 몸을 단번에 드리심으로 말미암아 우리가 거룩함을 얻었노라"(히 10:10).

예수님은 자기 백성을 위한 보증인이자 양들의 목자요 양들을 위해 자신의 생명을 버리는 선한 목자로 자신을 내주셨습니다. 그 외에 다른 성격이나 입장에서 자신을 내주실 의도가 그분에게는 전혀 없었습니다. 그분에게는 오직 죽음으로 죄인들의 허물을 용서하고, 죽은 자와 같은 자기 백성을 생명과 영광으로 구속하실 생각밖에 없었습니다.

예수님에 대해서 생각해 보십시오. 예수님을 체포하러 온 자들에게는 그분을 잡아갈 권리가 전혀 없었으며, 사실상 그분이 주시지 않으면 아무런 힘도 발휘할 수가 없었습니다. 성경은 그들이 물러가서 땅에 엎드러졌다고 말합니다(요 18:6 참고). 또한 그분은 그들이 아니라 그들을 통해, 그리고 그들 안에서 자신의 뜻을 나타내고 계시는 성부께 자신을 내주셨습니다. 그분은 멜기세덱의 반차를 따르는 제사장으로서 성부의 뜻에 따라 양들의 대표자이자 대속물로서 그렇게 하신 것입니다. 또 한편 자녀들 중 어느 누구도 잃지 않는 것이 성부의 뜻이기도 합니다. 그들은 그들을 대신하여 보증인이 되신 그분의 순종으로 말미암아 율법의 저주로부터 벗어나야 했습니다. 예수님은 이런 아버지의 뜻을 알고 그 일에 온 마음을 기울이셨습니다. 사실 자신의 고통을 받아들이는 것, 즉 죽기까지 순종하겠다는 서약과 약속은 그분 앞에 놓인 기쁨이었습니다. 그러므로 예수님은 주어진 소명을 인식하고 자신을 내주실 준비가 되신 만큼 아무도 잃지 않아야 한다는 아버지의 뜻도 반드시 지키기로 결심하셨습니다.

그런데 여기서 전제할 점이 있습니다. 우리는 예수님을 잡으러 온 자들을 두 가지 측면에서 이해해야 합니다. 첫째는, 개인적인 차원에서 자신들의 악한 목적을 이루려는 책임 있고도 의식적인 측면입니다. 둘째는, 하나님의 대리인으로서 그분의 섭리에 따라 그분의 목적을 이루고 있다는 사실을 모른 채 하나님의 거룩한 뜻을 성취하고 있는 무의식적인 측면입니다.

1) 개인적인 차원의 의식적인 측면

개인적인 차원에서 예수님을 잡으러 온 자들을 이해한다면, 그들의 행동은 하나님의 금지 명령을 심각하게 침해한 것입니다. 그들은 말씀 한마디에 땅에 엎드러지는 놀라운 경험을 하고서 처음에는 당황하여 물러났지만 결코 그곳을 떠나거나 자신들의 뜻을 굽히지 않았습니다. 만일 그들이 포기하고 물러갔더라면, 예수님도 그들이 하려는 일을 계속하라고 도전하거나 자극하지 않으셨을 것입니다. 그러나 그분이 다시 한 번 질문하신 것은 이런 관점이나 이유 때문이 아닙니다. 주님은 그들이 여전히 단호하며, 금방 원래대로 돌아와 그들의 목적을 이루려고 하리라는 것을 아셨습니다. 주님은 그들이 원하고 구했기 때문에 자신을 체포할 새로운 기회를 주신 것이 분명합니다.

이제 통탄할 만한 마음의 완악함에 주목해 봅시다. 하나님의 은혜가 개입하여 계속하지 못하도록 막은 후에도 악한 뜻을 이루려 했다는 것은, 그것이 은밀한 양심에 의한 것이든 분명한 섭리에 의한 것이든, 그들의 마음이 얼마나 완악했는지를 입증합니다. 악한 길로 가리라 마음먹고 탐욕스럽게 그 길로 가는 것은 법적 무지와 방종을 보여 주며, 죽음에 이르게 하는 죄를 향해서 빠르게 다가가는 것입니다. 여러분은 이런 금지 명령에 어떤 태도를 보이는지 유의해 보십시오. 왜냐하면 이 금지 명령을 대하는 여러분의 태도가 여러분의 도덕적, 영적 상태를 그대로 드러낼 뿐만 아니라 그런 상태에 매우 심각하고도 중요하며 위험한 영향을 주기 때문입니다.

여러분이 어떤 악한 길이나 목적을 따르리라 계획했다고 합시다. 여러분은 불의의 삯을 탐하거나, 하나님의 의가 아닌 것을 행하며 진노 받을 일을 행하기로 마음먹었습니다. 여러분은 이스라엘을 저주하라고 유혹당하거나 다윗이 나발에게 개인적으로 복수하려 한 것과 같은 유혹을 당하고 있습니다. 그러나 이런 여러분의 길에 주님의 금지 명령이 개입하기 시작합니다. 아비가일이 여러분을 불러 세우거나 자비한 하나님이 여러분을 불러 세워 뜻을 돌이키라고 요구합니다. 이러한 섭리는 분명히 말씀합니다. "오, 내가 싫어하는 이 악한 일을 행하지 말라. 그래야 시간이 지나도 결코 너에게 아픔이나 상처가 되지 않을 것이다. 들으라. 너는 여호와의 손길을 보고 있다. 너는 그분의 음성을 듣고 있다. 즉시 멈추라. 너는 책망을 받고 있다. 악한 길에서 돌이키라. 마음을 내려놓고 하나님께 감사하라."

"다윗이 아비가일에게 이르되 오늘 너를 보내어 나를 영접하게 하신 이스라엘의 하나님 여호와를 찬송할지로다. 또 네 지혜를 칭찬할지며 또 네게 복이 있을지로다. 오늘 내가 피를 흘릴 것과 친히 복수하는 것을 네가 막았느니라"(삼상 25:32,33).

그렇습니다. 여러분에게 개입하여 경고하시는 하나님을 찬양하십시오. 또한 그 경고를 받아들이고 악한 목적에서 돌아설 수 있는 은혜를 주신 하나님을 찬양하십시오. 여러분을 그처럼 은혜롭게 다루실 때 순종하십시오. 주님께서 분명히 이 모든 일 가운데 여러분의 영혼을 위한 생명과 사랑의 목적을 가지고 계실 것이기 때문입니다. 여러분이 신실하다면, 여러분의 영혼은 생명싸개 안에서 주 하나님과 하나로 묶이게 될 것입니다. 그분의 금지 명령이 여러분의 온유함과 겸손한 순종과 만날 때, 여러분의 심령에 하나님의 은혜가 있으며 여러분의 눈앞에 하나님에 대한 경외함이 있음이 입증될 것입니다. 또한 이런 은혜가 드러나면 그로 인해 하나님의 은혜도 더욱 강해지고 확실히 보일 것입니다.

혹시 여러분은 주님의 금지 명령을 무시하고 부수며 깨뜨리고 있지는 않습니까? 그렇다면 그로 인해 여러분의 은혜 없는 상태가 드러나고 그런 상태가 궁극적이고도 최종적인 상태로 굳어지지 않을까 두려워하십시오. 여러분이 불의의 삯을 위하여 이스라엘을 저주하려 하고 사람과 함께 갈 때 주님이 개입하십니다. 그분께서 칼을 뽑아 든 천사들을 보내십니다. 말 못하는 짐승의 입을 열어 사람의 말을 하게 하십니다. 적어도 여러분이 불법으로 그분의 뜻과 공의를 거슬러 달려가고 있음을 충분히 보여 주시기 위하여 말입니다. 그런데도 여전히 여러분은 사람과 함께 갑니다. 천사들이 칼을 거두자마자 여러분은 다시 갑니다(민 22:21-35 참고). 병상에서 일어나자마자 예전처럼 세상을 사랑하여 다시 돌아가고, 물질을 여러분의 주인과 신으로 여겨 온 마음을 쏟습니다. 여러분은 병상에서 두려움에 사로잡혀 "나는 의인의 죽음을 죽기 원하며 나의 종말이 그와 같기를 바라노라"라고 부르짖었으나 이제 침묵하고 있습니다. 여러분을 제지하는 천사가 사라지자 여러분은 다시 여정을 시작하여 죄의 길로 행합니다.

그렇다면 여러분의 마지막은 평안이 아니라 재앙과 멸망이 될 것이며, 주님께 버림받게 될 것입니다. 혹은 그렇게 되지 않고 주님께서 여러분에게 한없는 자비를 베푸신다면, 여러분은 그분의 놀라운 자비와 여러분의 철저한 회개를 통해서만 구원받게 될 것입니다. 물론 자신들을 땅에 엎드리게 한 놀라운 음성을 듣고도 그것을 잊고 악한 뜻을 굽히지 않은 자들 중에도 구원 얻을 자가 있긴 합니다. 그러나 그들이 나아오기 위해서는 철저한 회개와 쓰라린 희생을 치루어야 합니다.

"너희도 아는 바와 같이 하나님께서 나사렛 예수로 큰 권능과 기사와 표적을 너희 가운데서 베푸사 너희 앞에서 그를 증언하셨느니라"(행 2:22).

그분의 부드러운 목소리가 우레와 같이 임하여 그들을 땅에 엎드러지게 했지만, 그들은 법 없는 자들의 손을 빌려 그리스도를 못 박아 죽였습니다(행 2:23 참고). 그러나 또 한편 그들은 이 말을 듣고 마음에 찔려 "형제들아 우리가 어찌할꼬"(행 2:37)라고 외쳤습니다.

그들이 주님의 금지 명령을 받아들였더라면 더욱 좋았을 것입니다. 그들보다 먼저 예수님을 잡으려 했던 군대가 그랬듯이, 주님을 죄인으로 붙잡지 않고 돌아갔더라면 훨씬 나았을 것입니다. 그리고 대제사장들과 바리새인들이 왜 예수님을 잡아오지 않았냐고 추궁할 때, 그들이 무장한 군대를 회리바람처럼 물러나게 하신 그분의 말씀을 기억하면서 이전의 군사들보다 더욱 확실한 어조로 "그 사람이 말하는 것처럼 말한 사람은 이때까지 없었나이다"(요 7:46)라고 대답했더라면 좋았을 것입니다.

지금도 예수님은 복음 안에서 전도의 미련한 것으로 그 누구도 할 수 없는 말씀을 하심으로써 우리의 떨리는 양심을 두드리십니다. 그분의 말씀에는 사람의 음성을 초월하는 무언가가 있습니다. 이것은 그리스도께서 우리와 같은 사람을 통해 말씀하신다는 것을 보여 줍니다. 아! 안타깝게도 그리스도의 금지 명령이 아무런 효과가 없는 경우가 얼마나 많은지 모릅니다. 많은 사람들은 한순간 뒤로 물러났다가도 다시 일어나 계속 죄를 짓습니다.

2) 하나님의 대리인으로서의 무의식적인 차원

한편 만일 예수님을 잡으러 온 자들의 개인적인 책임과 악한 의지를 고려하지 않고 그들을 무의식적으로 영원한 공의의 목적을 이루고 있는 도구로 이해한다면, 놀라서 뒤로 물러난 그들이 신기하게도 다시 돌아와 자신들의 목적을 이루려고 했다는 사실의 의미가 달라집니다. 우리는 다음과 같이 추측할 수 있습니다. 공의가 비록 예수님을 은밀히 뒤쫓으며 확실한 성례전적 차원에서 그분을 죽음으로까지 몰고 갔으며 그분을 붙잡기 위해 땅의 모든 권력을 동원했지만, 그러나 그리스도를 체포하는 일까지 받아들일 수는 없었다는 것입니다. 그러하기에 그분의 제의에 놀라서 뒤로 물러날 수밖에 없었습니다. 그리고 오직 자신을 내주시겠다는 그리스도의 자발적인 의지와 많은 사람들에게 자유를 주기 위해 친히 대속물이 되시겠다는 조건과 단서(제자들은 가게 하라고 하신 것과 같은)가 있었기에 비로소 그리스도를 체포할 수 있었던 것입니다.

예수님은 자유로운 왕으로서 자신을 추격하는 자들에게 이런 조건을 제시하십니다. 또한 자신이 요구하는 것을 행하실 수 있는 자로서 요구하십니다. 그분은 자신을 잡으러 온 자들과 입장이 바뀐 상황에서 그들을 마음대로 하실 수 있는 분으로서 요구하고 있습니다. 그분은 부드러운 음성만으로도 그들을 두려워 떨게 만드실 수 있는 분으로서 요구하고 있습니다.

"나를 찾거든 이 사람들이 가는 것은 용납하라"(요 18:8).

그분은 야곱의 구원을 명하시는 이스라엘의 왕이십니다. 그분은 이것을 자신이 잡혀 가는 조건으로 제시하셨습니다. 그러나 한 걸음 더 나아가 우리가 알아야 할 점이 있습니다. 곧 하나님의 공의 역시 그분이 이런 조건 하에 체포당하는 데 동의하기를 요구하신다는 것입니다. 하나님의 공의를 무의식적으로 대행하는 자들은 이런 조건이 충족되었음이 분명히 드러날 때까지, 자신을 밝히는 예수님의 말씀에 두려움과 놀라움으로 뒤로 물러나야 했습니다. 하나님의 공의는 양 떼들의 안전이 모든 면에서 확실히 보장될 때까지 대리인들의 무례한 손을 목자에게 대지 못하게 하였습니다. 예수님께서 잡히심으로써 그분의 자녀들이 자유를 보장받게 되리라는 것이 모든 이해 당사자 앞에 드러날 때까지, 하나님의 섭리는 그들을 당황하여 물러나게 만들었습니다. 이런 맥락에서 예수님은 "내가 바로 너희가 찾고 있는 예수(자기 백성을 그들의 죄에서 구원할 자)이다. 나를 찾고 있다면 이 사람들을 가게 하라"(요 18:8 참고)라고 말씀하셨습니다.

"이는 아버지께서 내게 주신 자 중에서 하나도 잃지 아니하였사옵나이다 하신 말씀을 응하게 하려 함이러라"(요 18:9).

그러나 이것은 이 사건을 지나치게 곡해하는 것이며, 수긍하기 어려운 추측이 아닙니까? 어떻게 예수님이 열한 명의 제자들의 안전을 요구하셨다는 단순한 사실이 그분이 대신하여 죽으신 모든 사람들의 구원을 보장하는 심오한 진리의 근거가 될 수 있습니까? 어떻게 그것을 "내게 주신 자 중에서 하나도 잃지 아니하였사옵니이다"라는 말씀의 성취로 볼 수 있겠습니까?

그러나 이 모든 장면이 우리가 이미 살펴본 것처럼 극적이고 상징적이며 성례전적이라는 사실을 기억하십시오. 이 사건의 보이지 않는 실재는, 그리스도께서 백성들의 죄를 떠안은 죄인으로 하나님의 공의에 의해 소환되어 성부의 법정과 진노하시는 하나님의 얼굴 앞에 보증인으로 섰다는 것입니다. 그러나 이 사건은 실제로 눈에 보이지 않게 본질적으로 성취될 때, 말하자면 성례전적인 차원에서 확인되었을 뿐 아니라, 하나님의 뜻을 이루는 인간들에 의해 눈에 보이게 행해진 기소 행위를 통해 상징적으로도 나타났습니다. 그러므로 상징적으로뿐만 아니라 은밀하고도 무한히 엄청난 실재적으로도 그분은 범죄자 중 하나로 헤아림을 받았습니다(사 53:12 참고).

이처럼 예수님이 하나님의 법정에서 당하신 바 보이지 않는 심문뿐 아니라, 천국의 위대한 인치심 아래 인준된 그리스도의 잡히심의 열매로서 교회의 해방과 자유에 대한 보장이 틀림없이 있었을 것입니다. 지극히 높으신 하나님의 법정에서 이 일이 영광스럽게 진행되었습니다. 또 그리스도의 잡히심을 무한히 거룩하고 지혜롭고 의로운 것으로 영화롭게 하는 일 역시 보이지 않게 진행되었습니다. 또 한편 이와 동시에 이 땅에서도 유형적 표지와 인치심에 의해 이 일이 상징적이고도 성례전적으로 제시되어야 했습니다. 즉, 대속물이신 그리스도께서 잡히신 일과 그 결과와 조건으로 동일한 시간, 동일한 장소에서 보장된 극적인 사건을 통해 교회의 해방과 자유가 상징적이고도 성례전적으로 제시되어야 했다는 것입니다.

그러므로 그분이 사람의 손에 잡힌 것이 보이지 않는 왕의 손에 잡히신 것을 보여 주는 전조가 되며 그 일을 확실히 보장하는 것처럼, 열한 명의 제자가 달아난 일이 자신을 드린 그리스도의 희생으로 말미암아 그 백성들에게 보장된 영원한 구원을 거울처럼 보여 주고, 아울러 모든 증거와 확신을 통해 확인되고 있습니다. 로마 군인들이 예수님을 체포해 가는 데서 열한 제자가 면제되었다는 매우 단순한 사실을 통해 우리는 성례전적이고 상징적인 확실한 증거를 보게 되는 것입니다.

"아버지께서 내게 주신 자 중에서 하나도 잃지 아니하였사옵나이다"(요 18:9). 이 말씀은 이런 극적인 표현을 통해 실제로 성취되었습니다.

예수님은 자신의 죽음이 가져올 열매를 모른 채 죽으시지 않았습니다. 예수님이 왜 죽으셨겠습니까? 어떻게 죽으실 수 있겠습니까? "인류 가운데 단 한 사람도 보증인이 되시는 그분에 대해 살아 있는 믿음을 가지고 나아오거나 그분을 의지하지 않는다 하더라도, 예수님의 사역과 죽음은 매우 영광스러운 것이다"라고 말한 사람은 진실로 영원한 언약의 진리와 영광을 거의 알지 못하는 사람입니다. 이는 예수님의 사역을 얼마나 모독하는 말입니까! 하나님의 공의를 얼마나 모독하는 말입니까!

예수님이 구원받은 자와 버림받은 자 모두를 위해 죽으셨다고 믿으려는 것은 우리를 얼마나 위험한 곤경에 빠뜨립니까? 만약 그분이 버림받은 자를 위해서도 죽으셨으나 그 죽음이 그들을 버림받는 데서 지켜내지 못했다면, 그분의 죽음은 또한 구원받은 자들을 구원에 이르게 할 만한 죽음도 아닌 셈입니다. 만약 예수님이 모든 사람들을 위하여 죽으셨다면, 그 죽음으로는 결코 특정인의 구원을 보증할 수 없으며, 단지 모든 사람들에게 구원의 가능성만 열어 놓을 뿐입니다. 이런 것들은 모두 "아무도 그로 인하여 구원받지 못한다 하더라도 그분의 죽음은 영광스러운 사역이다"라는 황당하고도 모독적인 주장에 유혹당한 결과 나타나는 생각입니다. 말하자면, 그분이 예수, 곧 '자기 백성을 그들의 죄에서 구원할 자'(마 1:21)라는 이름을 결코 얻지 못해도 된다는 것입니다. 우리는 언약이나 구원의 복음을 그렇게 배우지 않았습니다. 그리고 무엇보다도 우리의 복된 주님은 자신이 그토록 영광스러운 관심을 가지고 있었던 이 사건을 그런 식으로 이해하지 않았습니다.

"예수께서 대답하시되 너희에게 내가 그니라 하였으니 나를 찾거든 이 사람들이 가는 것은 용납하라 하시니"(요 18:8).

이것이 아버지의 뜻이었습니다. 그들은 아버지께서 주신 선물이었습니다. 이러한 아버지의 뜻과 선물 때문에 그분의 영혼은 겟세마네에서 고통과 번민으로 기도하셨습니다. 그리고 이제 그분의 기도는 응답을 받았습니다. 이처럼 가장 중요한 문제에 대한 아버지의 뜻이 이루어진 것입니다.

"아버지께서 내게 주시는 자는 다 내게로 올 것이요 내게 오는 자는 내가 결코 내쫓지 아니하리라. 내가 하늘에서 내려온 것은 내 뜻을 행하려 함이 아니요 나를 보내신 이의 뜻을 행하려 함이니라. 나를 보내신 이의 뜻은 내게 주신 자 중에 내가 하나도 잃어버리지 아니하고 마지막 날에 다시 살리는 이것이니라"(요 6:37-39).

"옳소이다. 이렇게 된 것이 아버지의 뜻이니이다"(마 11:26).

"말씀대로 내게 이루어지이다"(눅 1:38).

"아버지의 원대로 하옵소서"(마 26:39).

이 사건은 진실로 아버지의 뜻대로 이루어졌습니다.

"예수께서 대답하시되 너희에게 내가 그니라 하였으니 나를 찾거든 이 사람들이 가는 것은 용납하라 하시니 이는 아버지께서 내게 주신 자 중에서 하나도 잃지 아니하였사옵나이다 하신 말씀을 응하게 하려 함이러라"(요 18:8).

이 사건을 전체적으로 조망해 볼 때, 적어도 처음에 시작되는 모든 일은 겟세마네의 기도에 대한 정확한 응답으로 진행되고 있습니다. 또한 이 응답은 공개적으로 주어졌습니다.

먼저, 보증인이 되시는 예수님은 죽기까지 순종하심으로써 하나님의 뜻을 이룰 수 있도록 은혜를 구했습니다. 그리고 이 기도의 응답으로 하나님께서는 그분을 가르치셨고, 그분은 순종을 배우셨습니다. 그분은 수동적인 희생제물처럼 불완전하거나 능력이 부족해서 체포되신 것이 아닙니다. 그분은 온전한 대제사장의 의무와 행위로서 항복하셨습니다. 바로 이 일이 공개적으로 진행되었습니다. 큰 무리가 지금 그분이 행하시는 위엄을 바라보며 주목하고 있는 것입니다.

다음으로, 이 보증인은 하나님의 뜻에 따라 자기 양들을 위해 단번에 몸을 드린 자신으로 말미암아 그들이 거룩하게 되고 안전하게 구별되어 거룩함에 이르도록 기도했습니다. 이 기도 역시 공개적으로 이루어졌습니다. 그들은 대적들이 보는 앞에서 안전하게 도망칠 수 있었습니다. 그들의 머리털 하나도 상하지 않았으며(눅 21:18 참고), 그들 중 어느 누구도 잃어버린 바 되지 않았습니다(요 6:39 참고). 큰 무리가 그들의 구원을 목도하였습니다. 이와 같이 예수님의 기도는 모두 응답되었습니다. 그리고 모든 응답은 모든 사람들이 보는 앞에서 공개적으로 이루어졌습니다.

"너는 기도할 때에 네 골방에 들어가 문을 닫고 은밀한 중에 계신 네 아버지께 기도하라. 은밀한 중에 보시는 네 아버지께서 갚으시리라"(마 6:6).

3. 적용과 권면

이제 잠시 멈추어 죄인들의 구주이며 대속주인 그리스도가 체포되어 법의 손에 넘겨진 이 위대한 장면을 더 깊이 묵상해 봅시다. 그분을 잡혀 가게 만든 것은 죄입니다. 그리고 그분을 무자비하게 끝까지 추격하는 것은 죄의 삯인 죽음입니다. 그렇다면 악한 영혼들이여, 여러분은 이것을 피할 수 있겠습니까? 푸른 나무에도 이런 일이 일어났다면, 마른나무에는 어떤 일이 일어나겠습니까? 이런 재판과 체포가 하나님의 아들에게도 임했다면, 여러분이 어떻게 체포되지 않고 활보하며 다닐 수 있겠습니까? 여러분의 죄는 엄청납니다. 그리고 그들은 군대입니다. 각각의 죄는 모두 무자비한 기소자를 깨울 수 있습니다. 그리고 그들은 여러분을 하나님의 법정의 피고석과 심판대에 세울 때까지 결코 쉬지 않을 것입니다. 모든 것이 지금은 여러분에게 부드럽고 잠잠할 수도 있습니다. 그러나 여러분의 죄가 여러분을 찾아낼 것이라는 사실을 명심하십시오. 그때 여러분은 어디로 도망치겠습니까?

"내가 주의 영을 떠나 어디로 가며 주의 앞에서 어디로 피하리이까. 내가 하늘에 올라갈지라도 거기 계시며 스올에 내 자리를 펼지라도 거기 계시니이다. 내가 새벽 날개를 치며 바다 끝에 가서 거주할지라도 거기서도 주의 손이 나를 인도하시며 주의 오른손이 나를 붙드시리이다. 내가 혹시 말하기를 흑암이 반드시 나를 덮고 나를 두른 빛은 밤이 되리라 할지라도"(시 139:7-11).

"여호와여 내 혀의 말을 알지 못하시는 것이 하나도 없으시니이다. 주께서 나의 앞뒤를 둘러싸시고 내게 안수하셨나이다"(시 139:4,5).

두려움에 떨고 있는 영혼들이여, 만유의 심판주께서 여러분에게 발부한 체포 영장을 피할 방법이 없습니다. 스올로 파고 들어갈지라도 그분의 손이 그곳에 숨은 여러분을 붙잡아 낼 것입니다(암 9:2 참고). 여러분이 하늘로 올라갈지라도 그분의 손이 거기에서 여러분을 붙잡아 내릴 것입니다(암 9:2 참고). 여러분이 갈멜산 꼭대기에 숨을지라도 거기에서 여러분을 찾아내실 것입니다(암 9:3 참고). 여러분이 바다 밑에 숨을지라도, 그분은 거기에서 뱀을 명령하여 여러분을 붙잡아 자신 앞으로 데려오게 하실 것입니다(암 9:3 참고). 마지막 재앙의 날에 산들과 바위에게 소리쳐 우리 위에 떨어져 어린양의 진노에서 우리를 가리라고 할지라도 아무 소용이 없을 것입니다(계 6:16 참고).

형제들이여, 우리가 어떻게 해야 하겠습니까? 여러분을 고발하는 자와 함께 길을 갈 때에는 그가 언제라도 여러분을 재판장에게 끌어가고 재판장이 옥졸에게 넘겨주어 여러분을 감옥에 가두지 않도록 그의 말을 따르십시오(눅 12:58 참고).

그러나 여러분은 죄인입니다. 여러분의 양심은 여러분이 죄인이라고 말합니다. 그리고 여러분이 마땅히 체포되어 하나님의 법정으로 끌려가야 한다고 말합니다. 그것은 사실입니다. 여러분을 위한 방패가 없습니까? 탄원이 없습니까? 체포되어 넘겨지지 않을 수는 없습니까? 여러분은 이렇게 말할 것입니다. "오, 기묘자요 모사이신 분의 권면만 있었더라면! 오, 스스로 체포되어 자신을 내주신 대속주로 말미암아 값으로 사신 바 된 구속과 자유를 누릴 수만 있다면! 오, 진실로 전능하신 예수님께서 '이 사람들은 가게 하라'(요 18:8 참고)라고 명령하심으로써 보호받은 사람들 가운데 있을 수만 있다면!"

그러나 그렇게 하지 못할 이유가 어디 있습니까? 로마 군인들 가운데 어느 누구든 주님을 체포하는 대신 반역의 무기를 버리고 자신을 내주며 무장해제한 채로 제자들의 작은 무리에 동참했더라면, 그는 결코 악하고 비참한 죄의 노예가 되지 않았을 것입니다. 그들이 생명의 왕을 죽이려는 악한 의지를 드러낸 바로 그곳에서 누구든 주님께로 돌아가 살려는 의지만 보였더라면, 그는 즉시 예수님께서 내미시는 방패로 보호하심을 받고 그분의 희생의 대가와 주권적 음성으로 선언하시는 구원에 동참하게 되었을 것입니다.

그러므로 죄 많은 가련한 영혼이여, 이제 스스로 방어하려는 모든 무기와 자기의 의를 주장하는 모든 것을 영원히 던져 버리고, 그 추격자들처럼(그러나 그들과는 전혀 다른 자세와 의미에서) '나사렛 예수'를 찾는 일 외에 무엇을 할 수 있겠습니까? 그리고 그분을 찾았다면, 그들처럼(그러나 그들과는 전혀 다른 자세와 의미에서) 믿음과 사랑의 연합으로 그분을 붙잡아야 합니다. 그분을 찾기 시작했습니까? 그런데도 그분이 여러분에게 "너희가 누구를 찾느냐?"(요 18:4)라고 물으신 적이 없습니까? 그분은 항상 그렇게 질문하십니다. 그리고 이와 같이(옛 겟세마네에서 주님을 찾던 자들과는) 다른 자세와 다른 의미로 자신을 찾는 자들에게, 세상에게 하신 것과 다른 방식과 의미로(겟세마네의 추격자들에게 말씀하신 것과 다른 음성으로) "내가 그니라"(요 18:5)라고 말씀하십니다.

그분의 성소에서, 그분의 말씀을 통해, 그분이 간구하시는 영으로 다가오실 때 결코 그분을 물리치지 마십시오.

"네가 만일 하나님의 선물과 또 네게 물 좀 달라 하는 이가 누구인 줄 알았더라면 네가 그에게 구하였을 것이요 그가 생수를 네게 주었으리라"(요 4:10).

그분은 여러분에게 필요한 모든 안정과 구원을 주실 것입니다. "메시아가 오시면, 나의 모든 죄를 도말하시고 나의 마음을 넓혀 '나의 길'을 가는 자유를 주실 것이다"라고 말하지 마십시오. 그분께서는 "내가 네게 이르노니 메시아가 이미 왔으되"라고 말씀하십니다. 여러분은 사람들이 어떻게 그분을 임의로 대하였는지 알고 있습니다. 그분은 다시 오십니다. 그분은 언제나 성령의 능력으로 다시 오셔서 강한 자와 함께 탈취한 것을 나누시며(사 53:12 참고), 그들이 임의로 대한 모든 열매를 거두어 모으실 것입니다. 그분의 목소리에 주목하십시오.

"볼지어다 내가 문밖에 서서 두드리노니"(계 3:20).

오, 갈구하는 영혼이여! 메시아는 이미 오셨습니다. 그분의 말씀을 들으십시오.

"내가 그니라."

두려워 뒤로 물러나지 마십시오. 오히려 그분의 발 앞에 엎드려 여러분의 주님께 복종하십시오. 주님께서 자신을 스스로 넘기신 힘에 의지하여 여러분 자신을 법정에 넘기십시오. 하나님의 말씀에, 평화의 대사들에게, 진리와 거룩의 영에게 사로잡히는 데 온전히 동의하십시오. 은혜의 하나님 앞에서 스스로 붙잡히고 공의의 하나님께 자신을 드린 그리스도의 대속적 내주심을 믿고 그분과 교제함으로써 여러분 자신을 내주십시오.

그리스도의 하나님과 여러분의 하나님은 같은 하나님이십니다. 그분은 공의의 하나님이자 구주이십니다. 그리스도와 연합하십시오. 그리고 죽기까지 율법을 크게 하신 순종과 하나님께 향기로운 희생 제물로 자신을 드린 제사장적 사역의 완성에 동참하십시오. 이제 그리스도 안에서, 그리스도와 함께 자신을 하나님께 맡기십시오. 그러면 여러분의 생명이 진실로 거룩하고 안전하게 지켜질 것입니다. 죽은 자로서가 아니라 죽었다가 다시 살아난 자로서 자신을 드리십시오.

여러분이 스스로 잡힌다면, 잡힌 바 되지 않고 풀려나게 될 것입니다. 여러분이 스스로 유죄 판결을 내린다면, 여러분은 심판을 받지 않고 죄 없다함을 받을 것입니다. 여러분이 자신을 낮춘다면, 때가 되면 주님께서 여러분을 높이실 것입니다. 여러분이 그리스도와 함께 잡힌 바 된다면, 그로 인해 풀려나게 될 것입니다. 여러분이 그리스도와 함께 자신을 내준다면, 그로 인해 여러분은 영광스러운 사면을 받고 자유를 누릴 것입니다. 여러분은 더 이상 하나님께로부터 숨기 위해 도망치지 않을 것입니다. 오히려 여러분을 보호하시는 그분에게로 피할 것입니다. 그분은 여러분의 피난처이십니다. 그러므로 여러분은 그분의 날개 아래 쉬게 될 것입니다. 그분은 여러분을 환난에서 보호하시고 구원의 노래로 두르실 것입니다(시 32:7 참고).

여러분을 붙잡아 손발을 묶고 바깥 어두운 데에 던져 버리려고 하던 영장이 영광스러운 응답으로 돌아올 것입니다. 여러분의 주님께 발부된 영장이 그 대답입니다. 여러분을 요구하는 모든 문서가 무효가 되고 말소되었으며 겟세마네 입구에 못 박혔습니다. 그리고 여러분과 예수님 안에서 믿음의 교제를 누리는 여러분의 모든 동료들의 귀에는 무기가 부딪히는 소리나 여러분에 대한 모든 참소를 막아 버리는 엄위한 음성만이 들릴 것입니다. 그것은 여러분이 주님의 피로 사신 바 되고 인 친 바 되었다는 일종의 표시입니다. 그로 말미암아 여러분은 언제나 들어가며 나오며 꼴을 얻고(요 10:9 참고), 영원한 안전을 누릴 것입니다. 다만 지옥의 문들은 주님의 음성을 두려움으로 들을 것입니다.

"나를 찾거든 이 사람들이 가는 것은 용납하라"(요 18:8).

그렇습니다. 여러분의 길을 가십시오. 여러분의 대속물 되신 주님께서 여러분을 구원하셨습니다. 그분을 믿으십시오. 만일 그분을 믿지 않고 있다면 믿어야 합니다. 평안히 여러분의 길을 가십시오. 더 이상 율법의 속박으로 두려워하지 마십시오. 왜냐하면 여러분의 대속물 되신 주님께서 율법을 크고 영화롭게 하셨기 때문입니다. 죄책감에 사로잡힌 양심의 율법적 속박에도 붙잡히지 마십시오. 왜냐하면 여러분의 대속물 되신 주님의 피가 여러분의 양심을 죽은 행실에서 깨끗하게 하고 살아 계신 하나님을 섬기게 하였기 때문입니다(히 9:14 참고). 하나님의 자유하는 자녀로서, 그분의 집과 하늘의 기업의 영원한 상속자로서 걸어가십시오. 구주의 보호하시는 방패가 영원히 여러분을 두를 것입니다! 여러분의 길을 가고 그 길을 더럽히지 마십시오. 가서 더 이상 죄를 짓지 마십시오. 기쁨으로 여러분의 길을 가십시오.

7장 모든 사람을 심판하시는 피고인

"그때에 예수께서 무리에게 말씀하시되 너희가 강도를 잡는 것같이 칼과 몽치를 가지고 나를 잡으러 나왔느냐 내가 날마다 성전에 앉아 가르쳤으되 너희가 나를 잡지 아니하였도다"(마 26:55).

"47말씀하실 때에 열둘 중의 하나인 유다가 왔는데 대제사장들과 백성의 장로들에게서 파송된 큰 무리가 칼과 몽치를 가지고 그와 함께하였더라 48예수를 파는 자가 그들에게 군호를 짜 이르되 내가 입 맞추는 자가 그이니 그를 잡으라 한지라 49곧 예수께 나아와 랍비여 안녕하시옵니까 하고 입을 맞추니 50예수께서 이르시되 친구여 네가 무엇을 하려고 왔는지 행하라 하신대 이에 그들이 나아와 예수께 손을 대어 잡는지라 51예수와 함께 있던 자 중의 하나가 손을 펴 칼을 빼어 대제사장의 종을 쳐 그 귀를 떨어뜨리니 52이에 예수께서 이르시되 네 칼을 도로 칼집에 꽂으라 칼을 가지는 자는 다 칼로 망하느니라 53너는 내가 내 아버지께 구하여 지금 열두 군단 더 되는 천사를 보내시게 할 수 없는 줄로 아느냐 54내가 만일 그렇게 하면 이런 일이 있으리라 한 성경이 어떻게 이루어지겠느냐 하시더라 55그때에 예수께서 무리에게 말씀하시되 너희가 강도를 잡는 것같이 칼과 몽치를 가지고 나를 잡으러 나왔느냐 내가 날마다 성전에 앉아 가르쳤으되 너희가 나를 잡지 아니하였도다"(마 26:47-55).

때로는 갈보리의 어두운 그림자를 통해 영광의 빛이 빛나는 것 같습니다. 기묘한 전환과 놀라운 대조가 갑자기 우리를 사로잡습니다. 본문의 신적 저작을 옹호하는 입장에서는 여기에 모든 것을 걸어야 할지도 모릅니다.

가장 탁월한 예가 바로 갈보리 언덕 위에서 일어났습니다. 특히 마지막 장면이 가장 웅장합니다. 십자가에 달리신 예수님은 부끄러운 십자가를 보좌로 바꾸시고, 저주와 재앙으로 가득한 죽음의 순간에 함께 십자가에 달려 죽어 가는 강도에게 이 기묘한 보좌로부터 임하는 하나님의 용서와 영원한 생명을 주셨습니다.

예수님이 겟세마네에서 잡히시는 장면에서도 이와 비슷한 사례를 볼 수 있습니다. 예수님은 '범죄자 중 하나로 헤아림을 받아'(사 53:12 참고) 죄인으로 잡히셨으나, 실상 그분은 스스로 법정에 올라가 현장에 있는 모든 당사자들을 차례대로 피고석에 세워 각 사람의 행위대로 그들을 심판하고 계십니다. 이런 관점으로 본문을 살핀다면, 이 놀라운 사건에 대해 일관성 있게 고찰하게 될 것입니다.

체포된 죄인인 그분이 재판장이 되셨고, 그분의 판결이 주변에 있는 모든 사람들에게 선포되고 있습니다. 그곳에는 교활한 배신자가 있습니다. 그리고 진실하지만 연약하고 실수가 많은 적은 무리의 친구들이 있습니다. 또 한편 대적의 무리가 있습니다. 그분은 이 모든 부류의 사람들을 다루어야 합니다. 무대 위에는 그분과 그분 앞에 선 사람들뿐입니다. 그들은 모두 자신이 맡은 역할을 하고 있습니다. 그리고 예수님은 그들 각자에 대해 판단하십니다. 그분은 놀라운 통찰력과 위엄으로 자신의 생각을 들려주십니다.

1. 배신자를 지목하신 예수님

예수님은 먼저 배신자를 지목하십니다.

"친구여 네가 무엇을 하려고 왔는지 행하라"(마 26:50).

"유다야 네가 입맞춤으로 인자를 파느냐"(눅 22:48).

우리는 모두 가룟 유다가 저지른 끔찍한 짓을 알고 있습니다. 그의 행위에 대해 꾸짖으면서 예수님은 이런 강조적인 질문을 던지십니다. 가룟 유다는 예수님을 체포하려는 계획을 세우고, 그 일을 시행할 군인들을 데려왔습니다. 존경받는 직업이자 명예를 중시하는 병사와 장교들이 그의 명령에 따라 일사불란하게 움직였습니다. 그들은 은 삼십에 자신의 친구를 판 사람의 지휘를 받고 있었던 것입니다. 그들은 그의 배신에 대해 곰곰이 생각해 보지도 않았고, 그것을 그의 개인적인 문제로 여겨 맡겨 두지도 않았으며, 가능한 문제를 복잡하게 만들지 않고 은밀히 수행하기 위해 그와 함께 새로운 계략을 세웠습니다. 그들은 배신자가 체포해야 할 대상을 지목하기 위해 짜낸 비밀 신호에 동의하였습니다.

"그들에게 군호를 짜 이르되 내가 입맞추는 자가 그이니 그를 잡으라"(마 26:48)

"그를 잡아 단단히 끌어가라"(막 14:44).

이와 같이 모든 준비를 마친 배신자가 예수님에게 어떻게 다가가는지 주목해 보십시오. 그는 마치 주인에게 닥친 위험에 놀랐다는 듯이 아무것도 모르는 척, 놀라고 슬픈 척 애처로워하며 신실한 사랑의 마지막 인사를 건넸습니다. 그는 주님을 두 번이나 부르면서 달려갔습니다.

"이에 와서 곧 예수께 나아와 랍비여 하고 입을 맞추니"(막 14:45).

그러나 예수님은 조용하고 신속하게 그와 관련된 일을 마무리하십니다.

"친구여 네가 무엇을 하려고 왔는지 행하라"(마 26:50).

"유다야 네가 입맞춤으로 인자를 파느냐 하시니"(눅 22:48).

예수님이 가룟 유다에 대해 시간을 길게 끌 필요가 어디 있겠습니까? 가룟 유다와 같은 사람은 회개할 소망이 전혀 없는 사람입니다. 멸망의 아들이 이미 그를 버려진 자로 인 쳤습니다. 그는 자신에게 주어진 은혜의 때를 다 보내 버렸습니다. 그는 그의 악한 뜻을 굽히려고 시도한 무한한 자비를 거절했으며, 그것을 필요 없는 것으로 여겼습니다. 무한한 공의와 무한한 지혜는 이제 그를 홀로 버려두기로 결정했습니다. 왜 예수님께서 그와 대화를 이어가셔야 하겠습니까? 인자가 영광의 보좌에 앉으시고 모든 나라가 그분 앞에 모이게 될 영원한 심판이 이미 무르익었습니다(마 25:31-33 참고). 그때까지 미루어 두면 됩니다. 지금은 아주 짧은 말 한마디면 충분합니다.

그러하기에 예수님은 그를 무뚝뚝하게 대하십니다. 그분은 절대 충고하시는 것이 아닙니다. 심령이 진실하여 회복될 베드로를 대하실 때처럼, 가룟 유다에게 그의 죄의 근원을 밝히시지도 않았습니다. 그분은 무례한 군인들을 대하듯이, 어둠과 마귀의 권세가 너를 휩쓸고 있다고 말씀하시지도 않았습니다. 무례한 군인들은 불신앙에서 비롯된 무지 때문에 그런 일을 하고 있을 뿐입니다. 주님은 심지어 가룟 유다에게 그 일을 삼가라거나 그 일에서 떠나라고 명령하시지도 않았습니다. 그분은 배신자의 반역을 알고 있다는 사실을 충분히 밝히셨고, 더는 하실 말씀이 없었습니다. 가룟 유다에게는 '흰 보좌'(계 20:11) 앞에 서는 일밖에 남아 있지 않았습니다.

본문이 주는 교훈은 명확합니다. 지옥의 인침을 받은 자에게는 지극히 간단하고 단순한 절차만 있을 뿐입니다. 참으로 두려운 일이 아닐 수 없습니다. 이 점에 주의하십시오. 만일 여러분이 여러분의 악한 마음을 감찰하시고, 여러분의 모든 반역과 세상을 사랑하고 그리스도를 십자가에 못 박은 죄를 따르려고 하는 마음을 드러내시는 그리스도의 징계를 멀리한다면, 은혜와 섭리와 인내와 고통 속에서 전개되는 그 징계를 멀리한다면, 그리고 하나님을 반역하고 대적하는 육신적인 마음으로부터 돌아서게 하려는 그분의 노력을 외면한다면, 이런 노력들이 점점 더 줄어들 것이며, 결국 불길 속에서 그을린 장작을 꺼내려고 하신 주님께서 여러분을 지극히 단순하고도 철저히 냉담하게 대하실 뿐만 아니라 이 땅에서 여러분의 죄에 대한 진노를 드러내실 것입니다.

얼마나 많은 사람들이 주님의 성령을 거슬러 이처럼 끔찍한 상태에 빠져 있는지요! 하나님은 섭리 가운데 그들의 양심에 역사하시고, 그들의 영적인 상태에 지속적으로 따뜻한 관심을 보이셨습니다. 그러나 그들을 향한 은혜로운 돌보심은 무시와 배신을 당했습니다. 그리하여 이처럼 은혜로운 역사가 점차 감소하다가 마침내 철회되고 맙니다. 이제 그들을 향한 마지막 마음의 표현은 진노나 자비에 대한 언급이 거의 없이 지극히 짧습니다. 마치 그 일을 영원한 법정에 맡기는 듯합니다. 이것은 "너희는 여호와를 만날 만한 때에 찾으라. 가까이 계실 때에 그를 부르라"(사 55:6)라는 말씀에 얼마나 신선한 능력과 의미를 더하는지 모릅니다. 참으로 온화하면서도 두려움 가득한, 그러나 자주 경시되는 그 말씀에 말입니다.

특히 배신자에게 그처럼 최종적이고도 간결하며 냉정하게 언급하시는 한 가지 목적을 이해할 때 더욱 그렇습니다. 본질적으로 그것은 그의 죄악을 드러내기 위함이 아닙니까? 오직 그 목적 외에는 다른 어떤 목적도 없습니다. 어두운 구름을 환히 비추는 번갯불처럼 죄악을 드러내십니다. "친구여! 우정을 고백하고 교제할 기회가 너로 인해 마귀를 섬기는 수단으로 변질되었구나. 반역자여! 네가 인자를 파느냐? 나는 죄인을 불러 회개시키고 잃어버린 자를 찾아 구원하기 위해 왔으며, 너는 수년 동안 나와 함께 다니면서 내가 선한 일 외에는 하지 않았음을 잘 안다. 그런 나를 네가 배신하느냐? 더구나 애정의 최종적 표현인 입맞춤으로 말이다."

비록 번갯불은 이내 어둠 속으로 사라지지만, 그의 어두운 영혼에 번쩍이면서 터진 이 섬광은 그곳에 영원히 거하면서 그의 죄로 하여금 양심을 주시하게 만들 것입니다. 그것이 회개하지 않는 사람에 대한 주님의 마지막 조치의 목적입니다. 이런 선언은 모든 면에서 간결하지만 결코 부족하거나 짧지 않을 것입니다. 그의 죄가 결코 꺼지지 않는 진노로 새겨진 그 영혼 위에서 영원히 타 들어가는 것을 보게 될 것이기 때문입니다. 이제 그는 이처럼 영혼에 새겨진 끔찍한 진노와 함께 심판의 보좌로 나아가 왼편에 서 있는 멸망할 자들과 합류하게 될 것입니다.

혹시 그리스도인으로 살면서 오히려 명백한 교제를 이용하여 경건하지 못하게 삶으로써 이런 종말을 향해 점차 무르익어 가는 사람이 있습니까? 심령이 변하여 진실하게 되기까지는 계속 무르익어 갈 수밖에 없습니다. 교회에 출석하며 교제하고 '친구'라고 고백하면서도 실상 멸망의 심판을 향해 무르익어 가는 사람보다 더 불행한 사람은 없습니다. 차라리 몽매한 이교도와 무지에 빠져 있는 무례한 로마 군인들이 나을 것입니다.

깨어 도망하십시오. 진리의 예수님께로 도망하십시오. 자신의 죄와 사랑 없음을 고백하십시오. 그리스도의 보혈로 말미암는 용서를 구하십시오. 지금이라도 화목하게 해 달라고 구하십시오. 여러분이 이것을 진실하게 행한다면 그분을 발견하게 될 것입니다. 그분과 나누는 여러분의 대화는 결코 냉엄하거나 간략하지 않을 것이며, 풍성하고 길며 사랑으로 가득할 것입니다. 여러분의 모든 악함을 진실하게 뉘우치고 온 마음을 다해 그분께로 돌아가십시오. 여러분의 심령 속에 있는 모든 반역과 적대심을 그분께 온전히 고백하십시오. 그것을 여러분의 슬픔과 짐으로 여기고 탄식하십시오. 그리고 즉시 여러분을 용서하고 새롭게 해 달라고 그분께 탄원하십시오. 그러면 그분은 여러분을 죽었다가 다시 살아난 자녀로 대하시고 가장 좋은 옷을 입혀 주실 것입니다. 그리고 다시금 돌이킬 수 없는 완전한 화목의 달콤한 입맞춤으로 반겨 주실 것입니다. 참된 신실함과 사랑으로 그분께 입 맞추십시오. 다음의 말씀을 기억하십시오.

"그의 아들에게 입 맞추라. 그렇지 아니하면 진노하심으로(멸망의 자식처럼) 너희가 길에서 망하리니 그의 진노가 급하심이라"(시 2:12).

2. 제자들의 행동을 판단하시는 예수님

예수님은 제자들의 행동에 대해서도 판단하십니다. 반드시 이런 판단이 필요합니다. 열한 명의 제자들은 폭력으로 이 영광스러운 장면으로부터 도덕적 고상함을 없애고 보기 흉한 다툼을 불러 일으켰습니다. 사랑하는 주님이 죄수가 되어 그들을 떠나시려는 순간에 그의 주위 사람들이 그 된 일을 보고 "주여, 우리가 칼로 치리이까"(눅 22:49)라고 물었습니다. 그러고는 주님의 대답을 기다릴 새도 없이, 베드로가 불같이 성급한 평소 성격대로 달려 나와 주님을 잡아가지 못하도록 막아섰습니다.

"이에 시몬 베드로가 칼을 가졌는데 그것을 빼어 대제사장의 종을 쳐서 오른편 귀를 베어 버리니"(요 18:10).

이런 행위는 우호적이고 열정적이며 대담하고 가치 있게 보입니다. 베드로의 입장에서 이것은 자신이 신실하게 다짐한 바, "내가 주와 함께 죽을지언정 주를 부인하지 않겠나이다"(마 26:35; 막 14:31)라는 약속을 지키는 것처럼 보입니다. 이런 베드로가 비난을 받는 것은 너무한 일이 아닙니까? 사랑하는 주님이 무자비한 대적의 손에 넘어가는데도 비겁하게 물러나 지켜보고만 있어야 한다는 말입니까? 베드로의 입장에서 볼 때, 지금 열두 제자 가운데 하나인 가룟 유다가 그분을 배반하는 치욕적인 사건이 펼쳐지고 있지 않습니까? 특히 자신이 깨어 있으라는 주님의 명령을 지키지 못한 상황 가운데, 만일 깨어 있었더라면 계곡을 지나 동산으로 오는 무리의 횃불을 보고 알려 줄 수도 있었을 것임을 생각한다면, 예수님을 향한 진실한 사랑과 가룟 유다에 대한 말 없는 분개, 그리고 자신을 향한 고통스런 질책으로 분별력과 침착함을 팽개친 채 칼을 뽑아 달려 나간다고 한들 무엇이 이상하겠습니까? 그러나 그의 행동은 판단력이나 신중함 같은 것들을 모두 내팽개친 채로 덤벼들어 오히려 악을 더욱 키우고 복잡하게 만들었을 뿐입니다.

마찬가지로 여러분이 베드로처럼 주어진 명령에 실패하고서 적절한 겸손과 용서 없이 무작정 주님을 다시 섬기려 한다면, 여러분도 똑같은 상황에 놓이게 될 것입니다. 의식적인 불순종이나 직무 태만은 여러분에게 있는 그리스도의 이름이나 명분을 오히려 여러분이 벗어나기를 바라는 그 어려움에 휘말리게 만들 뿐입니다. 태만의 쓰디쓴 열매를 맛보게 되는 것입니다.

오, 여러분은 깨어 기도했어야 합니다! 여러분이 깨어 기도했다면 적이 여러분을 공격할 기회를 얻기 전에 시의 적절하게 경고할 수도 있고, 경고를 받을 수도 있었을 것입니다. 그러나 지금 그들은 여러분의 주인의 이름에 누를 끼치기 위해, 또는 그리스도인의 품격과 평안을 깨뜨리기 위해 가까이 다가왔습니다. 여러분은 시험에 빠지고 말았습니다. 이 세상의 어둠의 주관자까지는 아니더라도, 하늘에 있는 악한 영들이 여러분을 거의 붙들고 있습니다. 그리고 여러분은 그들을 향해 무작정 달려듭니다. 법궤를 구하기 위해 성급히 손을 뻗는 것처럼 말입니다(대상 13:9,10; 삼하 6:6,7 참고). 칼집에서 칼을 뽑아들고서 뜨겁게 달아오른 성질이 분노를 쏟아 붓습니다. 또는 여러분은 하늘로부터 불이 내려오기를 구합니다. 여러분의 자기 비난이 서둘러 무언가를 하게 만드는 것입니다. 여러분을 위협하는 악에서 벗어나거나 자신이 행한 악을 바꿀 수만 있다면 수단 방법을 가리지 않습니다.

그러나 여러분에게는 순전하거나 지혜롭고도 영적인 생명을 가진 목적이 없으며, 그것을 수행할 영적인 능력도 전혀 없습니다. 이런 마음으로는 사태를 더욱 나쁘게 만들 뿐입니다. 여러분이 곤경에 빠졌을 때는 안전하게 걸을 수가 없습니다. 진실한 회개와 회복이 있기 전까지, 여러분이 처절하게 흐느낄 때까지, 자신의 죄를 은밀히 고백하고 용서받을 때까지는 안전하게 걸을 수가 없습니다. 주님 앞에서 자신이 어리석고 연약한 자임을 깨닫기 전에는 그럴 수 없습니다. 그것을 깨달은 후에야 여러분은 주님의 빛 아래 지혜로울 수 있고, 그분의 영광스러운 능력 안에서 강한 자로 사람들 앞에 다시 설 수 있습니다. 그렇습니다. 즉시 이 길을 걸어가야만 합니다. 그렇지 않으면 베드로처럼 주님을 부인하고, 지난날 깨어 있지 못했던 허물이 더 큰 죄로 인도하여 결국 더욱 처절한 눈물을 흘리게 될 것입니다.

예수님의 판단과 생각을 들어 봅시다. 그것은 풍성하게 넘치는 이유와 함께 신속히 주어졌습니다.

"이에 예수께서 이르시되 네 칼을 도로 칼집에 꽂으라. 칼을 가지는 자는 다 칼로 망하느니라. 너는 내가 내 아버지께 구하여 지금 열두 군단 더 되는 천사를 보내시게 할 수 없는 줄로 아느냐. 내가 만일 그렇게 하면 이런 일이 있으리라 한 성경이 어떻게 이루어지겠느냐 하시더라"(마 26:52-54).

"예수께서 베드로더러 이르시되 칼을 칼집에 꽂으라. 아버지께서 주신 잔을 내가 마시지 아니하겠느냐 하시니라"(요 18:11).

이 말씀은 우리가 다루고 있는 주제에 관한 풍성한 통찰력을 줍니다. 예수님은 베드로의 행동에 대해 네 가지 영역과 관련하여 문제를 제기하십니다. 그리고 그 네 개의 서로 다른 영역과 바른 관계를 맺도록 이끄십니다. 네 가지 영역이란 땅의 권세, 하늘의 천사들, 하나님의 성경, 그리고 아버지의 뜻입니다. 그분은 현존하는 권세들, 천사들, 성경, 성부라는 놀라운 단계를 이 사건과 다양하게 관계된 영역으로 제시하십니다. 그러고는 그들이 처한 그 다양한 관계들을 베드로가 범죄하는 장면과 연결하여 설명하십니다.

먼저 '하나님께서 정하신 권세'(롬 13:1 참고)는 이 사건에서 매우 흥미로운 영역에 속합니다. 예수님은 이런 땅의 권세에 의해 체포당하셨습니다. 그것이 비록 가장 부당하게 왜곡되어 제시되었지만, 그것은 여전히 거역할 수 없는 합법적인 힘을 지니고 있습니다. 따라서 개인적인 차원에서 그 권세를 거부하는 것은 반역이 될 뿐입니다.

주님께서 "네 칼을 도로 칼집에 꽂으라. 칼을 가지는 자는 다 칼로 망하느니라"(마 26:52)라고 말씀하신 것은 이런 의미에서 하신 것임이 분명합니다. 이 말씀에서 전쟁이라는 주제에 관한 그리스도의 견해를 찾는 것은 우스운 일입니다. 심지어 방어적 전쟁을 악한 것으로 여겨 반대하거나 군인이 되는 것 자체를 불법으로 여겨 반대하는 견해를 찾으려 하는 것은 더욱 우스운 일입니다. 마찬가지로 본문을 소위 '왕권신수설'을 뒷받침하는 논리로 사용하여, 권력자가 국민을 어느 정도 억압하고 탄압하는 잘못을 범할지라도 백성이 그런 폭정에 대항하거나 들고 일어나 독재자를 몰아내는 것은 성경이 금하는 일이라고 주장하는 것 역시 잘못된 일입니다.

예수님의 말씀은 모든 전쟁이 죄악이라는 주장이나 모든 혁명이 반란이라는 근거 없는 개념을 지지하는 것이 아닙니다. 영국의 시민으로서 우리는 혁명으로 보장된 헌법 아래 살고 있습니다. 이 혁명은 의롭고 선한 것이며, 무엇보다도 하나님이 그들의 악을 추적하여 멸하신 왕조에 국민의 사랑과 순종을 상실했음을 선언하고 그들의 권력을 빼앗았습니다. 그리고 이 의로운 혁명에 의해 보장받은 안정 덕택에 우리는 내적인 평온함 가운데 하나님을 섬기고 있습니다. 이와 같은 맥락에서 국가 간에도 필요한 경우 방어적인 전쟁을 준비하는 일은 불가피합니다. 경우에 따라서는 한 나라의 진정한 내적 평화와 주변 나라와의 외적 평화를 유지하기 위해 정당한 내적 혁명이나 외적 전쟁이 절대적으로 필요하다고 할 수 있습니다. 성경의 많은 구절들에서 이런 원리를 확인할 수 있으며, 결코 말씀에 의해 정죄된 일이 아닙니다.

또한 우리가 감히 단언할 수 있는 한 가지 사실이 있습니다. 존경받을 만한 종교개혁 분야의 한 역사가는 쯔빙글리(Zwingli)에 대해 매우 부당한 견해를 가지고 있습니다. 그는 자신의 화랑에 있는 가장 뛰어난 초상화(쯔빙글리의 초상화) 가운데 하나를 들어, 쯔빙글리가 손에 칼을 쥔 채 전쟁터에서 사망했으므로 그는 "우리의 싸우는 무기는 육신에 속한 것이 아니요"(고후 10:4)라는 말씀을 잊고 예수님이 베드로에게 말씀하신 명령을 어겼다고 평가합니다. 그러나 이 위대한 스위스의 종교개혁자가 전사한 전쟁의 적법성을 논하는 데 이곳이나 다른 곳의 말씀들이 아무렇게나 인용되어서는 안 됩니다.

그들이 스위스의 경건한 사람들이라는 사실이 자신의 조국이 무자비한 적의 군대에 의해 침략당하고 황폐해지는 것을 두 손 놓고 바라보기만 해야 한다는 근거가 될 수는 없습니다. 복음에 대한 그들의 애정을 떠나, 그 어떤 역사가도 스위스가 자유를 위해 싸운 것이 잘못이라는 것을 증명하기란 쉽지 않습니다. 그리고 무엇보다도 그들이 자신들의 자유보다 더 사랑하고 지키기를 원했던 그리스도인으로서의 종교적인 권리라는 차원에서 살펴본다면, 그들이 자신을 지키기 위해 싸운 것이 죄임을 증명하는 일은 한층 더 어려워집니다. 이 문제에는 관심을 가지지 않을 수 없습니다. 왜냐하면 역사의 한 시점에서 생각할 때 언약의 조상들 역시 동일한 입장에 있었음을 알 수 있기 때문입니다. 쯔빙글리에 대해서도 그들과 동일한 입장에서 이해해야 하는 것입니다.

이 문제는 이 정도로 넘어가고, 이제 예수님께서 이 본문에서 진실로 주고자 하신 지극히 제한된 판단에 대해 고찰해 봅시다. 그들과 유사한 상황에 처하지 않는다면 그 의도를 이해하기가 쉽지 않습니다. 예루살렘 당국은 그분을 체포하기 위해 적법한 영장을 발행하였습니다. 그리고 이제 그 영장이 매우 무례하지만 합법적인 대리자들에 의해 그분에게 집행되고 있습니다. 그런 상황에서 마땅히 취해야 할 행동은 무엇이겠습니까? 그때에도 하나님께서 정하신 공적인 권위에 순종해야 합니다. 왜냐하면 성경이 "권세를 거스르는 자는 하나님의 명을 거스름이니 거스르는 자들은 심판을 자취하리라…… 그러므로 복종하지 아니할 수 없으니 진노 때문에 할 것이 아니라 양심을 따라 할 것이라"(롬 13:2,5)라고 말하기 때문입니다. 그러므로 이런 공적인 권위를 가진 영장을 존중하는 것이 마땅합니다. 이 사건을 증거에 입각한 재판으로 가져가야 하는 것입니다.

이것은 피에 굶주리고 야망으로 가득한 폭군에 의해 온 나라가 포로가 되거나 포위된 국가적 사건이 아닙니다. 이것은 개인에 대한 집행을 요구하는 합법적인 영장입니다. 국가나 의회의 권력에 관한 한 예수님은 마땅히 '재판장이나 구별하시는 자'로 여김 받기를 거절하고 '법 아래 놓인' 한 개인에 불과했습니다. 그러므로 이에 복종하는 것이 복되신 구주의 의무였습니다. 그래서 그분은 저항하시지 않았으며, 베드로가 그분을 위해 나서는 것도 허락하시지 않았습니다. 그분은 베드로에게 "칼을 칼집에 꽂으라"(요 18:11)라고 명령하셨습니다. 그런 상황에서 일어날 수 있는 모든 인명 피해는 적법한 전쟁이나 자기를 보호하기 위한 정당방위의 과실치사가 아니라 "다른 사람의 피를 흘리면 그 사람의 피도 흘릴 것이니"(창 9:6)라는 원초적인 선언에 따라 재판장에게 처벌을 받아야 할 살인이기 때문입니다. 그러므로 "칼을 가지는 자는 다 칼로 망하느니라"(마 26:52)라는 말씀은 의미나 엄격한 적용의 측면에서 이 상황에 적용하기에 가장 적절한 말씀입니다. 베드로가 자신의 주인을 보호하기 위하여 칼을 쥐고 달려갔을 때, 그는 개인으로서의 본분과 위치를 잊고 있었던 것입니다.

아브라함이 자신의 조카 롯을 구출하기 위해 무기를 든 것은 전혀 다른 맥락의 사건입니다. 아브라함은 사실상, 그리고 하나님의 말씀으로 말미암아 한 개인이 아니라 가나안의 왕이며 상속자였습니다(물론 당시의 상황은 바뀌어 있었습니다). 뿐만 아닙니다. 롯은 합법적이고도 적법한 권위가 아니라 롯이나 아브라함이 전혀 충성하거나 복종할 필요가 없는 야만스러운 변두리 지역의 강도에게 잡혀갔습니다. 이는 사랑하는 예수님이 잡히신 당시 베드로가 처한 상황과는 전혀 다릅니다. 베드로는 아브라함처럼 드러나지 않은 왕의 신분이 아니었습니다. 나그네로 머물고 있는 땅의 약속된 상속자도 아니었습니다. 또한 예수님은 롯처럼 자신을 잡아가려는 무리에게 충성하지 않아도 되는 위치가 아니었습니다. 그러므로 이런 상황에서 칼을 뽑는 것은 폭동을 일으키는 것이요, 베드로로 인한 피 흘림은 살인에 해당했습니다.

이것이 예수님이 베드로의 행동을 바라보시는 첫 번째 시각이었습니다. 이것은 별도의 언급이지만 매우 진지한 의미를 담고 있습니다.

둘째로, 예수님은 천사들이 이 사건을 지켜보고 있으며, 개입할 수도 있음을 언급하심으로써 한 단계 높은 영역에 대해 말씀하십니다.

"너는 내가 내 아버지께 구하여 지금 열두 군단 더 되는 천사를 보내시게 할 수 없는 줄로 아느냐"(마 26:53).

이 말씀에는 위대한 아름다움과 엄숙함이 있습니다. 예수님을 잡으러 온 군대는 로마에 기원을 두고 있으며, 특히 로마 군대에서 파송된 자들입니다. 이처럼 예수님이 로마 군인들과 대치하고 있는 상황에서 이렇게 말씀하신 것은 매우 적절합니다. 또한 그분이 언급하신 열둘이라는 수는 경솔하고 도움도 안 되는 열한 명의 제자와 악한 마음을 드러낸 배신자를 포함한 수입니다. 예수님께서 눈앞에 벌어진 장면을 통해 연상되는 모든 자료를 사방에서 모아 그것을 그 사건에 가장 적합하게, 그리고 우리의 상상력을 최대한 자극하는 말씀으로 구체화하고 계시는 것입니다.

"너는 내가 내 아버지께 구하여 지금 열두 군단 더 되는 천사를 보내시게 할 수 없는 줄로 아느냐?"

이와 같이 베드로는 불법적인 방법으로 뛰어들어 방어하려고 한 죄와 어리석음에 대해 책망을 받았습니다. 그가 자신의 경솔한 칼놀림으로 방어하려 한 이 예수님은 '모든 통치자와 권세의 머리'(골 2:10)이십니다. 하나님은 독생자를 세상에 보내시면서 모든 하나님의 천사들로 하여금 그분을 경배하게 하셨습니다. 심지어 마귀도 하나님께서 천사들에게 그분의 발이 돌에 부딪치지 않도록 보호하게 명하셨음을 압니다. 지금 예수님은 베드로에게 이것을 상기시키시는 것입니다.

예수님은 즉시 칠만 이상의 강력한 하늘의 천사 군단을 불러 오실 수 있었습니다. '그의 천사들을 바람으로, 그의 사역자들을 불꽃으로 삼으시는'(히 1:7 참고) 아버지께 부탁만 하면 되었습니다. 예수님은 이 신약의 엘리사와 같은 베드로에게 불수레와 불말들의 영광을 목도하게 하고 안전하게 하늘로 올라가심으로써, 주님을 향해 "내 아버지여 내 아버지여, 이스라엘의 병거와 그 마병이여"(왕하 2:12)라고 부르짖게 하실 수도 있었습니다. 그러나 예수님은 죽음을 맛보지 않고는 하늘로 올라가실 수가 없었습니다. 그분은 베드로를 위하여, 그리고 그분을 사모하여 주님이 다시 나타나시기를 기다리는 모든 사람을 위하여 죽음을 맛보셔야만 했습니다. 그래서 아버지께서도 아들에게 그처럼 영광스럽고도 안전한 천사 군단을 보내시지 않았고, 아들도 그것을 요청하시지 않은 것입니다. 그렇다면 베드로도 마땅히 이 일이 아버지와 아들의 하나 된 뜻이라는 것을 알아차렸어야 하지 않겠습니까? 그러므로 칼로 해결하려고 한 베드로의 시도는 헛되고도 무익한 것이 될 수밖에 없었습니다.

극심한 어려움과 위험 가운데 처한 그리스도인이 있습니까? 그런 어려움에서 벗어나고 위험을 피하기 위해 불법적인 방법에 의지하라는 유혹을 받고 있습니까? 천사에 관한 이 위로를 기억하고 인내하며 여러분의 영혼을 붙드십시오.

"너희도 그 안에서 충만하여졌으니 그는 모든 통치자와 권세의 머리시라"(골 2:10).

그분이 그러하시기에 여러분도 그분 안에서 충만해졌습니다. 그분은 선하고 악한 모든 통치자와 권세들 위로 높아지셨습니다. 여러분을 모든 악으로부터 안전하게 지키고 구원하시기 위해서 말입니다. 천사들은 모두 구원받을 상속자가 될 사람들을 위하여 섬기도록 보내심을 받은 섬기는 영들이 아닙니까?(히 1:14 참고) 아버지의 뜻에 따라 여러분의 안전과 구원을 책임지는 임무를 맡은 천사 군단이 있습니다. 그러므로 절대 자기를 보호하고 방어하기 위하여 악한 계획을 의지하지 마십시오. 여러분의 유익을 위하는 일이라면, 그들이 여러분을 보이지 않게 둘러싸서 머리털 하나도 상하지 않게 할 것입니다(눅 21:18 참고). 이런 거룩한 존재들이 얼마나 자주 하나님의 자녀 주위에 불 성곽처럼 둘러싸는지요!(슥 2:5 참고)

하나님을 믿으십시오. 더욱 빨리 평화와 위로로 돌아갈 수 있도록, 철저하게 온전한 순결함과 진리의 길에서 한 발짝도 벗어나지 마십시오. 그 어떤 친구도 불법이 머리털 끝만큼이라도 개입된 계획으로는 여러분을 돕지 않게 하십시오. 하늘에 계신 아버지는 여러분의 유익을 위해 열두 군단 더 되는 천사를 보내 여러분을 곤경에 빠뜨리는 모든 것으로부터 건지실 수 있습니다.

그런데도 그분이 여러분을 당분간 악한 영들과 씨름하며 잠깐 위험에 빠지도록 내버려 두신다면, 아무런 권위도 없는 여러분의 방법은 얼마나 헛될 뿐입니까? 죄의 삯으로 위기를 모면하려 하지 마십시오. 마귀는 종종 그런 거래를 권합니다. 그러나 그것은 결코 성공할 수 없습니다. 천사들이 여러분의 아버지께서 돈 없이 값없이 주시는 은혜를 가지고 올 때까지 기다리십시오. 그리고 결코 의문의 여지가 없는 고귀한 권위, 결코 변경될 수 없는 증서에 의해 그것을 여러분의 것으로 삼으십시오.

인내로 기다리고 초조해하지 마십시오. 만일 그것이 더디 올지라도 기다리십시오. 그것은 반드시 올 것이며, 지체하지 않을 것입니다. 그동안 의인은 오직 믿음으로 말미암아 살아야 합니다(롬 1:17 참고). 여러분의 아버지를 믿으십시오. 이런 믿음은 여러분을 모든 육신적인 방법의 올무에서 벗어나게 할 것입니다. 지금은 그분을 향한 여러분의 믿음을 접어 두고 불법적인 방법에 의지할 때가 절대 아닙니다. 그분의 천사들은 셀 수 없이 많고, 그분의 방법은 무궁무진합니다. 권력자들을 의지하는 것보다 주님을 믿는 것이 더 낫습니다. 육신적인 지혜나 재능을 의지하는 것보다 주님을 믿는 것이 더 낫습니다. 여러분이 믿음으로 사는 한 어떤 것도, 참으로 어떤 것도 여러분으로 하여금 실제로 악을 행하게 할 수 없습니다. 왜냐하면 성경이 "여호와는 나의 피난처시라 하고 지존자를 너의 거처로 삼았으므로 화가 네게 미치지 못하며 재앙이 네 장막에 가까이 오지 못하리니 그가 너를 위하여 그의 천사들을 명령하사 네 모든 길에서 너를 지키게 하심이라"(시 91:9-11)라고 말씀하기 때문입니다.

셋째로, 예수님은 베드로에 대해 판단하시면서 이 독특하고도 흥미로운 사건에 더욱 고상한 또 하나의 영역을 도입하십니다. 즉, 그분은 하나님의 성경에 대해 언급하십니다. 하나님의 말씀 역시 이 사건과 관련되어 있습니다.

베드로로 인해 성경의 모든 진리와 신실함과 신적 기원과 정확성이 위기에 처하게 되었습니다. 그래서 예수님은 "내가 만일 그렇게 하면 이런 일이 있으리라 한 성경이 어떻게 이루어지겠느냐"(마 26:54)라고 말씀하십니다. 즉, "만일 내가 어린양으로 서 있는 나를 저 도살자들에게 끌고 갈 체포 명령을 거절한다면, 만일 내가 칼이나 천사 군단을 이용하여 나를 잡아가려는 그들의 목적을 실패로 만든다면, 이런 일이 있으리라 한 성경이 어떻게 이루어지겠느냐"라는 것입니다. 이 부분에서 성경의 귀한 가치와 영광이 드러납니다. 성경은 앞서 언급한 대로 천사보다 고귀한 영역입니다. 천사일지라도 기록된 말씀, 살아 있는 하나님의 말씀에 순종해야 하기 때문입니다. 그들의 직무가 성경의 지시를 받고, 그들의 출입이 성경에 의해 통제되고 제한됩니다. 체포되신 주님을 보호하기 위해 수많은 천사가 내려올 수 없었던 것도 바로 성경 때문입니다. 성경이 천사보다 더 높은 위치에 있는 것입니다. 따라서 우리가 성경에 순종하는 것은 마땅합니다.

예수님조차도 성경에 순종하셨습니다. 따라서 우리는 성경에 더욱 고귀한 가치와 영광을 부여할 수밖에 없습니다. 성경의 권위에 호소하신 분도, 성경의 요구에 복종하신 분도 바로 예수님이십니다.

"내가 왔나이다. 나를 가리켜 기록한 것이 두루마리 책에 있나이다. 나의 하나님이여, 내가 주의 뜻 행하기를 즐기오니 주의 법이 나의 심중에 있나이다"(시 40:7,8).

"내가 주께 범죄하지 아니하려 하여 주의 말씀을 내 마음에 두었나이다"(시 119:11).

성경의 지위가 얼마나 위대하고 고귀합니까? 이러한 하나님의 말씀이 베드로의 열정을 통제하고 천사들이 내려오지 못하도록 막아야 했습니다. 실로 성경이 하나님의 아들이신 예수님의 영혼을 고무시켜야 했습니다.

여러분이 예수님과 같은 상황에 처해 있습니까? 여러분의 목적이나 인격이나 성품이나 위로가 공격을 받아 위험에 빠졌습니까? 성경으로 방어하십시오. 성경을 따르십시오. 성경이 영광을 얻고 성취되는 방법을 택하십시오. 환난 가운데 있다 할지라도 성경의 인도와 지시를 따른다면 안전하게 걸을 수 있습니다. 예수님도 말씀 안에서 살았습니다. 그러므로 여러분도 겸손히 그분과 교제하며 평안을 누리는 가운데 함께 걸으십시오.

"내 마음으로 사랑하는 자야, 네가 양 치는 곳과 정오에 쉬게 하는 곳을 내게 말하라. 내가 네 친구의 양 떼 곁에서 어찌 얼굴을 가린 자같이 되랴"(아 1:7).

정오의 뙤약볕 아래 여러분의 양 떼는 어디서 시원한 그늘과 안전을 찾을 수 있겠습니까? 목자의 음성인 성경을 따를 때 여러분의 영혼이 쉬게 될 것입니다. 성경이 뭐라고 말합니까? 그 말씀을 따르십시오.

혹은 여러분이 베드로와 같은 상황에 놓여 있습니까? 여러분이 아니라 여러분의 친구(그의 인격이나 성품이나 안전)가 위기에 처했습니까? 그를 성경적으로, 모든 상황을 알고 있는 성경의 방식대로 보호해야 합니다. 왜 성경의 방식으로 행해야만 합니까? 성경의 방식대로 행하지 않으면, 즉 침착하고 명확한 그리스도인으로서 판단하지 않고 성급한 열정이나 단순한 감정의 충동으로 행하면, 오히려 친구의 구원을 더욱 지연시킬 수 있기 때문입니다. 친구를 도우려는 여러분의 선한 의도가 문제를 더욱 복잡하게 만들어 버릴 수도 있습니다. 따라서 참으로 필요한 것은 그리스도인으로서의 우정입니다.

보이지 않는 간절한 기도로 여러분을 도와주고 많은 유익을 주었을 뿐 아니라 드러나게 여러분의 일을 도와준 친구를 돕는 일은 결코 육신적인 감정이 아니라 영적인 사랑에서, 그리고 성급한 충동이 아니라 후히 주시고 꾸짖지 아니하시는 하나님의 지혜에서 우러나와야 합니다(약 1:5 참고). 참으로 친구를 도와주고 싶습니까? 주님의 말씀을 여러분의 도움으로 삼으십시오.

"여호와께서 너와 나 사이에 영원토록 계시느니라"(삼상 20:23)라고 했던 요나단과 다윗의 우정에서 볼 수 있듯이, 이스라엘의 보좌 곁에서 신탁을 통해 자신의 뜻을 보여 주신 주님, 그분으로 하여금 기록된 말씀으로 여러분과 친구 사이에서 직접 말씀하시게 해야 합니다.

또 한편으로 여러분이 베드로처럼 그의 주님이자 여러분의 주님인 그분을 보호해야 하는 입장에 처해 있습니까? 여러분이 종종 가담했던, 그리고 때로는 예수님으로 인해 여러분을 비방했던 무리에게 예수님의 이름이 모욕당하고 있습니까? (만일 이러한 친구가 있다면 누구든) 이 친구를 성경적으로 보호해야 합니다. 성경이 베푸는 온유함과 지혜를 구해야 합니다. 성경이 금하고 하나님의 의에도 결코 도움이 되지 않는 인간적인 분노를 피해야 합니다. 살아 있는 말씀을 구해야 합니다. "주여 어떻게 하기를 원하나이까? 주여, 주님의 이름을 어떻게 시인하고 변호해야 합니까?"라고 물어야 합니다. 여러분 안에 계신 그리스도께서 미움을 받거나 여러분이 그리스도로 인하여 미움을 받는다면, "그들이 이유 없이 나를 미워하였다"(요 15:25)라는 말씀이 성취된 것으로 여기십시오. 그로 인해 분노하거나 죄를 범하지 마십시오.

마지막으로, 예수님은 이 사건을 가장 높은 곳의 뜰로 가지고 가십니다.

"아버지께서 주신 잔을 내가 마시지 아니하겠느냐"(요 18:11).

이제 예수님은 성부 하나님을 이 사건의 한 당사자로 제시하고 계십니다. 예수님은 이런 일련의 단계를 통해 이 문제를 일련의 권세와 대행자와 연계시킵니다. 즉, 세상의 권세와 하늘의 천사들과 하나님의 성경에 이어 이스라엘의 거룩하신 분의 뜻에까지 직접 연결하시는 것입니다. 이 일련의 단계는 마치 순례자 선조가 보았던 신비한 사닥다리와 같습니다.

"꿈에 본즉 사닥다리가 땅 위에 서 있는데 그 꼭대기가 하늘에 닿았고 또 본즉 하나님의 사자들이 그 위에서 오르락내리락 하고 또 본즉 여호와께서 그 위에 서서"(창 28:12,13).

그러므로 결국 이 사건은 여호와 앞에서 아버지의 뜻을 따르는 것입니다. 이것이 베드로의 죄를 가장 부각시키는 요소입니다. 그의 개입이 교회의 구원을 위한 하나님의 뜻을 훼방할 수도 있는 것입니다. 베드로는 이런 유혹에 그처럼 자주 빠지고 실패했습니다. 더욱이 주님께 그런 일을 시도하려 했다는 것은 놀라운 일입니다.

"예수 그리스도께서 자기가 예루살렘에 올라가 장로들과 대제사장들과 서기관들에게 많은 고난을 받고 죽임을 당하고 제삼일에 살아나야 할 것을 제자들에게 비로소 나타내시니, 베드로가 예수를 붙들고 항변하여 이르되 주여 그리 마옵소서. 이 일이 결코 주께 미치지 아니하리이다"(마 16:21,22).

이것이야말로 모든 구원 계획을 허물어 버리려는 공공연한 유혹이 아니고 무엇입니까! 이런 베드로의 행동은 모든 구원 계획을 무효화시키고 구속자의 사역을 방해하려는 시도입니다.

"예수께서 돌이키시며 베드로에게 이르시되 사탄아 내 뒤로 물러가라. 너는 나를 넘어지게 하는 자로다. 네가 하나님의 일을 생각하지 아니하고 도리어 사람의 일을 생각하는도다"(마 16:23).

베드로가 깨달았습니까? 성경은 뭐라고 말합니까?

"엿새 후에 예수께서 베드로와 야고보와 그 형제 요한을 데리시고 따로 높은 산에 올라가셨더니 그들 앞에서 변형되사 그 얼굴이 해같이 빛나며 옷이 빛과 같이 희어졌더라. 그때에 모세와 엘리야가 예수와 더불어 말하는 것이 그들에게 보이거늘, 베드로가 예수께 여쭈어 이르되 주여 우리가 여기 있는 것이 좋사오니 만일 주께서 원하시면 내가 여기서 초막 셋을 짓되 하나는 주님을 위하여, 하나는 모세를 위하여, 하나는 엘리야를 위하여 하리이다"(마 17:1-4).

시몬 베드로는 치욕이나 십자가나 죄를 위한 희생에 관심이 없었으며, 하늘에서 온 방문객들이 예수님의 별세에 대해서 말한 것에도 관심이 없었습니다. 그는 실로 하나님의 일을 생각하지 않고 사람의 일을 생각하고 있었습니다.

이제 다시 한 번 베드로의 자리에 서서 아버지의 장엄한 의의 칼이 목자를 향하여 일어날 때, 여러분의 보잘것없는 칼로 하나님의 칼과 싸울 준비를 할 수 있겠습니까? 오, 참으로 어리석은 자들이여! 전능하신 하나님의 칼과 싸울 만큼 눈이 멀었습니까? 하나님의 백성과 여러분의 구원을 막는 것들은 모두 사라져야 합니다. 우리는 결코 이런 베드로와 그의 계승자를 교회의 아버지라 부르지 않을 것입니다. 그는 주님께서 죽으실 때까지, 그리고 못 박히신 주님이 다시 살아나 그를 용서하고 죄에서 회복시켜 주실 때까지, 결코 한 마리의 양도 먹이지 못할 것입니다. 그는 정이 많고 열심을 가진 사람이며, 우리에게 존경받기에 충분하고 모범적인 사람입니다. 그러나 이 사건에서 그는 땅의 지혜를 따랐습니다. 그러므로 그는 결코 교회의 머리가 되지 못할 것입니다. 만약 교회의 구원이 그의 손안에 있다면, 교회는 결코 안전하지 못할 것입니다. 교회가 구원받은 것은 결코 그의 잘못된 행위 때문이 아닙니다. 그런데도 사실 그는 모든 신실한 사람들에게 사랑을 받았습니다. 왜냐하면 예수님이 그를 위하여 그의 믿음이 떨어지지 않기를 기도하셨기 때문입니다(눅 22:32 참고).

베드로와는 대조적으로 그리스도의 신실하심은 얼마나 영광스럽게 빛납니까! 그분의 손안에 있는 구원은 얼마나 안전합니까! 만약 베드로나 우리의 손안에 구원이 있다면 얼마나 불안하겠습니까?

이것이 바로 신앙과 불신앙 사이에 존재하는 갈등의 핵심입니다. 불신앙은 나의 영원한 구원을 전적으로 다른 이에게 맡기는 것으로 만족하지 못합니다. 불신앙은 끊임없이 자신 안에서 무언가 의지할 것을 찾고, 그것으로 만족하며, 그것을 평안과 기쁨으로 의지하려고 합니다. 불신앙은 그런 일을 끊임없이 시도합니다. 그러나 그런 노력은 다 헛될 뿐입니다. 내 안, 나의 육신 속에는 선한 것이 없습니다. 믿음은 밖을 바라보게 합니다. 믿음은 예수님을 보게 합니다. 믿음은 예수님으로 충분하다고 말합니다. 그분은 오류가 없으며 진실하십니다. 믿음은 자신의 구원이 그분의 손안에 있을 때 안전하다고 말합니다. 그리고 "나의 주 나의 하나님이시여, 나는 주님의 것입니다"라고 고백합니다. 나를 구원하시려는 그분의 뜻이 나의 구원 의지와 동일하다는 점에서 그분과 나는 하나입니다. 오히려 그것이 나의 의지보다 훨씬 더 훌륭하고 투명하며 확고하고 쉬지 않으며 쇠하지 않고 변하지 않습니다. 그분의 능력은 온전히 충만합니다. 그분은 나의 모든 구원이며 나의 모든 소망이십니다. 오직 그리스도만이, 오직 그리스도만이 나의 구원이십니다.

그렇다면 이제 이 위대한 조언자가 허물 많은 제자를 바로 세워 그에게 알려 주시는 이 사건의 영광스러운 진실에 귀를 기울이십시오. 베드로의 죄를 밝히고 그에게 주님께서 하실 일과 그가 할 일을 보여 주실 때 귀를 기울이십시오. 예수님이 얼마나 안전하게 행하시는지 주목하십시오. 그분은 이 땅의 권세에 순종하셨습니다. 또한 천사들의 보호를 알았으나 그들의 섬김을 요구하지 않으셨으며, 하나님의 말씀을 이루고 아버지의 뜻에 순종하며 복종하셨습니다. 그러므로 그분은 베드로도 안전하게 행하도록 이끄실 것입니다. 그리고 그리스도인 된 여러분 역시 자기 십자가를 지고 예수님을 따를 때 그렇게 이끄실 것입니다.

언제나 하나님의 부르심 안에 거하며 그분의 모든 말씀에 주목하십시오. 아버지께 믿음으로 기도하고, 세속적인 지혜나 악한 도움을 거부하십시오. 마지막 순간에 수많은 천사가 여러분을 구할 것입니다. 심지어 여러분이 가장 나쁘다고 생각하는 순간마저도, 그들은 여러분을 아브라함의 품으로 인도하는 가장 좋은 순간으로 만들 것입니다. 말씀을 듣고 잊어버리는 사람이 아니라 듣고 행하는 사람이 되어 복을 받아 누리고, 성경을 이루는 사람이 되십시오. 끝으로, 아버지의 손으로부터 하나님의 모든 약속을 받으십시오. 여러분은 그 손안에서 영원히 안전할 것입니다. 여러분의 대적이 누구든지 여러분은 안전히 행할 것입니다. 또한 여러분의 눈이 성할 것이며, 온몸이 온전히 밝을 것입니다.

3. 자신을 체포하러 온 자들을 판단하시는 예수님

한편 이 특이한 법정에는 이 사건과 관련된 또 한 부류의 사람들이 있습니다. 주님께서는 배신자와 성급한 제자들만을 판단하시지 않았습니다. 그분을 체포하러 온 자들까지도 주님의 심판의 말씀을 들어야 합니다.

"예수께서 그 잡으러 온 대제사장들과 성전의 경비대장들과 장로들에게 이르시되 너희가 강도를 잡는 것같이 검과 몽치를 가지고 나왔느냐. 내가 날마다 너희와 함께 성전에 있을 때에 내게 손을 대지 아니하였도다. 그러나 이제는 너희 때요 어둠의 권세로다 하시더라"(눅 22:52,53).

본문은 예수님께서 자신을 잘못된 자리에 앉히려 하고 근거 없는 편견으로 대적하는 그들을 한탄하고 있다는 데 초점을 맞춥니다. 그들은 마치 그분이 강도나 흉악범이라도 되는 듯 칼과 몽치를 들고 나아왔습니다. 이것은 "범죄자 중 하나로 헤아림을 받았음이니라"(사 53:12)라는 말씀을 성취합니다. 이런 점에서 예수님은 기꺼이 순종하셨습니다. 그러나 예수님을 체포한 자들은 결코 성경을 성취하려는 의도나 생각을 가지고 행동한 것이 아니며, 그것을 마음에 두지도 않았습니다. 이런 점에서 예수님은 그들을 책망하실 자격을 가지고 계십니다. 이 체포는 그들이 저지른 저급하고도 비열하며 부끄러운 책략이었습니다. 그들은 주님께서 성전에 계실 때 언제든 잡아갈 수 있었으나 백성들을 두려워했기 때문에 주님을 잡아갈 수 없었습니다. 그들이 대담하게 주님을 체포하기 위해서는 그분을 범죄자로 몰아가야만 했습니다. 그리고 이제 겨우 그렇게 할 수 있는 약점을 잡았습니다. 이제는 그들의 때요 어둠의 권세이기 때문입니다(눅 22:53 참고).

여기에 모든 경건한 사람들을 핍박하는 원리가 나타납니다. 세상이 공공연하게 성도들을 핍박하는 것은 성도들이 거룩하기 때문이 아닙니다. 세상은 어떤 다른 외적인 죄목으로 자신이 그들을 증오하는 진짜 이유를 감추고 숨깁니다. 그들도 '거룩'이 성도들을 해칠 수 있는 죄목이 될 수 없음을 알기 때문입니다. 예수님은 온 나라의 존경을 받는 거룩하고 복된 선생으로서 체포당하신 것이 아닙니다. 그분은 죄인으로 잡히셨습니다. 초대 교회의 그리스도인들도 거룩한 천국의 마음을 소유한 자로서 핍박당한 것이 아닙니다. 그들은 로마 제국의 평화를 해치는 자라는 이유로 핍박당했습니다. 이상한 신(神)을 가르친다는 이유로 핍박당했습니다. 제국의 종교를 규정해 두었기 때문에 그들이 제국의 권위에 도전하는 자가 된 것입니다. 바로 그런 이유로 그들은 에베소나 로마에서 난폭한 짐승에게 넘겨졌습니다.

크고 작은 모든 경우에 동일한 원리와 방법이 적용됩니다. 악한 자가 의로운 자를 조롱하고 비웃는 가정과 들판과 일터를 보십시오. 그들은 의로운 자를 의롭다는 이유로 핍박하지 않습니다. 그러면 너무나 확연하고도 명백하게 지옥의 속성이 드러나기 때문입니다. 그들은 다른 사람들의 시선을 피해 어느 정도 가면을 쓰고 숨어야만 합니다. 심지어 자신에게도 그 의도를 숨기려 합니다. 그들은 그리스도인을 그리스도인이요 의로우며 거룩하다는 이유로 증오하지 않습니다. 그리스도인의 진실한 성품을 이유로 그들을 정죄할 수는 없습니다. 그들은 먼저 그리스도인을 거짓으로 포장해야 합니다.

여러분은 철저히 거룩한 사람을 비웃은 적이 있습니까? 그렇게 그 사람을 대적하기 전에 먼저 그를 위선자라 부르며 여러분 스스로 그를 위선자로 믿으려 애쓰지 않았습니까? 여러분 가운데 기도에 힘쓰며 성경을 사랑하는 하나님의 의로운 자녀를 싫어할 사람이 있겠습니까? 여러분이 그를 위선적이며 쓸데없이 엄격한 사람이라고 생각하기 전까지는 감히 그렇게 하지 못합니다. 그래서 여러분은 잘못된 근거로 경건한 사람을 마음껏 비웃으며 조롱하는 것입니다. 그렇다면 여러분은 이제 '어둠의 때요 어둠의 권세'에 들어섰다는 사실을 인식해야 합니다. 왜냐하면 이것이 여러분의 회개하지 않음을 굳게 하고 마음을 완고하게 하는 마귀의 독특한 방법이기 때문입니다.

여러분이 멸시하는 이 경건한 사람이 정말 위선자입니까? 여러분은 그를 비열한 위선자로 여겨 강하게 대적하고 있습니까? 그러나 그는 '성전에서 날마다 여러분과 함께' 있었습니다. 적어도 그는 매주 여러분과 함께 성전에 있었으며, 여러분은 그곳에서는 그에게 손을 대지 않았습니다. 그곳에서는 그를 조롱하는 목소리를 높이지 않았습니다. 그와 여러분은 그곳에 함께 있었으며, 주님의 날에 함께했습니다. 주님의 백성들이 나올 때 함께 나왔으며, 그분의 백성으로서 그의 앞에 앉아 있었습니다. 여러분의 입술로 그에게 많은 사랑을 표현했습니다. 다른 점이라고는 성전을 떠난 후에 그가 은밀한 중에 기도하며 아버지를 영화롭게 하고 있는 동안, 여러분은 집에서 기도하지 않고 밖에서 악한 세월을 보냈다는 것입니다. 과연 누가 위선자입니까?

깨어 있으십시오. 여러분이 의로운 사람들을 조롱함으로써 그들을 해하고 고통스럽게 만들 수는 있습니다. 그러나 여러분이 그렇게 행하는 때는 마귀의 권세의 때와 일치합니다. 여러분의 때와 마귀의 때가 일치하다니 이 얼마나 끔찍한 일입니까! 그렇게 될 때 그들이 여러분을 얼마나 멀리까지 데려가겠습니까! 그들은 오늘 본문에 등장하는 사람들을 영광의 주님을 못 박는 데까지 이끌어 갔습니다. 마찬가지로 그들이 여러분도 그분을 다시금 못 박는 데까지 데려갈 수 있지 않겠습니까?

그러므로 주님의 자녀들을 멸시하지 마십시오. 오히려 그들과 함께하십시오. 여러분과 함께 서 있는 사람들 중 아무에게나 말하십시오.

"내게 어머니를 떠나며 어머니를 따르지 말고 돌아가라 강권하지 마옵소서. 어머니께서 가시는 곳에 나도 가고 어머니께서 머무시는 곳에서 나도 머물겠나이다. 어머니의 백성이 나의 백성이 되고 어머니의 하나님이 나의 하나님이 되시리니"(룻 1:16).

이처럼 거룩한 결심이 있다면, 여러분의 날은 결코 어둠의 때와 어둠의 권세가 아니라, 은혜가 임하는 때요 구주의 권세의 날이 될 것입니다. 그러면 여러분이 한때 멸시했던 그분의 백성들처럼, 여러분도 '주의 권능의 날에 즐거이 헌신'(시 110:3 참고)하게 될 것입니다.

끝으로, 체포된 죄인이 되어 수치와 치욕을 당하신 재판장으로서 그리스도의 영광에 다시 한 번 주목해 봅시다. 고통의 피로 젖고 땅의 흙으로 더러워진 옷을 입은 그분은 여전히 승리의 약속과 서곡을 들려주십니다. 붉은 옷을 입고 보스라에서 오시는 그분은 화려한 의복과 큰 능력으로 걸어오실 것입니다(사 63:1 참고). 무엇보다도 그분은 우리 모두가 그리스도의 심판의 보좌 앞에 설 때 나타날 그 엄청난 마지막 심판에 대한 약속과 서곡을 들려주고 계십니다.

8장 사로잡은 자들을 취하시는 포로

"이에 군대와 천부장과 유대인의 아랫사람들이
예수를 잡아 결박하여 먼저 안나스에게로 끌고 가니……
안나스가 예수를 결박한 그대로 대제사장 가야바에게 보내니라"(요 18:12,13,24).

그리스도께서 잡히시는 이 독특한 이야기를 바라보는 다양한 관점 중에는 존귀와 영광이라는 몇 가지 특징에만 초점을 맞춤으로써 예수님이 당하신 모욕과 수치를 제대로 보지 못하게 만드는 것들이 있습니다. 특히 이미 이런 주제가 제시된 관점들 속에는 이러한 특성이 광범위하게 나타납니다. 예수님이 영원하신 성령을 통하여 자신을 하나님께 흠 없는 제물로 드리고 동시에 절대적 권위와 언약적 권리 안에서 택자의 안전을 확보하고 요구하셨다는 영광스런 진리를 묘사하고 표현하는 것만큼 예수님이 잡혀 가실 때의 위엄을 잘 드러내는 것이 있겠습니까? 또는 순식간에 모든 상황이 역전되어 마치 보이지 않는 하늘의 법정에서와 같이 죄수가 재판장이 되어 주변에 있는 모든 사람들에게 서기관과 같지 않은 권세 있는 말씀으로 심판을 선언하시는 것, 갑작스럽고 예기치 못한 변화로 우리를 놀라게 하는 것보다 더 영광스러운 것이 있겠습니까?

그러나 어쩌면 우리는 이 사건을 지나치게 이런 관점으로만 바라봄으로써 하나님의 아들이 당하신 깊은 수치에 대해서는 충분히 묵상하지 못했는지도 모릅니다. 그러므로 다음 본문으로 넘어가기 전에 이처럼 미진한 부분에 대해 고찰하고자 합니다.

이 점에 대해 "이에 군대와 천부장과 유대인의 아랫사람들이 예수를 잡아 결박하여 먼저 안나스에게로 끌고 가니"(요 18:12,13)라는 복음서 기자의 간단한 기록보다 더 감동적이고 인상 깊게 전달할 방법이 있겠습니까? 그들은 예수님을 붙잡아 결박하여 끌고 갔습니다. 그들이 범죄자로 몰아 흉악범을 다루듯이 포박하여 의기양양하게 끌고 가고 있는 그분이 누구입니까?

"하늘이여, 들으라. 땅이여, 귀를 기울이라(사 1:2). 그 포로는 참으로 성부의 영광의 광채시며 그 본체의 형상이시니!"

그분은 참으로 만유의 상속자이며(막 12:7 참고) 살인자들의 손에 있으나 성부의 품 안에 있던 분이요 능력의 말씀으로 만물을 붙드시는 분입니다(히 1:2,3 참고). 그들이 잡은 그분은 그들을 만든 창조주이며 그들의 하나님이십니다. 그분은 그들이 죽음에서 일어나게 될 때 얼굴과 얼굴을 맞대고 볼 그들의 심판주이십니다. 다시 한 번 살펴보십시오. 이 놀라운 사건을 오랫동안 깊이 묵상하십시오. 이 무례한 자들이 결박하여 데려가고 있는 분은 바로 살아 계신 하나님, 전능하신 주 하나님이십니다.

"그는 근본 하나님의 본체시나 하나님과 동등 됨을 취할 것으로 여기지 아니하시고 오히려 자기를 비워"(빌 2:6,7).

성경은 이렇게 말하지만, 사실 이 주제가 언어의 한계를 넘어서는, 우리의 생각이 도저히 미칠 수 없는 영역에 속한다는 생각이 들지 않습니까? 바로 그런 분을 그들이 체포하고 결박하여 끌고 가는 것입니다!

본문은 특히 이런 인상을 더욱 깊이 심어 주는 몇 가지 상황에 대해 언급합니다. 예를 들어 봅시다.

1. 예수님이 당하신 모욕과 수치

첫째, 체포하는 자들의 무모함과 무자비함을 들 수 있습니다. 제정신이라면 그런 식으로 일을 처리하지 않을 것입니다. 그들은 정말 아무것도 모르는 것일까요? 어떤 공포가 그들을 두렵게 할 수 있을까요? 어떤 따뜻한 자비가 그들의 마음을 녹일 수 있을까요? 어떤 심판이나 연민의 기적이 그들의 뜻을 꺾을 수 있을까요? 아! 그들은 그 어떤 호소에도 굽히지 않을 것입니다.

그 죄수의 놀라운 능력은 번갯불의 위력처럼 그들을 땅에 엎드리게 했습니다. 그들은 그분의 한 제자가 그들 가운데 한 명의 귀를 베었을 때 그를 치료해 주신 그분의 놀라운 자비도 보았습니다.

"그중의 한 사람이 대제사장의 종을 쳐 그 오른쪽 귀를 떨어뜨린지라. 예수께서 일러 이르시되 이것까지 참으라 하시고 그 귀를 만져 낫게 하시더라"(눅 22:50,51).

그러나 이와 같은 신적인 권능과 관대함과 자비를 눈으로 직접 보고서도, 그들은 조금도 주저하거나 계획을 바꾸려 하지 않았습니다. 그들은 자신들을 땅에 엎드리게 한 신비한 힘을 무시하고, 그런 위엄과 능력으로 그들의 양심에 전하신 호소를 멸시하였으며, 동료가 받은 사랑의 기적을 짓밟았습니다. 그들은 주님의 따뜻한 마음과 그분의 메시아 되심과 하나님 되심이 나타났는데도 대담하게 자신들의 손으로 그분을 결박했습니다. 이렇게 예수님은 무자비하게 체포되셨습니다.

그분이 그처럼 지독하게 사리분별 없는 심판과 비열한 마음으로 일을 처리하는 자들의 죄수가 되신 것은 얼마나 큰 수치이며 치욕입니까! 자신을 죄수로 잡아 오라고 시킨 자들의 운명에 대해 탄식하시면서 사람들의 손에 붙들려 법정으로 끌려가신 것만으로도 충분히 치욕스러울 것입니다. 그런데 그들은 그들을 진지하고 엄숙하게 하거나 부끄럽게 하고 마음을 녹일 수 있는 모든 호소를 무시한 무자비한 자들입니다. 그들은 의로운 호소와 기적적인 능력과 거룩한 사랑의 행위를 모두 내팽개칠 수 있는, 두려움도 없고 양심도 없고 아무런 호소도 필요 없는 자들입니다. 그런 자들에게 잡혀 가신 것은 헤아릴 수 없는 치욕이요 수치입니다.

둘째, 그 장면은 가장 무례하고도 폭력적인 장면임이 틀림없습니다. 지금까지 주관하고 있던 그분의 위엄에 찬 음성이 무자비한 소동에 자리를 내주는 것처럼 보이자마자, 그들은 주님이 침묵하고 자신을 내주시기를 기다렸다는 듯이 주님께 손을 대기 시작했습니다. 성공을 자축하는 짐승 같은 기쁨에 취해서, 마치 지옥이 그들 가운데 있는 것처럼, 그들은 파렴치하고도 고삐 풀린 폭력에 빠져 들었습니다. 마가의 독특한 기록은 이 장면이 함축하고 있는 비열하고도 수치스러운 요소를 생생하게 전합니다.

"한 청년이 벗은 몸에 베 홑이불을 두르고 예수를 따라가다가 무리에게 잡히매 베 홑이불을 버리고 벗은 몸으로 도망하니라"(막 14:51,52).

그들은 예수님을 체포할 수 있는 영장을 가지고 있었으며, 어떤 의미에서 예수님을 체포하는 것이 그들에게 주어진 의무라고 할 수 있습니다. 그러나 지금 그들은 마치 광분한 폭도처럼, 그분을 군중으로 둘러싸인 거리로 끌고 가는 중에 아무런 권한이나 영장이나 까닭도 없는 무죄한 사람에게까지 달려들고 있습니다. 그런 파렴치한 폭동 가운데 예수님이 결박당하신 채 끌려가고 있는 것입니다. 이 얼마나 말할 수 없는 수치요 낮아지심입니까!

그분이 참으로 이사야가 그 영광을 보고 "내가 본즉 주께서 높이 들린 보좌에 앉으셨는데 그의 옷자락은 성전에 가득하였고, 스랍들이 모시고 섰는

데 각기 여섯 날개가 있어 그 둘로는 자기의 얼굴을 가리었고 그 둘로는 자기의 발을 가리었고 그 둘로는 날며 서로 불러 이르되 거룩하다 거룩하다 거룩하다 만군의 여호와여 그의 영광이 온 땅에 충만하도다 하더라"(사 6:1-3)라고 외쳤던 그분이 맞습니까? 진실로 이 야만스러운 군중이 죄수로 끌고 가는 분이 바로 그분이십니까? 오! 그분이 얼마나 낮아지셨단 말입니까? 모든 것을 가지신 분이 우리를 위하여 가난하게 되셨습니다. 모든 위엄의 휘장 가운데 거하신 영광의 하나님이 기꺼이 우리를 위하여 지극한 수치를 당하셨습니다. 예수님은 자신의 영혼 깊은 곳에서 탄식의 기도와 시가를 부르짖었을 것입니다.

"내 영혼에게 가까이하사 구원하시며 내 원수로 말미암아 나를 속량하소서. 주께서 나의 비방과 수치와 능욕을 아시나이다. 나의 대적자들이 다 주님 앞에 있나이다. 비방이 나의 마음을 상하게 하여 근심이 충만하니 불쌍히 여길 자를 바라나 없고 긍휼히 여길 자를 바라나 찾지 못하였나이다"(시 69:18-20).

셋째, 예수님이 겪은 또 하나의 수치스러운 상황은 바로 홀로 버려진 고독함입니다.

"이에 제자들이 다 예수를 버리고 도망하니라"(마 26:56).

베드로는 어느 정도 공포의 순간에서 벗어난 다음에 다시 예수님께로 돌아와 멀찍이 따라갔습니다. 그러나 우리는 오히려 그가 주님께 더 큰 수치를 안겨 주는 것을 봅니다. 수치를 당하고 계신 이 죄수의 가장 사랑하는 제자 가운데 하나가 비열하게도 주님을 전혀 모른다고 부인하는 상처를 준 것입니다. 사실상 예수님은 홀로 남게 되었습니다. 아버지의 계시가 이렇게 성취되었습니다.

"만군의 여호와가 말하노라. 칼아 깨어서 내 목자, 내 짝 된 자를 치라. 목자를 치면 양이 흩어지려니와"(슥 13:7).

그 밤에 이러한 방법으로 성취되리라고 예언되었던 말씀이 이렇게 이루어졌습니다.

"그는 멸시를 받아 사람들에게 버림받았으며 간고를 많이 겪었으며 질고를 아는 자라. 마치 사람들이 그에게서 얼굴을 가리는 것같이 멸시를 당하였고 우리도 그를 귀히 여기지 아니하였도다"(사 53:3).

주님은 이 새로운 모욕과 결국 자신이 모든 면에서 다 빼앗긴 채로 철저히 홀로 남았다는 사실을 당연히 쉽게 받아들이기 어려우셨을 것입니다. 시편에는 이렇게 기록되어 있습니다.

"오른쪽을 살펴보소서. 나를 아는 이도 없고 나의 피난처도 없고 내 영혼을 돌보는 이도 없나이다. 여호와여 내가 주께 부르짖어 말하기를 주는 나의 피난처시요 살아 있는 사람들의 땅에서 나의 분깃이시라 하였나이다. 나의 부르짖음을 들으소서. 나는 심히 비천하니이다. 나를 핍박하는 자들에게서 나를 건지소서. 그들은 나보다 강하니이다. 내 영혼을 옥에서 이끌어 내사 주의 이름을 감사하게 하소서. 주께서 나에게 갚아 주시리니 의인들이 나를 두르리이다"(시 142:4-7).

"무릇 나의 영혼에는 재난이 가득하며 나의 생명은 스올에 가까웠사오니 나는 무덤에 내려가는 자같이 인정되고 힘없는 용사와 같으며……주께서 나를 깊은 웅덩이와 어둡고 음침한 곳에 두셨사오며 주의 노가 나를 심히 누르시고 주의 모든 파도가 나를 괴롭게 하셨나이다(셀라). 주께서 내가 아는 자를 내게서 멀리 떠나게 하시고 나를 그들에게 가증한 것이 되게 하셨사오니 나는 갇혀서 나갈 수 없게 되었나이다……주는 내게서 사랑하는 자와 친구를 멀리 떠나게 하시며 내가 아는 자를 흑암에 두셨나이다"(시 88:3,4,6-8,18).

2. 수치에 상응하는 보상

이제 이 위대한 장면을 주목해 보십시오. 아버지께서 "하나님이여 주의 보좌는 영원하며"(시 45:6)라고 말씀하신 그분, 죽음의 문제들을 주관하는 전능하신 그분이, 그분의 손에 생명이 달려 있고 마땅히 그분의 뜻에 순종해야 하는 피조물에 의하여 죄수가 되셨습니다. 안하무인 격의 폭력을 행사하는 광분한 그들에게 무자비하게 결박당했을 뿐 아니라 모두가 떠난 상태에서 홀로 남아 수치와 모욕을 당하고 계신 그분의 모습을 생각해 보십시오. 그분도 모세처럼 "내가 심히 두렵고 떨린다"(히 12:21)라고 말해야 하지 않겠습니까?

하나님의 어린양을 보십시오! 그분은 도살장에 끌려가는 어린양과 같습니다. 그분은 곤욕과 심문을 당하고 끌려갔으나 누가 그 세대를 드러내겠습니까? 그분이 그들을 얼마나 사랑하셨는지, 죄인들을 얼마나 사랑하셨는지 보십시오. 그분은 그들을 위하여 죄인으로 잡혀 가셨습니다. 그분은 사람들이 '갇힌 자 된 것'(딤후 1:8 참고)과 '사슬에 매인 것'(딤후 1:16)을 부끄러워하여 자신을 버리고 달아나는 것을 보고서도 '사람의 줄 곧 사랑의 줄'(호 11:4)로 그들을 이끌기 위하여 죄인으로 결박당하셨습니다.

"이에……예수를 잡아 결박하여 먼저 안나스에게로 끌고 가니……안나스가 예수를 결박한 그대로 대제사장 가야바에게 보내니라"(요 18:12,13,24).

우리가 뭐라고 말할 수 있겠습니까? 영광의 하나님이 이처럼 낮아지신 것은 우리의 이해를 초월하는 것입니다. 그것을 기꺼이 받아들이신 사랑은 우리의 지식과 찬사와 찬양을 넘어서는 것입니다.

"하나님이여, 찬송이 시온에서 주를 기다리오며(당신을 위해 잠잠하나이다)"(시 65:1).

진실로 그분은 하나님의 본체시나 자신을 지극히 낮추셨습니다!

그러나 "자기를 낮추는 자는 높아지리라"(눅 14:11)라고 했습니다. 이 위대한 은혜의 나라의 원리는 머리 되신 그분 안에서 가장 고귀한 모범과 확실한 증표로 나타났습니다.

"자기를 낮추시고 죽기까지 복종하셨으니 곧 십자가에 죽으심이라. 이러므로 하나님이 그를 지극히 높여"(빌 2:8,9).

우리가 주님의 낮아지심과 높아지심을 함께 살펴볼 때 바로 이 점을 유의해야 합니다. 순종하는, 그리고 합당한 자격을 갖춘 아들에 대한 성부의 공의는 그분의 고난과 수치가 깊은 만큼 풍성하고도 온전한 보상이 주어졌다는 사실에서 잘 드러납니다. 이 보상은 모든 부분과 요소와 상황에서 그분의 낮아지심의 여러 단계들과 대조됩니다. 그분이 개의치 않은 수치에는 그에 상응하는 요소가 전혀 없지만, 그분 앞에 놓인 기쁨에는 그에 상응하는 요소가 있으며, 그것이 그분에게 얼마든지 수치를 개의치 않을 힘을 주었습니다. 이 사건을 연구함에 따라 점점 영광스러운 대조와 조화가 드러날 것이며, 그것은 그것을 증언하는 성경 말씀이 교묘하게 지어낸 이야기가 아니라 영광스러운 변모와 지극히 큰 영광 가운데 들려온 음성보다 더 확실한 예언의 말씀임을 입증할 것입니다.

우리가 예수님이 잠시 천사들보다 낮아지신 것을 보고 있습니까? 그에 대한 보상으로 장차 올 나라가 그분 아래 있으며 고난을 통해 그분이 모든 통치자와 권세의 머리가 되실 것입니다. 그분이 대제사장 가야바가 재판하는 법정에 피고인으로 앉아 계십니까? 그에 상응하는 보상으로 그분이 가야바에게 말씀하신 것처럼, 하나님께서 인자이신 그분에게 모든 심판의 권세를 주셨습니다.

"내가 너희에게 이르노니 이후에 인자가 권능의 우편에 앉아 있는 것과 하늘 구름을 타고 오는 것을 너희가 보리라"(마 26:64).

제자들이 모두 흩어져 도망치고 그분을 버렸습니까? 이 수치와 슬픔은 바울이 말한 바 '우리 주 예수 그리스도의 강림하심과 우리가 그 앞에 모임'(살후 2:1)을 통해 회복되었습니다. 그분을 결박하여 죄수로 끌고 간 사슬의 수치에 상응하는 영광스러운 보답과 높아지심은 무엇입니까? 그분이 수치스러운 죄인으로 군중 가운데 끌려가신 일에 상응하는 기쁨, 곧 그분의 영혼이 충만한 확신과 만족으로 의지할 수 있는 것이 무엇입니까? 그분이 포로로 잡혀가신 그 어두운 밤에 상응하는 마땅한 위로와 보상은 무엇이겠습니까? 그것은 "주께서 높은 곳으로 오르시며 사로잡은 자들을 취하시고"(시 68:18)라는 그분에 관한 영광스러운 예언이 아니고 무엇이겠습니까? 이것이 바로 성부의 공의가 그분을 위하여 준비한 독특하고도 만족스러운 계획입니다. 결박당하신 수치는 그분을 위해 예비된 승리로 상쇄될 것입니다. 포로로 잡히신 예수님은 반대로 사로잡은 포로들을 취하실 것입니다.

3. 시편 68편 고찰

바울이 예수님에 관해 인용하고 있는 에베소서 4장 8절의 예언은 원래 시편 68편에 기록되어 있습니다. 여기에는 매우 장엄한 단어들이 사용됩니다.

"하나님의 병거는 천천이요 만만이라. 주께서 그중에 계심이 시내산 성소에 계심 같도다. 주께서 높은 곳으로 오르시며 사로잡은 자들을 취하시고 선물들을 사람들에게서 받으시며 반역자들로부터도 받으시니 여호와 하나님이 그들과 함께 계시기 때문이로다"(시 68:17,18).

이 영광스러운 시가 오벧에돔의 집으로부터 시온산에 있는 거처로 하나님의 법궤를 옮길 때 불렀던 노래라는 데는 충분한 이유가 있습니다. 이 시편은 전체적으로 모든 백성이 함께 모여 모든 악기의 반주에 맞추어 주님을 찬양하는 승전가의 구조로 되어 있습니다.

"노래 부르는 자들은 앞서고 악기를 연주하는 자들은 뒤따르나이다"(시 68:25).

미리암이 이스라엘의 여인들에게 "너희는 여호와를 찬송하라. 그는 높고 영화로우심이요"(출 15:21)라고 화답한 것처럼, 몇몇 지도자들은 이 노래에 이렇게 화답합니다.

"이스라엘의 근원에서 나온 너희여 대회 중에 하나님 곧 주를 송축할지어다"(시 68:26).

그리고 각 지파가 줄을 이어 기쁘게 따라옵니다.

"거기에는 그들을 주관하는 작은 베냐민과 유다의 고관과 그들의 무리와 스불론의 고관과 납달리의 고관이 있도다"(시 68:27).

하나님께서 '예루살렘에 있는 주의 전을 위하여'(시 68:29) 그들에게 행하신 일을 모두 기뻐하고 있습니다. 이 영광스러운 시의 첫머리를 보면 이날에 여호와의 궤가 그들과 함께한다는 사실이 나타나 있습니다. 또 이전에 광야를 지날 때 법궤가 출발할 때마다 모세가 "하나님이 일어나시니 원수들은 흩어지며 주를 미워하는 자들은 주 앞에서 도망하리이다"(시 68:1)라고 외친 것 역시 잘 나타나 있습니다(민 10:35 참고).

이 법궤는 여호와의 임재를 상징합니다. 즉, 이스라엘 회중은 하나님께서 자신의 이름을 두려고 택하신 시온산으로 올라가면서, 백성의 대적을 물리치고 '높은 곳으로 오르시며'(시 68:18) 모든 풍성한 복을 교회에 베푸시고 실제적으로, 그리고 상징적으로 그들과 함께 거하시는 하나님께 영광을 돌리고 있습니다.

그런데 제사장들이 법궤를 메고 하나님의 산에 올라가면서 부른 이 승리의 찬송이 현재 일어나는 일을 축하하고 있는 것은 분명하지만, 또한 모든 선율

이 과거에 대한 기억과 찬양과 더욱 풍성한 미래에 대한 묵상으로 구성되어 있습니다.

1) 과거에 대한 기억과 찬양

먼저, 과거에 관하여 살펴봅시다. 높은 곳으로 오르시며 사로잡은 자들을 취하시는 것은 시내산에서 율법을 주신 이스라엘의 하나님의 영광스러운 현현과 관계가 있습니다. 그들은 여호와께서 시내산에서와 같이 그들과 함께 계시는 것을 느끼고 있습니다. 그러하기에 그들은 이렇게 노래합니다.

"하나님이여, 주의 백성 앞에서 앞서 나가사 광야에서 행진하셨을 때에 (셀라) 땅이 진동하며 하늘이 하나님 앞에서 떨어지며 저 시내산도 하나님 곧 이스라엘의 하나님 앞에서 진동하였나이다"(시 68:7,8).

"하나님의 병거는 천천이요 만만이라. 주께서 그중에 계심이 시내산 성소에 계심 같도다. 주께서 높은 곳으로 오르시며 사로잡은 자들을 취하시고"(시 68:17,18).

현재의 승리를 이와 같이 시내산에 나타난 하나님의 장엄한 영광으로 묘사하는 것을 볼 때, 높은 곳에 오르시는 정복자로 묘사된 분은 언약의 사자이신 그리스도가 분명합니다. 그분은 자신의 집인 광야 교회를 다스리는 아들이요 언약의 사자이십니다. 충실한 종으로서 모세는 그리스도를 위하여 받는 수모를 애굽의 모든 보화보다 더 큰 재물로 여겼습니다(히 11:26 참고). 바울이 증언하는 것처럼, 이스라엘 백성은 그리스도를 시험한 죄 때문에 불뱀으로 심판을 당했습니다(고전 10:9 참고).

그렇다면 시내산에서 올라가신 일에도, 바울이 부활하신 주님이 천국에 올라가신 것을 언급할 때 적용한 것과 동일한 원리를 적용해야 합니다.

"올라가셨다 하였은즉 땅 아래 낮은 곳으로 내리셨던 것이 아니면 무엇이냐"(엡 4:9).

영광의 하나님이 올라가시기 위해서는 그보다 먼저 내려오시는 일이 있어야 합니다. 자기 백성과 관련된 자발적인 내려오심이나 낮아지심, 또는 자신을 드러내고 백성에게 주시는 일이 없이는 어떤 경우에서든 어떤 의미에서든 올라가심도 있을 수 없습니다. 본문의 경우, 시내산에서 올라가신 일보다 먼저 행해진 내려오심이나 낮아지심은 하나님께서 떨기나무 가운데서 모세에게 말씀하실 때 분명하게 선포되고 있습니다.

"나는 네 조상의 하나님이니 아브라함의 하나님, 이삭의 하나님, 야곱의 하나님이니라……여호와께서 이르시되 내가 애굽에 있는 내 백성의 고통을 분명히 보고 그들이 그들의 감독자로 말미암아 부르짖음을 듣고 그 근심을 알고 내가 내려가서 그들을 애굽인의 손에서 건져 내고……이제 내가 너를 바로에게 보내어 너에게 내 백성 이스라엘 자손을 애굽에서 인도하여 내게 하리라"(출 3:6-8,10).

즉, 여호와께서 시내산에서 올라가심에 대해 찬양을 받으신 것은 "내가 내려가서……건져 내고"라는 상황과 관련되어 있는 것입니다. 바울이 확실하게 논증하고 있듯이 먼저 내려오시지 않고서 어떻게 올라가실 수가 있겠습니까? 바로의 속박으로부터 이스라엘을 건져 내기 위해 내려오신 분, 시내 광야로 내려와 작은 떨기나무 불꽃 가운데 자신의 임재를 상징적으로 알리고, 한동안 초라한 떨기나무와 메마른 광야 가운데 거하신 그분이 바로 시내산 높은 곳으로 올라가셨습니다. 그분의 올라가심은 이스라엘을 구원하기 위하여 내려오실 때 보여 준 초라한 불꽃이 아니라, 연기가 자욱하고 우레와 번개와 빽빽한 구름으로 뒤덮인 가운데 불붙은 산과 침침함과 흑암과 폭풍으로 나타났습니다(출 19:16-18 참고). 이처럼 강력하고 엄청나며 장엄한 자연의 광경 가운데서 하나님은 하늘과 땅을 부르시고, 자기 백성들을 판결하기 위하여 하늘과 땅에 선포하셨습니다(히 12장 참고). 하나님은 '오사 잠잠

하지 않으실 것이며 그 앞에는 삼키는 불이 있고 그 사방에는 광풍이 불 것'
입니다(시 50:3 참고).

떨기나무 불꽃과 같이 초라한 자리까지 낮아지신 여호와의 영광과는 대조적으로 올라가시는 일이 이처럼 두렵고도 장엄한 불길로 상징되는 이유는 무엇입니까? 또 이와 관련하여 높은 곳으로 오르시며 사로잡은 자들을 취하시는 이스라엘의 왕께 돌려진 승리는 무엇을 의미입니까? 그것은 이런 올라가심을 통해 주님께서 내려오셔서 감당하신 구원 사역이 성취된 것을 송축하는 것이 아니겠습니까?

"내가 내려가서 그들을 애굽인의 손에서 건져 내고······내가 애굽에 있는 내 백성의 고통을 분명히 보고 내려가서 그들을 구원하리라"(출 3:7,8 참고).

또한 이처럼 시내산에서 영광스럽게 다시 올라가시기 전에 그분은 먼저 자기 백성을 권능의 손길로 구원하여 이끌어 내시지 않았습니까?

"내가 여호와를 찬송하리니 그는 높고 영화로우심이요 말과 그 탄 자를 바다에 던지셨음이로다. 여호와는 나의 힘이요 노래시며 나의 구원이시로다. 그는 나의 하나님이시니 내가 그를 찬송할 것이요 내 아버지의 하나님이시니 내가 그를 높이리로다. 여호와는 용사시니 여호와는 그의 이름이시로다. 그가 바로의 병거와 그의 군대를 바다에 던지시니 최고의 지휘관들이 홍해에 잠겼고 깊은 물이 그들을 덮으니 그들이 돌처럼 깊음 속에 가라앉았도다. 여호와여 주의 오른손이 권능으로 영광을 나타내시니이다. 여호와여 주의 오른손이 원수를 부수시니이다"(출 15:1-6).

그렇습니다. 주님께서는 높은 곳으로 오르시며 사로잡은 자들을 취하십니다(시 68:18 참고).

여전히 주목할 만한 두 가지 상황이 더 있습니다. 하나는 위로 올라가신 왕의 영화로운 수행원이며, 또 하나는 이와 같이 장엄하고 위엄 있는 영광이 드러나게 된 실제 목적입니다.

먼저, 수행하던 천사들은 그분을 섬기는 존재입니다. 그분의 병거는 천천이고 만만이며, 여호와께서는 시내산에서 이 천군천사 가운데 계십니다. 그들의 손에 의탁하여 그들의 중보의 손을 빌거나 그들의 사역에 의해 율법이 이스라엘에게 주어졌습니다(행 7:35; 갈 3:19; 히 2:2 참고).

"여호와께서 시내산에서 오시고 세일산에서 일어나시고 바란산에서 비추시고 일만 성도(거룩한 자) 가운데에 강림하셨고 그의 오른손에는 그들을 위해 번쩍이는 불(법)이 있도다"(신 33:2).

이사야나 다니엘이나 사랑하는 제자 요한의 묵시에 나타난 것처럼, 어린 양의 병거 보좌(chariot throne), 언약의 사자는 하늘에 좌정해 있든 하나님의 위대한 사랑의 계획에 따라 움직이든, 셀 수 없는 숫자와 큰 능력으로 역사하는 영들의 호위를 받고 있습니다(사 6:1; 단 7:10 참고).

"내가 또 보고 들으매 보좌와 생물들과 장로들을 둘러선 많은 천사의 음성이 있으니 그 수가 만만이요 천천이라"(계 5:11).

둘째로, 하나님께서 충만한 위엄으로 나타나신 이 사건의 위대한 목적과 계획을 생각해 봅시다. 이 사건은 의미 없고 일시적인 나타남이 아니라 훨씬 고상하고도 가치 있는 여호와의 개입입니다.

"주께서 말씀을 주시니 소식을 공포하는 여자들은(자들은) 큰 무리라"(시 68:11).

다른 말로 하면, 하나님께서 그들에게 자신의 법령과 포고를 주신 것입니다. 이제 그분은 그들을 보이는 교회로 조직하고 세워 가시며, 자신의 율법을 그들의 법적 헌장으로 주시고, 사역자들로 하여금 주님 안에서 그들을 살피게 하셨습니다. 하나님은 그들을 하나님의 집의 한가족으로 삼으시고, 그들에게 '하나님의 집의 법'을 주셨으며, 사역자들로 하여금 '때를 따라 양식'(마 24:45; 눅 12:42)을 나누어 주게 하셨습니다. 여호와의 입의 명령을 따를 때,

이스라엘은 아름답고 영화롭게 되었습니다. 애굽의 더러움과 비천함이 물러가고, 이전의 거칠고 배우지 못한 바로의 노예들이 주님의 말씀이 지닌 비밀스러운 능력으로 말미암아 잘 정비된 여호와의 군대요 그분의 소유된 제사장의 나라로 바뀌었습니다.

"너희가 양 우리에 누울 때에는 그 날개를 은으로 입히고 그 깃을 황금으로 입힌 비둘기 같도다"(시 68:13).

이와 같이 그들은 여호와의 회중이 되었습니다. 하나님은 연약한 가운데 있는 그들을 자신의 특별한 소유로 삼으셨습니다. 그리고 그들의 인도자요 왕으로서, 그리고 자신의 집을 주관하는 아들로서, 갇힌 자들을 이끌어 내사 가난한 자를 위하여 은택을 준비하셨습니다(시 68:6,10 참고). 그들, 즉 반역자들을 위하여 여호와 하나님이 그들과 함께하시는 선물을 주신 것입니다.

이것이 과거에 시내산에서 있었던 여호와의 올라가심이며, 이 사건에 포함된 원리와 상황입니다.

2) 미래에 대한 묵상

이 시편은 과거에 대한 회상뿐 아니라 미래에 대해서도 언급합니다. 과거의 승리에 대한 기쁨의 찬양과 함께 미래의 승리에 대해서도 묵상하고 있습니다. 바울은 에베소서 4장에서 이런 예언에 대해 언급합니다.

올라가심과 승리는 시내산뿐만 아니라 시온산에도 존재합니다. 시내산에서 율법이 수여될 때의 영화로운 장관은 예표적 차원에서 준비되었다고 할 수 있습니다. 시편 기자가 선포하고 있는 시내산의 영화는 위대한 왕의 도시, 시온산을 위한 것이었습니다. 그는 사실상 시온의 언덕에 견줄 수 있는 것이 아무것도 없다고 말합니다. 그는 여호와께서 거하시는 산의 소유권을 주장하며 다투는 모든 시기하는 산들을 경멸합니다. 특히 높은 봉우리로 이어진 바산의 산은 질책과 함께 제외되는 수모를 겪습니다. '바산의 산이 하나님의 산이 될 수 있겠는가?' 결코 그렇지 않다는 것입니다. 비록 바산의 산이 '하나님의 산이며 높은 산'이라 할지라도(시 68:15 참고), 시온산이 '온전한 영광이요 모든 세상 사람들의 기쁨'이라는 것입니다(애 2:15 참고).

"너희 높은 산들아, 어찌하여 하나님이 계시려 하는 산을 시기하여 보느냐. 진실로 여호와께서 이 산에 영원히 계시리로다"(시 68:16).

왜냐하면 "여호와께서 시온을 택하시고 자기 거처를 삼고자 하여 이르시기를 이는 내가 영원히 쉴 곳이라. 내가 여기 거주할 것은 이를 원하였음이로다"(시 132:13,14)라고 말씀하셨기 때문입니다. 그런데 시내산에서와 마찬가지로 시온에 대해서도 "하나님의 병거는 천천이요 만만이라. 주께서 그중에 계심이 시내산 성소에 계심 같도다. 주께서 높은 곳으로 오르시며 사로잡은 자들을 취하시고"(시 68:17,18)라고 말합니다. 그리고 이런 시온에 관한 주장은 법궤가 이 거룩한 산에 안치됨으로써 입증되었습니다.

그러나 분명히 이것은 장차 올 좋은 일의 그림자일 뿐이며, 그 실체나 본체는 아닙니다(히 10:1 참고). 바울이 우리에게 언급한 대로 본체는 그리스도이십니다. 본문에서 말하는 올라가심은 부활하신 주님께서 손으로 짓지 않은 거룩한 처소에 들어가시는 것을 말합니다. 그리고 모든 상황은 이전에 시내산에서 나타난 올라가심에 상응하는 아름다움으로 가득합니다.

그러므로 모든 수치가 제거되기 전에 먼저 내려오심이 있었습니다.

"올라가셨다 하였은즉 땅 아래 낮은 곳으로 내리셨던 것이 아니면 무엇이냐"(엡 4:9).

그것은 하나님께서 떨기나무 불꽃이라는 상징 가운데 잠시 거하신 것보다 훨씬 더 비천한 낮아지심입니다. 이런 예표는 하나님의 신성의 충만하심이 이 땅의 사람들과 함께하신 육체 안에 거하심으로써 성취되었습니다. 이제 그것은 진실로 어떤 상징이나 비유가 아닙니다. 실제로 '여호와께서 자기 백성들의 고통을 보고 내려가 건져 내신' 것입니다. 그분은 '죄 있는 육신의 모양으로'(롬 8:3) 내려오셨으며, 땅 아래 무덤에까지 내려가실 것입니다. 그분은 능력으로서만이 아니라 자신의 영혼을 죄를 위한 대속물로 내주심으로써 생명의 값을 치르고 우리를 구원하실 것입니다. 그분은 자신의 육체에 우리의 모든 죄를 쏟아 부으시고 나무에 달려 돌아가실 것이며, 그분의 무덤이 악인들과 함께 있고 부자와 함께 있을 것입니다(사 53:9 참고).

생명의 주께서 육신을 입고 죽으시고 무덤에까지 들어가신, 이 지극한 내려가심은 마땅히 그에 상응하는 위대한 올라가심을 요구합니다. 만일 광야의 시내산 자락에 잠시 머무신 여호와의 임재(Shechinah), 곧 그분의 내려오심이 그토록 장엄한 영광으로 가득한 올라가심을 요구했다면, 하나님의 거룩한 언약의 사자가 그리스도 예수 안에 신성의 충만함으로 거하시며 죽으시고 장사지낸 바 되신 낮아지심에 상응하는 올라가심에는 얼마나 큰 영광이 요구되겠습니까? 우리의 대제사장이 하늘을 가르고 나아갈 예비된 영광의 보좌는 시내산 정상은 물론 모든 하늘 위보다 높은 곳입니다.

"내리셨던 그가 곧 모든 하늘 위에 오르신 자니 이는 만물을 충만하게 하려 하심이라"(엡 4:10).

또한 수행하는 천사들도 이전과 같이 이곳에서 다시 한 번 그분과 함께합니다.

"하나님의 병거는 천천이요 만만이라"(시 68:17).

주님께서도 시내산에서와 같이 그들 가운데 함께 계십니다. 부활하신 예수님께서 제자들이 볼 수 없는 구름 너머로 가실 때, 영화롭게 된 육신 안에서 그들의 머리가 되신 그분이 하늘들의 하늘로 들어서실 때, 통치자와 권세의 큰 무리가 그분을 맞이하러 나옵니다. 주님께서 하늘의 하나님 우편으로 올라가실 때, 모든 천사와 주관자들과 권세는 그분을 경배합니다. 원래 그들보다 존귀하신 그분이 이제 천사보다 훨씬 뛰어난 이름을 기업으로 얻으신 것을 알고 기뻐하는 것입니다(히 1:4 참고). 육신 가운데 나타나신 하나님께 충성을 맹세한 그들은 천국의 예루살렘의 문들에게 그들의 왕을 맞이하라는 긴급한 요구가 전달되자 곧 그 일을 시작합니다.

"문들아 너희 머리를 들지어다. 영원한 문들아 들릴지어다. 영광의 왕이 들어가시리로다"(시 24:9).

그들은 그분의 승리를 선포하고 그분의 요구가 정당하다는 것을 쉬지 않고 알립니다.

"영광의 왕이 누구시냐 강하고 능한 여호와시요 전쟁에 능한 여호와시로다" (시 24:8).

"내가 여호와를 찬송하리니 그는 높고 영화로우심이요"(출 15:1).

뿐만 아니라 '천사들을 바람(영)으로, 그의 사역자들을 불꽃으로 삼으시는' (히 1:7 참고) 하나님은 성자 하나님을 높은 곳에 있는 위엄의 우편으로 맞이하십니다. 그곳은 영영한 주의 보좌입니다(히 1:8 참고). 또한 셀 수 없이 많은 천사들이 이 중보자의 보좌를 둘러싸고서 그분을 경배하고 있습니다.

"주께서 그중에 계심이 시내산 성소에 계심 같도다"(시 68:17).

3) 하나님의 교회와 올라가심의 목적

그렇다면 이제 이 땅에 교회를 설립하고 견고하게 하시는 사역과 관련하여 이 올라가심들의 실제적인 목적에 나타나는 놀라운 대조를 고찰해 봅시다.

시내산에서 여호와께서 말씀을 주셨고, 큰 무리가 그것을 선포하였습니다. 하나님은 자신의 집을 위해 율법을 주시고, 백성들을 훌륭하게 준비된 기업으로 만들어 가셨습니다. '그들 가운데 거하며 두루 행할'(고후 6:16 참고)

것이라고 말씀하신 대로 하나님은 그들을 하나님을 위한 집과 거처와 성전이 되게 하셨습니다. 하나님은 그들에게 법과 다스리는 자들을 허락하셨으며, 그들은 이 땅에서 여호와를 위한 체계적인 교회로 아름답게 성장하였습니다. 이와 같이 바울도 자신에게 주어진 지혜를 따라 그와 유사한 것을 말하고 있지 않습니까? 그는 부활하신 주님의 올라가심의 목적과 그분으로 말미암아 교회에 주어진 선물에 대해 언급하고 있습니다. 즉, 복음적 교회의 체계를 세우시고 그 가운데 거하시며, 목자가 양 떼에게 사역자들을 주심으로써 먹이고 다스리신다는 것입니다.

"우리 각 사람에게 그리스도의 선물의 분량대로 은혜를 주셨나니 그러므로 이르기를 그가 위로 올라가실 때에 사로잡혔던 자들을 사로잡으시고 사람들에게 선물을 주셨다 하였도다……그가 어떤 사람은 사도로, 어떤 사람은 선지자로, 어떤 사람은 복음 전하는 자로, 어떤 사람은 목사와 교사로 삼으셨으니 이는 성도를 온전하게 하여 봉사의 일을 하게 하며 그리스도의 몸을 세우려 하심이라. 우리가 다 하나님의 아들을 믿는 것과 아는 일에 하나가 되어 온전한 사람을 이루어 그리스도의 장성한 분량이 충만한 데까지 이르리니"(엡 4:7,8,11-13).

실제로 이처럼 위대한 사건들은 그 목적과도 정확히 상응합니다. 시내산에서의 올라가심을 바탕으로 구약교회가 설립되었듯이, 하늘 높이 올라가심을 바탕으로 하여 신약교회가 설립되었습니다. 예수님은 하늘로 올라가시면서 이 땅의 유형 교회가 감당해야 할 헌장과 지상 명령을 주셨습니다.

"너희는 가서 모든 민족을 제자로 삼아 아버지와 아들과 성령의 이름으로 세례를 베풀고 내가 너희에게 분부한 모든 것을 가르쳐 지키게 하라"(마 28:19,20).

그분은 이런 올라가심으로 그들을 떠나시는 것이 아닙니다. 그분이 떠나시는 것은 오히려 모든 것들을 충만하게 하시기 위함입니다.

"볼지어다 내가 세상 끝 날까지 너희와 항상 함께 있으리라"(마 28:20).

"여호와 하나님이 그들과 함께 계시기 때문이로다"(시 68:18).

왜 이렇게 올라가신 예수님께서 아버지의 약속으로 받은 성령을 부어 주셨다고 말씀합니까? 주님께서 흡족한 비를 보내사 주님의 기업을 견고하게 하셨듯이(시 68:9 참고), 성령이 없이는 초대 복음교회에 그토록 놀랍게 역사한 생명과 아름다움과 질서와 거룩한 역사와 강력한 교제의 능력이 나타날 수 없기 때문입니다.

이제 두 올라가심들과 관련하여 유일하게 남은 병행적 상황 또는 상응점(point of correspondence)에 대해 생각해 봅시다. 우리는 특히 이 부분에 초점을 맞추고자 합니다. 이 올라가심에서도 대적이 패하고 정복자가 승리했으며, 그분의 올라가심으로 구체화되어 효력을 발휘하게 되었다는 것입니다.

"주께서 높은 곳으로 오르시며 사로잡은 자들을 취하시고"(시 68:18).

그렇다면 정복자의 병거 아래 짓밟힌 대적은 누구입니까? 이 질문에 답하기 위해서는 먼저 구속을 위해 다시 한 번 더 낮은 땅 아래로 내려오신 정복자가 누구에게서 자기 백성을 구원하셨느냐에 대해 대답해야 합니다. 이 대적은 어떤 인간적 군주도 아니며, 애굽의 왕이나 홍해에 수장된 애굽 군대의 우두머리도 아닙니다. 그는 인간의 원래 대적, 즉 처음부터 이 정복자에게 머리를 밟히리라 약속되었던 뱀입니다. 그분은 마귀의 일을 멸하기 위하여 육신을 입고 이 땅에 오셨습니다. 그분이 십자가에 못 박히고 장사됨으로써 더욱 낮은 곳까지 내려가신 것도 은혜와 심판이라는 동일한 목적을 수행하기 위함이었습니다. 그분은 죽음을 통하여 죽음의 세력을 잡은 자 마귀를 멸하시고, 또 죽기를 무서워하므로 한평생 매여 종노릇하는 모든 자들을 구원하셨습니다(히 2:14,15 참고). 그분은 자신의 집에서 무장을 한 강한 자를 만났지만 더 큰 능력으로 그를 멸하셨습니다(눅 11:21,22 참고). 연약한 십자가의 능력으로 마귀를 정복하신 것입니다. 그리고 심지어 어둠의 나라의 권세와 그들의 때에도 통치자와 권세들을 이기고 십자가를 통해 공적으로 그들에게 승리하셨습니다.

그분은 오래전에도 바로의 포로 된 이스라엘을 구원하기 위해 광야의 떨기나무로 내려오셨습니다. 그리고 그분의 오른손과 거룩한 팔로 승리를 쟁취하고 사로잡힌 자들을 취한 후에 시내산에 오르셨습니다. 그분은 동정녀의 태나 베들레헴의 구유나 갈보리의 십자가나 요셉의 무덤을 개의치 않고 무한히 낮아지셨으며, 그리하여 뱀의 머리를 밟고 사로잡힌 자들에게 자유를 선언하며, 저항하는 모든 지옥의 권세를 멸하고 쟁취한 구원을 선포하셨습니다. 그리고 이제 그분은 올라가심을 통해 자신과 교회를 대적하는 자의 목을 꺾고 사로잡힌 자들을 취함으로써 승리하신 구원의 주님으로 찬양받고 계십니다.

이것이 두 가지의 영광스러운 올라가심에 나타난 유비입니다. 하나는 애굽의 속박과 혼란으로부터 자유를 얻은 광야 교회가 세워진 바탕이 되었으며, 다른 하나는 복음 교회가 그리스도께서 주신 자유를 통해 누리는 모든 영적 은사와 규례, 교회의 설립과 직분자의 근거가 되었습니다. 두 경우 모두 주님의 유형 교회를 세우려는 목적을 가지고 있습니다. 그리고 두 경우 모두 속박이 풀리고 사로잡힌 자들이 끌려갑니다. 또한 먼저 언약의 사자가 내려오시고, 그 후에 하늘의 천군천사에게 둘러싸여 영광스럽게 올라가시며, 선물을 받아 이중적 섭리에 의한 교회, 즉 광야 교회와 '때가 찬 경륜'(엡 1:9)을 따라 설립된 교회에 주십니다. 두 교회 모두 자유가 가장 큰 목적이며, 둘 다 속박당하여 사로잡힌 자들을 데려가십니다. 다만 보장된 자유의 성격이나 크기의 차원에서 어느 쪽으로 추가 기우는지는 어렵지 않게 알 수 있습니다. 전자의 경우에는 실제로 포로로 잡힌 자들이 구원을 얻고 교회가 애굽의 속박으로부터 구속을 받았습니다. 그러나 후자의 경우에 나타난 바 하나님의 때가 찬 구원을 통해 자유를 얻은 자들이 누리는 권리나 감정을 볼 때, 전자의 섭리는 실로 보잘것없습니다.

사도 바울은 다시금 율법적 의식으로 되돌아가려는 갈라디아 사람들의 어리석음과 죄를 지적하면서 다음과 같은 비유를 사용합니다. 그는 시내산과 시온산에 관한 비유를 통해 이 산들을 배경으로 하는 두 가지 올라가심에 나타난 언약 또는 교회의 설립에 대해 언급함으로써 양자를 대조합니다.

"이것은 비유니 이 여자들은 두 언약이라. 하나는 시내산으로부터 종을 낳은 자니 곧 하갈이라"(갈 4:24).

하갈은 그 집의 종이므로 그가 낳은 아들도 영광스럽고도 자유한 배우자의 아들이 아니며, 따라서 아무런 상속권도 없고 상속자가 될 수도 없습니다. 이와 같이 시내산도 자유함이 없이 결박되어 있다는 것입니다. 자유도 없고 집에 거할 수도 없는 아들을 낳은 하갈은 '아라비아에 있는 시내산으로서 지금 있는 예루살렘과 같은 곳'이며 '그 자녀들과 더불어 종노릇하고' 있습니다(갈 4:25 참고). 반면 위에 있는 예루살렘은 살아 계신 하나님의 도성인 하늘의 예루살렘이며, 수많은 천사의 무리와 천천이요 만만인 여호와의 병거가 영원 전부터 있는 시온산으로, 실로 하늘에 이름이 기록된 장자들의 모임입니다(히 12:22,23 참고). 위에 있는 예루살렘은 영원한 언약에 기초하고 주님의 올라가심으로 말미암아 세워졌으며 풍성한 선물로 가득한 복음적 교회로서, 사로잡힌 자들을 취하시는 능력과 값으로 구속함을 받았습니다. 이 시온산, 곧 위로부터 내려오는 이 예루살렘은 자유자이요 우리 모두의 어머니입니다. 옛 시내산에서 유업을 이을 사람은 한 명이었습니다. 바울은 이 유업을 이을 사람에 대해 "유업을 이을 자가 모든 것의 주인이나 어렸을 동안에는 종과 다름이 없어서"(갈 4:1)라고 말합니다. 우리도 마찬가지입니다.

"이와 같이 우리도 어렸을 때에 이 세상의 초등학문 아래에 있어서 종노릇하였더니 때가 차매 하나님이 그 아들을 보내사 여자에게서 나게 하시고 율법 아래에 나게 하신 것은 율법 아래에 있는 자들을 속량하시고 우리로 아들의 명분을 얻게 하려 하심이라. 너희가 아들이므로 하나님이 그 아들의 영을 우리 마음 가운데 보내사 아빠 아버지라 부르게 하셨느니라. 그러므로 네가 이후로는 종이 아니요 아들이니 아들이면 하나님으로 말미암아 유업을 받을 자니라"(갈 4:3-7).

그러므로 신자들은 이제 하나님의 집에서 더욱 큰 자유로 인하여 즐거워할 수 있습니다. 시내산에서도 주님은 천군천사와 함께 높이 오르실 때 사로잡힌 자들에게 자유를 주시고 데려가셨지만, 지금 그리스도께서 자기 백성들에게 주신 자유는 그보다 훨씬 더 영적이고 귀하며 안전합니다. 우리는 만질 수 있는 곳, 불이 붙는 산과 침침함과 흑암과 폭풍과 나팔 소리와 말하는 소리가 있는 곳에 이르는 것이 아닙니다. 우리는 살아 계신 하나님의 도성인 하늘의 예루살렘과 자유자와 모든 믿는 자들의 어머니인 시온산으로 나아가고 있다는 사실로 인해 즐거워할 수 있습니다(히 12:22 참고). 우리는 자유 있는 여자의 자녀요 시온 언약의 후손이 유업을 이을 자이며(갈 4:30 참고), 그리스도께서 자유를 주시고 불이 붙는 산의 속박과 공포에 얽매이지 않게 하신 자유 안에 굳게 서 있는 사람입니다.

그렇다면 두 사건에서 동일하게 정복자로 올라가신 그리스도에게 중간에 무슨 일이 있었기에 오래전 광야 시대보다 때가 찬 교회 시대에 훨씬 더 풍성하고도 위대한 자유가 보장되고 입증되며, 훨씬 더 고귀하고, 이전보다 더 큰 영광으로 말미암아 더 이상 영광될 것이 없으며 오히려 속박의 멍에라 불리게 된 것일까요? 왜 시온에서 사로잡힌 자를 취하시는 것이 시온산에서 얻은 유사한 승리보다 더 영예로운 자유를 보장하는 것일까요?

그것은 전적으로 내려가심의 깊이에 달려 있습니다. 두 경우 모두 내려감의 깊이는 올라감의 영광과 보장된 자유의 가치와 상응합니다. 따라서 시온 산의 경우에는 정복자가 직접 포로가 되기까지 순종하심으로써 사로잡힌 자를 이끌어 내셨기 때문에 훨씬 더 귀한 가치를 지닌 자유를 보장하는 것입니다. 그분이 친히 교회를 책임지고 보증인이 되셨습니다. 그리하여 교회의 책임이 그분의 책임이 되었습니다. 교회의 사로잡힘과 교회의 속박이 그분의 것이 되었습니다. 그분은 교회를 대신하여 기꺼이 결박당하셨습니다.

"이에 군대와 천부장과 유대인의 아랫사람들이 예수를 잡아 결박하여 먼저 안나스에게로 끌고 가니……안나스가 예수를 결박한 그대로 대제사장 가야바에게 보내니라"(요 18:12,13,24).

예수님은, 언약을 파기한 대가로 교회를 넘겨받아 폭군으로 군림한 사탄의 주도 아래 교회를 결박하여 사로잡아 가려는 법조문을 존중하고 순종하며 지키셨습니다. 그분은 우리를 찾는 법조문을 받아들이셨습니다. 그분은 그것을 수긍하고 존중하셨습니다.

"내가 그니라"(요 18:5).

어쩔 수 없는 일이었습니다. 군인들은 그분을 결박할 수밖에 없었습니다. 마귀는 자신의 유일한 고소장이 쓸모없는 것이 되는 것을 그저 지켜볼 수밖에 없었으며, 그의 고소는 헛된 일이 되고 말았습니다. 포로 된 자들을 결박할 수 있는 마귀의 유일한 사슬이 보증인을 결박하는 데 사용됨으로써 끊어져 버렸으며, 그들을 감금할 수 있는 유일한 열쇠와 저주가 구주의 재앙 깊숙이 묻혀 완전히 사라져 버렸습니다. 마귀는 그분이 잡혀 있는 자에게 '나오라'라고, 흑암에 있는 자에게 '나타나라'라고 외치시는 것을 듣습니다(사 49:9 참고). 그는 시온을 향한 영광의 외침을 분노를 삭이지 못한 채로 듣고 있습니다.

"시온이여 깰지어다 깰지어다. 네 힘을 낼지어다. 거룩한 성 예루살렘이여 네 아름다운 옷을 입을지어다……너는 티끌을 털어 버릴지어다. 예루살렘이여 일어나 앉을지어다. 사로잡힌 딸 시온이여 네 목의 줄을 스스로 풀지어다. 여호와께서 이와 같이 말씀하시되 너희가 값없이 팔렸으니 돈 없이 속량되리라"(사 52:1-3).

마귀는, 예수님께서 "다 이루었다"(요 19:30)라고 말씀하신 것과 같은 강한 음성으로 '포로 된 자에게 자유를, 갇힌 자에게 놓임을 선포'(사 61:1)하는 음성을 듣습니다. 그는 주님의 음성을 들으면서 "용사가 빼앗은 것을 어떻게 도로 빼앗으며 승리자에게 사로잡힌 자를 어떻게 건져 낼 수 있으랴"(사 49:24)라고 대꾸해 봅니다. 그러나 영광스러운 천군천사 가운데 올라가심으로써 승리를 쟁취하신 영광의 주님은 "용사의 포로도 빼앗을 것이요 두려운 자의 빼앗은 것도 건져 낼 것이니 이는 내가 너를 대적하는 자를 대적하고 네 자녀를 내가 구원할 것임이라"(사 49:25)라고 응답하십니다. 이처럼 마귀는 포로 된 자들에게 주어진 거슬리는 음성을 듣고, 그 결과를 보았습니다. 그는 결박된 포로가 속히 놓인 것과 그가 죽지도 않고 구덩이로 내려가지도 않으며 그의 양식이 부족하지도 않는 것을 보았습니다(사 51:14 참고). 마귀는 자신의 덫에 걸려들어 포로가 된 많은 사람들이 회복되는 것을 보았습니다.

"사람이 많음이여, 심판의 골짜기에 사람이 많음이여"(욜 3:14).

그들은 전에는 꿈도 꾸지 못하였으나 이제는 "주의 영이 계신 곳에는 자유가 있느니라"(고후 3:17)라고 하신 그 영과 음성을 통해 소망을 가지고 요새로 피신하였습니다.

또한 마귀는 이 위대한 모사가 어떤 권위와 능력으로 자신의 포로들을 어둠의 나라와 타락의 속박에서 건져 하나님의 영화로운 빛과 하나님의 자녀로서 누리는 영광스러운 자유로 옮겨 가시는지를 보고자 할 때, 그는 심히 당황스럽고 이해할 수 없는 광경을 목도하게 되었습니다. 어둠의 권세와 어둠의 때에 대리자들을 보내 주님을 치욕스러운 죄인으로 끌고 가려고 했던 족쇄가, 오히려 자신이 유혹하여 사로잡은 자들을 마음대로 끌고 다니던 유일한 사슬을 풀어 버렸습니다. 그리하여 법조문은 영원히 쓸모없는 것이 되고, 마귀는 잡혀 가신 예수님의 포로가 되어 영원히 몸부림치며 멸망하게 되었습니다.

4. 권면

주님께서 잡혀 가시는 장면은 참으로 슬프고 비통하여 애통스럽습니다. 그러나 그로 인해 성취된 열매는 참으로 기쁘고 기쁩니다. '하나님의 자녀들의 가장 영광스러운 자유'와 사탄에게 가해진 당혹스러운 절망과 징벌을 생각할 때, 기뻐 웃으며 찬양하지 않을 수 없지 않겠습니까? 이제 우리는 참으로 즐거이 헌신하는 주의 백성처럼 거룩한 옷을 입고(시 110:3 참고), 죄인을 대신하여 결박당하신 구속주의 승리를 송축할 수 있게 되었습니다.

"소고 소리를 높이라! 오 미리암이여, 소고를 잡고 춤추며 모든 여인과 함께 나와(출 15:20 참고) 화답하라. '너희는 여호와를 찬송하라. 그는 높고 영화로우심이요 말과 그 탄 자를 바다에 던지셨음이로다'(출 15:21)."

주님께서 결박당함으로써 이 일을 이루셨습니다. 스스로 결박당함으로써 포로가 되신 그리스도께서 오히려 사로잡은 자들을 사로잡아 가고 계시는 것입니다.

그러므로 이제 우리가 사로잡은 자를 사로잡아 가시는 그리스도를 믿는다면, 우리를 사로잡고 있는 모든 것들을 그분의 이름으로 사로잡을 수 있지 않겠습니까?

우리 가운데 죄책감과 속박의 영에 사로잡혀 있는 사람이 있습니까? 여러분의 심령이 여러분을 정죄하고 있습니까? 하나님은 여러분의 마음보다 크신 분입니다. 여러분의 양심은, 여호와께서 기억하시는 책에서 아직도 해결되지 않은 문제가 여러분을 고발하고 있으며, 여러분과 하나님 사이를 갈라놓는 무수한 범죄가 용서받거나 잊어버린 바 되지 않아서 하나님의 얼굴을 여러분에게서 돌리게 만든다고 여러분을 참소합니다. 이런 죄의식은 그 자체가 속박의 영이 되어 여러분의 마음을 위축되게 하고 여러분의 기도를 막습니다. 그것이 여러분을 냉랭하게 만들고, 거리감을 느끼게 하며, 형식에 치우친 예배를 드리게 합니다. 한마디로 여러분을 이간질하여 적대감을 만드는 것입니다.

여러분이 회개와 믿음으로 예수님께로 나아오기 전에는 이런 속박에서 결코 벗어날 수가 없습니다. 예수님을 품고 그분과 함께 거하십시오. 예수님과 연합하십시오. 여러분의 사로잡힘을 그분의 사로잡힘과 일치시키십시오. 그러면 여러분도 그분과 동일한 열매를 맺게 될 것입니다. 여러분에게 전가된 그분의 사로잡힘이 여러분을 사로잡힘에서 해방시키실 것입니다. 그리스도의 속박의 공로로 말미암아 여러분이 속박으로부터 자유롭게 될 것입니다. 그분은 결박당한 노예들을 자유롭게 하기 위하여 대신 결박당하셨습니다. 그러므로 그리스도 예수 안에 있는 자에게는 결코 정죄와 사로잡힘이 없습니다(롬 8:1 참고).

우리 가운데 죄의 권세에 사로잡혀 있는 사람이 있습니까? 죄를 범한 사람은 죄의 노예입니다. 타락의 속박 아래 원하지 않는 사로잡힘으로 신음하는 사람이 있습니까? 여러분이 여러분을 지배하는 정욕과 악한 욕심에서 벗어나고 싶어하지만, 스스로의 힘으로 벗어나기에는 그것들이 너무나 강합니다. 여러분은 그것들의 능력 앞에 무력할 뿐입니다. 여러분이 그것들과 잠시 싸움을 멈출 수는 있지만, 그것들은 모든 조건을 깨뜨리고 여러분이 그것들의 노예라는 사실만 다시 한 번 확인시켜 줄 뿐입니다.

"너희 자신을 종으로 내주어 누구에게 순종하든지 그 순종함을 받는 자의 종이 되는 줄을 너희가 알지 못하느냐. 혹은 죄의 종으로 사망에 이르고 혹은 순종의 종으로 의에 이르느니라"(롬 6:16).

여러분의 문제를 해결할 힘과 자유를 주실 수 있는 분은 오직 그리스도와 그분의 은혜뿐입니다. 성자께서 여러분을 자유롭게 하신다면 여러분은 확실히 자유롭게 될 것입니다. 왜냐하면 그분께서 율법 아래 있는 자들을 구속하기 위하여 율법 아래 나셨기 때문입니다. 그렇게 구속함을 받은 자만이 여러분을 속박하는 모든 저주의 형벌로부터 벗어나 죄의 권세로부터 자유로울 수 있습니다. 스스로 결박당하심으로써 여러분을 해방시키신 그분에게로 나아오십시오. 사로잡힌 자에게 구원을 전하며 묶인 자를 놓아주시는 분이 주시는 즉각적인 자유와 값없는 용서를 받아들이십시오. 그분으로 말미암아 자유롭게 은혜의 보좌 앞으로 나아오십시오. 그러면 여러분을 도우시는 은혜와 자비를 발견하게 될 것입니다. 여러분이 율법 아래 있지 않고 은혜 아래 있을 때, 죄가 더 이상 여러분을 지배하지 못할 것입니다.

마귀의 덫에 걸려 그에게 사로잡혀 마음대로 끌려다니는 사람이 있습니까? 사탄에게 자신의 뜻을 보여 주고 스스로 포로가 되심으로써 통치자와 권세를 멸하신 분께로 나아오십시오. 그분께서 여러분을 회심하게 하여 진리의 지식으로 인도하실 것입니다. 그분께서 여러분에게 자유의 영을 주어 죄와 의와 심판(이 세상 임금이 심판을 받았기 때문에)에 대해 깨닫게 하실 것입니다. 그분께서 여러분을 위하여 강한 자를 결박하시고, 사탄을 여러분의 발 아래에서 상하게 하실 것입니다(롬 16:20 참고).

우리 가운데 '죽기를 무서워하므로 한평생 매여 종노릇하는'(히 2:15) 사람들이 있습니까? 자신의 죽음으로 사망을 멸하시고 자신의 사로잡힘으로 사로잡은 자를 사로잡으시는 그분에게로 나아오십시오. 그분께서 여러분의 생명이 그분과 함께 하나님 안에 감추어졌으며 그분이 높이 오르실 때 안전하게 보존될 것임을 알려 주실 것입니다(골 3:3,4 참고).

끝으로, '내 지체 속에서 한 다른 법이 내 마음의 법과 싸워 내 지체 속에 있는 죄의 법으로 나를 사로잡는 것'(롬 7:23)을 안타깝게 바라보면서, 주님께서 몸소 보여 주신 것처럼 자신도 "오호라, 나는 곤고한 사람이로다. 이 사망의 몸에서 누가 나를 건져 내랴"(롬 7:24)라고 부르짖는 사람이 있습니까? 우리 주 예수 그리스도로 말미암아 하나님께 감사하십시오(롬 7:25 참고). 그분이 우리를 대신하여 결박당하신 것이 사로잡은 자를 취하시기 위함이라는 사실을 기억하십시오.

대적의 손에서 구원을 받아 평생 동안 거룩함과 의로 하나님을 섬길 수 있도록 더욱더 은혜를 구하십시오. 우리를 속박하려는 죄와 사망의 법에 대적하여 싸우십시오. 절대로 굴복하지 마십시오. 그리고 우리에게 자유를 주기 위하여 결박당하신 그분의 사역과 공로를 통하여 완전한 용서와 의롭다하심을 얻고 하나님의 자녀로 입양된 자유를 입증하십시오. 하나님의 아들들의 영광스러운 자유를 누리게 될 온전한 구원의 날을 고대하십시오. 그날에는 예수님께서 가장 장엄한 모습으로 궁극적인 영광스러운 승리를 드러내실 것입니다. 그분은 부활한 성도들과 모든 천사들과 함께 이스라엘의 부르짖음에 마지막으로 대답하실 것입니다.

"여호와여 일어나사 주의 권능의 궤와 함께 평안한 곳으로 들어가소서"(시 132:8).

"주의 대적들을 흩으시고 주를 미워하는 자가 주 앞에서 도망하게 하소서"(민 10:35).

하나님의 병거는 다시 한 번 가장 영광스러운 모습으로 천천이요 만만이 되고, 주님은 시내산에서와 같이 그들 중에 함께하실 것이며, 모든 시대와 세대로부터 구속함을 입은 무리가 "주께서 높은 곳으로 오르시며 사로잡은 자들을 취하셨나이다"(시 68:18 참고)라고 외칠 것입니다.

3부

재판

- 재판장
- 예수님의 침묵과 대답
- 예수님의 대답이 가진 이중성
- 장차 임할 하늘의 재판
- 공의롭고도 정당한 정죄

The Shadow of Calvary _The Trial

9장 재판장

"가야바는 유대인들에게 한 사람이 백성을 위하여 죽는 것이
유익하다고 권고하던 자러라"(요 18:14).

"[47]이에 대제사장들과 바리새인들이 공회를 모으고 이르되 이 사람이 많은 표적을 행하니 우리가 어떻게 하겠느냐 [48]만일 그를 이대로 두면 모든 사람이 그를 믿을 것이요 그리고 로마인들이 와서 우리 땅과 민족을 빼앗아 가리라 하니 [49]그중의 한 사람 그해의 대제사장인 가야바가 그들에게 말하되 너희가 아무것도 알지 못하는도다 [50]한 사람이 백성을 위하여 죽어서 온 민족이 망하지 않게 되는 것이 너희에게 유익한 줄을 생각하지 아니하는도다 하였으니 [51]이 말은 스스로 함이 아니요 그해의 대제사장이므로 예수께서 그 민족을 위하시고 [52]또 그 민족만 위할 뿐 아니라 흩어진 하나님의 자녀를 모아 하나가 되게 하기 위하여 죽으실 것을 미리 말함이러라 [53]이날부터는 그들이 예수를 죽이려고 모의하니라"(요 11:47-53).

지금까지 우리는 유대 산헤드린의 법정에 서기 위해 잡혀 가시는 주 예수

님에 대해서 살펴보았습니다. 이제 우리는 맹세의 말씀을 통해 거룩한 직분을 받고 멜기세덱의 반차를 따라 영원한 대제사장이 되신 하나님의 아들, 위대하신 대제사장이 레위 지파의 반차를 따른 제사장과 대치하시는 장면을 볼 것입니다. 당시에 레위 지파 제사장은 멜기세덱의 반차를 따르는 제사장에게 십일조를 바치고 공경하였습니다. 믿음의 조상 레위는 비록 아브라함의 허리에 있었으나 지극히 높으신 하나님의 제사장 살렘 왕을 만났을 때 멜기세덱의 축복을 받고 어떤 불평도 없이 그의 우월함을 인정했습니다. 그런데 지금 레위가 멜기세덱을 거슬러 자신을 높이고 멜기세덱이 예표한 분을 대적하며, 주저없이 그분을 심판하는 자리에 앉은 것입니다.

산헤드린에서의 재판 과정들을 살펴보기 전에, 먼저 이 재판에서 절대적인 영향력과 결정권을 가지고 있는 주요 인물에 대해서 살펴보겠습니다. 복음서 기자는 가야바라는 이름과 함께 예수님께서 그의 앞에 서야 한다는 사실을 통해 우리를 이 문제로 끌어들입니다. 그는 재판장에 관해 짧게 언급하면서 앞으로 이 법정에서 일어날 일을 충분히 암시합니다.

"가야바는 유대인들에게 한 사람이 백성을 위하여 죽는 것이 유익하다고 권고하던 자라"(요 18:14).

이 구절은 짧지만 대제사장의 성품을 파악하기에 충분한 요소들을 확실하게 보여 줍니다. 우리는 여기에서 그가 목숨이 걸린 이 중대한 사건을 편견에 사로잡힌 채 판단하였으며, 이미 정해진 선고를 언도하기 위해 그분을 법정으로 데려왔다는 점을 알 수 있습니다. 즉, 그는 불의한 판사이며, 즉석에서 끔찍한 선고를 내릴 것입니다. 가야바는 사건에 대한 심리를 시작하기도 전에 그분이 죽어야 한다고 결정하였습니다.

이러한 결정이 처음으로 공감대를 얻어 선포된 장소에서 우리는 가슴 아픈 한 장면을 보게 됩니다. 여기서 우리는 이 특정 인물의 도덕성을 충분히 통찰할 수 있습니다. 뿐만 아니라 어떤 상황에든지 적용할 수 있는 엄숙한 도덕적 원리들도 배울 수 있습니다.

이 복음서 기자는 요한복음 11장에서 이 장면에 대해 자세히 언급합니다. 그는 예수님께서 당시 유대인들에게 '한 사람이 온 백성을 위하여 죽어야 한다'고 권고하던 자와 함께 법정에 서 계신다는 사실을 알려 줍니다. 그렇다면 이제 요한이 상기시키는 그 장면(모임 또는 음모)을 살펴봅시다.

본문을 자세히 고찰할 필요가 있습니다. 본문의 이 모임은 평범한 일상적인 모임도 아니고 통상적인 사업상의 만남도 아닙니다. 오히려 매우 중대하고도 시급한 현안에 대한 진지한 모임입니다. 이제 막 그리스도의 모든 기적 중에서 가장 위대한 기적이 일어났습니다. 주님께서 나사로를 죽은 자 가운데서 살리신 것입니다(요 11:17-44 참고). 예수님을 따르는 자들과 대적하는 자들이 모두 보는 가운데 많은 사람들 앞에서 이 일이 일어났습니다. 이것은 부인할 수 없는 기적이었습니다. 이스라엘에서 이런 사건은 전례가 없는 일로서, 하나님의 백성과 마귀의 자식들 모두가 큰 충격과 감동을 받았습니다.

특히 예루살렘의 관리들은 매우 놀랐습니다. 그들이 보낸 자들이 돌아와 예수님께서 하신 일에 대해 보고했기 때문입니다(요 11:46 참고). 그들은 늘 그분을 증오하고 그분의 권위에 도전하였으며, 그분의 명성과 백성에 대한 관심을 없애려고 했습니다. 그들은 자신들의 영향력이 줄어드는 것에 대해 몹시 질투했습니다. 무엇보다도 그들의 악한 양심마저도 백성의 지도자요 교회의 직분자로서 자신들 속에 이기심과 탐욕과 부정직이 가득한 것을 느끼고 있었습니다. 그러한 때에 자신을 메시아라고 밝히면서 담대하게 '서기관과 바리새인의 위선'을 책망하시는 그분의 사역으로 그들은 큰 절망감을 느끼고 있었습니다. 그래서 그들은 주님을 안식일을 범하는 자요(눅 6:2 참고), 마귀의 왕 바알세불과 연합한 자로 만들려 했습니다(눅 11:15; 마 12:24

참고). 그러나 주님의 항변은 그들을 혼란스럽게 만들었습니다. 그들은 주님을 힐문하고 덫에 빠뜨리기 위하여 사두개인들과 율법사들과 바리새인들을 보냈습니다. 그러나 그들의 교활함보다 깊은 지혜는 언제나 그들의 도발을 무력하게 만들었습니다. 그들은 주님께 "무슨 권위로 이런 일을 하느냐"(막 11:28)라고 힐문했지만, 요한의 세례에 관한 주님의 예리한 질문은 그들의 위선을 드러냈고, 그들을 잠잠하게 만들었습니다(막 11:30-33 참고). 그들이 시행한 모든 계획은 실패하거나 그들에게로 되돌아올 뿐이었습니다.

예수님이 무덤에 있은 지 나흘이나 된 죽은 사람을 살리시고 또 그것을 본 많은 유대인들이 예수님을 믿게 되었다는 사실을 전해 듣고서, 그들은 매우 당황했습니다. 그분에 대한 적대감이 여전한 가운데, 일종의 위기 상황 중에 소집된 공회는 특별하고도 고통스러운 강렬함과 역동성을 가지고 있었음이 틀림없습니다. 이것은 인간의 동기적 측면에 대해 깊이 파고들기를 좋아하는 사람들에게 훌륭한 연구 자료가 될 것입니다. 등장인물의 성격을 드러내고 열정을 과시할 수 있는 무대가 제공되었기 때문입니다. 그들은 한패였습니다. 그 모임은 그들이 마음대로 말하는 것을 금할 수 없는 사적인 모임이었습니다.

우리는 복음서 기자가 어떻게 그들이 논의한 내용을 기록할 수 있었는지 모릅니다. 아마도 그렇게 많은 사람들이 공유하는 비밀을 지키는 것이 불가능했을 것입니다. 또는 참석한 사람들 가운데 일부가 오순절 성령 강림 이후에 심경의 변화를 일으켜 자신들이 의로운 분을 십자가에 못 박고 죽였음을 깨닫고는 자신이 핍박한 분을 믿고 회심한 후에 자신이 어리석게 참석한 그날의 일에 대해 상세히 설명했을지도 모릅니다. 어쨌든 우리는 이 모든 말씀이 영감으로 기록되었음을 믿으며, 따라서 모든 것을 아시는 하나님의 영이 아무리 비밀리에 진행된 회의일지라도 자신의 사역자를 통해 모든 과정을 기록하도록 감동시키셨을 것이라는 사실을 어려움 없이 받아들일 수 있습니다. 모든 회의의 과정이 그분 앞에 빠짐없이 드러났습니다. 그들은 자신들의 음모가 하나님으로 말미암아 정확히 기록되어 세상 끝 날까지 세대를 걸쳐 전해 내려오리라고는 전혀 생각하지 못했을 것입니다. 그러나 골방에서 귀에 대고 소곤거린 말이 지붕 위에서 전파된다는 사실을 명심해야 합니다. 습관적으로 인식되기만 한다면, 이 진리 하나가 우리의 도덕적 순결을 증진하는 데 얼마나 큰 능력을 발휘하겠습니까? 하나님께서 우리를 보고 계십니다.

그러나 바리새인과 대제사장은 그것을 잊었고, 자신들이 모두 안전하리라 착각했습니다. 그래서 그들은 조금도 가리거나 숨기지 않고 자신들의 마음에 있는 것을 여과 없이 드러내었습니다.

그들의 논의는 이러합니다. 첫째로, 그들이 서로 이해하는 것과 같이 그 사건의 정황이 제시되었습니다. 그 모임의 목적이 진술되고, 그들에게 질문이 던져졌습니다.

"이르되 이 사람이 많은 표적을 행하니 우리가 어떻게 하겠느냐? 만일 그를 이대로 두면 모든 사람이 그를 믿을 것이요 그리고 로마인들이 와서 우리 땅과 민족을 빼앗아 가리라"(요 11:47,48).

둘째로, 한 가지 해결책이 제시되었으며, 여기서 가야바는 이런 악을 주도하는 주동자로 나서 다른 사람보다 더 큰 악을 행했습니다. 그는 "너희가 아무것도 알지 못하는도다. 한 사람이 백성을 위하여 죽어서 온 민족이 망하지 않게 되는 것이 너희에게 유익한 줄을 생각하지 아니하는도다"(요 11:49,50)라고 했습니다.

이제 이 두 가지 논의를 순서에 따라 살펴보겠습니다.

1. 사건에 대한 진술

이 사건의 진상이 제시됩니다. 이 사건과 관련하여 그것이 극도로 위험하고 치명적이라는 점에 대해 모든 사람이 공감대를 형성하였습니다. 무언가 손을 쓰지 않으면 안 되었으며, 그것도 지체 없이 시행되어야만 했습니다. 실제로 그들은 이런 위험을 그토록 오랫동안 방치한 것에 대해 스스로를 질책하고 있습니다.

"우리가 어떻게 하겠느냐?"(요 11:47)

이제 어떤 조치를 취할 것이냐는 말입니다. 그들은 이렇게 말합니다. "이 사람은 많은 이적을 행하고 있다. 그것은 결코 의심할 수 없는 사실이다. 만일 이대로 방치한다면 나라 전체가 그를 믿을 것이고, 그를 왕으로 삼아 로마인들을 자극할 것이며, 결국 우리의 성전과 예배와 국가의 존립마저 위태롭게 할 것이다."

1) 편견에 사로잡힌 부정직한 진술

얼핏 보아도 그들은 이 사건을 매우 부정직하게 진술하고 있습니다. 사실 이 사건은 형식상 법정으로 가져갈 만한 사건이 전혀 아닙니다. 공회원 가운데 앞의 질문에 대해 이의를 제기할 만큼 정직한 사람이 없었던 것입니까? 그들이 가장 먼저 논의해야 할 중요한 질문은 "이 사람을 믿는 유대인들을 믿지 못하게 하기 위하여 무엇을 해야 하는가, 또는 나라를 파멸시키는 그를 막기 위하여 무엇을 해야 하는가?" 하는 것이 아닙니다. 그들은 마땅히 "이 사람이 그리스도인가, 아닌가?"라고 물었어야 합니다. 그들이 정직한 사람들이라면, 무엇보다도 먼저 이런 질문을 제기하고 머리를 맞대고 해결했어야만 합니다. 그 문제만 해결된다면, 지금 처한 모든 어려움을 공정하게 정리

할 수 있었을 것이며, 모든 허구적인 상상에서 벗어나 사실에 근거하여 안전하게 인도받을 수 있었을 것입니다. 그 문제를 해결하기 전에는 위험과 악이 더욱 커질 뿐입니다.

그것이야말로 그들이 반드시 대답해야 하는 질문이며, 자신들의 양심과 행위를 위해 해결해야 하는 문제였습니다. 백성들을 판단하고 재판하는 공인으로서 여호와와 그의 기름 부음 받은 자의 편에 서서 모든 역량을 쏟기 위해, 그리고 결코 하나님을 대적하여 모략을 꾸미는 자가 되지 않기 위해, 그들은 그 질문에 답해야만 했습니다. 더구나 그들에게는 그 문제를 해결할 수 있는 도구가 있었습니다. 생명의 말씀, 하나님의 성경은 그들에게 주어진 영광스러운 특권입니다. 사실 예수님도 오직 성경에만 모든 초점을 맞추셨으며, 자신의 모든 주장이 성경에 의해 판단되기만을 요구하셨습니다. 그분은 오직 그것만을 지속적으로 요구하셨습니다.

"너희가 성경에서 영생을 얻는 줄 생각하고 성경을 연구하거니와 이 성경이 곧 내게 대하여 증언하는 것이니라……모세를 믿었더라면 또 나를 믿었으리니 이는 그가 내게 대하여 기록하였음이라"(요 5:39,46).

그들이 진지하게 살펴보기만 했다면, 이런 연구는 그들에게 즉시 만족할 만한 대답을 주었을 것입니다. 경솔한 묵상은 그들에게 아무것도 가르칠 수가 없습니다. "찾아보라. 갈릴리에서는 선지자가 나지 못하느니라"(요 7:52)라고 말하는 지극히 단순하고도 주먹구구식의 정신으로는 진리에 대한 지식에 쉽게 다가갈 수가 없습니다. 오히려 아무것도 모르는 상태에 있는 사람들보다 더, 그분이 바로 베들레헴 에브라다에서 태어나셨으며 "그의 근본은 상고에, 영원에 있느니라"(미 5:2)라고 예언된 분이라는 사실을 배우기가 어렵습니다. 그들은 정직하고도 편견 없는 연구를 지속적으로 수행했어야만 합니다.

또한 이 질문은 그들의 율법이 '여호와께서 그들에게 진리를 보여 주실 것'이라고 약속하신 것과 관련된 중요한 가치를 지닌 질문입니다. 성경은 오래전 재판하는 자리에 앉은 자들에 대해서 다음과 같이 선언하였습니다.

"재판은 하나님께 속한 것인즉……스스로 결단하기 어려운 일이 있거든 내게로 돌리라. 내가 들으리라"(신 1:17).

만일 이 문제를 온 성경과 그들의 직분과 규례가 초점을 맞추고 있는 하나의 위대한 목적과 관련하여 진실하게 연구한다면, 참으로 놀랍게 이루어지는 약속을 발견하게 되었을 것입니다.

이것이 이 문제를 해결하려는 자들에게 어떤 영향을 미치는지에 주목하기 바랍니다. 이 질문에 대해 최종적으로 어떤 결정이 내려지든, 이것은 그들의 모든 삶에 커다란 영향을 미치게 될 것입니다. 예수님이 그리스도이든 아니든, 다음과 같은 중대한 영향을 미치는 것입니다.

먼저, 그분이 그리스도가 아니라고 가정해 봅시다. 그들은 주님의 주장을 살펴보고서 주님의 주장이 옳지 않다는 사실을 발견했습니다. 그들이 가능한 한 모든 수단을 동원해서 그런 결론에 이르도록 내버려 둡시다. 그분을 잠잠하게 함으로써 분명히 그들의 양심은 큰 위로를 얻었을 것입니다. 그 사건에서 그들은 협잡꾼의 주장을 파기한 것이요 신성모독죄를 응징한 것이었습니다. 그리고 로마가 여전히 그들의 거처와 나라를 점령하고 있다면, 그런 의무를 행한 것이 큰 위로가 되었을 것입니다.

그러나 여전히 이 사건은 모든 부분에서 만족할 만한 결론에 이르기는 어려운 사건으로 남을 것입니다. 예를 들어, 왜 하나님께서 '이 사람이 행하는 그런 많은 이적들'을 일으킬 수 있는 능력을 이런 신성모독자에게 주셨는지를 설명하는 것이 쉽지 않습니다. 만약 주님이 죄인이라면, 적어도 그분으로 말미암아 눈을 뜨게 된 사람은 "이상하다. 이 사람이 내 눈을 뜨게 하였으되 당신들은 그가 어디서 왔는지 알지 못하는도다"(요 9:30)라고 철저하게 따질 것입니다. 이런 이적들은 그들에게 큰 근심이 될 것이 틀림없습니다. 그런데도 그분이 그리스도가 아니라면, 그것을 아는 것만으로도 충분할 것입니다.

형식적이든 실제적이든 성경을 우화라고 여기는 모든 불신자도 마찬가지입니다. 그들로 하여금 모든 수단을 동원하여 성경이 하나님의 말씀이 아님을 증명하게 해 봅시다. 그들은 인류의 가장 훌륭한 한 영역을 이처럼 영민하고도 정교하게 고안된 우화로 분리해 낼 것입니다. 그리고 죽음이 다가와 자신을 데려갈지라도, 엄청난 사기 행위를 제거한 것과 자신의 의무를 다한 것으로 위로를 삼을 것입니다.

그러나 여전히 설명해야 하는 이적들이 남아 있습니다. 이런 이적은 옛 유대인이나 오늘날의 회의론자들이 모두 뛰어넘어야 할 장벽입니다.

반면 다르게 가정해 봅시다. 만일 이 사람이 그리스도라면 어떻게 되겠습니까? 그렇다면 모든 어려움이 즉시 해결됩니다. 그리스도는 스스로, 또는 자기 백성을 통해 자신을 입증하실 수 있습니다. 그분은 외치는 자의 소리를 통해, 또는 스스로 임재하심으로써 광야에 큰길을 내고 자신의 길을 예비하실 수 있습니다(사 40:3 참고).

"골짜기마다 돋우어지며 산마다, 언덕마다 낮아지며 고르지 아니한 곳이 평탄하게 되며 험한 곳이 평지가 될 것이요 여호와의 영광이 나타나고 모든 육체가 그것을 함께 보리라. 이는 여호와의 입이 말씀하셨느니라"(사 40:4,5).

로마인들에 대해서는, 그들도 사람일 뿐이라는 사실을 알게 해야 할 것입니다.

"말하는 자의 소리여 이르되 외치라. 대답하되 내가 무엇이라 외치리이까 하니 이르되 모든 육체는 풀이요 그의 모든 아름다움은 들의 꽃과 같으니 풀은 마르고 꽃이 시듦은 여호와의 기운이 그 위에 붊이라. 이 백성은 실로 풀이로다……아름다운 소식을 시온에 전하는 자여 너는 높은 산에 오르라. 아름다운 소식을 예루살렘에 전하는 자여 너는 힘써 소리를 높이라. 두려워하지 말고 소리를 높여 유다의 성읍들에게 이르기를 너희의 하나님을 보라 하라. 보라 주 여호와께서 장차 강한 자로 임하실 것이요 친히 그의 팔로 다스리실 것이라"(사 40:6,7,9,10).

그렇습니다. 만약 이 사람이 진실로 그리스도이시라면 로마인들을 두려워할 필요가 없습니다. 그리스도께서 여러분과 함께하신다면 누가 여러분을 대적할 수 있겠습니까? 백성들이 흩어지는 것을 두려워할 필요가 전혀 없습니다. 왜냐하면 '규가 유다를 떠나지 아니하며 통치자의 지팡이가 그 발 사이에서 떠나지 아니하기를 실로가 오시기까지 이르니 그에게 모든 백성이 복종'(창 49:10)할 것이기 때문입니다. 그와 동시에 여러분은 사람에 대한 모든 두려움을 없애는 복된 초대를 받아들일 수 있게 될 것입니다.

"시온 딸아 두려워하지 말라. 보라 너의 왕이 나귀 새끼를 타고 오신다 함과 같더라(겸손하고 낮은 모습으로 네게 임하시나니)"(요 12:15).

그러하기에 여러분은 그분의 찬송을 부르며 호산나를 소리 높여 외칠 수밖에 없습니다.

"여호와의 이름으로 오는 자가 복이 있음이여"(시 118:26).

그분이 모든 비굴한 두려움과 뼈아픈 모든 불길한 전조로부터 그들을 자유하게 하신 것은 얼마나 놀라운 일입니까! 왜 그들은 모든 문제를 해결하는 이 복된 해결책, 분명하고 바르고 정직한 이 해결책을 구하며 자유롭고 두려움 없는 정직한 사람들처럼 나아가지 않는 것입니까? 그분이 그리스도가 아니시라면 모든 수단을 동원하여 그분을 대적하십시오. 그리고 그들도 그렇게 하도록 내버려 두십시오. 그들이 그렇게 하는 것은 로마가 두려워서가 아니라 그분이 그리스도가 아니기 때문이며, 그분의 사기 행각을 징벌하고 잠잠하게 하는 것이 그들의 의무이기 때문입니다. 그러나 만일 그분이 그리스도이시라면, 그들은 로마를 두려워할 필요가 없습니다. 그들은 오직 자신들이 하나님을 대적하도록 유혹받지 않을까 두려워해야 합니다.

그렇다면 왜 그들은 예수님이 그리스도인지 아닌지를 확인하려고 하지 않았습니까? 그들은 그분이 그리스도일지도 모른다는 끔찍한 진리를 두려워하였습니다. 그들은 묻기를 두려워하였습니다. 그들은 편견 없이 조사할 준비가 되어 있지 않았습니다. 두 가지 가정 중 어느 한 가지를 선택할 준비가 되어 있지 않았던 것입니다.

그들이 어떤 답을 두려워했을까요? 그분이 그리스도가 아니라는 사실이 드러나는 것을 두려워했을까요? 아닙니다. 그들은 그 사실을 기쁘게 받아들였을 것입니다. 그것이 그들의 모든 편견과 정욕에 일치하는 대답이기 때문입니다. 그것은 그들이 훨씬 자유롭게 자신들의 목적을 이룰 수 있는 위안이요 이 당황스러운 이적에 대적하여 내세울 수 있는 변명거리가 되었을 것입니다. 그들은 분명히 그와 다른 답을 두려워하였습니다. 왜냐하면 그들은 그 또 하나의 답이 모든 것을 완전히 뒤엎어 버릴 수도 있다는 사실을 직감했기 때문입니다. 그들은 자신들이 메시아를 증오한다는 사실을 충분히 증명할 만한 증거와 대면하는 것을 두려워했습니다. 그래서 그들은 아예 질문조차 하지 않았습니다. 그들은 그분이 그리스도일지도 모른다는 괴로운 예감을 가지고 있었지만, 처음부터 마치 그분이 결코 그리스도일 리가 없다는 듯이 서둘러 경멸적인 질문만 던진 것입니다.

우리의 일상에서도 이런 일들이 얼마나 자주 벌어지고 있습니까! 우리는 자신의 계획과 목적을 성경이라는 법정으로 가져가지 않으려고 합니다. 왜냐하면 세상적이고도 육신적인 우리의 정욕에 반대되는 판결이 나올 것을 극도로 두려워하기 때문입니다.

이와 같이 우리는 그들이 이 문제에 처음 접근한 방식을 보면서 그들의 영혼의 상태를 대충 짐작할 수 있습니다. 정직하지 못하게도, 그들은 더욱 시급하게 고찰해야 할 한 가지 중요한 질문을 제쳐 둔 것입니다. 그들은 그 사람과 관련하여 필요한 것은 즉각적인 조치라고 여겼습니다. 그러나 먼저 그 사람에 관하여 성경적으로 판단했어야 합니다. 그가 그리스도일 수도 있기 때문입니다.

그가 그리스도일 수도 있다는 가능성이 희박할지라도(만일 그런 사실을 조사하지 않고자 한다면), 훗날 같은 드라마의 후반부(사도행전)에서 그의 제자들에 의해 다시 이 문제가 제기되었을 때 가말리엘의 권유를 따른 것처럼, 지금이야말로 적어도 절대적 중립을 견지해야 할 때입니다. 그가 그리스도인지 아닌지의 여부를 밝히고 싶지 않다면, 적어도 그대로 두었어야 합니다. 왜냐하면 그가 하나님으로부터 나지 않았다면 그와 그가 한 일이 무너질 것이며, 만일 그가 행한 이적들이 증언하는 것처럼 그가 하나님께로부터 났다면 결코 그것이 무너지지 않을 것이며 도리어 하나님을 대적하는 자가 될 것이기 때문입니다(행 5:39 참고). 그러나 이런 중립적인 견해야말로 그들이 스스로를 자책한 요인이 되었습니다. 그들의 말처럼, 그들이 아무것도 하지 않는 것은 죄에 해당하며, 반면 '이 사람이 많은 표적을 행하고'(요 11:47 참고) 있었기 때문입니다. 그들은 그를 더 내버려 두어서는 안 된다는 결론에 이르렀습니다. 그들은 이 결론이 올바른 해결책이라고 스스로를 납득시키려 했습니다.

2) 잘못된 논리 전개

그들이 주장하는 대로, 이 사건에 대한 조사보다는 즉각적인 조치가 필요하다는 가정 하에 그들이 이런 조치를 요구하는 근거를 살펴봅시다.

"만일 그를 이대로 두면……로마인들이 와서 우리 땅과 민족을 빼앗아 가리라 하니"(요 11:48).

여기서 우리는 그들이 이런 논리를 제시한 것이 과연 정직한 행동이었는지에 대한 의문을 제기할 수 있습니다. 그들은 진실로 이런 논리가 자신들이 즉시 행동으로 옮겨야 할 만큼 즉각적인 조치를 취하기 위한 충분한 근거가 된다고 생각했을까요? 그들은 이 문제를 이런 관점에서 보아야 할 만큼 심각한 위험으로 인식했을까요? 그것이 당시에 그들이 실제로 느끼는 로마인들에 대한 공포였을까요? 다시 두 가지 상황을 가정하여 살펴보겠습니다.

먼저, 그들이 이 점에 대해서도 진실하지 않았다고 가정해 봅시다. 사실 겉과 속이 다르게, 나사렛 예수의 사역과 이적에 관하여 로마인들과 심각한 불화를 일으킬까 두려워하는 척하였다는 데 대한 이유가 많이 있습니다. 확실히 로마인들이 이 사건에 조금이라도 관심을 가졌다고 볼 만한 근거가 없습니다. 아마도 대제사장과 장로들이 주님을 대적하여 로마인들에게 도움과 개입을 요청하지 않았더라면, 모든 상황은 예전처럼 한동안 로마인들의 관심을 끌지 않았을 것입니다.

우리는 로마의 통치자가 얼마나 혐오스럽게 그 사건을 다루었는지, 그리고 빌라도가 그들의 요구가 정당한지를 판단하기도 전에 그들이 악한 사람들만이 행사할 만한 행패와 언쟁으로 그를 얼마나 압박했는지를 알고 있습니다. 그런데 로마인들이 어떻게 할 것이라는 언급이 정직하지 못하게 조작된 것이라면, 그들이 얼마나 당당하게 자신들의 의도를 드러내고 있는 것입니까! 그들은 죄 없는 분을 죽이려는 음모에 자신이 가담하고 있다는 사실을 서로 인식하고 있었지만, 비열하고도 적나라한 죄에 대해서는 조금도 인식하려 하지 않았습니다.

그들은 자신들의 악한 계획을 알게 되면 그 일을 방해할 자들 앞에서 그 사건을 다루고 있는 것 같지 않습니다. 그들은 이 희생양을 무조건 증오하는 자신들의 비밀이 발각될까 봐 두려워해야 할 사람들 앞에서 그들의 동의를 얻고자 애쓰는 것처럼 보이지 않습니다. 만일 그랬다면, 우리는 그들이 사건의 진상을 솔직히 밝히기 곤란한 사람들의 동의를 구하기 위해 자신들의 범죄를 위장하고 그들의 본심과 악한 의도를 숨긴 채 거짓과 위선으로 행했을 것이라고 기대할 수 있을 것입니다. 그러나 그들은 지금 그런 상황 가운데 거짓된 고소와 논쟁을 하고 있는 것이 아닙니다. 지금 그들은 은밀하게 모여 아무도 두려워할 필요 없이 솔직하게 말할 수 있으며, 아무도 엿듣지 않고 판단할 사람도 없습니다. 그런데도 자신에게나 서로에게 어떻게든 죄의 실상을 숨기려고 애쓰는 것이 죄의 특성이요 역겨운 본성입니다. 그들은 '우리 땅(성전과 거룩한 예배)'과 '민족'의 안전과 자유를 크게 걱정하는 척했습니다. 그들은 애국주의의 옷을 입고 이 사건을 다루었습니다. 그들이 단지 백성 가운데 공포심을 조장하려 했다면, 그것은 그리스도께서 그들을 책망하신 위선을 드러낼 뿐입니다. 그러나 여기서 그들은 마비된 양심으로 자신들의 죄를 공공의 선으로 위장하려 하였습니다. 이것은 위선자라는 측면보다는 자신을 속이는 자로서의 특성을 더 드러냅니다.

   사람은 자신의 죄와 악이 적나라하고도 철저하게 드러나는 것을 보고 싶어 하지 않습니다. '거짓의 아비'(요 8:44)인 사탄은 과거의 죄에 대해 여러 가지 구실과 변명거리를 기꺼이 제공하려고 애씁니다. 또 현재 범하고 있는 죄에 대해서도 여러 가지 눈가림과 가면을 제공하여 그들의 관심을 사로잡고, 그들을 대담하게 만듭니다. 그들은 심지어 이런 가면이 결코 적절하지 않으며 아무런 효과도 주지 못한다는 사실을 잘 알면서도 그것을 자신과 서로 간의 위안으로 삼습니다. 사람들이 이처럼 자기를 기만하는 수단과 자기 정당화라는 가련한 방식을 공급받기 위해 명백히 자신을 넘기는 것을 보는 것은 의

아하면서도 고통스러운 일입니다. 그런데도 양심이 정죄하는 일을 행하리라 결심하고 벌거벗은 것을 가리기 위해 누더기를 찾고 죄를 가리기 위해 덮개를 찾습니다. 이런 사람들이 하는 일이 달리 무엇이 있겠습니까?

죄가 불가사의하다는 것을 명심하십시오. 죄의 기만으로 심령이 굳어지지 않도록 조심하십시오. 죄는 매우 교만하여 죄인들로 하여금 스스로를 기만할 수단을 찾게 합니다.

지금까지 그들이 로마인에게서 올 위험을 감지한 척했다는 가정에 대해 살펴보았습니다.

그러면 다음과 같은 경우도 가정해 봅시다. 그들이 실제로 그런 위험을 걱정하고 우려를 솔직하게 표현했다고 가정해 봅시다. 예수님의 명성이 더욱 높아져 백성들이 그분을 왕으로 삼아 로마의 통치에 반기를 든다면, 이스라엘이 로마 제국에 의해 멸망당할 수도 있다고 우려한 것입니다. 그리고 이런 두려움 속에는 나라의 존립이 무너지고 공적 지위를 상실함으로써 자신의 안녕과 이득이 사라질지도 모른다는 개인의 두려움을 뛰어넘는 무언가가 있다고 가정해 봅시다. 그들의 순수성을 가장 호의적으로 바라보면서 이 사건을 생각해 보자는 것입니다. 그들이 공공의 선을 사심 없이 염려하고 국가의 위기를 진정으로 인식하고 있었을 수도 있습니다. 그러나 그것이 어떻다는 것입니까?

그들이 죄 없는 사람을 죽인다고 상황이 달라지겠습니까? 하나님의 진노를 촉발한다고 해서 로마를 진정시킬 수 있겠습니까? 그것이 무슨 방책이 될 수 있겠습니까? 그런데도 당시에는 그런 방법들이 흔히 사용되곤 했습니다. 사실 그것은 선과 악의 긴장에서 형성되는 가장 일반적인 모습입니다. 이런 모습은 다양한 상황과 국면에서 끊임없이 반복해서 나타납니다. 사람에 대한 두려움과 하나님에 대한 두려움이 충돌될 때에 흔히 하나님에 대한 두려움이 밀려나곤 합니다. 원칙과 편의가 상반된 행위를 요구할 때에 원칙을 저버립니다. 양심이 이익과는 다른 방향을 향할 때에 양심이 침묵을 지킵니다. 세속적 사회의 모든 일상이 이렇게 진행되고 있지 않습니까?

이것이 이 공회원들이 의도하는 방향입니다. 그들은 사람에 대한 두려움 때문에 그들을 구하실 수 있는 하나님에 대한 두려움을 버림으로써 덫에 걸려들고 말았습니다. 그들의 죄는 사람의 힘을 과장되게 받아들이고 하나님의 전능하심을 그림자처럼 여긴 것이었습니다. 그들에게 로마인은 두려움의 대상이었습니다. 그들은 로마인들을 자신들이 두려워하는 속성과 능력을 가진 존재로 여겼습니다. 반면 전능하신 하나님, 모든 나라의 주권자들을 다스리시는 분에 대해서는 자신들과 같은 존재요, 그분의 능력이나 진노에 대해 두려움 없이 맞설 수 있는 듯이 여겼습니다. 그들은 육신을 죽일 수 있는 로마인들을 두려워하였습니다. 반면 그들은 몸과 영혼을 능히 지옥에 보내고 멸하실 수 있는 하나님을 두려워하지 않았습니다.

모든 정황을 감안할 때, 이것은 통탄할 만한 죄입니다. 특히 판결을 요하는 사건에서 죄가 없는 의인에게 죄를 덮어씌운 것은 더욱 그러합니다. 여호와께서는 재판하는 자리에 앉을 자들에게 두려운 상황을 용납하지 말라고 명백히 명하시지 않았습니까? 여호와께서는 "재판은 하나님께 속한 것인즉 너희는 재판할 때에 외모를 보지 말고 귀천을 차별 없이 듣고 사람의 낯을 두려워하지 말 것이며 스스로 결단하기 어려운 일이 있거든 내게로 돌리라. 내가 들으리라"(신 1:17)라고 말씀하셨습니다. 그런 자들에 대해 책임을 물으신다는 것입니다. 그들은 이 약속을 지켜야 하며, 그 규례에 따라 행해야 합니다. 그들은 하나님을 두려워하고 의롭게 판결해야 합니다. 그렇게 한다면 그들은 사람을 두려워하지 않을 것입니다. 로마인들이 온다고 해서 어떻다는 것입니까? 하나님이 그들과 함께하신다면, 그들이 의로운 판결을 할 때에 그분께서 '재판석에 앉은 자에게는 판결하는 영이 되시며 성문에서 싸움을 물리치는 자에게는 힘이'(사 28:6) 되실 것입니다.

이것이 모든 경건의 첫 번째 원리입니다. 오직 하나님만을 절대적으로 신실하게 경외해야 합니다. 이 방법 외에는 그 어떤 안전함도 있을 수 없습니다. 만일 하나님을 경외하지 않는다면, 모든 면에서 온갖 사람과 마귀의 노예로 전락하게 될 것입니다. 반면 진리 안에서 하나님을 경외하는 삶을 산다면, 모든 피조물 앞에서 진실로 두려워하지 않고 자유할 것입니다. 설령 내가 위험에 처하더라도 내가 섬기는 그분, 나를 소유하고 계신 그분이 나의 자유를 보호해 주실 것입니다.

그러므로 이 유대인들은 마땅히 이런 것들에 대해서 논의했어야 합니다. 그들의 첫 번째 질문은 "여호와여, 우리가 무엇을 하기를 원하십니까?"가 되어야 했습니다. 만일 그들이 하나님을 경외하고 하나님이 그들을 위하신다면, 그분은 자신을 경외하는 모든 사람들을 위해 일하실 것입니다. 그때 어느 누가 그들을 대적할 수 있겠습니까? 그들은 이전에 하나님을 경외하는 사람들이 "우리 하나님이여 그들을 징벌하지 아니하시나이까? 우리를 치러 오는 이 큰 무리를 우리가 대적할 능력이 없고 어떻게 할 줄도 알지 못하옵고 오직 주만 바라보나이다"(대하 20:12)라고 기도할 때에 큰 군대가 부리나케 도망했던 영광스런 시절(그들의 땅과 그들의 나라의 이전 영광)을 잊은 것입니까?

하나님의 사람들은 수많은 대적을 맞아 "여호와여, 힘이 강한 자와 약한 자 사이에는 주밖에 도와줄 이가 없사오니, 우리 하나님 여호와여 우리를 도우소서. 우리가 주를 의지하오며 주의 이름을 의탁하옵고 이 많은 무리를 치러 왔나이다. 여호와여 주는 우리 하나님이시오니 원하건대 사람이 주를 이기지 못하게 하옵소서"(대하 14:11)라고 부르짖었습니다. 또한 하나님의 마음에 합한 사람은 거룩한 두려움을 가지고 담대하게 노래했습니다.

"여호와는 나의 빛이요 나의 구원이시니 내가 누구를 두려워하리요. 여호와는 내 생명의 능력이시니 내가 누구를 무서워하리요. 악인들이 내 살을 먹으려고 내게로 왔으나 나의 대적들, 나의 원수들인 그들은 실족하여 넘어졌도다"(시 27:1-3).

진실로 어떤 상황에서도 여호와의 이름은 경건한 사람들이 피하여 보호받을 수 있는 강한 성입니다.

"아브람아 두려워하지 말라. 나는 네 방패요 너의 지극히 큰 상급이니라"(창 15:1).

그러나 로마인들을 두려워한 이 공회원들은 이러한 방패를 멸시하였습니다. 그들은 원칙을 무시하고 오직 편법을 따랐습니다. 그들은 위험에서 벗어나기 위해 정략적인 편법과 자신들의 지혜만을 의지하였습니다. 그들은 로마의 모든 무기보다 훨씬 심각한 결과를 초래할 수 있는 하나님께서 자신들을 대적하실 것을 생각하지 않았고 그분을 믿지 않았으며, 그들의 편이 되어 모든 대적들의 세력으로부터 능히 그들을 보호하실 그분의 능력을 의지하지 않았습니다. 그들은 감히 하나님의 진노에 맞서, 자신들의 힘으로 로마로부터 성전과 나라를 지키려고 하였습니다.

그들이 성공했습니까? 편법이 원칙보다 나았습니까? 여호와를 경외하고 의지하는 것보다 자신들의 이성을 의지하는 것이 더 나은 선택이었습니까? 아닙니다. 그들이 로마와 화해하기 위해 내린 결정은 로마로 하여금 자신들을 역사상 가장 끔찍하고도 잔인하게 대하도록 만들었습니다.

"너희가 이 모든 것을 보지 못하느냐"(마 24:2).

예수님은 감람산에서 웅장한 성전 건물들을 보고 있던 제자들에게 이렇게 말씀하셨습니다.

"내가 진실로 너희에게 이르노니 돌 하나도 돌 위에 남지 않고 다 무너뜨려지리라"(마 24:2).

그것은 구주의 입에서 처음으로 나온 새로운 예언이 아니었습니다. 그것은 오래전 모세가 여호와의 말씀에 불순종한 것에 대해 선포한 저주의 한 부분을 다시 한 번 반복하신 것에 불과합니다.

"여호와께서 멀리 땅 끝에서 한 민족을 독수리가 날아오는 것같이 너를 치러 오게 하시리니, 이는 네가 그 언어를 알지 못하는 민족이요 그 용모가 흉악한 민족이라. 노인을 보살피지 아니하며 유아를 불쌍히 여기지 아니하며"(신 28: 49,50).

예수님은 모세가 백성들에게 말한 것과 같은 의미로 열두 제자들에게 말씀하셨습니다. 만일 당시에 그들이 모세를 믿었다면, 그들은 예수님도 믿었을 것입니다. 왜냐하면 모세가 예수님에 대해 말했기 때문입니다. 그들은 로마를 자신들의 친구로 만들기 위해 예수님을 배신했습니다. 그리고 하나님의 진노가 로마의 손을 통해 가장 끔찍하게 그들에게 임했습니다.

"악인에게는 그의 두려워하는 것이 임하거니와"(잠 10:24).

그렇습니다. 안전을 지키기 위한 그들의 계획이 결국 그들의 멸망을 초래하였습니다.

우리 조국의 높은 지위에 있는 사람들이 로마(로마 교황)에 대해 가지고 있는 두려움이 옛 유대인들이 로마 제국에 대해 가졌던 두려움보다 결코 적지 않다는 사실을 모릅니까? 이런 편법이 하나의 중요한 법칙이 되고, 오히려 원칙이 습관적으로 뒤로 밀리는 것을 보지 않습니까? 그래서 문제가 조금이라도 해결되었습니까? 로마교회가 부드러워졌습니까? 더 잠잠해졌습니까? 그렇지 않습니다. 오히려 정반대의 결과를 낳았습니다. 정치가들은 실망하고, 모든 상황은 그들의 기대와 전혀 다른 방향으로 흘러가고 있습니다. 그리고 그들이 이런 방식으로 제압하고자 했던 악은 오히려 끊임없이 힘을 모으고 있습니다. 동일하신 하나님이 만유 위에서 다스리시기 때문에 이전의 통치 원리가 지금도 모든 나라에 적용되고 있으며, 따라서 이 원칙이 가장 좋은 방법이라는 사실을 그들이 언제쯤 깨달을 수 있을까요? 편법은 '자신을 속이는 것'입니다.

가장 큰 두려움은 일단 그들이 문제를 이런 방향에서 접근할 경우, 가야바와 같은 사람이 일어나 이 문제를 극단적인 위기로까지 몰고 갈 수 있다는 것입니다.

2. 공회원이 제시한 해결책

우리는 이 사건에 대해 모든 공회원이 공감하는 일반적인 진술을 들었습니다. 이제 공회에서 제시된 해결 방안에 대해 살펴봅시다. 이 부분은 가야바를 위해 준비된 그의 몫이었습니다. 사실 대제사장 가야바를 빼고는 이 이야기를 할 수가 없습니다. 앞서 살펴본 죄는 공회 전체에 널리 퍼져 있었으며, 그는 이런 상황을 더욱 악화시킬 수 있었습니다. 이 사건을 몇 단계 진전시켜 모든 관심의 초점을 하나로 모은 사람이 바로 가야바입니다.

"너희가 아무것도 알지 못하는도다. 한 사람이 백성을 위하여 죽어서 온 민족이 망하지 않게 되는 것이 너희에게 유익한 줄을 생각하지 아니하는도다"(요 11:49,50).

가야바의 이 발언은 모든 논의를 종결시키고 대담하게 하나의 초점에 집중하게 만듭니다. 그것은 '고르디오스의 매듭(Gordian knot)'을 풀듯이 모든 사건을 간단히 해결해 버렸습니다. 다른 사람들은 필요한 조치에 대해서 암시만 할 뿐이었지만, 가야바는 전혀 주저하지 않았습니다. 그에게 어중간한 태도는 아무런 의미가 없었습니다. 그는 그렇게 생각하는 자들을 비웃었으며, 그들이 아무것도 알지 못한다고 노골적으로 지적하였습니다.

"너희가 아무것도 알지 못하는도다."

그는 그들의 무식함을 비웃으면서 양심의 가책에 대해서는 대충 얼버무려 버렸습니다. "이 기적을 파는 자는 제거되어야만 한다. 그렇게 하지 못할 이유가 어디 있는가? 그는 단지 '사람'일 뿐이다. 그가 죽는 것이 온 '나라'가 망하는 것보다 낫다"라는 것입니다. 이것이 대제사장이 마음속으로 하는 생각이었습니다. 그는 자신의 파렴치한 악함을 모두 드러내었으며, 자신의 목적을 실행하기 위해 무모할 만큼 추진력을 발휘하였고, 다른 사람들의 이해를 구하는 일에 대담하고도 무례하게 강요했습니다.

그는 자신이 하는 말의 의미를 완전히 이해하고 있었습니다. 복음서 기자가 "이 말은 스스로 함이 아니요 그해의 대제사장이므로……미리 말함이러라"(요 11:51,52)라고 한 것은 가야바가 자신이 하는 말의 의미를 몰랐다는 뜻이 아닙니다. 그가 무의식적으로 말하거나 아무런 의도 없이 말한 것이 아닙니다. 물론 그의 말이 예언적으로 바뀐 것은 그가 의도한 바가 아닙니다. 그는 그 말이 자신의 의도와는 다른 의미를 가지리라고 생각하지 못했습니다. 그러나 그가 그들에게 전하고자 한 의미는 결코 모호하지 않고 명백했습니다. 가야바의 말이 지니는 예언적 의미를 살펴보기 전에 그의 의도를 살펴보면서 그것이 이 논쟁에서 차지하는 위치와 이 사건에 미친 영향을 고찰해 보겠습니다.

첫째, 대제사장의 제안(죄 없는 사람을 죽이는 일)은 저주로 가득하고 막가는 것으로, 지금까지 제시된 모든 것보다도 훨씬 앞서 나간 것이었습니다. 그러나 그것 역시 다른 모든 제안들과 동일하게 편법(expediency)을 그 근거로 삼습니다. 그는 "한 사람이 죽는 것이 유익(편리, expedient)하니라"라고 말합니다. 요한은 가야바가 곧 자신 앞에 나타날 죄수에 대해 미리 선고한 자와 동일한 인물임을 상기시키면서, 실로 모든 사건 절차의 성격과 실마리가 있는 이 고통스러운 말을 조심스럽게 기억하며 제시합니다.

"가야바는 유대인들에게 한 사람이 백성을 위하여 죽는 것이 유익하다고 권고하던 자러라"(요 18:14).

그러므로 그가 비록 나머지 사람들이 제안하려고 준비한 것보다 훨씬 더 많이 나아가고 있지만 행동 지침이 된 동기와 채택해야 했던 절차라는 면에서는 그들과 정확히 하나가 되었습니다. 그들 모두가 공감하는 편법이 그날의 지배자였습니다. 편리하고 유익한 것이 모든 것을 결정하였습니다. 그들은 모두 이 점에서 하나가 되었습니다. 가야바 역시 아무런 이의가 없었습니다. 그도 똑같이 말하였습니다. 그러므로 그가 정직한 양심에서 더 멀리 벗어났다고 할지라도, 그에게 이의를 제기할 사람은 아무도 없었습니다. 지금 이 극악한 음모가 진행되는 와중에 어느 누가 대놓고 반대하겠습니까? 이 사건이 지나친 극단으로 치닫게 될 것을 느끼고서 실례를 무릅쓰고 가야바에게 자신은 다르게 생각하노라고 말할 만큼 건전한 사고를 가진 자가 그들 가운데 있겠습니까? 설령 그런 사람이 있다 해도, 얼마나 쉽게 반박당하고, 당돌하고도 뻔뻔스러운 간섭으로 취급받겠습니까? 가야바는 이미 모두가 자신에게 동의하리라 생각하고 있었습니다.

"너희들은 로마가 우리의 땅과 나라를 점령할 위험이 크다는 사실에 동의한다. 그렇지 않느냐? 적어도 이 순간에는 너희들도 그렇게 말하고 있다. 또한 너희는 그것이 매우 바람직하지 않다는 데 동의한다. 그것을 막기 위하여 어떤 수단이든 동원하는 것이 유익하다고 생각하지 않는가? 너희들은 여기에 동의하지 않는가?"

"물론입니다. 그것은 모든 수단을 다 동원해서라도 제거해야만 하는 악입니다. 아니 그 이상입니다."

"옳다. 맞는 대답이다. 그렇다면 지금 너희는 잘못 생각하고 있다. 한 사람이 백성을 위하여 죽어서 온 민족이 망하지 않는 것이 너희에게 유익한 줄을 왜 생각하지 못하느냐? 아니면 너희도 그의 제자들 중 하나가 되어 모든 민족이 망하는데도 그 자를 따라가려느냐?"

이런 '편법'이 제시되는 순간 지각 있지만 나서기를 주저하는 양심은 제압당하고 침묵할 것이며, 거기에 반기를 들거나 저항할 수 있는 모든 권리를 단념해야 한다는 사실만 깨달았을 것입니다.

둘째, 이렇게 이 사건이 접어든 새로운 전환점에 놀란 사람들 가운데 어느 누구도 뒤로 물러설 수 없게 되었습니다. 사실 즉시 이런 편법 대신 원칙을 근거로 삼아 성경의 조명 아래 철저하고 공정하게 조사하자고 주장해야 합니다. 니고데모는 어디에 있습니까? 그는 전에 이렇게 이의를 제기했습니다.

"우리 율법은 사람의 말을 듣고 그 행한 것을 알기 전에 심판하느냐"(요 7:51).

당시에 그들은 틀림없이 그가 오는 것을 두려워했을 것입니다. 그는 그들이나 공회와 함께하지 않고 그들을 싫어하며 피했을 것입니다. 만일 그가 그 회의에 참석했더라면, 즉시 이의를 제기하였을 것입니다. 편법이라는 올가미에서 벗어나고자 하는 사람은 그렇게 이의를 제기해야만 합니다. 그러기 위해서는 여러분의 양심을 벗어나도록 이끌려는 자들과 하나가 되는 모든 원리들을 버려야만 합니다. 여러분은 "이분이 그리스도이신가, 아니신가?"라는 질문을 먼저 던져야 하며, 그것을 끝까지 고수해야 합니다. 그 질문에 대한 답을 요구하십시오. 그러면 안전할 것입니다. 모든 것을 고귀한 원칙과 성경에 의지하십시오. 가야바는 불신자처럼 성경을 부인하는 자로 밝혀지는 것을 부끄러워할 것입니다. 가야바에게 물으십시오.

"선지자를 믿으시나이까. 믿으시는 줄 아나이다"(행 26:27).

그 부분에서 그 사람을 압박하십시오. 그러면 여러분은 안전할 것입니다.

그러나 여러분이 그것을 포기한다면 모든 것을 잃게 될 것입니다. 그가 여러분보다 조금 더(또는 매우 많이) 앞서 가는데도 여전히 같은 방식과 궤도를 고수한다면, 여러분에게 유익한 것이 곧 그에게도 유익할 것이며, 여러분을 대적하고 여러분의 성경과 여러분의 두려움을 침묵시킬 것입니다. 여러분이 편법의 제자가 된다면, 가야바는 확실히 여러분의 선생이 될 것입니다. 그러므로 깨끗하고 철저한 원칙을 근거로 삼아 그를 대적하고 있음을 입증하십시오. 그를 설득함으로써 여러분의 형제를 얻게 될 것입니다. 여러분은 적어도 자신의 영혼을 구원할 수 있을 것입니다.

그렇다면 로마는 어떻습니까?

"한 날의 괴로움은 그날로 족하니라"(마 6:34).

영광스러운 약속도, 원하는 전례도 아닙니다.

"사람의 행위가 여호와를 기쁘시게 하면 그 사람의 원수라도 그와 더불어 화목하게 하시느니라"(잠 16:7).

"여호와를 경외하는 자에게는 견고한 의뢰가 있나니 그 자녀들에게 피난처가 있으리라"(잠 14:26).

히브리 후손들의 숭고한 도전의 근거는 언제든 "우리가 섬기는 하나님이 계시다면 우리를 맹렬히 타는 풀무불 가운데에서 능히 건져 내시겠고 왕의 손에서도 건져 내시리이다"(단 3:17)라는 영원히 살아 거하시는 말씀입니다.

가야바의 말은 성령의 음성이기도 했습니다. 그의 말이 거룩한 뜻과 예언적 의미를 지니고 있었기 때문입니다. 사람의 신성을 저주하고 모독하는 참람한 주장이 주님의 거룩한 예언으로 바뀌는 것이 얼마나 놀랍습니까! 단 한 번 내뱉은 말이 이처럼 두 가지 의미를 지니고 있는 것입니다.

하나님의 일하심이 얼마나 위대합니까! 그렇습니다. 심지어 인간의 죄(악한 의도로 내뱉은 말)에 가장 가까이 있더라도, 하나님의 일하심은 영화롭고 영광스러우며, 그분의 공의는 영구히 서 있습니다(시 112:3 참고). 참으로 그분은 인간의 노를 하나님을 향한 찬양으로 바꾸십니다. 자신의 의도와는 달리 하나님의 도구가 되어 거룩하고도 복된 것들을 전한 경우는 이번이 처음이 아닙니다. 발람은 이스라엘을 저주하려 했지만, 그의 입은 축복으로 채워졌습니다. 그리하여 변하지 않는 축복, 후회할 것이 없는 하나님의 선물에 대해 선포했습니다(민 23,24장 참고).

"하나님은 사람이 아니시니 거짓말을 하지 않으시고 인생이 아니시니 후회가 없으시도다. 어찌 그 말씀하신 바를 행하지 않으시며 하신 말씀을 실행하지 않으시랴. 내가 축복할 것을 받았으니 그가 주신 복을 내가 돌이키지 않으리라. 야곱의 허물을 보지 아니하시며 이스라엘의 반역을 보지 아니하시는도다"(민 23:19-21).

그렇습니다. 참된 복은 이것입니다. 곧 허물을 덮어 주시는 것입니다.

"여호와께 정죄를 당하지 아니하는 자는 복이 있도다"(시 32:2).

그러나 어떤 근거로 그런 복이 주어집니까? 가야바가 발람이 선포한 축복의 근거를 제공합니다. 그는 그리스도에게 죄를 전가함으로써 하나님께서 이스라엘을 살리고 구원하실 수 있다고 말하고 있는 셈입니다. 그러므로 이러한 통찰력과 관점을 가지고 볼 때, 그의 참람한 제안은 스스로 한 것이 아니라 '그해의 대제사장이므로 예수께서 그 민족을 위하시고……죽으실 것을 미리 말한'(요 11:51,52 참고) 것일 뿐입니다. 그렇다면 발람이 선포한 이 축복은 오직 '그 민족'에게만 해당되는 것입니까? 아닙니다. 성경은 이렇게 말합니다.

"그 민족만 위할 뿐 아니라 흩어진 하나님의 자녀를 모아 하나가 되게 하기 위하여 죽으실 것을 미리 말함이러라"(요 11:52).

이처럼 가야바는 이 놀라운 선언으로 대속주와 희생과 대제사장에 대해 선포하게 되었습니다. 성령의 뜻이 담긴 이 선언은 가야바가 원래 가지고 있던 비열하고도 잔인한 의도와 비교할 때, 훨씬 위대합니다. 성령께서 그해의 대제사장인 가야바의 입술을 통해 예언하셨다는 것은 큰 의미를 지닙니다. 왜냐하면 분명히 성경은 가야바의 말에 담긴 예언적 의미가 그에게서 난 것이 아니며 그의 제사장 직분과 연관되어 있다는 사실을 강조하고 있기 때문입니다.

"이 말은 스스로 함이 아니요 그해의 대제사장이므로……미리 말함이러라"(요 11:51,52).

예수님은 레위 지파의 제사장들에 의해 거부당하셨습니다. 그리고 그해의 대제사장인 가야바도 예수님의 영원한 제사장직을 거부하려 하였습니다. 그러나 실상 성령은 그의 말을 통해 그분의 제사장직을 선언하고 확증하셨습니다. 참으로 여호와의 일하심은 영화롭고 놀랍습니다! 그리스도의 제사장직을 최종적으로 부인하는 말이 오히려 그것을 정확하게 묘사하고 예고하며 확증하는 언어로 제시되었습니다.

또한 그것은 공회에 참석한 자들이 은밀히 따랐던 도덕적 규율이나 재판정에서 지는 궁극적인 책임과도 상관이 있습니다. 이 사실을 다음 두 가지 측면에서 살펴봅시다.

첫째, 공회원들이 이런 살해 의도에 대해 주저하거나 스스로 그런 흉악한 악을 수행해야 한다는 사실에 대해 거리껴합니까? 어쨌든 그분이 메시아일 수도 있었습니다! 보십시오. 대제사장은 "한 사람이 백성을 위하여 (타인에 의해) 죽어야 한다"(요 11:50 참고)라고 말하고 있습니다. 하나님께서도 다니엘의 입을 통해서 말씀하셨습니다.

"기름 부음을 받은 자가 끊어져 없어질 것이며"(단 9:26).

그렇다면 예수님이 그분이실 수도 있지 않습니까? 망설이는 공회원들은 더 늦기 전에 멈추고 두려워하며 되돌아와야 했습니다.

둘째, 아무도 주저하지 않았습니까? 그들 모두 대담하게 악행에 동참하였습니까? 그러나 '여호와의 선지자가 그들 가운데 있어' 그들에게 말씀을 주셨다는 사실은 결코 의미 없지 않습니다. 그들이 범죄하지 않기로 조금만 더 결심하고 죄로 눈이 조금만 덜 가려져 있었다면, 그들은 말씀을 통해 그들의 모든 문제를 해결하고 깨닫게 되어 그리스도를 알아보게 되었을 것입니다. 물론 당시에는 그렇게 생각하기가 어려웠을 수도 있습니다. 그래서 결국 그들은 더욱 큰 죄를 범하고 말았습니다. 그러나 언젠가 그들이 어두운 죄악 가운데 있을 때 예언의 영이 그들 가운데 임하여 그들과 모든 가족이 구원받을 수 있는 말씀을 하셨던 것을 깨달을 날이 올 것입니다.

심판의 날이 되면, 하나님께서 범죄의 위기마다 가장 가까운 곳에서 그들을 깨우치고 구원하기 위해 지극히 거룩하고도 놀라운 열심을 보이셨음이 수없이 밝혀질 것입니다. 그리고 하나님의 강력한 계시와 구원의 순간이 눈먼 죄인의 영혼을 얼마나 강하게 두드리고 있었는지를 보여 주실 것입니다. 그때 영원한 비극의 안타까움이 얼마나 크겠습니까! 반면 구속함을 받은 자들은 여호와께서 얼마나 자비하고 진실하게, 그리고 측량할 수 없는 사랑과 지혜 가운데 풍성하고도 놀라운 방식으로 자신을 인도하셨는지를 하늘에서 보고 가장 고상한 환희로 감사와 경배를 돌리지 않겠습니까!

3. 권면

우리가 주목해야 할 여러 가지 중요한 원리들 가운데 특히 다음의 두 가지 권면을 중심으로 전하고자 합니다. 불신앙적 두려움과 불신앙적 교제를 주의하십시오.

첫째, 불신앙적 두려움을 경계하십시오. 사람에 대한 두려움은 덫을 놓습니다. 이 땅에 횡행하는 거짓 중 절반은 불신앙적 두려움에서 비롯됩니다. 불의한 행위의 절반이 불신앙적 두려움에서 비롯됩니다. 사람이 종종 불신앙적 두려움에 빠져 하나님을 두려워하지 않으려 하기 때문입니다. 사람은 스스로 존재하는 신이 아니므로 자신을 온전히 통제할 수 없으며, 모든 적대적인 세력과 환경을 다스릴 수 있는 절대적인 주권도 가지고 있지 않습니다. 그들은 그저 인간일 뿐입니다. 이것은 우리가 깨달아야 할 유익한 교훈입니다. 자신의 연약함을 깨닫고 반석 되신 하나님을 의지해야 합니다. 그분을 두려워하여 "주여, 무엇을 하기를 원하시나이까?"라고 여쭈어야 합니다. 그러면 절대 다른 사람을 두려워하지 않을 것입니다.

의인은 사자같이 담대하고 손이 깨끗한 자는 점점 힘을 얻습니다(잠 28:1; 욥 17:9 참고). 그러므로 하나님을 경외하십시오. 하나님을 두려워하고 경외하는 자에게는 그 어떤 부족함도 없을 것입니다. 그에게는 이스라엘을 향한 저주의 예언이 미치지 않을 것입니다. 여러분을 모든 악으로부터 보호하시는 전능하고 전지하신 그분을 신뢰하지 않겠습니까? 청년들이여, 여기에 귀를 기울여야 합니다. 여러분이 '생명을 사랑하고 좋은 날 보기를 원하는' 것은 당연합니다. 이런 소망을 가진 자가 어떻게 만족을 얻게 되는지 들어 보십시오.

"생명을 사랑하고 좋은 날 보기를 원하는 자는 혀를 금하여 악한 말을 그치며 그 입술로 거짓을 말하지 말고 악에서 떠나 선을 행하고 화평을 구하며 그것을 따르라. 주의 눈은 의인을 향하시고 그의 귀는 의인의 간구에 기울이시되 주의 얼굴은 악행하는 자들을 대하시느니라 하였느니라. 또 너희가 열심으로 선을 행하면 누가 너희를 해하리요"(벧전 3:10-13).

그렇습니다. 여러분이 열심히 선을 행한다면 누가 여러분을 해할 수 있겠습니까? 여러분이 진리를 말하며 의롭게 살고, 공의롭게 행하며 자비를 사랑하고, 자신을 세상의 더러운 것으로부터 지키며, 하나님과 사람에게 죄를 범하지 않는 양심을 지킨다면 누가 여러분을 해치겠습니까? 위험과 덫이 협박하고 있다면, 불신앙에 빠지게 하려는 유혹을 경계하십시오. 여호와께서 여러분의 피난처가 되십니다. 여러분이 그분과 함께 있는 동안에는 그분이 여러분과 함께 계십니다. 아무도 여러분과 함께할 수 없을 때에도, 여호와께서 여러분과 함께 계셔서 도우실 것이며, 사자의 입에서 여러분을 구원하실 것입니다. 그분이 모든 악한 일에서 여러분을 구속하실 것이며, 여러분이 천국에 이를 때까지 보호하실 것입니다.

반면 여러분이 여호와를 신뢰하지 않고 두려워하지 않는다면, 분명히 여러분은 안전하지 못할 것입니다. 여러분이 두려워하는 그 악이 여러분에게 임할 것입니다. 여러분이 악한 방법을 사용하여 피하려 했던 그 해가 여러분에게 임할 것입니다. 하나님의 섭리가 날마다 그것을 보여 주고 있습니다. 여러분이 불의한 조치들을 선택하여 피하려고 한 가난과 궁핍이 무장한 사람처럼 여러분에게 임할 것입니다. 여러분이 사람의 진노를 피하기 위해, 또는 그들의 환심을 사기 위해 죄의 삯을 치렀으나, 그들이 여러분에게 등을 돌리고 배신하고 다른 사람들에게로 갈 것입니다. 그리고 여러분은, 피조물에 대한 두려움 때문에 하나님을 두려워하지 않는 것이 창조주를 대적하는 것이며 피조물의 노예와 희생자가 되는 것임을 알게 될 것입니다.

사울은 사무엘을 기다리지 못하고 자신의 위치를 벗어나 제사를 드리려고 했습니다. 사람들이 자신을 떠나고 나라를 빼앗기게 될까 봐 두려워했기 때문입니다. 그때 사무엘이 와서 이 악함 때문에 그가 나라를 빼앗기게 되리라고 선언했습니다(삼상 13:8-14 참고). 마찬가지로 유대인이 로마인을 두려워하여 그리스도를 배신했을 때, 로마인은 시온과 성전을 갈아엎어 버렸습니다(미 3:12 참고).

사랑하는 여러분, 여러분의 조상들이 섬긴 하나님을 알고 그분을 경외하며 온전한 마음으로 섬기십시오. 그분은 절대로 엄한 주인이 아닙니다. 그분은 '사랑과 정의와 공의를 땅에 행하는 자'(렘 9:24)입니다. 그분의 영원한 아들은 이스라엘의 흩어진 자들을 모아 그들로 주님을 사랑하고 두려워하게 만들기 위하여 죄인들을 대신해 죽으셨습니다. 그분의 피로 말미암아 모든 죄에서 깨끗하게 된 믿는 자에게서는 어떤 죄도 찾지 않습니다. 그분의 약속을 받아들이고, 그 복을 자신의 것으로 삼으십시오. 그리고 그로 말미암아 여러분에게 덫이 되었던 두려움으로부터 영원히 자유롭게 되십시오.

둘째, 불신앙적 교제는 종종 불신앙적 두려움이라는 올무에 빠지게 합니다. 죄에 빠져 있는 여러분의 동료는 여러분에게 덫이 될 수도 있고, 여러분을 더욱 큰 죄로 유혹할 수도 있습니다. 가야바는 저항할 힘이 없는 그의 동료들을 악한 자로 만들었습니다. 여러분은 절대 그렇게 되지 말아야 합니다. 그러나 만일 하나님을 두려워하지 않는다면, 하나님이 어떤 뜻을 가지고 계시느냐가 아니라 여러분이 함께하는 그들(죄인들)이 어떤 의도를 가지고 있느냐가 중요해질 것입니다. 심지어 마귀가 어떤 의도를 가지고 있느냐가 중요해질 것입니다. 마귀는 거짓말하는 자이며 처음부터 살인한 자입니다(요 8:44 참고). 그는 여러분이 지나온 길로 되돌아가기를 포기할 때까지 여러분을 계속 이끌어 갈 것입니다. 그는 여러분에게 아첨하는 말을 한 다음에 여러분을 경멸할 것입니다. 항상 그러했습니다. 세상과 벗 되는 것이 결국 하나님과 원수 되는 것임이 드러날 때까지 멈추지 않고 계속할 것입니다(약 4:4 참고). 그런 원리들과 완전히 결별하지 않는다면 절대 안전할 수 없습니다.

"그분이 그리스도이신가, 아니신가?" 하나님의 율법과 말씀에 따라 이것을 판단하십시오. 여러분을 초대하여 합류하게 만들려는 사람의 의도를 성경적으로 입증할 수 있습니까? 만일 그가 성경을 비웃는다면, 여러분은 즉시 여러분과 관계있는 분을 바라보고 그와 관계를 끊어 버리십시오.

"너희 행악자들이여 나를 떠날지어다. 나는 내 하나님의 계명들을 지키리로다"(시 119:115).

그러면 여러분은 철을 따라 열매를 맺는 시냇가에 심은 나무와 같이 되어 잎사귀가 마르지 않을 것이고, 여러분이 하는 모든 일이 다 형통할 것입니다(시 1:3 참고). 그러나 악인은 그렇지 않습니다(시 1:4 참고). 3년 후 로마는 가야바의 제사장직을 박탈했습니다. 그가 두려워한 일이 자신에게 임한 것입니다. 그의 '땅'이 '빼앗김'을 당하였습니다. 그는 그 땅에 없었습니다.

"내가 악인의 큰 세력을 본즉 그 본래의 땅에 서 있는 나무 잎이 무성함과 같으나 내가 지나갈 때에 그는 없어졌나니 내가 찾아도 발견하지 못하였도다"(시 37:35,36).

10장 예수님의 침묵과 대답

"대제사장이 예수에게 그의 제자들과 그의 교훈에 대하여 물으니
예수께서 대답하시되 내가 드러내 놓고 세상에 말하였노라
모든 유대인들이 모이는 회당과 성전에서 항상 가르쳤고
은밀하게는 아무것도 말하지 아니하였거늘"(요 18:19,20).

"[19]대제사장이 예수에게 그의 제자들과 그의 교훈에 대하여 물으니 [20]예수께서 대답하시되 내가 드러내 놓고 세상에 말하였노라 모든 유대인들이 모이는 회당과 성전에서 항상 가르쳤고 은밀하게는 아무것도 말하지 아니하였거늘 [21]어찌하여 내게 묻느냐 내가 무슨 말을 하였는지 들은 자들에게 물어보라 그들이 내가 하던 말을 아느니라 [22]이 말씀을 하시매 곁에 섰던 아랫사람 하나가 손으로 예수를 쳐 이르되 네가 대제사장에게 이같이 대답하느냐 하니 [23]예수께서 대답하시되 내가 말을 잘못하였으면 그 잘못한 것을 증언하라 바른말을 하였으면 네가 어찌하여 나를 치느냐 하시더라"(요 18:19-23).

"[66]날이 새매 백성의 장로들 곧 대제사장들과 서기관들이 모여서 예수를 그 공회로 끌어들여 [67]이르되 네가 그리스도이거든 우리에게 말하라 대답하시되 내가 말할지라도 너희가 믿지 아니할 것이요 [68]내가 물어도 너희가 대답하지 아니할 것이니라"(눅 22:66-68).

예수님은 사역 초기에 제자들이 세상에 진리를 증언할 때 그들에게 시련이 닥칠 것을 예고하시면서 동시에 왕과 통치자들 앞에서 담대히 증언하리라는 약속으로 그들을 안심시키셨습니다.

"그때에 너희에게 할 말을 주시리니 말하는 이는 너희가 아니라. 너희 속에서 말씀하시는 이 곧 너희 아버지의 성령이시니라"(마 10:19,20).

이 약속은 소위 예루살렘의 멸망과 그 전에 있을 핍박을 알리실 때 실제로 여러 번 반복하신 것으로 보입니다.

"내가 너희의 모든 대적이 능히 대항하거나 변박할 수 없는 구변과 지혜를 너희에게 주리라"(눅 21:15).

우리는 이 약속과 문자적으로 거의 일치하는 확실한 성취를 스데반에게서 찾을 수 있습니다. 그는 대적이 '지혜와 성령으로 말함을 능히 당하지 못한'(행 6:10 참고) 사람입니다. 베드로와 요한의 경우에도 대적 앞에서 매우 놀라운 태도를 취했다고 기록되어 있습니다. 그들은 매우 정확하고 지혜로우며 담대하게 말했습니다.

"그들이 베드로와 요한이 담대하게 말함을 보고 그들을 본래 학문 없는 범인으로 알았다가 이상히 여기며"(행 4:13).

강하고 악하고 권세 있는 대적에게 맞서 온갖 협박과 위험 속에서도 하나님의 말씀과 목적과 진리를 담대하게 증언할 수 있는 것은 보통 복이 아닙니다. 바울은 그런 때에 얻은 도움으로 인하여 특별히 감사하며, 그것을 다니엘이 사자 굴에서 탈출한 것보다 못하지 않은 자비로 기억하며 찬송하였습니다. 그는 네로 앞에 섰을 때, 마치 예수님이 체포되실 때 '제자들이 다 예수를 버리고 도망'(마 26:56)한 것처럼, "내가 처음 변명할 때에 나와 함께한 자가 하나도 없고 다 나를 버렸으나"(딤후 4:16)라고 고백합니다. 계속해서 그는, "아버지 저들을 사하여 주옵소서. 자기들이 하는 것을 알지 못함이니이다"(눅

23:34)라고 부르짖었던 주님과 비슷한 심정으로 그들을 용서합니다.

"그들에게 허물을 돌리지 않기를 원하노라. 주께서 내 곁에 서서 나에게 힘을 주심은 나로 말미암아 선포된 말씀이 온전히 전파되어 모든 이방인이 듣게 하려 하심이니 내가 사자의 입에서 건짐을 받았느니라"(딤후 4:16,17).

이런 복은 사도들에게만 약속된 것이 아닙니다. 옛 거룩한 사람들도 여호와께 이런 복을 간구했습니다.

"여호와여 나의 원수들로 말미암아 주의 의로 나를 인도하시고 주의 길을 내 목전에 곧게 하소서"(시 5:8).

"여호와여 주의 도를 내게 가르치시고 내 원수를 생각하셔서 평탄한 길로 나를 인도하소서. 내 생명을 내 대적에게 맡기지 마소서. 위증자와 악을 토하는 자가 일어나 나를 치려 함이니이다"(시 27:11,12).

여러분의 영혼을 인내하며 지키는 것, 모든 사람, 심지어 대적에게까지 온유와 두려움으로 여러분 속에 있는 소망에 관한 이유를 말하는 것(벧전 3:15 참고), 여러분을 넘어뜨리려는 올무와 여러분의 말에서 흠을 잡으려는 시도가 있는데도 안전하게 행하는 것, 거칠고도 세속적인 사람들의 모욕적인 비웃음에 용감하게 대처하는 것, 여러분에 대한 적개심이 아니라 하나님에 대한 적대심을 책망하는 것, 침묵해야 할 때와 말해야 할 때를 아는 것, 그리고 항상 은혜 가운데서 맛을 내는 소금처럼 말하는 것, 그래서 살아 있는 기독교와 진리를 대적하는 자들에게 여러분을 대적하거나 넘어뜨릴 구실을 전혀 주지 않도록 행하는 것, 그들에게 머리털 하나만큼의 진리와 공의도 양보하지 않고 여러분의 손에 그리스도를 위한 뜻을 품으며 그것으로 인해 어떤 흠이나 비방도 듣지 않고 안전하게 그것을 지켜 내는 것, 그래서 여러분의 길이 여러분 앞에서 곧게 되는 것, 이런 것들이 여러분의 대적들로 인하여 분명해질 때, 하나님의 신실하심을 확신하고 주님께서 참으로 여러분의 편이 되신다는 기쁜 믿음을 확인하게 될 것입니다.

다른 복들과 마찬가지로 이것도 그리스도 안에서 여러분에게 주어졌다는 사실을 명심하기 바랍니다. 여러분은 하나님께서 '그의 아들 예수 그리스도 우리 주와 더불어 교제하도록 부르신' 자로서 그런 복을 기대할 수 있습니다(고전 1:9 참고). 여러분이 그것을 누린다면, 여러분이 그리스도와 함께 그것을 누리는 것입니다. 그것은 여러분이 그분과 함께 나누는 것이요 그분이 여러분과 함께 나누시는 복입니다. 그렇습니다. 주님에게서 보듯이, 그 복이 얼마나 온전하고 탁월한지요! 그것은 여러분이 경험할 수 있는 모든 것을 초월합니다. 왜냐하면 그분은 범사에 모든 것에서 탁월함을 취하기에 마땅하시기 때문입니다.

그러므로 그들이 여호와와 기름 부은 자를 대적하여 회의를 소집한 통치자들 앞에 섰을 때, 우리는 교회(모든 약속과 복의 주인이신 살아 계신 교회의 머리)에 주어진 약속이 탁월하고도 장엄하게 성취되리라 기대할 수 있습니다. 왕들과 통치자들 앞에서 거부할 수 없는 말과 지혜가 나타날 것입니다. 그들 자신이 말하는 것이 아니라, 아버지의 영이 말씀하시기 때문입니다. 그리스도에게 성령이 한량없이 주어진 것처럼, 모든 신자와 그리스도의 종들과 증인들에게도 성령이 그리스도의 은혜의 분량대로 한량없이, 모든 면에서 끝까지 주어졌습니다. 이제 성령께서 베드로와 요한과 스데반과 바울 안에서 그들의 분량에 따라 악한 대적에 맞서 모사와 지혜의 영으로 말씀하실 것입니다. 그 성령께서, 우리의 아픔을 친히 알고 체휼하기 위해 범사에 형제들과 같이 되신 맏형이자 머리이신 분이 잡혀와 악인의 법정에 섰을 때와 동일한 통찰력과 온유와 지혜로, 그러나 가장 고상하고도 초월적인 나타나심으로 역사하실 것입니다.

확실히 우리는 구주의 기소 절차에서 성령의 지혜가 드러나는 것을 볼 수 있습니다. 그렇지 않습니까? 그러나 그 지혜가 우리의 눈에 억지로 발견되지는 않습니다. 오히려 우리가 찾고 구할 때 풍성히 보입니다. 우리는 그리스도에게 역사하신 동일한 성령의 인도하심을 통해서만 그것을 제대로 인식할 수 있습니다. 또한 그리스도의 말씀을 통해 이런 확신을 가질 수 있습니다.

"내 입의 말은 다 의로운즉 그 가운데에 굽은 것과 패역한 것이 없나니"(잠 8:8).

그렇다면 이제 가야바 앞에서 진행된 이 재판에서 그리스도의 온유함과 지혜를 나타내는 말씀들을 추적해 봅시다. 예수님은 지혜로운 온유함이 요구하는 대로 때로는 말씀하고 때로는 침묵하실 수 있습니다. 이런 상황은 그분이 사도들에게 주신 약속과 절대적이고도 밀접한 관련을 가지고 있습니다. 그들에게 말씀과 지혜를 주시는 주님의 능력이 지금 그분이 육체로 계실 때 겪은 경험에 의해 검증받고, 그분이 나누어 주겠다고 약속하신 능력과 뜻이 그분에게 무한히 있다는 사실이 입증된 것입니다.

1. 제자들과 교훈에 대한 질문과 대답

산헤드린 공회에서 정식으로 모이기 전에 몇몇 공회원들 앞에서 예수님께서 가야바에게 조사와 심문을 받으신 것으로 보입니다(적어도 충분한 개연성은 있는 듯합니다). 밤중에 잡히신 예수님은 먼저 안나스에게 끌려가 그곳에 잠시 머무셨으나 곧 안나스의 사위인 가야바에게로 이송되었습니다. 예수님이 아직 어두운 밤중에 대제사장의 집에 끌려가셨다는 것은, 예수님을 체포할 당시 함께하지 않았던(눅 22:52 참고) 서기관들과 장로들과 대제사장의 무리에게 즉시 공회에 참석하라는 전갈이 갔다는 것을 말해 줍니다. 그러나 칠십 명(광야에서 모세에 의하여 선출된 장로들의 원래 정족수, 민 11:16 참고)

으로 구성된 공회원들이 이 악한 일에 온 힘을 다했지만, 그들이 모두 모이기도 전에 이미 날이 밝아 오기 시작했습니다. 누가는 "날이 새매 백성의 장로들 곧 대제사장들과 서기관들이 모여서 예수를 그 공회로 끌어들여"(눅 22:66)라고 증언합니다. 베드로가 부인하는 사건은 예수님이 대제사장의 집에 도착하고 공회가 모이는 사이에 발생했습니다. 베드로가 두 번째 부인한 때와 세 번째 부인한 때 사이에 약 한 시간의 간격이 있었다는 사실(눅 22:59 참고)로 미루어 볼 때, 예수님이 대제사장의 집에 도착하고 나서 공회가 모이기까지 상당한 시간이 소요된 것이 분명합니다.

요한이 기록한 대로, 대제사장이 예수님께 '그의 제자들과 그의 교훈'에 대해 심문한 때가 이 시점인 것이 거의 확실합니다(요 18:19 참고). 세 명의 복음서 기자는 산헤드린 공회 후에 일어난 일을 기록하였으며, 요한은 추가 정보를 전하기 위해 역사적으로, 또는 이야기 형식으로 이 일을 기록했습니다. 그러므로 다른 공회원들이 도착하기를 기다리는 동안 대제사장이 그 사건에 대해 일종의 예비적인 혹은 반(半)공식적인 심문을 시도하고 있다고 보아야 할 것입니다. 이로써 통상적인 법정에서는 거의 있을 수 없는 일, 곧 공무 집행자가 죄수를 때린 일이 더 쉽게 설명됩니다.

참으로 놀라운 장면이 아닙니까! 아직 어두운데 전령들이 생명의 주를 심판하여 정죄하려고 사람들을 급히 법정으로 불러 모으기 위해 예루살렘 곳곳을 돌아다니고 있습니다. 그러는 동안 잡혀 온 죄수는 모든 친구들에게 버림받고 아무런 영광이나 도움도 없이 오직 치욕과 고통에 싸인 채, 상상할 수 없이 침착하게 대적들이 모이기만을 기다리고 있습니다. 아마도 변변한 의자 하나 없이 제대로 앉지도 못한 채, 군인들이 불을 지피고 있는 안뜰이 보이는 통로 한쪽 구석에 홀로 서 있었을 것입니다. 그때 베드로는 그들과 함께 불 앞에서 몸을 녹이고 있었습니다. 주님은 자신을 배반한 이 믿음 없는 제자의 행동과 말을 보고 들을 수 있었습니다. 이윽고 베드로가 세 번째로 주님을 부인하고 닭이 운 순간, 그분의 상처받은 질책의 (그러나 영원한 사랑의) 눈빛이 그의 눈과 마주치고 그의 심장을 찔렀을 것입니다.

그리고 나서 언제든지 주인이 원하는 대로, 아니 그 이상으로 충성하기 위해 주인의 명령을 기다리고 있는 가야바의 하수인들에게 둘러싸인 주님께 모욕적인 십자가 형벌과 말할 수 없는 치욕이 본격적으로 시작되었습니다.

"대제사장이 예수에게 그의 제자들과 그의 교훈에 대하여 물으니"(요 18:19).

예수님께서 그들의 질문에 대답하셔야 합니까, 아니면 침묵하셔야 합니까? 말을 해야 할 때가 있고 침묵해야 할 때가 있습니다. 예수님이 말할 때와 침묵할 때를 선택하시는 장면에서 드러난 신적 지혜는 결코 보잘것없지 않습니다.

이 질문에 대해 예수님은 대답하실 것입니다. 주님은 자신의 '교훈'과 공적 사역에 대해서 조금도 거짓 없이 명백히 밝히실 것입니다. 반면 가야바가 물은 '제자들'에 관해서는 하실 말씀이 거의 없었습니다. 참으로 그 순간에 그분이 제자들에 대해 하실 수 있는 말씀이 거의 없었습니다. 그들은 주님을 버리고 도망쳤습니다. 조금 전까지 바로 가까이에 있던 한 제자는 맹세하고 저주하면서 주님을 버렸습니다. 그래서 유대인의 대제사장 가야바의 법정에서 예수님은 자신의 제자들에 관하여 침묵을 선택하셨습니다. 물론 또 하나의 법정, 자신이 대제사장으로 선 성부의 보좌 앞에서는 그들이 마음속에 품고 있던 동기를 부각시키실 것입니다. 주님은 그들의 모든 결점을 숨기고 그들을 용서하시면서, 그들의 탁월함과 장점과 자신을 향한 사랑을 선언하실 것입니다(요 17:6,8,19 참고). 그러나 가야바의 법정에서는 그들을 칭찬할 수 없는 한, 그들을 궁지에 빠지게 할 필요가 없었습니다. 그래서 그분은 제자들에 관하여 침묵하셨습니다.

반면 예수님은 자신의 가르침에 대해서는 아무런 거리낌 없이 자유롭게 말씀하실 수 있습니다. 아니, 가야바가 그분의 말을 은근히 책잡을 것을 생각하면 어느 정도 책망조로 말씀하실 수도 있습니다. 이 대제사장은 분명히 주님의 가르침이 그분의 나라를 유지하려는 것으로서 하나님의 성경과 진리에 벗어나며 반대된다는 사실을 암시할 것이기 때문입니다. 가야바는, 마치 주님이 헛된 허풍쟁이나 이상한 신을 전파하거나 신비하고도 유혹적인 가르침을 전파하는 것처럼, 그분의 가르침에 대해 모욕과 질투와 두려움과 정죄가 섞인 어투로 말했습니다.

예수님께서 자신의 가르침과 사역이 그런 식으로 더렵혀지는 것을 참으셔야만 할까요? 분명히 그렇게 하실 필요가 없습니다. 주님은 자신의 가르침의 거룩함과 명예와 경건함과 대중성을 입증하셔야 했습니다. 그분은 교훈이나 목적을 전혀 숨길 필요가 없었습니다. 그분에게는 비밀스럽게 추진해야 할 계략이 없었습니다. 가야바가 은밀함을 죄목으로 암시하고 있지만, 그 역시 자신의 질투와 증오를 불러 일으킨 것이 은밀하고 비밀스럽게 진행된 것이 아니라 대중적이고도 공개적이었음을 잘 알고 있었습니다.

"만일 그를 이대로 두면 모든 사람이 그를 믿을 것이요"(요 11:48).

그가 두려워하는 것은 예수님의 교훈의 대중성이었습니다. 모든 사람에게 널리 알려지는 대중성이야말로 예수님이 지금까지 구하셨고, 지금도 여전히 바라고 계시며, 앞으로도 결코 피하지 않고 기꺼이 추구하실 요소입니다.

"예수께서 대답하시되 내가 드러내 놓고 세상에 말하였노라. 모든 유대인들이 모이는 회당과 성전에서 항상 가르쳤고 은밀하게는 아무것도 말하지 아니하였거늘 어찌하여 내게 묻느냐. 내가 무슨 말을 하였는지 들은 자들에게 물어 보라. 그들이 내가 하던 말을 아느니라"(요 18:20,21).

이것이 예수님께서 자신의 교훈과 제자들에 관한 질문을 받고서 힐난과 책망을 담아 전하신 대답입니다. 그분의 가르침은 진리입니다. 나중에 빌라도에게 말씀하신 것처럼, 주님은 진리를 전하기 위하여 세상에 오셨습니다. 그리고 이제 그 진리가 모든 은폐물을 걷어 내고 환하게 드러나기를 원하고 있습니다. 주님은 자유롭고 담대하며 공개적으로 진리를 말씀하셨습니다. 하나님의 모든 뜻을 선포하는 데 주저하지 않았으며, 어떤 유익도 절대 숨기지 않았습니다.

주님은 연약한 자와 가난한 자, 회개하는 자에게 죄 용서와 하나님과의 화목을 선포하셨습니다. 주 하나님의 성령이 그분에게 임하였으며, 포로 된 자에게 자유를, 눈먼 자에게 다시 보게 함을 전파하셨습니다(눅 4:18 참고). 주님은 나사렛과 가버나움과 잘 아는 동네에 들어가 회당에서 공개적으로 가르치셨습니다. 그분의 말씀에는 권위가 있었으며, 사람들은 그분의 가르치심에 놀랐습니다(눅 4:32 참고). 예루살렘에 계실 때에도 처음부터 성전에서 겸손한 자에게는 자비를, 교만하고도 거만한 마음을 가진 바리새인들에게는 진노와 정죄를 전하셨습니다. 유대인들이 모두 모인 곳에서, 심지어 명절 끝 날 곧 큰 날에도 그분은 서서 외쳐 이르시되, "누구든지 목마르거든 내게로 와서 마시라"(요 7:37)라고 선포하셨습니다. 이것이 제자들을 모으는 그분의 방법이었습니다.

그분과 친밀한 제자의 수는 적었습니다. 그분을 따르는 제자들은 소수에 불과했습니다. 그리고 그들에게는 군중에게 말씀하실 때보다 더 자유롭고 쉽고 자세하게 자신의 교훈을 가르치셨습니다. 그러나 동일한 교훈을 더욱 자세히, 동일한 비유를 더욱 쉽게 풀어서, 동일한 명령을 더욱 개인적이고도 가족적인 강렬함과 따뜻함으로 전하셨을 뿐입니다. 그분이 은밀하게 감춰 두거나 비밀리에 유혹하여 선동한 제자들은 하나도 없었습니다. 한번은 예수님이 말씀을 전하고 계실 때에 예수님의 어머니와 동생들이 예수님께 말하려고 밖에서 기다리고 있다는 말을 전해 들으셨습니다(마 12:46,47 참고). 그러자 주님은 "누가 내 어머니이며 내 동생들이냐"(마 12:48)라고 하시고는 손을 내밀어 제자들을 가리켜 "나의 어머니와 나의 동생들을 보라. 누구든지 하늘에 계신 내 아버지의 뜻대로 하는 자가 내 형제요 자매요 어머니이니라"(마 12:50)라고 말씀하셨습니다.

그렇습니다. 그분의 가르침은 공개적으로 전달되었습니다. 그분은 누군가를 제자로 만들기 위해 덫을 놓거나 유혹하지 않았습니다. 그분의 말씀을 들은 사람들에게 물어보십시오. 그분을 잡으러 갔던 자들이 돌아와 전한 말을 들어 보십시오. 그들은 주님이 하신 말씀을 잘 알고 있었습니다.

"그 사람이 말하는 것처럼 말한 사람은 이때까지 없었나이다"(요 7:46).

마찬가지로 예수님은 오늘의 본문에서도 거리낌 없이 말씀하셨습니다. 그분은 마땅히 자신의 가르침에 대한 왜곡을 바로잡아야 했습니다. 그것은 은밀한 것도 아니며, 유혹적인 것도 아니었습니다. 주님은 은밀히 전달하거나 유혹할 의도로 말씀하시지 않았습니다. 그분은 말씀 자체가 드러나고 판단받기를 원하셨습니다. 그분은 공개적으로 제자들을 설득하고 불러 모으셨습니다. 예수님이 공개적으로 말씀하셨다는 사실에는 전혀 오류가 없습니다. 주님은 이 점을 분명히 밝히셨습니다. 그러므로 주님을 정죄하기 위해서는 다른 근거를 찾아야만 했습니다. 그분이 은밀하게 유혹하는 거짓 선생으로서 고난당한다고 믿게 할 이유가 전혀 없기 때문입니다. 그분은 자신을 따르는 자들과 청중을 속이기 위하여 담보물을 교묘히 감추고 있지 않았습니다. 그런 혐의와 암시는 포로와 죄수로서 치욕을 받는 그분의 이름에 어울리지 않았습니다. 그분은 전혀 다른 이유로 정죄를 받아야 했습니다.

그분은 정죄를 받으셔야 했고, 또 그렇게 알려져야 했습니다. 그러나 그분은 정당한 죄목으로 정죄 받아야 했습니다. 비록 정죄가 잘못되었다 할지라도 죄목이 올바르다면 그분은 기꺼이 그것을 받아들이고 즐겨 고난당하실 것입니다. 그러므로 주님의 가르침에 대한 왜곡은 마땅히 물리쳐야 했습니다. 그분은 이런 잘못된 죄목에서 벗어나 바른 대의를 위해 고난을 받으셔야 했고, 또 그렇게 인식되어야 했습니다. 그분이 '우리를 위한 죄가 되고' 우리의 모든 죄를 지신 희생 제물이 되사 '수많은 재앙이 그분을 둘러싸고 죄악이 덮칠 때'(시 40:12 참고)조차도 그분의 진리의 사역은 영화롭게 드러나야만 했습니다.

"내가 많은 회중 가운데에서 의의 기쁜 소식을 전하였나이다. 여호와여 내가 내 입술을 닫지 아니할 줄을 주께서 아시나이다. 내가 주의 공의를 내 심중에 숨기지 아니하고 주의 성실과 구원을 선포하였으며 내가 주의 인자와 진리를 많은 회중 가운데에서 감추지 아니하였나이다"(시 40:9,10).

"내가 드러내 놓고 세상에 말하였노라"(요 18:20).

그러하기에 주님은 자신의 가르침이나 사역과 관련하여 어떤 오점이나 왜곡의 흔적도 남기지 말아야 했습니다.

대제사장의 질문에 대한 주님의 답변은 의와 진리라는 측면에서도 충분히 만족스러웠으며, 효과적인 대답이라는 측면에서도 그러했습니다. 더 이상 그분에게 왜곡된 죄목을 적용할 수가 없었습니다. 그분은 절대 은밀한 거짓 선생으로서 죽임 당하지 않았습니다. 주님은 자신이 기꺼이 드러내고자 하신 다른 이유와 근거에 따라 정죄 받기를 원하셨습니다. 그래서 예수님의 지혜는 이런 그들의 질문에 침묵하실 수가 없었습니다.

2. 지혜로운 온유함과 사랑의 자비

주님이 대제사장의 주장에 반박하시자마자, 이 결정적이고도 최종적인 진리의 대답에 분개한 아랫사람 가운데 하나가 주인에 대한 교활한 복종심과 주인의 위신을 위해 나서서 예수님을 치고는 "네가 대제사장에게 이같이 대답하느냐"(요 18:22)라고 소리쳤습니다.

이제 어떤 지혜와 본분으로 대응해야 합니까? 우리의 복된 구주께서 지금 침묵하셔야만 합니까? 아무런 대꾸도 하지 않고 참기에는 지나친 처사가 아닙니까? 또 만일 예수님이 대답하셔야만 한다면, 그렇게 하시는 정확한 목적이나 원리는 무엇이어야 합니까?

분명 이 폭력은 견뎌 낼 만한 것이었습니다. 그리고 예수님은 그렇게 하셨습니다.

"욕을 당하시되 맞대어 욕하지 아니하시고 고난을 당하시되 위협하지 아니하시고"(벧전 2:23).

그러나 온유함이 항상 침묵한다는 의미는 아닙니다. 여기서 필요한 온유함은 '지혜로운 온유함'입니다. 귀찮게 하는 자에게든 악한 자에게든, 때로는 시의 적절하고도 정확한 말보다 침묵이 더 지혜로운 처사이기도 합니다. 어떤 경우에는 지혜로운 온유함이 아닌 온유, 진정한 사랑에서 나온 자비가 아닌 자비를 요구하기도 합니다. 분명히 상처받은 자는 분노하지 말고 참아야 합니다. 그러나 상처받은 자가 어떤 책망도 하지 않고 참아야만 하는 것입니까? 그리스도인의 온유함과 하나님의 자비는 하나님의 말씀과 같이 '교훈과 책망과 바르게 함과 의로 교육하기에 유익'(딤후 3:16)해야 하지 않겠습니까? 참으로 오래 참음이 필요합니다. 그러나 "오래 참음과 가르침으로 경책하며 경계하며 권하라"(딤후 4:2)라는 말씀을 기억하기 바랍니다.

오! 진정한 어려움은 침묵을 지키는 것이 아닙니다. 어떤 사람은 복수심이 끓어오르는데도 침묵하거나 무감각한 정신적 무기력이나 무능함으로 침묵하기도 합니다. 두 경우 모두 지혜나 자제심이 거의 필요하지 않습니다. 그러나 상처가 깊지만 그것을 인내하는 가운데 또 하나의 본분, 즉 분노가 아니라 의로 가득하며 복수심이 아니라 사랑으로 가득한 임무를 수행해야 합니다. 상처를 준 상대의 죄를 지적하고 그들의 마음을 깨우치고자 하는 마음으로 양심을 일깨워 줌으로써 그들의 심령을 어루만지고 녹여야 합니다. 바로 이것이 어려운 일입니다. 여기에는 지혜로운 온유함과 사랑의 자비가 필요합니다.

"그냥 두라"라는 말씀은 그리스도의 진리와 교회와 관련하여 그 영광을 침해하는 자들에 대해 복음을 지키기 위하여 책망하고 경책할 때 흔히 하는 말씀입니다. "그냥 두라!" 그것이 사랑입니까? 그리스도께서 바리새인들에 대해 "그냥 두라. 그들은 맹인이 되어 맹인을 인도하는 자로다"(마 15:14)라고 하신 것은 결코 사랑으로 하신 말씀이 아닙니다. 그것은 심판과 유기와 정죄를 염두에 두신 말씀이었습니다.

"에브라임이 우상과 연합하였으니 버려두라"(호 4:17).

참으로 무서운 진노의 음성이 아닙니까? 그대로 버려두어야 할 자라면, 그것이 옳다면, 그렇게 해야 합니다. 자비와 온유를 가장할 필요가 없습니다. 그들에 대해서는 구원을 위한 모든 노력을 포기하고 버려둘 수밖에 없습니다.

어떤 사람들은 예수님이 이런 폭력에 대해 침묵하고 참으셨다면 더욱 큰 온유함을 나타내실 수 있었으리라고 생각합니다. 그렇게 하시는 것이 예수님께 더 쉬운 일이었을 수도 있습니다. 그러나 주님은 그 죄인을 위하여 그의 죄를 드러내셨습니다. 예수님은 그에게 "내가 말을 잘못하였으면 그 잘못한 것을 증언하라. 바른말을 하였으면 네가 어찌하여 나를 치느냐"(요 18:23)라고 대답하셨습니다. "내가 말을 잘못하였으면 나를 재판하라. 나는 이미 죄수이고, 너희는 나를 대적하여 기소하고 법에 따라 공의롭게 처리할 수 있는 권리를 가지고 있다. 그동안에는 무례하고 옳지 못하며 비겁한 폭행을 삼가

라. 설사 내가 말을 잘못했더라도 그렇게 하는 것이 마땅하다. 하물며 내가 옳은 말을 하였다면, 네가 나를 치는 것이 얼마나 불의한 일이겠느냐"라는 말입니다.

　예수님은 자신을 때린 이 무례한 자의 이해와 양심에 온유와 사랑으로 호소하고 계십니다. 그는 지금까지 아무런 분별없이 무조건 복종해 온 주인의 진노에 따라 그동안 많은 중상과 비방을 들어온 죄수를 생각 없이 대하고 있는지도 모릅니다. 그러므로 주님의 노력은 결코 전혀 구제받을 소망이 없는 자에 대한 것이 아닙니다. 예수님은 그런 의도로 말씀하셨고, 그것은 자신을 정당화하시는 것 이상이었습니다. 이처럼 온화하고도 친절한 꾸짖음이 그에게 어떤 영향을 주었는지 누가 알 수 있겠습니까? 그리고 그 말씀이 그의 마음을 붙들어 모든 일이 끝난 후에 자신의 죄를 깨닫고 회개하여 믿음으로 사도의 가르침을 받아 함께 교제하고 떡을 떼는 무리 가운데 하나가 되지 않았으리라고 누가 단언할 수 있겠습니까? 만일 그렇다면, 침묵하지 않은 지혜로운 온유함이 얼마나 복된 결과로 나타난 것이겠습니까! 어쨌든 이 일은 책망과 바르게 함으로 한 영혼을 죄로부터 구원하려는 시도였습니다. 그리고 그분의 말씀은 결코 헛되이 돌아오지 않았을 것입니다.

　이처럼 예수님은 한편으로 자신의 교훈과 사역에 대한 왜곡된 시선을 바로잡는 본분을 다하시고, 또 한편으로 하나님의 종들과 공적 사역자들에게 부과된 엄숙한 책임, 즉 다른 사람의 악을 그저 견뎌 낼 뿐만 아니라 그들을 꾸짖고 훈계하는 일을 수행하셨습니다. 예수님과 마찬가지로 주님의 종은 '마땅히 다투지 아니하고 모든 사람에 대하여 온유하며 가르치기를 잘하며 참으로 거역하는 자를 온유함으로 훈계'해야 합니다(딤후 2:24,25 참고). 혹 하나님이 그들에게 회개함을 주사 진리를 알게 하실까 하며, 그들로 깨어 마귀의 올무에서 벗어나 하나님께 사로잡힌 바 되어 그 뜻을 따르게 하실까 하기 때문입니다(딤후 2:25,26).

이와 같이 예수님은 지금까지 자신의 대적에 대해 명백한 삶을 살아오셨습니다.

3. "네가 그리스도이냐?"

이쯤에서 누가의 기록을 살펴보는 것이 적절할 듯합니다. 이때쯤 소집 명령을 받은 공회원들은 죄수를 더욱 정규적이고 공식적인 자리에 세우기 위해 공회 장소로 속속 모여들고 있었습니다.

"날이 새매 백성의 장로들 곧 대제사장들과 서기관들이 모여서 예수를 그 공회로 끌어들여 이르되 네가 그리스도이거든 우리에게 말하라"(눅 22:66,67).

이제 어떤 지혜가 발휘되어야 합니까? 예수님께서 이 질문에 대답하셔야 합니까, 아니면 침묵하셔야 합니까? 대답하신다면 그들이 만족할 만한 대답을 하셔야 합니까? 아닙니다. 그분은 그들의 질문에 대답하기를 거절하셨습니다. 그리고 그들에게 대답하지 않는 이유를 말씀하셨습니다.

"대답하시되 내가 말할지라도 너희가 믿지 아니할 것이요 내가 물어도 너희가 대답하지 아니할 것이니라"(눅 22:67,68).

이 대답은 그들의 대담하고도 완악한 죄를 얼마나 잘 보여 주는지 모릅니다. 예수님은 그들의 정직하지 못한 의도의 질문에는 대답하지 않으셨습니다. 다만 자신을 때린 자에게는 그의 마음을 깨우치고 그의 심령을 어루만지기에 적절한 말씀으로 대답하셨습니다. 그는 아무런 소망도 없이 버림받은 자로 남지 않았습니다. 그는 간접적이고도 종속적인 인물로, 아마도 모든 판단과 감정을 그 사건의 주체요 결정권을 가진 윗사람의 의견과 감정에 따랐을 것입니다. 그는 그런 상황에서 마땅히 자신을 바르게 인도할 것이라고 믿은 자들에게 완전히 현혹되어 아무런 생각 없이 그렇게 행동했을 것입니다. 그러므로 그에게는 예수님의 동정을 받을 수 있는 여지가 있었습니다. 예수님은 얼마든지 그의 잘못과 죄를 친절하게 드러내고 꾸짖으실 수 있었습니다. 그는 사울처럼 무지와 불신앙으로 행했습니다. 따라서 그리스도의 인내와 신적인 자비가 그를 기다리며 그에게 진리를 가르칠 수 있었습니다.

한편 대제사장들과 서기관들과 장로들은 이 엄청난 악행을 주도한 장본인들입니다. 그들은 윗사람의 의견이나 본에 휩쓸린 것이 아닙니다. 또한 주인의 뜻대로 무분별하게 휩쓸리는 노예로서 불법적인 영향을 받은 것도 아닙니다. 그들은 자신들이 던진 질문을 통해 진리를 배우고자 열망하지도 않았습니다. 주님이 자신을 그리스도라고 시인하면 그분을 믿으리라고 생각하지도 않았습니다.

그분이 진리를 말씀하더라도 그들은 믿지 않을 것입니다. 그리고 주님이 질문하더라도 그들은 대답하지 않을 것입니다. 만일 주님이 그들에게 질문하신다면, 그들은 요한의 세례에 관한 경우와 같이 행동할 수밖에 없을 것입니다. 그들은 "하늘로부터"라고 대답할 수 없었습니다. 왜냐하면 그럴 경우 요한이 하늘의 감동으로 예수님을 증언하는 것이 되어 그분의 메시아 되심을 인정하지 않을 수 없기 때문입니다. 또한 그들은 "그의 세례와 사역이 사람으로부터 났다"라고 대답할 수도 없었습니다. 왜냐하면 모든 사람이 요한을 참선지자로 여기므로 그들이 백성을 두려워하기 때문입니다(막 11:31,32 참고). 마찬가지로 예수님께서 그들에게 물으신다 해도 그들은 대답할 수 없을 것입니다.

그들은 예수님을 풀어 주지도 않을 것입니다. 그들은 최후의 수단으로 주님을 체포했습니다. 주님을 제거하려는 계획을 더는 지체하지 않기로 결심한 것입니다. 또한 그들의 질문은 진리를 알고자 하는 의도로 던져진 것도 전혀 아니었습니다. 오히려 그들은 더욱 완벽하게 악을 행하는 자리에 서 있었습니다.

그러하기에 예수님도 그런 자들에게 자신의 요구를 탄원하시지 않습니다. 심지어 이 순간에는 그것을 확인하는 것마저도 거절하십니다. 또한 자신이 그리스도라는 것조차 말씀하시지 않습니다. 마치 범죄한 심령에게는 기도가 응답되지 않는 것과 같이, 진리는 거짓되고도 교활한 질문에는 대답하지 않습니다.

"여호와의 친밀하심이 그를 경외하는 자들에게 있음이여, 그의 언약을 그들에게 보이시리로다"(시 25:14).

4. 적용

사마리아의 죄 많은 여인은 그리스도께서 오시기를 기쁨으로 기다리고 있었습니다. 왜냐하면 그분이 하나님을 예배하는 일에 대해 가르쳐 주실 것이기 때문입니다.

"메시야 곧 그리스도라 하는 이가 오실 줄을 내가 아노니 그가 오시면 모든 것을 우리에게 알려 주시리이다"(요 4:25).

이런 그 여인에게 예수님은 자신이 그리스도임을 밝히십니다.

"예수께서 이르시되 네게 말하는 내가 그라 하시니라"(요 4:26).

예수님에게 고침을 받은 대신 권력자들에게 쫓겨난, 날 때부터 맹인이었던 사람은 하나님의 아들을 간절히 믿으려고 하지 않았습니까? 그는 믿음의 대상을 열망하고 확신하며 사랑하지 않았습니까? 그래서 예수님이 그에게 "네가 인자를 믿느냐?"(요 9:35)라고 질문하셨을 때, 그는 믿을 준비가 되어 있고 간절히 믿기를 바라는 자로서, "그가 누구시오니이까. 내가 믿고자 하나이다"(요 9:36)라고 대답했습니다. 예수님은 이런 사람에게 자신을 드러내십니다.

"예수께서 이르시되 네가 그를 보았거니와 지금 너와 말하는 자가 그이니라"(요 9:37).

여러분도 그와 같이 믿음의 대상을 간절히 열망하고 있습니까? 그분을 믿을 준비가 되어 있으며, 그분을 믿기를 간절히 바랍니까? 그리고 참으로 은혜와 영광 가운데 거하시는 인자를 믿고자 합니까? 우물가의 여인처럼, 여러분도 그리스도께서 영과 진리로 아버지께 예배하는 것에 대해 가르쳐 주시기를 바랍니까? 그리고 오직 보혜사 그리스도만이 주실 수 있는 의와 하나님과의 화목에 대해 배움으로써 확신과 진심으로 그분을 경배하며 여러분의 하나님으로 받아들이고, 겸손하고도 거룩하게 동행하기를 간절히 바랍니까? 그렇다면 그리스도께서 여러분에게 자신을 드러내실 것을 의심하지 마십시오. 아니, 그리스도께서 지금 즉시 여러분에게 자신을 드러내기를 간절히 바라신다는 사실을 의심하지 마십시오. 그분은 모든 장벽과 어려움과 무지를 제거하고, 자신의 인격과 임재와 직무와 사랑을 보여 주실 것입니다. 그분은 여러분이 계시를 받고자 하는 것보다 더 간절히 그것을 원하십니다.

그러나 여러분은 혹시 두 마음을 품거나 신실하지 못하고 위선적이며 형식적으로 예배하는 자가 아닙니까? 여러분은 혹시 그리스도께서 유일한 제사장이신 자신에 대한 믿음과 유일한 선지자이신 자신에 대한 유순함과 유일한 왕이신 자신에 대한 순종을 위해 제시하는 요구는 물론 그리스도 자신에 대해 진실하지 못한 질문을 던지고 있지는 않습니까? 여러분은 하나님에 대한 절대적인 경외함이나 영과 진리로 그분을 예배하려는 소망에서 비롯되지 않은 규례나 단순히 습관적인 규례를 기다리고 있지는 않습니까? 여러분은 분명히 그리스도의 요구와 진리를 듣고, 성소에서 가르침을 요구하며, 그리스도가 누구이고 구세주가 누구이며 구원과 생명의 길이 무엇인지를 묻고 있으면서도 여러분에게 증언된 그리스도와 그분이 선포하신 구원을 받아들이지는 않고 있지 않습니까?

그렇다면 여러분에게는 어떤 규례도 필요 없습니다. 오히려 상황만 더 나빠질 것입니다. 예수님은 신실하고도 한결같으며 마음이 가난하고 회개하는 자들에게 주시는 메시아 되심의 계시들을 여러분에게는 허락하시지 않을 것입니다. 왜냐하면 주님이 여러분에게 말씀하시더라도 여러분이 지금까지 그랬던 것처럼 그분을 절대 믿지 않을 것이기 때문입니다. 그리고 여러분에게 묻더라도 여러분이 주님께 대답하지 않을 것이기 때문입니다. 여러분은 여러분에게 '만사에 구비하고 견고하게 하신'(삼하 23:5 참고) 구원을 베푸시며 여러분의 마음에서 가장 중요한 자리를 요구하시는 그리스도를 믿지 않을 것입니다. 또 주님께서 여러분에게 순종을 요구하시더라도 여러분은 순종하지 않을 것입니다. 여러분은 가능한 한 하나님과 물질을 함께 붙든 채로 정직하지 못하게 그리스도와 세상을 모두 섬길 것입니다.

영혼이 근심하여 "내가 어떻게 하여야 구원을 받으리이까?"(행 16:30), 혹은 "어떻게 하면 사람이 하나님 앞에서 의롭게 될 수 있습니까?"라고 묻고 그 질문에 주님이 모두 대답하실지라도, 여러분은 그분을 믿지 않을 것입니다. 주님께서 세속적인 여러분의 회개하지 않는 성품을 향해 "너희가 어찌하여 양식이 아닌 것을 위하여 은을 달아 주며 배부르게 하지 못할 것을 위하여 수고하느냐"(사 55:2)라고 지적하실지라도, 그리고 끝까지 그 일을 멈추지 않는 여러분을 향해 "요단강 물이 넘칠 때에는 어찌하겠느냐"(렘 12:5)라고 지적하실지라도, 여러분은 결코 응답하지 않을 것입니다.

주님이 여러분에게 말씀하실지라도 여러분은 믿지 않을 것입니다. 그리고 주님이 여러분에게 물으실지라도 여러분은 대답하지 않을 것입니다. 그러면서도 여러분은 주님을 풀어 주지 않습니다. 이방인인 빌라도는 그리스도를 풀어 주려고 했지만, 유대의 산헤드린 공회원들은 그렇게 하지 않았습니다. 불신자들은 그리스도와 그 종교를 풀어 줍니다. 그러나 형식적인 신자들, 그리스도의 교회에 있는 죽은 지체들은 그렇게 하지 않습니다. 여러분이 예수님을 믿지도 않으면서 그분의 규례와 교회와 진리를 붙들고 싶어한다면, 그분에게는 자신을 풀어 주지 않는 것에 대해 불평하실 이유가 있는 셈입니다. 여러분은 그분을 그리스도로 받아들이지도 않으면서 놓아주지도 않을 것입니다. 주님을 십자가에 못 박을 때까지 놓아주지 않을 것입니다. 여러분의 외식적이고도 부정직한 신앙으로 주님을 다시 십자가에 못 박아 공개적인 치욕을 보일 때까지, 여러분은 그분을 놓아주지 않을 것입니다.

그분과 그분의 진리와 목적에 대하여 이런 식으로 그리스도를 괴롭히는 일을 그만두십시오. 여러분이 그분을 정직하고도 영예롭게 받아들이지 않을 것이라면, 그분을 놓아주십시오. 그분과 관계된 것, 그분의 이름으로 고백한 것, 그리스도의 이름을 빙자한 모든 죄로부터 떠나십시오. 그분의 규례를 잠시 접어 두거나, 아니면 오직 하나님만 경외하며 그분의 복을 진지하게 바라는 가운데 그것을 기대하십시오. 선포된 복음에만 관심을 갖지 말고, 먼저 말씀을 듣는 자가 아니라 말씀을 행하는 자가 되십시오.

여러분이 섬길 자를 택하고, 두 견해 사이에서 더는 머뭇거리지 마십시오. 여러분에게 지금 자신의 이름으로 말씀하고 계신 그분이 그리스도가 아니라면, 그분과 그분의 집과 제자들, 그분의 말씀과 규례, 그 모든 것을 끊으십시오. 그리고 그분을 풀어 주십시오. 그러나 여러분의 결단을 요구하는 그분이 진실로 그리스도라면, 만일 그분이 정말로 그리스도요 구주와 진리의 증언자이자 하늘로부터 온 사자이며 시온의 보좌 위에 앉은 제사장과 왕이시라면, 그리고 평화의 왕이신 그분의 이름으로 여러분을 모든 죄에서 구원하고 거룩하게 하며 그분을 섬기도록 여러분을 부르신다면, 그분으로 하여금 여러분의 모든 죄를 용서하고 모든 선한 행실을 위해 충만하게 공급하시도록 하십시오. 그리고 결코 없어서는 안 될 '극히 값진 진주'(마 13:46), 반드시 필요한 귀한 물건을 발견한 사람처럼 그분을 굳게 붙들고, 떠나보내지 마십시오. 그 무엇을 여러분의 구주와 비할 수 있겠습니까? 무엇을 주고 여러분의 영혼과 바꿀 수 있겠습니까? 진실로 그리스도를 찾아냈다면, 그분을 떠나게 하지 마십시오.

"그들을 지나치자마자 마음에 사랑하는 자를 만나서 그를 붙잡고 내 어머니 집으로, 나를 잉태한 이의 방으로 가기까지 놓지 아니하였노라"(아 3:4).

사람이 구주를 보내지 않는 데에는 매우 상반된 두 가지 이유가 있습니다. 이 두 가지는 서로 다른 목적을 가지고 있으며, 결과도 정반대로 나타납니다. 이 두 가지가 보여 주는 양 극단은 참으로 놀랍습니다. 하나는 가장 치명적인 죄로 나타나고, 또 하나는 가장 숭고한 경건으로 나타납니다.

가야바는 지존하신 하나님의 대제사장이지만 사실 위선자입니다. 그는 그리스도를 풀어 주지 않을 것입니다. 그는 그리스도를 십자가에 못 박을 때까지 그분을 놓아주지 않을 것입니다. 세상에 속한 자들이여, 여러분도 그리스도를 다시 십자가에 못 박을 때까지 그분을 떠나가게 하지 않을 것입니다. 한편, 하나님과 함께 왕 노릇 한 야곱도 그분을 떠나시게 하지 않을 것입니다. 그분이 복 주실 때까지 그분을 떠나보내지 않을 것입니다. 참이스라엘이여, 여러분도 그리스도께서 여러분에게 복 주실 때까지 그분을 떠나시게 하지 마십시오.

이 두 가지 중에서 여러분은 어떤 의미로 그리스도를 떠나보내지 않고 있습니까?

11장 예수님의 대답이 가진 이중성

> "대제사장들과 온 공회가 예수를 죽이려고 그를 칠 거짓 증거를 찾으매 거짓 증인이 많이 왔으나 얻지 못하더니 후에 두 사람이 와서 이르되 이 사람의 말이 내가 하나님의 성전을 헐고 사흘 동안에 지을 수 있다 하더라 하니 대제사장이 일어서서 예수께 묻되 아무 대답도 없느냐 이 사람들이 너를 치는 증거가 어떠하냐 하되 예수께서 침묵하시거늘"(마 26:59-63).

"[18]이에 유대인들이 대답하여 예수께 말하기를 네가 이런 일을 행하니 무슨 표적을 우리에게 보이겠느냐 [19]예수께서 대답하여 이르시되 너희가 이 성전을 헐라 내가 사흘 동안에 일으키리라 [20]유대인들이 이르되 이 성전은 사십육 년 동안에 지었거늘 네가 삼 일 동안에 일으키겠느냐 하더라 [21]그러나 예수는 성전 된 자기 육체를 가리켜 말씀하신 것이라 [22]죽은 자 가운데서 살아나신 후에야 제자들이 이 말씀하신 것을 기억하고 성경과 예수께서 하신 말씀을 믿었더라"(요 2:18-22).

"[39]지나가는 자들은 자기 머리를 흔들며 예수를 모욕하여 [40]이르되 성전을 헐고 사흘에 짓는 자여 네가 만일 하나님의 아들이어든 자기를 구원하고 십자가에서 내려오라 하며"(마 27:39,40).

우리는 예수님께서 가야바의 법정에서 성령과 지혜를 따라 말씀하신 것에 대해서 살펴보고 있습니다.

이에 관해 우리는 이미 세 가지 주목할 만한 점에 대해 살펴보았습니다. 첫째로 대제사장이 예수님의 제자들과 교훈에 관해 질문했을 때, 둘째로 그곳에서 공회가 모이기를 기다리는 동안 대제사장의 아랫사람 하나가 무례하고도 불경건하게 폭행했을 때, 셋째로 제사장들과 장로들이 모인 자리에서 그리스도께서 자신이 그리스도인지를 밝히라는 질문을 받았을 때입니다.

첫 번째로, 주님은 자신의 교훈이 은밀하다는 모든 암시에 대해 그렇지 않음을 밝히셨습니다. 그리고 모든 교훈의 진리와 경건을 향한 비난에 대해서는 주님께서 가르친 수많은 교훈의 뜻을 물었다면 얼마든지 대답할 수 있었던 자들의 몫으로 남겨 두셨습니다. 두 번째로 주님은, 자신이 무엇을 하고 있는지를 모르는 이 불행한 사람의 무지와 편견을 불쌍히 여기고 그의 모욕을 참고 견디시는 한편, 권위와 신실함으로 그를 꾸짖으셨습니다. 그리고 세 번째로, 주님은 자신을 심문하는 자들의 불순한 의도를 확인하시고는 그들의 질문에 대답하지 않았습니다.

1. 거짓 증인

이와 같이 그들은 예수님에게서 무언가 책잡을 만한 발설을 기대했지만, 그런 기대는 꺾이고 말았습니다. 그러자 그들은 거짓 증인을 고용하는 파격적인 최후 수단을 사용합니다. 그들 가운데는 분연히 일어나 이 저주스런 계획을 꾸짖을 만한 도덕적 용기를 가진 자가 하나도 없었습니다. 그만큼 그들의 도덕성이 땅에 떨어져 있었던 것입니다. 앞에서 뭐라고 했습니까? 그 계획을 꾸짖는다는 것은 생각할 수도 없습니다. 이의를 제기하는 것도 사실 불가능합니다. 이 재판관들 사이에는 말할 수 없이 악한 기소 절차를 꾀할 때부터 형성된, 깨뜨릴 수 없는 동맹이 있었습니다.

"대제사장들과 온 공회가 예수를 죽이려고 그를 칠 거짓 증거를 찾으매 거짓 증인이 많이 왔으나 얻지 못하더니"(마 26:59,60).

그렇다면 백성 중에서 거짓 증언을 할 만큼 악한 자가 전혀 없었다는 말입니까? 그렇지 않습니다. 당시는 분명히 백성이나 제사장이나 동일한 때였습니다(호 4:9 참고). 그런 자들이 다스리는 시대에는 주인을 따라 양심이 마비된 도구와 대행자들이 없을 수가 없습니다. 모든 악한 일을 위하여 충분히 준비된 '악한' 자들이 즉시 달려올 준비를 하고 있었습니다.

"비열함이 인생 중에 높임을 받는 때에 악인들이 곳곳에서 날뛰는도다"(시 12:8).

"거짓 증인이 많이 왔으나"(마 26:60)라는 말씀에서 알 수 있듯이, 백성 중에 악한 자가 없었던 것은 아닙니다. 오히려 거짓 증인이 많이 왔으나 얻지 못한 이유에 대해 마가는 이렇게 증언합니다.

"이는 예수를 쳐서 거짓 증언하는 자가 많으나 그 증언이 서로 일치하지 못함이라"(막 14:56).

하나님의 섭리가 그들의 노력을 좌절시키고, 그들을 혼란과 불일치에 빠트린 것입니다.

2. "이 성전을 헐라"

그런데 마침내 이 방법이 성공하는 것 같은 일이 일어납니다. 적어도 그럴 가망이 있어 보입니다.

"거짓 증인이 많이 왔으나 얻지 못하더니 후에 두 사람이 와서 이르되 이 사람의 말이 내가 하나님의 성전을 헐고 사흘 동안에 지을 수 있다 하더라 하니"(마

26:60,61).

마가도 "어떤 사람들이 일어나 예수를 쳐서 거짓 증언하여 이르되 우리가 그의 말을 들으니 손으로 지은 이 성전을 내가 헐고 손으로 짓지 아니한 다른 성전을 사흘 동안에 지으리라 하더라 하되 그 증언도 서로 일치하지 않더라"(막 14:57-59)라고 증언합니다.

이 증언이 이 재판에서 특별한 전환점이 되었다는 사실을 이해하기 위하여, 우리는 본문에서 언급된 과거의 상황에 대해 상기해 보아야 합니다. 요한복음 2장 19절에 이 사건이 기록되어 있습니다. 주님을 기소한 근거가 된 이 사건은 우리 주님의 사역 초기에 일어났습니다.

예수님은 성전을 깨끗하게 하고 정결하게 하셨습니다. 그분은 탐욕에 빠진 사람들을 보면서 마음이 동하였으며, 이기적인 세대가 장사하는 집으로 바꾸어 버린 아버지의 집에 대한 열정으로 가득했습니다. 예수님은 양과 소와 그것들을 파는 사람들을 채찍질하시고, 돈 바꾸는 사람들의 돈을 쏟고 상을 엎으셨습니다(요 2:14,15 참고). 그리고 그처럼 타락한 세대가 한 번도 듣지 못한 거룩한 분노와 권위 있는 책망의 음성으로 그들을 꾸짖으셨습니다. 그것은 권위 있는 자와 같았고 서기관들과 같지 않았습니다.

"이것을 여기서 가져가라. 내 아버지의 집으로 장사하는 집을 만들지 말라 하시니"(요 2:16).

이처럼 대담하고 두려움 없는 사건에 함축된 바, 하나님의 집과 예배에 대한 권위 있는 개혁자로서 주님께서 명령하신 요구에 놀란 유대인들은 그동안 예수님을 자주 압박해 온 질문을 던졌습니다. 그것은 사실 마땅히 유대인들이 던지리라 기대할 수 있는 질문이었습니다. 그들은 주님께서 성전에 대해 감독하고 책망하고 개혁하는 일을 공공연하게 행하시는 권리가 자신에게 있다고 여기는 이유를 알고자 했습니다.

"이에 유대인들이 대답하여 예수께 말하기를 네가 이런 일을 행하니 무슨 표적을 우리에게 보이겠느냐"(요 2:18).

그들은 표적, 즉 초월적인 행위나 사역을 원했습니다. 다시 말하면, 이와 같이 그들을 책망하고 훈계하는 주장과 권리가 하늘로부터 온 것임을 입증함으로써 그분을 믿을 수 있게 할 근거가 될 만한 기적을 요구했습니다. 사실 처음부터 그들은 이런 질문을 제기했으며, 예수님이 사역하시는 거의 모든 현장에서 거듭 제기했습니다. 그러다가 마침내 가장 구체적인 형태로 드러나게 된 것입니다. 바울은 메시아를 대하는 그들의 모든 방식과 전체적인 경향을 요약합니다. 바울의 진술에 따르면, 유대인은 '표적을 구하는' 것으로 유명했습니다. 지혜를 찾는 것이 헬라인의 자연스런 경향이요 특성이라면, 표적을 구하는 것은 유대인의 관습적인 경향이었습니다(고전 1:22 참고). 그러므로 예수님께서 초기 사역에서 이런 관습적인 경향을 어떻게 다루셨는지 이해하는 것은 중요합니다.

"예수께서 대답하여 이르시되 너희가 이 성전을 헐라. 내가 사흘 동안에 일으키리라"(요 2:19).

복음서 기자는 이 말씀에 대해 즉시 덧붙여 설명합니다. 그래서 우리는 이런 주님의 대답이 어떤 의미인지를 너무나 잘 알고 있습니다.

"그러나 예수는 성전 된 자기 육체를 가리켜 말씀하신 것이라"(요 2:21).

그러나 이 장면에 완전히 동화되어 그곳에서 진행되고 있는, 그리고 나중에 다시 한 번 중요한 문제로 부각될 그들의 격앙된 생각과 감정이 맡은 특별한 역할을 이해하기 위해, 우리는 예수님의 대답에 곧바로 이어진 영감된 설명(주님의 부활 때까지 제자들조차 이해하지 못한)을 배제한 채 그 대답을 생각해 보아야 합니다. 그때까지도 제자들은 예수님이 하신 말씀의 의미를 정확히 깨닫지 못하고 있었습니다.

"죽은 자 가운데서 살아나신 후에야 제자들이 이 말씀하신 것을 기억하고 성경과 예수께서 하신 말씀을 믿었더라"(요 2:22).

이처럼 곧바로 이어진 설명에서 얻게 되는 통찰력과 그 후에 실제로 일어난 부활 사건을 잠시 접어 두고, 최대한 당시의 상황 속으로 들어가 그분의 수수께끼 같은 대답을 귀로 들을 뿐 그 의미를 달리 생각할 수 없었던 자들의 자리에 서 본다면 어떤 느낌과 인상을 받을 수 있을까요?

3. 하나의 대답, 이중적 표지

확실히 당시 예수님은 영적인 비밀이나 수수께끼 같은 말씀을 하시려는 의도를 가지고 있었으며, 그것을 듣는 모든 사람에게 그 말씀의 구체적인 의미를 전부 밝히려 하시지는 않았습니다. 그분은 자신의 주장을 흠잡을 만한 어떤 여지도 남기지 않은 채, 최종적이고도 결정적으로 말씀하심으로써 그들의 판단을 꺾어 버렸습니다. 그러고는 부가적인 질문이 필요한 대답이요 질문자의 도덕적 성향을 드러내고 입증하기에 적합한 대답을 하셨습니다. 실제로 그분의 대답은 자신의 사역의 표적이나 상징이나 증거나 징후를 구체화했습니다. 또한 그들이 그것을 어떻게 받아들이느냐에 따라 드러나게 될 그들의 도덕적 성품과 부패성의 준거 또는 시금석이 되었습니다.

사실 그리스도(그분의 인격과 직분)는 자신의 은혜가 주입된 모든 심령들을 끌어들이는 표적이 되십니다. 반면 육신적이고 거듭나지 못한 사람들은 그분께 반발하고 그분을 거절합니다. 그분은 전자에게는 '유명한 나무'[1]이지만, 후자에게는 '마른 땅에서 나온 뿌리'(사 53:2)에 불과합니다. 그분은 전자

---

1) 역자주 – '순, 싹, (의로운) 가지'와 같이 메시아에 대해 예언하는 표현의 하나로, 대부분 "파종할 좋은 땅"(겔 34:29)으로 번역됩니다.

에게는 영화롭고 아름다우며 탁월하고 훌륭한 '여호와의 싹'으로서 그들의 평화로운 안식처가 되지만, 후자에게는 '고운 모양도 없고 풍채도'(사 53:2) 없어 보일 것입니다.

그리스도에 대한 이런 묘사나 제시는 그분께로 다가가는 사람의 성향을 확실하게 드러냅니다. 즉, 그리스도께 다가갈수록 그 사람의 영적 성향이 분명하게 드러나는 것입니다. 그가 은혜를 받은 하나님의 사람이라면, 그리스도에게로 가까이 갈수록 거듭난 사람의 타락한 옛 본성(세속적 원리와 욕망)과 함께 신앙적 갈급함과 열망의 깊이와 규모가 드러날 것입니다. 만일 그가 마귀에게 속한 세속적인 사람이라면, 그리스도에게로 가까이 갈수록 그분의 왕적 권세나 제사장적 은혜나 선지자적 계시와 교훈에 관해 더욱 움츠러들 것입니다. 또한 형식적이고 무감각한 그의 마음은 그리스도의 영과 진리와 은혜와 의가 요구하는 순종, 곧 온 마음을 다하는 전적인 순종을 혐오하고 경멸하며 대적할 것입니다. 그리스도께서 자신의 사역을 통해 나타내시는 표적 가운데 이처럼 그분의 인격과 사역으로 인간의 악과 부패한 본성의 은밀한 실체와 속성을 드러내고 검증하는 능력만큼 강력한 표적은 없습니다.

경건한 시므온이 성령이 지시하신 아기를 자신의 팔에 안고 축복하면서 올린 거룩한 찬양은 그리스도의 인격이 지닌 이런 국면을 잘 보여 줍니다.

"보라, 이는 이스라엘 중 많은 사람을 패하거나 흥하게 하며 비방을 받는 표적이 되기 위하여 세움을 받았고……이는 여러 사람의 마음의 생각을 드러내려 함이니라"(눅 2:34,35).

심지어 그분은 비방을 받을 때에도 표적이 되셨습니다. 그리고 버림받을 때에도 표적이 되셨습니다. 그분은 사람들의 마음속의 생각을 드러내는 능력을 가진 표적입니다. 전능하신 능력으로 사람의 마음속에 숨은 모든 생각과 은밀한 성품을 능동적으로 읽어 내는 것이 아니라, 수동적으로 그들 스스로 자신의 마음을 드러내게 하십니다. 주님은 육신으로 계실 때에 선한 일을 하고, 성부의 일을 행하고 성부의 진리를 선포하고, 죄에 빠진 비참한 인생들에게 성부의 은혜를 제시하셨습니다. 그리고 단순히 인간의 성품의 피상적이고도 얕은 부분들만 드러내신 것이 아니라, 인간의 내면 깊이 들어가 다양한 성품의 근본적인 특징과 원리들을 드러내는 강력한 시금석이 되셨습니다. 신실함과 진리의 터전이 발견되는 곳이면 어디든지 그분의 인격과 임재가 저항할 수 없는 중심축을 형성하였으며, 의를 끌어들여 세워 가고, 빛과 영원과 복을 나누어 주셨습니다. 반면, 자기 본위적인 위선이 발견되는 곳에서는 스스로 적대감을 형성하여 더욱 깊은 상태로 들어가게 함으로써 그들의 존재를 명확히 확인해 줄 뿐이었습니다.

그리스도가 자신의 인격에 어떻게 다가오느냐 하는 것은 설교에서도 마찬가지입니다. 그리스도는 전능하신 자의 손에 들린 키와 같이 철저하게 걸러내고 구별하는 전능한 능력의 이중적 표지가 됩니다(눅 3:17 참고). 말씀을 통해 선포된 그리스도는 유대인에게는 '걸려 넘어지게 하는 바위'(벧전 2:8)이며 헬라인에게는 어리석은 것이지만, 믿는 자들에게는 유대인이나 헬라인이나 구원을 위한 하나님의 능력이요 지혜입니다. 이것은 처음부터 예언된 일입니다. 성경은 이미 그것을 기록해 두었습니다.

"보라 내가 한 돌을 시온에 두어 기초를 삼았노니 곧 시험한 돌이요 귀하고 견고한 기촛돌이라. 그것을 믿는 이는 다급하게 되지 아니하리로다"(사 28:16).

이렇게 시험하고 구별하는 능력은 영원히 따라오며, 다양한 사람들의 영적인 상태에 영향을 미치고 그 상태를 드러냅니다.

"그러므로 믿는 너희에게는 보배이나 믿지 아니하는 자에게는 건축자들이 버린 그 돌이 모퉁이의 머릿돌이 되고, 또한 부딪치는 돌과 걸려 넘어지게 하는 바위가 되었다 하였느니라. 그들이 말씀을 순종하지 아니하므로 넘어지나니 이는 그들을 이렇게 정하신 것이라"(벧전 2:7,8).

그리스도의 복음이 지닌 이런 이중적 국면이 바울의 말을 통해 우리에게도 동일하게 엄숙히 제시된다는 사실을 누가 잊을 수 있겠습니까?

"이 사람에게는 사망으로부터 사망에 이르는 냄새요, 저 사람에게는 생명으로부터 생명에 이르는 냄새라"(고후 2:16).

마치 오래전 구름 기둥이 이스라엘에게는 빛이었지만 애굽 사람들에게는 어둠과 공포와 죽음의 근원이었던 것처럼, 동일한 복음이 이런 두 가지 양상과 영향력으로 나타나는 것입니다.

그리스도와 그분의 복음이 이런 표적이듯이, 계속해서 표적을 바라는 요구에 대한 주님의 대답도 비슷한 특징과 동일한 원리를 가지고 있습니다. 거룩하고 의로운 판단에 근거를 둔 그분의 대답은 두 가지 양상으로 제시됩니다. 하나는 낮은 자세로 온유함을 구하여 그것을 풍성히 받는 겸손하고도 순전한 자들에 대한 것입니다. 그리고 또 하나는 교만한 자들에 대한 것으로서, 그들의 적대감과 도덕적 부패를 자극하고 끌어내어 그것을 드러냄으로써 완악한 마음으로 대적하게 하고, 그들이 자초한 영적 무지와 통제되지 않는 정욕에 의해 처벌을 받도록 하는 것입니다.

주님은 몇 조각의 빵과 물고기로 오천 명을 먹이신 후에 그 이적을 본 무리에게 믿음을 요구하셨습니다(요 6:9-11,27-29 참고). 그러자 그들은 주님께 "그러면 우리가 보고 당신을 믿도록 행하시는 표적이 무엇이니이까, 하시는 일이 무엇이니이까"(요 6:30)라고 물었습니다. 그리고 주님은 "내가 곧 생명의 떡이니라"(요 6:48)라고 대답하셨습니다. 자신의 살을 세상의 생명으로 주시겠다는 것입니다. 주님의 살은 참된 양식이요, 그분의 피는 참된 음료입니다(요 6:55 참고). 따라서 그들은 주님의 살을 먹지 않고 피를 마시지 않는다면 결코 생명을 얻을 수 없습니다.

그러나 이 대답은 매우 다른 결과를 가져왔습니다. 대부분의 무리는 즉시, 그리고 영원히 주님과의 관계를 끊어 버렸습니다. 육신의 양식을 구할 뿐 은혜와 진리를 싫어한 사람들은 돌아갔습니다. 그들은 더 이상 주님과 동행하지 않았습니다. 반면, 열한 명의 제자들은 더욱 낮아지고 겸손해졌으며, 그 말씀 자체가 그들에게 영과 생명이 되었습니다. "주여 영생의 말씀이 주께 있사오니 우리가 누구에게로 가오리이까?"(요 6:68)라는 베드로의 고백처럼, 말씀이 그들을 영원한 생명의 근원이신 주님께 더욱 강력히 묶었습니다.

또 다른 때에 동일하게 불신앙적이고 터무니없는 요구에 대해 예수님은 다음과 같이 대답하셨습니다.

"악하고 음란한 세대가 표적을 구하나 선지자 요나의 표적 밖에는 보일 표적이 없느니라. 요나가 밤낮 사흘 동안 큰 물고기 뱃속에 있었던 것같이 인자도 밤낮 사흘 동안 땅속에 있으리라"(마 12:39,40).

사실 예수님이 여러 번 이렇게 대답하신 것으로 보입니다(마 16:4 참고). 그리고 이것은 성전 정화 사건에서 말씀하신 표적과 본질적으로 동일한 의미를 가지고 있습니다. 예수님은 여기서 요나의 표적에 담긴 본질적인 면을 제시하시는 것입니다. 곧 그분은 수수께끼 같은 모호한 말로써 자신의 죽음과 부활에 대해 말씀하고 계십니다.

주석가들은 이런 모호함을 제거하려고 시도해 왔습니다. 예를 들어, 그들은 예수님이 의심할 바 없이 손가락으로 자신의 몸을 가리키시면서 "이 성전을 헐라"(요 2:19)라고 말씀하셨다고 해석합니다. 그러나 이런 주장은 단순한 가정에 불과합니다. 성경은 예수님이 설명을 위해 특정한 동작을 함께 취하시면서 말씀하셨다고 가정할 만한 근거를 전혀 제시하지 않습니다. 오히려 본문에 나타난 모호성은 의도된 것으로 받아들여져야 합니다. 이러한 모호성은 사실상 본질적으로 하늘로부터 오는 표적을 요구하는 부패한 본성을 검증하는 역할을 합니다.

그들이 정직한 마음을 가지고 있었다면, 그들은 벌써 예수님을 정당하게 받아들이거나 적어도 공평하고도 명예롭게 재판하리라 결심했을 것입니다. 그들의 양심은 그분이 하나님의 집에서 거룩한 열정으로 성전의 청결과 영광을 위해 행하신 일이 의롭다고 증언했을 것입니다. 주님의 음성과 말씀에 담긴 특별한 권위는 틀림없이 그들에게 그분이 보통 사람과는 다르다는 것을 확신시켰을 것입니다. 주님의 모든 행동에 스며 있는 위엄과 침착함과 합리성은 그분이 절대 흥분한 광신자가 아님을 충분히 증명했을 것입니다.

만일 그들이 이런 외적 자극에 영향을 받아 생각과 마음을 복종시키고, 예수님이 지금까지 마땅히 받아 오셨던 존경심을 가지고 물어보았더라면, 주님이 말씀하신 내용과 그날 행하신 일에 대해 배우기를 간청했더라면, 예수님이 그들을 바르게 인도하여 자신의 길을 순전하게 가르치셨을지 누가 알겠습니까? 더 나아가 그날의 일을 선하고 유순한 마음으로 받아들였다면, 즉 성전을 사랑하고 그날 성전이 정결하게 회복된 것을 기뻐하며, 이 타락한 세대에 죄를 꾸짖고 악습을 바로잡는 것을 두려워하지 않는 사람을 일으키신 하나님께 감사하는 마음을 품었다면, 그날 예수님이 하신 신비한 대답은 많은 것을 생각하게 했을 것이며, 많은 사고의 씨앗을 제공했을 것입니다.

더욱이 위대한 스승이신 그분께서 설명하고 해석해 주시기를 구하는 영적 진지함을 가진 청중이 있었다면, 그들은 거룩한 열정과 진노에 사로잡힌 하늘의 나그네가 자신의 권위에 도전하는 질문에 냉정하고도 위엄 있게 대답한 특이하면서도 매혹적인 말씀을 통해 신적 진리를 바라보는 풍성한 안목을 얻게 되었을 것입니다. 예를 들어, 이 순전한 제자들은 스승의 입에서 나온 그 한마디에 '시온에 있는 성전은 손으로 짓지 않은 성전의 모형에 불과하다'는 사실이 함축되어 있음을 알았을 것입니다. 교회의 개혁자이자 영적 선생이신 스승의 몸(육신) 자체가 여기서 상징되는 성전의 실재요 참되고도 영원무궁한 성전임을 알았을 것입니다.

이 성전에는 여호와의 임재의 상징이 아니라 신성의 충만함이 육신으로 거하십니다. 이 영광스러운 성전은 땅 위에 있는 모든 성전의 예배와 제사로도 제거할 수 없는 치명적인 죄의 실재를 효과적으로 제거하기 위하여 희생과 제물로 세워졌습니다. 주님은 자신을 하나님의 공의를 위한 희생 제물로 드리는 동시에 인간의 증오와 적의의 제물이 되실 것입니다. 또한 그분의 죽으심은 자발적인 동시에 폭력과 악한 손에 의해 이루어질 것입니다. 그리고 결국 주님은 죽음을 이기고 삼 일 만에 무덤에서 부활하셔서 잠자는 자들의 첫 열매가 되시고(고전 15:20 참고), 자신을 믿는 모든 사람들에게 새로운 부활 생명을 제공하는 보고가 되실 것입니다. 이와 같이 풍성한 주님의 친밀함과 진리의 핵심이 주님께서 대답하신 단 한 마디의 선언을 통해, 그 신비하고 매력적이고 풍성한 선언을 통해 여호와를 경외하는 사람들에게 드러날 것입니다. 성경은 이렇게 말합니다.

"여호와의 친밀하심이 그를 경외하는 자들에게 있음이여"(시 25:14).

한편 주님의 대답은 여호와를 경외하지 않은 자들에게도 주어지고 선포되었습니다. 그러나 그들에게 이런 주님의 대답은 그들이 목격한 바 하나님의 집과 예배의 개혁에 대한 불쾌감을 더욱 적나라하게 드러낼 뿐이었습니다. 그들은 자신들의 믿음을 강화하고 더욱 확실하게 해 줄 만한 표적을 믿거나 바라지 않았습니다. 그저 자신들의 신앙을 고수하기로 결심하고, 믿기를 거부하는 자신들을 정당화하려고만 했습니다. 이와 같이 의도적으로 비밀스럽고도 이해할 수 없이 모호하게 주어지는 표적은 그들의 불신앙과 완고함을 시험하고 걸려 넘어지고 깨지게 만듭니다.

"이 사람에게는 사망으로부터 사망에 이르는 냄새요 저 사람에게는 생명으로부터 생명에 이르는 냄새라"(고후 2:16).

유대인들은 이 대답을 문자적인 의미로 받아들여 시온산에 있는 성전에 적용하였습니다. 그러고는 자신들의 불신앙을 더욱 확고하게 뿌리내리고, 주님을 모독했습니다.

"이 성전은 사십육 년 동안에 지었거늘 네가 삼 일 동안에 일으키겠느냐"(요 2:20).

그렇다면 본문을 문자적인 성전에 적용하여 이해해야 한다고 가정해 봅시다. 특히 그리스도의 말씀에 대한 그들의 관점과 대답에서 드러난 도덕적 완고함에 대해 살펴봅시다. 그들은 이해할 수 없는 주님의 말씀을 자기 마음대로 해석하고는 그것을 조롱하였습니다.

"이 성전은 사십육 년 동안에 지었거늘 네가 삼 일 동안에 일으키겠느냐."

그들의 왜곡된 사고는 성전을 짓는 데 필요한 시간과 예수님이 그것을 다시 짓는 데 요구한 시간 사이의 현격한 괴리에 묶여 있었습니다. "수많은 사람들이 사십육 년이나 걸려서 한 일을 혼자서 삼 일 안에 이루겠다는 말인가?"

만일 예수님이 그 괴리를 대폭 줄여서 말했다면 그들이 만족했을까요? 그들이 원한 것은 표적이었습니다. 예수님이 인간의 가능성의 범위 안에 있는 시간 동안 성전을 지을 것이라고 선언하셨더라면, 그것은 인간의 사역을 초월하는 표적이 될 수 없었을 것입니다. 엄청난 괴리, 상상을 초월하는 짧은 시간만이(설령 그들의 방식으로 해석할지라도) 표적이 될 수 있는 것입니다. 그러나 그들의 관점으로 볼 때 주님의 대답은 표적이 되기에 충분했지만, 동시에 그것은 분명히 그들이 주님을 조롱하고 비웃는 근거가 되었습니다. 그들의 온 마음이 그만큼 비열했기 때문입니다.

그것은 그들에게 치명적인 표적이 되었으며, '사망으로부터 사망에 이르게 하는 냄새'(고후 2:16)가 되고 말았습니다. 왜냐하면 예수님의 말씀은 죽으심과 부활이라는 메시아의 운명의 최고 정수를 담고 있을 뿐 아니라, 그들의 운명에 대해서도 엄청난 영향력을 지니고 있었기 때문입니다. 그래서 이 표적의 역할이 다시 한 번 새롭게 부각되면서, 그들은 자연적으로 점차 분노를 키워 가고 마지막까지 더욱 완악한 마음을 가지게 됩니다.

그들은 주님의 말씀과 관련하여 자신들의 영혼을 치명적인 불행에 빠뜨렸습니다. 그들은 주님의 사역이 시작될 때부터 메시아를 대적하고, 그 말씀을 신성모독의 주제로 변질시켰습니다. 그리고 거기에 만족하지 않고, 주님을 죽음으로 몰아넣기 위해 다시 한 번 그 말씀을 재판에 끌어들였습니다. 그러는 동안 '사망으로부터 사망에 이르는 냄새'가 점차 그들의 영혼 깊숙이 배어들고 있었습니다. 그들이 한때 조롱했던 이 신비스러운 선언, 그들의 비웃음거리와 조롱과 모독의 먹잇감이 된 이 말씀과 관련된 그들의 죄는 이 선언에 참으로 기묘한 생명력을 더했습니다. 그 죄는 잠들지 않았습니다. 그것은 그냥 지나가거나 잊혀지지 않았습니다. 그것은 다시 한 번 자신을 드러냅니다. 반드시 다시 드러냅니다. 그리고 그때마다 이 선언은 그들의 '불순종'을 통해 악한 마음을 실행에 옮기게 하고, 더욱 강력하고도 치명적인 심판의 권세로 무장하고 나타나 그들의 마음을 더욱 완악하게 만들고, 결국 그들을 파멸과 진노를 받기에 합당한 자로 만듭니다.

여러분에게 그리스도의 말씀을 버린, 참으로 기억에 남을 만한 상황이 있었을지도 모릅니다. 예를 들어, 여러분이 변화된 사람이나 참회하고 변화되고 있는 사람으로서 조롱받기보다는 그런 사람들을 조롱하는 자로 서 있었을 수도 있습니다. 여러분은 그 사건과 그 상황이 악한 힘을 소진시켰다고 확신합니까? 여러분은 그로 인해 여러분의 마음과 성품이 악한 영향을 받지 않을 것이라고, 또 여러분의 눈이 어두워져 여호와의 구원의 능력과 은혜로운 진리를 대적하거나 무감각해지지 않을 것이라고 확신합니까? 아마도 동일한 사건이 반복되고, 메시아의 말씀과 주장에 대한 여러분의 증오를 드러내고 확인하는 일이 생길 것입니다.

성전에 있던 사람들이 자신의 죽음과 부활에 대해 은밀히 암시하는 그리스도의 말씀을 조롱함으로써(주님의 거룩한 말씀을 통해) 도덕적 파멸의 길로 들어섰을 때, 그들이 3년이나 지난 후에 다시 한 번 당시의 일을 기억하고 그들의 더러워진 영혼에 그 저주스런 영향력이 되살아나 더욱 악해지리라고 누가 상상이나 했겠습니까? 그들이 어떻게 자신의 마음을 가리는 이 세상 신으로 말미암아, 신앙의 근거이자 위대한 구원의 비밀을 높이 찬양하게 만드는 주제가 될 만한 신적 진리의 말씀으로 오히려 괴롭힘을 당하리라고 생각할 수 있었겠습니까? 뿐만 아니라 예수님이 십자가에 달리신 동안, 어둠의 권세가 절정에 달하고 하나님에 대한 죄악된 세상의 적개심과 신성모독이 최고조에 달한 때에 다시 한 번 그 일을 기억하여, "성전을 헐고 사흘에 짓는 자여, 네가 만일 하나님의 아들이어든 자기를 구원하고 십자가에서 내려오라"(마 27:40)라고 외치는 자가 그들 중에 있으리라고, 그리하여 예수님이 언급하신 진리의 신탁이 사망에 이르는 냄새를 더욱 쌓이게 하고 계속해서 그들의 영혼을 영적 사망으로 몰아가리라고, 어느 누가 상상이나 했겠습니까?

아! 그분의 말씀을 공손히, 온유하게 받지 않았기 때문입니다. 계시된 신비를 기꺼이 받아들이지 않았기 때문입니다. 하나님께서 자신의 구원을 보여주실 때 순전한 아이와 같은 마음으로 그것을 받아들이지 않았기 때문입니다. 오히려 그들은 그것을 피상적으로 해석하여 조롱하였습니다. 그 순간부터 어떤 의미에서 그것은 사탄의 손에 넘어가고 말았습니다. 그리고 이제 사탄의 날카롭고도 예리한 검이 되어 그들을 향해 날아들기 시작하는 것입니다. 그렇게 되면 그것은 주님의 손에 들렸을 때와는 전혀 다르게, 도움이 되는 무기를 쉬게 하고 좋은 기회를 무산시켜 버립니다. 사탄은 그것(표적이 된 신탁)을 거듭 상기시키며, 갈수록 치명적으로 사용합니다. 그들은 자신들이 그것을 마음대로 휘두른다고 생각했습니다. 그러나 그렇지 않습니다. 그것은 더욱 간교하고도 영악한 주인의 손에 들려 있었습니다. 그들은 자신들이 그것을 사용하여 예수님을 죽음으로 몰아넣었다고 생각했습니다. 그러나 그렇지 않습니다. 사실은 사탄이 그것을 그들에게 휘둘렀습니다. 참으로 그것은 '사망으로부터 사망에 이르는 냄새'가 되었습니다.

4. 예수님의 침묵과 섭리의 역사

거짓 증인들이 주님께 악한 혐의를 씌우고자 주님의 말씀을 왜곡할 때, 그들의 거짓을 지적할 필요가 없습니다. 그들은 가능한 한 주님이 신성한 건물을 대적하는 것처럼 꾸미기 위해, "내가 이 성전을 헐리라"라고 말씀하셨다고 주장합니다. 그러나 그렇지 않습니다. 예수님은 "너희가 이 성전을 헐라. 내가 사흘 동안에 일으키리라"(요 2:19)라고 말씀하셨습니다. 그러나 이 한 가지 사실에 대해서도 앞서 말한 두 증인의 의견이 서로 다릅니다. 결국 그들은 자신들이 지지하는 이유가 불의하며 비열하다는 것을 증명할 뿐입니다.

"대제사장이 일어서서 예수께 묻되 아무 대답도 없느냐. 이 사람들이 너를 치는 증거가 어떠하냐 하되 예수께서 침묵하시거늘"(마 26:62,63).

예수님께서 왜 침묵하셨습니까?

"보라 내가 걸림돌과 거치는 바위를 시온에 두노니"(롬 9:33).

그 걸림돌과 바위는 반드시 그곳에 있어야 합니다. 그것이 제거되어서는 안 됩니다. 예수님은 그들에게 대답하실 수 있었습니다. 그들의 해석이 잘못되었음을 지적하고, 자신이 한 대답의 의미와 결백을 밝히고, 그 대답이 얼마나 해가 없는지, 신성한 건물에 대한 적대감을 드러내었다는 주장이 얼마나 잘못된 것인지를 설명하실 수 있었습니다. 이 모든 것들이 영적 신탁에 대한 충분한 설명이 되었을 것이며, '부딪치는 돌과 걸려 넘어지게 하는 바위'(벧전 2:8)를 제거할 수도 있었을 것입니다. 그러나 신적 지혜에서 비롯된 시금석과 표적은 그 본질적 요소인 신비성을 계속 나타내야만 했습니다. 만일 그렇지 않고 주님이 그들의 고소에 대꾸하고 반박했다면, 그들의 성품을 시험하고 그들의 음흉한 간계를 드러내려는 신비한 신탁의 본질적인 특징은 무너지고 말았을 것입니다.

하나님의 의는 이러한 은혜가 그들에게 주어지는 것을 막았습니다. 수건이 여전히 그들의 마음에 남아 있어야 했으며, 부딪치는 돌이 제거되어서는 안 되었습니다. 그래서 예수님은 침묵하셨습니다. 주님은 그들의 주장을 깎아내리지 않고 그대로 내버려 두셨습니다. 더 큰 이유 때문에 자신의 진의에 관하여 침묵을 지키셨습니다. 예수님은 자신의 가르침을 왜곡하고 그것을 은밀하고도 유혹적인 가르침이라고 공격받았을 때에 친절하게 대답하셨으며, 모든 비방에 대해 자신의 사역의 정당성을 증명하고 자신의 말씀에 대한 조사에 담대히 응하셨습니다. 그분의 선지자적 직분이 즉시 말씀하실 것을 요구하였기 때문입니다. 그러나 예수님이 이해하고 의도하신 대로, 이 신탁에는 그리스도가 어린양이 되어 죽기까지 순종하심으로써 자신의 피로 죄를 씻고 은혜를 얻게 하는 제사장의 본질적인 사역이 감추어져 있었습니다. 바로 지금이 그분이 하나님 앞에 어린양으로 나타날 때이며, 따라서 침묵하셔야 할 때인 것입니다. 그래서 그분은 어린양으로서 도살자 앞으로 끌려가실 때, 양으로서 털 깎는 자 앞으로 끌려가실 때 잠잠하고 입을 열지 않으셨습니다(사 53:7 참고). 예수님은 침묵하셨습니다.

이런 침묵에 대하여 우리는 예수님이 고소자들은 알지 못하는 평안을 즐기고 계셨다고 말할 수 있을까요? 그들로 하여금 마음을 드러내도록 헛되이 충동질한 이 신탁이 그들에게는 사망으로부터 사망에 이르는 냄새였으나, 다른 사람들에게는 생명으로부터 생명에 이르는 냄새였음이 틀림없습니다(고후 2:16 참고). 만일 제자들에게서 그것이 궁극적으로 증명되었다면, 예수님 자신에게서도 즉시 증명될 수 있지 않겠습니까? '그분이 만물의 으뜸이 되신다'(골 1:18 참고)는 말은 인간에게 일어날 수 있는 모든 일이 그분 안에서 초월적으로 성취된다는 의미입니다. 그런데 왜 우리는 그것을 잊어버리고, 예수님의 경험과 그분의 백성들의 경험 사이에 존재하는 동질성을 쉽게 받아들이지 못합니까?

그분의 말씀을 왜곡한 자들은 그 말씀에서 다시금 흘러나오는 사망의 힘을 자신들의 윤리적 본성으로 받아들여 더욱 부패해지고 악한 정욕을 더욱 불붙게 하고 말았습니다. 그 신탁이 그들에게 사망으로부터 사망에 이르는 냄새가 된 것입니다. 그렇다면 마찬가지로 그 선하고 살아 있는 신탁이 그들의 법정에서 침묵하며 기만당하고 계신 그리스도, 하나님의 고난당하시는 그분에게 기쁨과 위로가 되었다고 할 수 있지 않겠습니까? 그렇습니다. 주님께서 영광스런 성부로 말미암아 죽은 자들 가운데서 부활하고 다시는 육신의 썩음을 당하지 아니하실 때(행 2:31 참고), 그들은 주님 앞에서 마치 거울을 통해 보는 것처럼 그분의 부활의 영광을 목도했습니다.

유한하고도 종속적인 주님의 인성을 기억해 보십시오. 그리고 죽음을 앞둔 주님에게도 두려움과 공포를 견디기 위해 큰 위로와 소망이 필요했음을 기억해 보십시오.

"그는 그 앞에 있는 기쁨을 위하여 십자가를 참으사 부끄러움을 개의치 아니하시더니"(히 12:2).

그러면 주님께서 대적의 악의를 압도하사 그들로 하여금 주님께서 치명적인 재판과 죽음의 세례에 이르기 오래전에 한 말씀을 듣고 나와 주님을 정죄하게 만든 놀라운 섭리에 경탄하게 되지 않습니까? 그 말씀에는 그리스도가 고난을 당하실 뿐만 아니라 죽은 자 가운데서 부활하여 영광에 들어가실 것에 대한 믿음이 내포되어 있습니다. 이 대적들은 자신도 모르는 사이에 "그의 영혼을 속건 제물로 드리기에 이르면 그가 씨를 보게 되며 그의 날은 길 것이요 또 그의 손으로 여호와께서 기뻐하시는 뜻을 성취하리로다"(사 53:10)라고 하신 약속을 선포하고, 그분에게 기쁨을 선사한 것입니다. 주님은 십자가에 달리셨을 때도, 무너진 성전을 사흘 안에 세우시겠다는 주님의 말씀으로 자신을 비방하는 대적들의 소리를 한 번 더 들었습니다. 그러나 오히려 그런 비방 가운데서 예수님은 자신이 육체로 오시기 오래전에 성령께서 성경을 통해 주신 놀라운 위로를 발견하지 않으셨을까요?

"이러므로 나의 마음이 기쁘고 나의 영도 즐거워하며 내 육체도 안전히 살리니, 이는 주께서 내 영혼을 스올에 버리지 아니하시며 주의 거룩한 자를 멸망시키지 않으실 것임이니이다"(시 16:9,10).

성부의 포근한 사랑과 무한하신 지혜는 그분이 악한 대적에게 조롱받는 그 순간에도 부활의 향기와 승리를 맛볼 수 있도록 역사하셨습니다.

5. 권면

이와 같이 대적이 이전의 신실함과 열정을 떠올리고 강요할 때에 우리에게는 가장 복되고도 풍성한 위로의 샘이 열립니다. 몇 가지 실제적인 권면을 전하며 이 장을 마치겠습니다.

첫째, 믿음을 위하여 다른 근거나 더 나은 기회를 찾으려는 성향을 조심하십시오. 이런 것들은 여러분에게 이미 충분합니다. 더 많은 것을 구하는 것은 믿으려는 소망이라기보다 자신의 불신을 정당화하려는 노력일 뿐입니다. 그리스도께서 여러분의 양심과 성전에 선포하고 들려주시는 말씀은, 그분을 서기관과 같지 않은 권세를 가진 분이요 여러분의 속사람과 모든 외적인 삶을 다스리고 주장하실 자격을 가진 분으로 받아들이고 인정하기에 충분한 근거가 됩니다. 여러분은 그분의 거룩한 말씀 안에서 신비한 힘과 성령의 특별한 애쓰심을 느낄 것입니다.

위대한 교회의 개혁자께서 성부를 향한 순전하고도 영적인 예배를 위해 여러분의 마음의 성전을 깨끗하게 하십니다. 예수님은 여러분의 세상적인 정욕과 세상 영광에 대한 열정과 거룩한 규례에 대한 마음의 방황과 차가운 형식주의와 의식적인 냉정함과 무감각하고 생명력 없는 기도를 지적하십니다. 그러고는 "이것을 여기서 가져가라(요 2:16). 영과 진리로 아버지께 예배하라(요 4:24 참고)"라고 말씀하십니다. 그분이 기록된 자신의 말씀과 성령으로 여러분을 찾아오실 때, 여러분은 그러한 부르심의 권세와 능력 아래서 은밀한 불안을 느낄 뿐 아니라 지금 다가오고 계시는 분이 그리스도이심을 충분히 알고 느낄 수 있습니다. 그러므로 더욱 강력한 확신을 얻고자 미루거나 기다리지 마십시오. 그것은 오히려 그런 확신이 없어지기만을 기다리는 것과 같습니다. 그것은 그분을 더욱 깊이 믿고 순종하게 하는 근거와 이유를 찾고자 하는 행동이 아닙니다. 그저 온전히 믿지 않는 자신을 합리화하고 싶은 것일 뿐입니다. 이런 사람에게서는 "비록 죽은 자 가운데서 살아나는 자가 있을지라도 권함을 받지 아니하리라"(눅 16:31)라는 말씀이 적용될 것입니다.

둘째, 그리스도의 신비한 말씀을 매우 겸손하고 신중하게 해석해야 합니다.

"하나님이 자기를 사랑하는 자들을 위하여 예비하신 모든 것은 눈으로 보지 못하고 귀로 듣지 못하고 사람의 마음으로 생각하지도 못하였다 함과 같으니라"(고전 2:9).

자신이 지혜 있는 줄로 생각하는 자는 어리석은 자가 되어야 합니다. 그래야만 지혜로운 자가 됩니다(고전 3:18 참고). 위대한 구원의 교리는 그것을 붙들려는 인간의 본질적인 능력을 훨씬 뛰어넘습니다. 여러분이 교만하게 자연의 논리나 이성의 원리에 따라 그것을 판단할수록, 그것은 여러분에게 더욱 어리석고 이해할 수 없는 것이 될 것입니다. 종종 구원의 교리의 아름다움과 영광이 거듭나지 못한 사람들을 짜증나게 하곤 합니다. 이것은 바로 이러한 이성의 무능함 때문입니다.

"이 사람이 어찌 능히 자기 살을 우리에게 주어 먹게 하겠느냐……그때부터 그의 제자 중에서 많은 사람이 떠나가고 다시 그와 함께 다니지 아니하더라"(요 6:52, 66).

그 말씀이 어려웠던 것입니다. 다른 말씀도 마찬가지입니다.

"그러나 이스라엘의 두 집에는 걸림돌과 걸려 넘어지는 반석이 되실 것이며 예루살렘 주민에게는 함정과 올무가 되시리니"(사 8:14).

그러나 성경은 "믿는 자는 부끄러움을 당하지 아니하리라"(벧전 2:6)라고 말합니다. 예수님도 "천지의 주재이신 아버지여, 이것을 지혜롭고 슬기 있는 자들에게는 숨기시고 어린아이들에게는 나타내심을 감사하나이다"(마 11:25)라고 말씀하셨습니다.

셋째, 여러분이 오늘 그리스도를 부인하면, 그것은 언젠가 더욱 공격적인 모습으로 찾아와 훨씬 파괴적인 결과를 초래할 것입니다. 사탄은, 여러분이 자신을, 또는 하나님을 섬기려는 경건한 열심을 가진 다른 경건한 사람을 너무 종교적이고 개혁적이라고 경멸하며 조롱했던 말을 잘 쌓아두었다가 언젠가 그것을 다시 끄집어내 여러분의 마음을 더욱 나쁘게 만들고, 여러분의 입으로 사탄의 일을 돕게 하며, 여러분이 더욱 악한 일을 하도록 만들 것입니다. 그러므로 주님께 즉시 절대적으로 순종하기를 거부하는 모든 느낌을 조심하십시오. 무언가가 그분에 대한 즉각적인 믿음과 마음의 성전을 깨끗하게 하시려는 의도에 즉시 순종하려는 마음을 방해하고 거부하며 의심하게 한다면, "이것을 여기서 가져가라"(요 2:16)라고 하신 주님의 말씀을 기억하고 기뻐하십시오. 그리고 그것을 제거할 힘이 부족할 때에는 '육신에서 굳은 마음을 제거하고 부드러운 마음을'(겔 36:26) 달라고 그분께 구하십시오.

넷째, 예수님이 여러분에게 요구하시는 믿음의 확신과 감사와 기쁨의 헌신을 나타내기 위해 그분의 죽음과 부활에 합당한 기쁨을 누리고, 그분을 전심으로 의존하십시오. "너희가 이 성전을 헐라. 내가 사흘 동안에 일으키리라"(요 2:19)라는 신탁에 함축된 진리와 은혜의 신비와 충만함을 누리십시오. 여러분은 죽을 수밖에 없는 악한 죄인입니다. 쓸모없고 무익한 무화과나무이며, "찍어 버리라, 잘라 버리라"라는 외침을 듣기에 마땅한 자입니다(눅 13:7 참고). 여러분의 대속물이신 중보자만이 유일한 소망이 되십니다. 이 대속물을 보십시오! 그분의 희생적 죽음을 보십시오! 여러분이 연합할 그분의 영광스러운 부활을 보십시오! 여러분은 믿음으로 말미암아 그분의 죽으심과 합하여 장사지낸 바 되었습니다. 그리고 그분이 성부의 영광으로 말미암아 죽음에서 부활하신 것처럼, 여러분도 새 생명의 길을 걸을 것입니다.

주님의 죽으심과 부활에 대한 신탁으로 여러분의 영적 상태를 점검하십시오. 그 신탁으로 하여금 여러분의 영적인 목적을 인도하게 하십시오. 그 신탁을 통해 여러분의 연약한 마음에 깨우침과 기쁨을 얻으십시오. 만일 대적이 여러분의 평안과 안전을 해하려 한다면, 하나님께서 그들의 공격을 엎으시고, 여러분으로 하여금 소망의 근거를 기억하고 하나님의 백성에게 혐의를 씌우려는 자들에게 담대히 대답하게 하실 것입니다. 성경은 "죽으실 뿐 아니라 다시 살아나신 이는 그리스도 예수시니"(롬 8:34)라고 했습니다. 성전 된 그분의 몸은 허물어졌으나 사흘 만에 다시 영광스럽게 부활하셨습니다!

12장 장차 임할 하늘의 재판

> "예수께서 침묵하시거늘 대제사장이 이르되
> 내가 너로 살아 계신 하나님께 맹세하게 하노니
> 네가 하나님의 아들 그리스도인지 우리에게 말하라
> 예수께서 이르시되 네가 말하였느니라 그러나 내가 너희에게 이르노니
> 이후에 인자가 권능의 우편에 앉아 있는 것과 하늘 구름을 타고 오는 것을
> 너희가 보리라 하시니"(마 26:63,64).

예수님에게 재판의 끝은 극도로 장엄하고 엄숙했습니다. 성전을 허물면 사흘 안에 다시 세우겠다고 하신 말씀과 관련된 악의적인 고발은 그분을 기소하는 자들에게 아무런 유익도 주지 못했습니다. 증인들의 말은 서로 일치하지 않았고, 이 문제에 대해 추궁당하신 예수님은 위엄 있는 침묵을 지키셨습니다. 대제사장은 지금까지 시도해 온 방법으로는 죄를 입증할 수 없음을 알았습니다. 그리하여 결국 하나님에 대한 가장 큰 위선에 호소하여, 하나님 앞에서 맹세하고 진실을 말하게 했습니다.

"대제사장이 이르되 내가 너로 살아 계신 하나님께 맹세하게 하노니 네가 하나님의 아들 그리스도인지 우리에게 말하라"(마 26:63).

아버지의 이름으로 맹세하라는 요구를 받은 예수님은 자신의 때가 이른 것을 알았습니다. 그분은 아버지께서 주신 계명대로 자신을 죽음에 내주기로 마음을 정했습니다. 그리고 성자로서의 영광과 그리스도로서의 공적 사명을

인정하시는 한편, 장차 자신의 증언이 진실임을 입증할 마지막 날을 보게 될 것임을 대제사장에게 명료하고 위엄 있게 말씀하셨습니다.

"예수께서 이르시되 네가 말하였느니라. 그러나 내가 너희에게 이르노니 이후에 인자가 권능의 우편에 앉아 있는 것과 하늘 구름을 타고 오는 것을 너희가 보리라 하시니"(마 26:64).

이것은 인간의 법정에 죄인으로 서 계신 예수님의 수치와 낮아지심과는 완전히 대비되는, 참으로 예기치 못한 영광의 빛입니다! 이것은 두 개의 극단, 즉 지극히 낮아져 죄를 지고 죄인들 앞에 서 계신 성자의 비천함과, 아버지의 보좌에 심판주로 앉으시고 그 앞에 모든 나라가 고개를 숙이고 엎드리게 될 지극히 큰 영광을 얼마나 놀랍게 연결하는지 모릅니다. 이제 곧 이 사건이 종결되고, 죄인에 대한 선고가 즉시 집행될 것입니다. 그러나 그분은 이 사건을 더 높은 법정에 항소할 것이며, 그분을 죽인 모든 자들이 그곳에 출두해야 할 것입니다. 그곳에서 그날의 결정과 관련된 모든 기록이 전능자의 의사록에 고스란히 보존되어 있는 것을 보게 될 것입니다. 또 이 죄수가 보좌에 앉아 계시는 것을 보게 될 것입니다. '각 사람의 눈이 그를 보겠고 그를 찌른 자들도 볼'(계 1:7) 그날에 그분의 항변이 공의롭고도 정당하게 처리될 것입니다.

이제 이토록 숭고하게 암시되는 위대한 여호와의 날과 관련하여 예수님과 가야바를 살펴봅시다.

1. 그리스도에게 주어진 위로와 보상의 날

먼저 예수님과 관련하여 생각해 봅시다. 이러한 암시는 심문을 받는 그분에게 분명히 큰 위로가 되었을 것입니다. 그것은 그분이 고난당하시는 이 특별한 시간을 위한 적절한 보상이었습니다. 인간의 법정에서 기꺼이 거짓 고소자들의 표적이 되신 그리스도의 낮아지심에 상응하는 합당한 보상이 무엇이겠습니까? 그분을 둘러싼 수치와 사방에서 들려오는 조롱과 비난, 그리고 치욕과 부끄러움과 모멸감을 생각해 보십시오! 복되신 아들이 벨리알의 아들로 법정의 피고석에 서 계신 것입니다. 그에 합당한 보상이 무엇이겠습니까? 만유를 심판할 마지막 법정에서 그분이 보좌에 오르시는 것이 아니겠습니까?

"내가 네 원수들로 네 발판이 되게 하기까지 너는 내 오른쪽에 앉아 있으라"(시 110:1).

그때에 땅의 모든 족속들이 통곡하며 인자가 구름을 타고 능력과 큰 영광으로 오는 것을 볼 것입니다(마 24:30 참고).

"그분이 자기를 낮추셨기 때문에 하나님이 그를 지극히 높여 주셨다"(빌 2:8,9 참고)는 것은 전체적으로 적용되는 원리일 뿐만 아니라 구체적이고도 세세한 부분에까지 확장되어 적용되는 원리입니다. 따라서 그리스도의 낮아지심의 부분적 요소나 연속되는 영역과 단계는 모두 그에 상응하는 영광스런 보상을 담은 평행구와 연결됩니다.

보좌의 면류관이 영광의 면류관으로 대치될 것입니다. 그렇습니다. 그 머리에는 많은 관들이 있습니다(계 19:12 참고). 그분이 지신 십자가는 진정한 승리의 수레입니다. 그분은 그 수레를 타고 나아가 이길 것이며, 백성들의 반감을 누그러뜨리고 그들의 의지를 새롭게 하며 절대적인 사랑을 회복시키실 것입니다. 그분을 결박하여 안나스와 가야바에게 끌고 간 사슬은 그분에게 승리를 쟁취할 자격을 부여합니다. 그분은 이러한 승리로 말미암아 통치자와 권세 잡은 자들을 복종시키고 사로잡힌 자들을 취하며 용사가 빼앗은 것을 도로 빼앗고, 공개적으로 백성들에게서 사탄과 죄와 지옥과 사망의 사슬을 제거하실 것입니다. 그리하여 포로가 되신 주님이 그들을 위해 잠시 내준 영광스러운 권리를 그들을 위해 다시 찾으실 것입니다. 뿐만 아니라 가야바의 치욕스러운 법정이 심판의 보좌로 대치되는 보상을 받을 것입니다. 그분이 피고인으로서 당한 특별한 수치는 그 앞에 있는 특별한 기쁨과 최후 심판에서 재판장의 자리에 앉는 영광으로 바뀔 것입니다. 그 앞에 있는 이런 기쁨을 생각하면서 주님은 지금의 수치를 기꺼이 감수하시는 것입니다.

그러므로 그분은 이런 장엄한 특권을 성자로서 지니는 양도할 수 없는 고유 권한과 자신의 신성에서 비롯된 것으로 보지 않고, '인자'로서 자신에게 주어진 보상이자 인성이 받은 영광으로 언급하십니다. 여기에 주목하십시오.

"이후에 인자가 권능의 우편에 앉아 있는 것과 하늘 구름을 타고 오는 것을 너희가 보리라"(마 26:64).

하나님의 아들은 성부와 성령과 동일한 본체를 지닌 영원한 하나님이요 만유의 재판장이시며, 반드시 그렇게 되셔야만 합니다. 하나님의 위격만이 무오한 지식과 마음을 살피시는 전지함과 무한한 지혜와 의라는 속성을 소유할 수 있습니다. 그것이 없이는 영원한 심판 가운데 절대적인 공의를 시행할 수 없습니다. 그런데 그리스도 예수는 그 인성이 결코 분리될 수 없는 신성과 연합함으로써 최후 심판의 재판장의 자리에 오르셨습니다. 인간이 되신 그리스도 예수께서 산 자와 죽은 자를 심판하게 되었습니다(벧전 4:5 참고). 하나님은 정하신 사람으로 하여금 천하를 공의로 심판할 날을 작정하시고, 이에 그를 죽은 자 가운데서 다시 살리셨습니다(행 17:31 참고). 이것은 신성으로 말미암아 필연적으로 그분에게 주어진 특권이며, 이와 같은 정하심으로 말미암아 그분에게 보상으로 주어진 위대한 날에 그리스도께서 나타내실 무한한 위엄입니다. 그분의 말씀을 들어 보십시오.

"(아버지께서) 인자 됨으로 말미암아 심판하는 권한을 주셨느니라"(요 5:27).

바로 지금 예수님은 죄수가 되어 멸시와 버림을 받고, 감정이 짓밟히고 유린당했으며, 자신의 명예와 이름이 땅에 떨어지고 모든 권리를 박탈당하였으며, 온갖 폭력과 인격적인 고통과 괴롭힘을 당하였으며, 죽음의 문턱에서 저주의 선고가 떨어지기만을 기다리고 있습니다. 이 놀라운 순간에 누가 예수님의 마음을 들여다볼 수 있겠습니까? 이 얼마나 비천한 낮아지심입니까? 얼마나 암울하고 슬픈 낮아지심입니까? 그러나 그분은 아버지의 의와 자신에 대한 보상을 생각하였습니다. 그분은 앞에 있는 기쁨을 생각하였습니다. 그분의 마음은 장차 받으실 보상으로 향했습니다. 그분은 대제사장의 자리에 앉은 가야바로부터 믿음의 눈을 들어 아버지의 영광과 온 땅의 심판자로 앉으실 보좌를 바라보셨습니다. 오, 겸손하고도 온유하신 분이여!

"악을 행하는 자들 때문에 불평하지 말며"(시 37:1).

"네 길을 여호와께 맡기라. 그를 의지하면 그가 이루시고 네 의를 빛같이 나타내시며 네 공의를 정오의 빛같이 하시리로다"(시 37:5,6)라는 약속은, 많은 환난을 겪고 하늘나라로 갈 수많은 형제들 가운데 맏아들이시요 그들보다 훨씬 뛰어난 그분을 향한 약속입니다. 장차 우리는 그분께서 권능의 우편에 앉아 있는 것과 하늘 구름을 타고 오는 것을 보게 될 것입니다(마 26:64 참고). 그리고 그분처럼 고난과 괴롭힘을 당하고, 그분처럼 마음이 온유하고 회개한 성도들이 그분과 함께할 것입니다.

2. 여호와의 날에 대한 진술과 가야바

한편 예수님의 이 엄숙한 대답은 특별히 질문자인 가야바에게 많은 것을 시사하고 있습니다. 고통당하는 죄수에게 큰 위로의 원천이 된 이 대답의 주제와 본질은, 만일 가야바가 깊이 생각하고 묵상했더라면 그에게도 동일하게 위로의 원천이 되었을 것입니다. 사실 얼마나 많은 그리스도인들이 실제로 이와 같은 시련 가운데 은밀하게 주어지는 내적 위로를 통해 어느 누구에게도 말하지 않고 능력 있는 모습으로 인내하고 견뎌 내는지 모릅니다. 예수님도 다가올 재판장으로서의 영광을 마음속 깊이 은밀하게 품고 기대했을 것입니다. 그것은 지금 당하는 수치를 충분히 보상하고도 남습니다. 그러나 가야바에게 이 무서운 진술은 어떤 의미를 가지는지, 그와 그의 책임과 관련된 의미를 살펴봅시다.

예수님과 관련하여 이런 조망은 그에 상응하는 보상과 균형을 보여 주었습니다. 가야바의 경우에 이 말씀은 첫째로 설명으로서의 역할을 하였으며, 둘째로 엄중하게 충고하고 그것을 받아들이지 않는 경우의 결과를 제시하였으며, 셋째로 마지막 날이 오리라는 최종적인 결정에 대한 최후통첩으로서의 역할을 하였습니다.

1) 메시아에 대한 설명과 경고

이 엄숙한 진술 안에는, 가야바가 이 진술을 인정하고 받아들이기만 하면 곧 베풀어질, 결코 작지 않은 은혜로운 목적이 담겨 있었습니다. 이 말씀을 통해 예수님은 대제사장이 걸려 넘어질 수도 있는, 그리고 제거하지 않을 경우 그를 정당화하는 도구가 될 수도 있는 거치는 돌을 제거하셨습니다. 가야바는 어쩌면 자신에게 이렇게 말할지도 모릅니다.

"이것이 용감한 모험가나 떠돌이 광신자가 엄청나게도 자신을 하나님의 아들이라고 주장함으로써 그것을 쉽게 믿는 사람들을 속이고 자신을 속이는 일이 아니고 무엇이란 말인가? 그가 정말 하나님의 아들이라면 어떻게 성부께서 그를 이토록 비천한 모습으로 이렇게 깊은 절망 가운데 버려둘 수 있다는 말인가? 그도 우리가 보낸 자들에게 체포되어 여기까지 죄수로 끌려오느니 하늘의 천군천사를 부르지 않았겠는가? 어떻게 이렇게 비참한 지경에까지 이르렀다는 말인가? 이처럼 낮고 천한 자리에 선 자가 어떻게 그토록 거만한 주장을 할 수 있다는 말인가? 이렇게 망신을 당하고, 명예도, 부도, 친구도, 권력도, 권리도 없는 자가 자신을 그리스도요 이스라엘의 왕이며 하나님의 아들이라고 생각하다니, 창피하지도 않은가? 아무것도 없이 버림받고 비참한 포로가 되어 여기저기 끌려 다니는 죄수가 어떻게 메시아라는 거룩한 이름의 명예를 주장한다는 말인가?"

그런데도 예수님은 그에게 "나는 그리스도요 하나님의 아들이다"라고 말씀하십니다. "네 눈에는 내가 수치와 모욕을 당하는 것이 메시아라는 이름에 걸맞지 않게 보일 것이다. 나는 고난과 수치를 당하고 있다. 이런 굴욕은 내가 하나님에게서 왔다는 신적 기원과 신적 사역에 대해 편견을 갖게 하고, 심지어 그런 증거를 사장시켜 버릴지도 모른다. 그러나 나는 진실을 말한다. 이 진실은 모든 의심과 편견을 걷어 내고, 모든 외적인 모순을 제거할 것이다. 그리고 모든 육체가 보는 앞에서 사실로 드러날 것이다. 왜냐하면 너희가 이후에 인자가 권능의 우편에 앉아 있는 것과 하늘 구름을 타고 오는 것을 볼 것이기 때문이다."

이런 관점에서 볼 때, 그리스도께서 미래에 대해 엄숙히 언급하시는 것은, 주님을 박해하는 자가 (그의 상태나 마음의 기질을 보아서는 당연한 일이지만) 거치는 것에 걸려 넘어지는 것을 막아 줄 수 있는 매우 은혜로운 개입입니다. 사실상 예수님은 지금의 고난이나 수치가 자신의 메시아 됨을 가로막지 못하며, 오히려 메시아가 고난당한 후에 영광을 받으리라고 말한 선지자의 예언이 지금의 자신의 상황과 정확히 일치한다는 사실을 상기시키고 있습니다 (벧전 1:11 참고). 또한 비록 지금은 자신이 교만한 고소자 앞에서 수치와 고통을 당하지만 이제 곧 모든 수치를 덮어 버릴 영광스런 보상이 뒤따를 것임을 상기시키고 있습니다.

이처럼 가야바는 이 사건을 더욱 넓고 온전한 관점에서 바라보라는 일종의 경고를 받았습니다. 여러 가지 정황이 불리하지만, 이 비천한 자가 결코 위선자가 아님을 입증할 만한 상응점(미래의 영광)에 대해 생각해 볼 수 있는 기회가 가야바에게 주어졌습니다. 무엇보다도 그는 이 사건에 대한 영원한 계시의 조명과 판단을 인정하라는 경고를 받았습니다. 만일 가야바가 이 경고를 받아들였다면, 그는 마귀의 덫에서 벗어났을 것입니다. 따라서 그에게 충분한 설명이 주어지지 않아서 그가 마귀의 덫에서 벗어나지 못한 것이 아닙니다. 그에게는 얼마든지 유익하고 충분히 도움이 될 만한 설명이 주어졌습니다. 그는 훗날 이 죄수가 당한 치욕에 대해 아무런 변명도 할 수 없습니다. 왜냐하면 '그럼에도 불구하고' 그분이 그리스도요 하나님의 아들이시며 이후에 만국을 심판하는 보좌와 권능의 우편에 앉으시리라는 사실을 그가 확실히 들었기 때문입니다.

2) 엄중한 충고

이 말씀은 대제사장의 마음에 중요한 설명으로 제시되었을 뿐만 아니라 그의 판단을 바르게 하고 자신의 생각을 바로잡도록 하는 역할을 하였습니다. 그는 그 말씀을 자신의 계획을 계속 추진하지 못하게 막는 엄중한 충고로 받아들여야 했습니다. 가야바가 예수님이 처한 비천하고 연약한 상태를 근거로 그분의 주장이 틀렸다는 자신의 생각을 정당화하려고 했다면, 동일한 근거 위에서 그분을 정죄하고 죽음으로 몰아가려는 자신의 행동도 정당화하려고 했을 것입니다. 물론 하늘은 그가 악한 의도를 실행하지 못하도록 막지 않았습니다. 그래서 그가 그것을 자신이 하려는 일에 대한 일종의 아량으로 잘못 생각했거나, 아니면 적어도 자신이 하려는 일이 하나님의 기름 부은 자를 십자가에 못 박는 끔찍한 일은 아니라는 증거로 여겼을지도 모릅니다. 아마도 그가 그런 생각을 가지고 있었던 것으로 보입니다. 그리고 그것은 본질적인 면이나 원리적인 면에서 결코 특이하다고 할 수 없습니다. 그리스도의 엄중한 충고가 말하고자 하는 것이 바로 이것입니다.

"너희는 너희가 지금 나에게 행사하는 힘 자체가 바로 나의 주장이 잘못되었음을 증명한다고 생각할 것이다. 혹은 적어도 너희가 원하고 의도하는 바를 계속 추진할 수 있는 근거가 된다고 생각할 것이다. 너희는, 만일 나의 주장이 사실이고 내가 하나님의 아들이며 메시아라면 나를 세상에 보내신 하나님이 내가 이렇게 고통당하는 것을 그대로 두고 보실 리가 없으며 즉시 나를 구원하실 것이고 너희의 잘못을 깨닫게 하여 나를 대적하는 모든 행위를 못하게 하실 것이라고 생각할 것이다. 그러나 그것은 잘못된 생각이다. 비록 지금은 아니지만, 장차 아무도 거부할 수 없는 증거가 주어질 것이다.

너희가 지금 나를 거부하기로 결심한다면 그렇게 해도 좋다. 너희가 그렇게 할 수 있도록 허락하겠다. 영광의 주를 정죄하고 십자가에 못 박으라. 모든 사람들의 마음에 거부할 수 없는 확신의 빛이 비치고 절대적이고도 물리적으로 믿지 않는다는 것이 불가능한 때가 아직 오지 않았다. 지금은 너희의 왕이 온유하고 낮은 모습으로 임하셨다. '그는 외치지 아니하며 목소리를 높이지 아니하며 그 소리를 거리에 들리게 하지 아니하며'(사 42:2). 지금도 여전히 낮은 이 음성은 마음이 온유하고 겸손하며 회개하는 사람들에게는 가장 강력한 확신을 심어 주고, 거룩한 믿음에 대한 온전한 통찰력과 확신으로 그들을 채울 것이다. 그러나 편견과 정욕에 사로잡힌 교만한 사람에게는 억지로 그렇게 하지 않을 것이다. 교만한 자에게도 바로잡을 수 있는 기회가 주어지겠지만, 오히려 그것이 걸려 넘어지고 깨지는 올무와 덫이 될 것이다. 왜냐하면 나의 진리와 사역에 관한 모든 증거는 사람들에게 강제로 확신을 심어 주지 않으며, 너희에게도 마찬가지이기 때문이다. 너희가 형식적인 반박이나 변명조차도 할 수 없는 때가 아직 오지 않았다. 그러나 그때는 반드시 올 것이다. 그때 거부할 수 없는 구속력과 저항할 수 없는 물리적 강제력이 임하여, 너희 손에 하나님의 아들이신 그리스도의 죄 없는 피를 묻히는 일을 멈추게 할 것이다.

그러나 이미 전한 것처럼 이런 구속력이 행사되지 않을 수도 있다. 자신의 행위를 도덕적으로 해결할 수 있는 또 하나의 기회가 너희에게 주어졌다. 너희의 정욕을 강제로 구속하기보다 훨씬 도덕적으로 대하고자 한다. 너희는 나를 정죄하고 십자가에 못 박을 수 있다. 그러나 너희는 이후에 인자가 권능의 우편에 앉아 있는 것과 하늘 구름을 타고 오는 것을 보게 될 것이다(마 26:64 참고). 그때에는 바로잡을 수 있는 기회가 더 없을 것이며, 너희 마음대로 할 수 있는 자유도 주어지지 않을 것이다. 그때에는 거부할 수 없는 확신이 찾아오고, 나에 대한 어떤 불의도 행해질 수 없을 것이다. 비록 지금 나는 권능의 우편을 향해 나를 해방시켜 주거나 나를 둘러싸서 보호해 달라고 요구하지 않으며, 영광을 위해 하늘 구름을 요구하지도 않겠지만, 나는 너희에게 내가 그리스도이며 하나님의 아들임을 밝힌다. 지금은 비록 강력하고 물리적이며 가차 없는 증거가 없다는 것이 너희에게 나를 마음대로 대할 수 있는 대담함을 주겠지만, 그러나 내가 너희에게 이르노니 이후에는 결코 그렇게 하지 못할 것이다."

바로 이것이 교만한 죄인이 거듭해서 요구하는 충고가 아니겠습니까? 여러분은 자신에게 죄를 범할 선택권이 주어진 죄는 그렇지 않은 죄보다 덜 악할 것이라고 생각합니다. 그런 죄는 지극히 끔찍한 악이나 하나님께 무한히 가증스러운 악이 될 수 없다는 것입니다. 여러분의 길이 그토록 끔찍한 악을 향하고 있었다면 훨씬 효과적으로, 그리고 고통스럽게 저지당하였으리라고 생각하는 것입니다. 여러분은 만일 여러분을 향한 하나님의 요구가 실제로 성경이 말하는 것처럼 그렇게 강력하다면, 하나님께서 결코 여러분이 실수하거나 오해하도록 내버려 두지 않으실 것이라고 생각합니다. 따라서 여러분의 마음의 문을 두드리고 계시는 분이 정말 그리스도라면, 그 소리가 훨씬 크거나 그분이 아무런 절차 없이 즉시 강제로 진입하셔야 하며, 또한 여러분으로 하여금 그분의 메시아 되심과 주권자 되심을 잠시도 의심하지 못하게 하실 것이라고 생각합니다. 그러나 그렇게 된다면, 여러분은 너무나 엄청난 광경을 보고 너무나 압도적인 확신을 심어 주는 음성을 듣게 될 것입니다. 지금은 단지 그것을 못 보고 있을 뿐입니다.

지금은 어떤 손길이 여러분이 죄를 범하지 못하도록 막는 것 같을지라도 그 힘이 지극히 강력한 것은 아니며, 여러분이 떨쳐 낼 수 있을 정도일 것입니다. 여러분이 악한 길을 따르지 말라는 명령을 받는다 하더라도 그것은 실제로 저지하는 것은 아니며, 여전히 여러분 앞에는 죄를 범할 문이 넓게 열려 있습니다. 이 거룩한 하나님의 율법은 자신의 특권과 요구를 주장할 때, 온전한 모습을 감춘 채 부드럽게, 심지어 아무런 위엄도 없는 것처럼 말할 것입니다. 지금은 그렇다는 것입니다.

시내산의 우레와 번개가 없고, 출입을 막는 울타리가 금방이라도 무너질 것처럼 보이며, 그것을 세운 것이 결코 하나님의 손이 아닌 것처럼 보입니다. 그러나 그때에도 이 거룩한 하나님의 율법이 재판장으로서 감찰하고 있습니다. 다만 철저히 무시당하고 있을 뿐입니다. 주변에 선 무리들이 그 요구에 거의 귀를 기울이지 않습니다. 마치 그리스도의 모습과 같이 말입니다. 모든 사람에게서 버림받고 죄수로서 법정에 서신 그분은 여러분에게 아무런 영향도 주지 못합니다. 그리하여 여러분에게 주어진 선택권, 즉 거룩한 율법의 요구를 침묵시키고 그 명예를 던져 버릴 수 있는 선택권이 여러분으로 하여금 무죄까지는 아닐지라도 적어도 면죄에 대한 기대를 가지고 대담히 죄를 짓도록 만듭니다.

3) 최후통첩 – '그러나'와 '이후에'

이것이 바로 정확히 검정하는 과정임을 알아야 합니다. 사실 이 사건은 그리스도에 대한 재판이라기보다는 가야바에 대한 재판입니다. 지금 모든 것이 드러나 재판받고 있는 쪽은 여러분이 순종하기를 거절한 하나님과 구주와 율법의 요구나 여러분이 감히 거부하고 다시 한 번 십자가에 못 박고 있는 구속자가 아닙니다. 하나님 앞에 선 여러분의 도덕적 상태와 성향과 성품이 지금 재판을 받고 있습니다. 그분에 대한 검정이 아니라 여러분에 대한 검정이 진행되고 있는 것입니다.

현재 여러분은 죄와 불신에 대해 자유합니다. 어떤 면에서는 그것이 허락되었습니다. 그렇게 할 기회와 가능성이 부여된 것입니다. 하나님은 여러분을 억지로 순종하게 하거나 여러분의 회개와 믿음을 강요하지 않으실 것입니다. 여러분에게 악을 행할 수 있는 자유가 허용되었습니다. 그러나 여기에는 상처와 최후통첩이 따릅니다. '그러나'와 '이후에'라는 위대한 최후통첩이 있습니다.

하나님께서 여러분이 죄를 범하지 못하도록 만들지 않고 그것을 여러분의 선택에 맡겨 범죄할 수 있는 자유를 허용하셨습니까? 여러분이 죄를 범하려는 의도를 가진 때부터 그것을 실행하는 순간까지, 하나님께서 강력한 손으로 개입하여 물러서도록 경고하고 의도한 것을 실행하지 못하도록 물리적인 힘을 행사하지 않으셨습니까? 여러분에게 죄가 허용되었을 뿐 아니라, 그것을 행동으로 옮기는 것을 막지 않으셨습니까? 말하자면, 하나님께서 죄를 짓도록 내버려 두셨으며, 즉각적으로 보응하지 않으셨습니까? 그런 단순한 이유만으로 그 죄가 덜 악하다고 생각하거나 그 문제가 끝났다고 생각합니까?

아닙니다. 양심의 경고가 희미하고, 저지하는 섭리가 강력하지 않을 수도 있습니다. 성령의 탄식이 무시할 만큼 미약할지도 모릅니다. 아마도 여러분이 저항할 수 있을 정도에 불과했을 것입니다. "그러나 내가 너희에게 이르노니 이후에"(마 26:64)라는 것입니다.

이런 일이 얼마나 자주 일어나는지요! 사람들은 강력한 힘으로 죄를 저지당하기를 원합니다. 그들은 하나님께서 막지 않으시기 때문에 거듭 죄를 범합니다. 그러나 발람을 보십시오. 그는 실제로 죄를 범할 수 없는 상황이 되었습니다. 그의 나귀는 여호와의 사자가 칼을 빼어 손에 들고 있는 것을 보고서 밭으로 달아났습니다. 그러나 발람은 나귀를 채찍질했습니다. 그리고 자신의 탐욕스럽고도 악한 길을 계속 갔습니다. 그러자 나귀가 다시 한 번 멈추어 서서 발람의 발을 담에 짓눌렀습니다. 그런데도 발람은 계속 악한 길로 가고자 했습니다. 이윽고 심하게 채찍을 맞은 나귀는 이 주제넘은 주인 밑에 엎드렸습니다. 주인의 무서운 진노와 미친 행동으로 거의 죽게 되었던 것입니다. 그때 말하지 못하는 나귀가 사람의 소리로 말하여 이 선지자의 미친 행동을 저지하였습니다(벧후 2:16; 민 22:21-28 참고). 그리고 결국 발람의 눈이 열려 여호와의 사자가 칼을 들고 서 있는 것을 보았습니다. 여호와의 사자는 발람에게 "내 앞에서 네 길이 사악하므로 내가 너를 막으려고 나왔더니"(민 22:32)라고 말합니다. 그때 이 고집스럽고 왜곡된 선지자가 뭐라고 말했습니까? 그는 "당신이 이를 기뻐하지 아니하시면 나는 돌아가겠나이다"(민 22:34)라고 하지 않았습니까?

"당신이 이를 기뻐하지 아니하시면"이라니요! 어떻게 그런 말을 할 수 있습니까? 그는 "당신이 이를 기뻐하지 아니하시면"이라는 조건을 달았습니다. 어떻게 감히 그런 조건을 달 수 있습니까? 자신이 하려는 잘못된 일을 하나님께서 완전히 막으신다면 그만두겠다는 말이 아닙니까? 만일 하나님이 자신을 억지로 막지 않으신다면 그 일을 계속하겠다는 말이 아닙니까? 노골적인 개입만이 그를 막을 수 있다는 것입니다. 여호와의 사자의 칼이 그의 면전에서 번득이고 강제적인 명령이 더해져야만 그의 죄를 그치게 할 수 있는 것입니다. 그러나 하나님은 그에게 그런 것을 허락하시지 않을 것입니다. 하나님은 이미 자신이 그의 길을 기뻐하지 않으신다는 것을 지나칠 정도로 충분히 보여 주셨습니다.

여호와를 향한 충성스러운 마음은 먼저 자신을 악에서부터 깨끗하게 합니다. 그러나 하나님을 대적하는 마음은 그를 끝까지 타락의 길로 인도합니다. 어린아이와 같은 마음은 비록 눈을 통해 교육을 받을지라도 아버지의 뜻을 받아들입니다.

"내가 네 갈 길을 가르쳐 보이고(내가 나의 눈으로 너를 인도하리라)"(시 32:8).

그러나 이방인이나 나그네 또는 대적의 마음은, 불순종할 수만 있다면 모든 힘을 동원하여 저항합니다. 발람은 자신의 길을 여호와께서 끝까지 단호하게 강제로 막지 않았기 때문에 뜻을 굽히지 않았습니다. 여호와의 사자가 돌아가고 그에게는 길이 열려 있었습니다. 그러자 발람은 모압의 고관들과 함께 갔습니다.

"그러나……이후에!"

지금의 인내와 이후의 심판은 검정 과정과 관계된 두 가지 요소입니다. 믿음을 강제하거나 순종할 수 없게 만드는 것은 결코 검정이라고 할 수 없습니다. 사람은 다양한 관심사와 동기와 유혹이 작용하는 가운데 자신이 어떤 사람인지를 드러내야 합니다. 이런 기회가 보장되었을 때 마음의 악함이 드러나기 때문입니다. 악한 행위에 대한 선고가 신속하게 시행되지 않기 때문에 사람들은 악을 멈추지 않습니다. 물론 이런 상처와 최후통첩과 '그러나'는 언제나 죄를 동반합니다. 우리는 이 점에 대해 깊이 생각해 보아야 합니다. 그 어떤 인간의 눈도 여러분의 은밀한 악을 볼 수는 없습니다.

'그러나!'

여러분을 멈추게 하려는 경건한 어머니의 음성을 자주 무시하고, 한 번도 여러분에게 해를 끼친 적이 없는 그녀의 자애로운 손길이 밤의 휘황찬란함과 어리석음을 향해 달려가는 여러분을 사랑으로 붙들려 할 때마다 그 손길을 뿌리칩니다.

'그러나!'

희미하게나마 양심의 소리가 들리는데도 여러분은 그것을 침묵시키려 하고, 충고를 무시하거나 받아들이지 않은 채 가던 길을 계속 갑니다.

'그러나!'

무분별한 사교의 요란함과 설렘이 모든 망설임을 일시적으로 잠재우고, 우매자와 같은 여러분의 웃음소리가 솥 밑에서 가시나무가 타는 소리같이 가장 크게 들립니다. 하나님이 잊혀지고, 이 악한 세상에서 신실하고 의로우며 경건하게 살아야 한다는 생각을 입에 올리는 것조차도 주제넘은 간섭으로 여깁니다. 그리고 여러분은 마치 '이후에'가 없는 듯이 즐거워합니다. '그러나'인 것입니다.

그것이 세상적이고 악하다는 것이 전부입니까? 그것으로 모든 것이 끝납니까? 아니, 그것이 여러분을 끝냈습니까? 아닙니다. 그것은 여러분과 다시 만나게 되어 있습니다. 그것은 차곡차곡 쌓여 갑니다. 그것은 아마도 은밀히, 그러나 단계적으로 점점 쌓여 갈 것입니다. 그것은 잔이 가득 찰 때까지 은밀하게 채워져 갑니다. 소리도 들리지 않습니다. 그러나 '이후에' 우리는 인자가 하늘 구름을 타고 오는 것을 볼 것입니다. 각 사람의 눈이 그분을 보겠고 그분을 찌른 자들도 볼 것이요 그로 말미암아 애곡할 것입니다.

"청년이여, 네 어린 때를 즐거워하며 네 청년의 날들을 마음에 기뻐하여 마음에 원하는 길들과 네 눈이 보는 대로 행하라. 그러나 하나님이 이 모든 일로 말미암아 너를 심판하실 줄 알라"(전 11:9).

언제나 '그러나'를 생각하고 끔찍한 '이후에'를 생각하십시오.

"그러나 캄캄한 날들이 많으리니 그날들을 생각할지로다"(전 11:8).

이 캄캄한 날들이 오기 전에 여러분에게는 '오늘'이라는 영접의 시간이 있습니다. 예수님은 지금 여러분을 부르고 계십니다. 와서 자신의 주장을 살펴보고 탐구하고, 여러분에게 복을 주려는 주님의 의지와 능력을 시험해 보라고 요구하십니다. 그분은 자신을 법정에 세우고자 하십니다. 여러분은 그분께서 하신 일과 메시지에 대해 순종할 것인지, 말 것인지를 밝혀야 합니다. 그분의 요구 조건과 의와 은혜를 받아들일 것인지, 여러분의 경외와 감사와 사랑을 바칠 것인지를 결정해야 합니다. 그러나 그분은 자신의 무한한 가치와 여러분에게 복을 주시는 무한하고도 완전한 능력을 보여 주는 증거로 여러분의 온 마음을 채우시지는 않습니다. 그런 압도적인 방식으로 확신을 주는 것은 예비적 검정 기간의 섭리에 속한 것이 아니라 마지막 심판에 속합니다. 대신에 그분은 여러분의 모든 진지한 질문에 만족스러운 대답이 될 만큼 충분한 증거를 주실 것입니다. 그분은 모든 의심의 근거나 이유를 제거하실 것입니다. 그분은 여러분의 확신이 온전한 이해의 확신에 이르기까지 여러분을 한 걸음씩 이끌어 가실 것입니다.

그러나 만일 그분이 외치지 않고 목소리를 높이지 않으며 이처럼 온유하고도 겸손하게, 그리고 여러분이 침묵시킬 수 있을 만큼 낮은 음성으로 다가오신다는 이유로 여러분이 그분을 거절한다면, 만일 여러분이 그 음성을 막아 버리거나 무시함으로써, 아니면 그분의 사자나 여러분과 같은 사람에게서 직접 듣기를 원하고 하늘로부터 온 탁월한 신적 보고를 인정하지 않고 거절한다면, 여러분은 고집 센 사람이 자기 길을 굽히지 않듯이 자신의 길을 갈 수밖에 없을 것입니다. 그리고 자신의 말씀과 영과 사자를 통해 여러분의 양심에서 대리권을 행사하시는 그리스도와 헤어질 수밖에 없을 것입니다. 여러 가지 방식으로 자신을 드러내신 그리스도는 여러분을 최후 심판대로 이송하실 것입니다. 그분은 여러분이 여러분의 길을 가도록 내버려 두실 것입니다. 이 모든 것은 마지막으로 다시 한 번 점검을 받게 됩니다. 그때에는 더 이상 회복이나 죄 사함이 없을 것이라는 최후통첩과 함께 말입니다. '그러나 ……이후에' 여러분이 그리스도의 심판대 앞에 서야 하기 때문입니다.

"가야바여! 너는 이 사건이 그처럼 중요한 사건이라면 이 죄수의 머리에 영광의 광채가 비치고 하늘로부터 번득이는 진노의 칼이 나타나 그에게 손대지 말라고 경고할 것이라고 생각한다. 그러나 그렇지 않다. 만일 너의 육신적 생각이 하나님을 대적하여 그렇게 하겠다면, 너에게는 그러한 자유가 허용될 것이다. 다만 '이후에' 네가 그분을 풀어 주기 위한 조건으로 요구하는 예비적 조치, 즉 성자에 대한 입증이 충분히 나타날 것이다. 그때가 되면 이것이 입증될 것이다. 그때에는 지금 죄수로 있는 그분이 재판장으로 오실 것이다. 너는 '이후에 인자가 하늘 구름을 타고 오는 것'을 볼 것이다."

정함이 없으며 두 마음을 품고 머뭇거리고 있는 자들이여, 여러분은 더 좋은 때에 더 강력한 개입을, 그리고 예수님이 그리스도라는 데 대한 더욱 확실한 증거를 원합니다. 혹은 적어도 그분께 반드시 관심을 가져야 한다는 데 대한 더욱 강력한 확신을 원합니다. 여러분은 무언가 새롭고 신기하며 특별하고 획기적인 힘이 개입하여 여러분이 더 이상 흔들리거나 기다리지 않아도 되는 순간이 오기를 기다리고 있습니다. 그러나 조심하십시오! 여러분은 이미 여러분이 가질 수 있는 모든 증거와 수단을 가지고 있습니다. 여러분이 믿지 않을 수 없도록 만들 만한 무언가를 기다리는 것은 돌이킬 수 없는 위대한 날이 오기 전에는 결코 올 수 없는 '이후에'를 기다리는 것과 같습니다.

예수님은 지금 그리스도이며 하나님의 아들이십니다. 아무리 부드러운 어조로 받아들이라고 요구한다 해도, 아무리 여러분에게 무례한 거절과 반박을 허용한다 해도, 여러분에게 필요한 것은 그분에 대한 참된 믿음과 거룩한 신앙입니다. 여러분은 그분을 거절할 수도 있습니다. 여러분은 그처럼 위대한 구원을 등한히 할 수도 있습니다. 여러분이 원한다면 그것이 가진 본질적인 탁월함과 적합성과 풍성함을 입증할 수 있는 모든 주장을 무시할 수도 있습니다. 여러분은 메시아의 주장을 제쳐 둘 수도 있습니다. 만일 여러분이 바알을 하나님으로 생각하여 그것을 섬긴다 하더라도 아무런 방해를 받지 않을 것입니다. 여러분이 죄와 세상을 선택한다 하더라도 복음이 여러분을 강제로 막지 않을 것입니다. 그러나 여러분은 스스로 선택한, 다시는 빼낼 수 없는 가시와 같은 고통스러운 상처를 안고 살아야 합니다. 이 상처는 그것을 언급할 때마다 더욱 큰 아픔으로 다가올 것입니다. 그리스도께서 헛되이 두드리신 마음의 문에 못 박은, 이 신기하고도 고통스러우며 은밀한 항의, 이 불길하고 거추장스러우며 성가신 '그러나'와 침묵시킬 수 없는 호소와 불가피한 불평과 후퇴는 여러분을 반드시 '이후에'로 인도할 것입니다.

"청년이여, 네 어린 때를 즐거워하며 네 청년의 날들을 마음에 기뻐하여 마음에 원하는 길들과 네 눈이 보는 대로 행하라. 그러나 하나님이 이 모든 일로 말미암아 너를 심판하실 줄 알라"(전 11:9).

여러분은 회개하고 복음을 믿는 것을 거절할 수 있습니다. 여러분은 성경을 손에 들라는 요구나 은밀한 중에 보고 계신 그분에게 은밀하게 부르짖으라는 요구나 구주의 의에 순종하고 그분을 위해 헌신하라는 요구를 뿌리칠 수도 있습니다. 여러분은 매 순간 그리스도를 거부할 수 있습니다. 그러나 여러분은 '이후에' 그분이 권능의 보좌 우편에 앉아 있는 것과 하늘 구름을 타고 오시는 것을 볼 것입니다.

3. 신자에게 임할 '이후에'

만일 여러분이 회개한 신자로서 생명과 구원을 찾고자 모든 의심을 버리고 더는 자신을 기만하거나 기만당하지 않기로 신실하게 결심한 영혼을 가지고서 그분에게로 나아온다면, 그분께서 보여 주시는 '이후에'의 방법과 성격이 얼마나 달라지겠습니까? 여러분은 그와 같이 은밀히 주님을 찾고 있습니까? 자신은 여러분의 법정 앞에 서 있는 힘없는 죄수가 아니라 실제로 여러분의 주님이요 왕이라는 메시아의 주장을, 여러분은 진지하게 고려하고 있습니까? 여러분은, 낮고 천한 모습으로 감추어진 구원의 복음과 제사장의 직무와 스스로 가난하게 되고 털 깎는 자 앞의 잠잠한 어린양처럼 말없이 순종하심으로써 가난한 자들을 풍성하게 하신 그분에 대해 들을 귀와 이해할 마음을 구하였습니까? 여러분은, 그분께 진지하게 나아와 그분을 믿고 바라봄으로 비침을 받아 모든 짐을 벗고 깨끗함과 위로와 복을 받은 사람들에게 나타나신 그리스도를 간절히 구하고 있습니까? 그분의 은혜를 맛보고 깨달으라는 초청을 받고서 조금도 의심하거나 지체하지 않고 "와서 보라"(요 1:39,46)라는 부르심에 순종하고 있습니까? 예수님은 그런 여러분을 불쌍히 여기십니다.

"보라 이는 참으로 이스라엘 사람이라. 그 속에 간사한 것이 없도다"(요 1:47).

여러분은 "어떻게 나를 아시나이까"(요 1:48)라고 묻지 않습니까? 그분은 여러분이 그분을 알기 오래전부터 여러분이 자기 백성임을 아십니다.

"네가 무화과나무 아래에 있을 때에 보았노라"(요 1:48).

여러분의 은밀한 기도가 말할 수 없는 탄식과 함께 올라갈 때, 여러분의 괴로운 영혼이 염려와 불안의 짐을 벗어 버리고자 애쓸 때, 지치고 방황하는 여러분의 영혼이 처음 밖으로 눈을 돌려 장차 올 세계의 감화력과 능력의 바다 위를 떠다니며 북극성을 발견하고 해도(chart)를 발견하고 안식처를 발견하고, 강력하고 훌륭하고 능력 있고 은혜롭고 신실하고 진실한 안내자를 발견하고 놀랐을 때, 여러분이 이해하기에는 너무나 위대한 사상과 여러분이 표현하기에는 너무나 심오한 소원과 씨름할 때, 오직 하나님만이 해결하실 수 있는 속죄와 구원에 관한 영원한 문제들과 씨름할 때, 그래서 교만한 마음으로 덤비거나 추측에 의존하여 맞서지 않고 어린아이와 같이 자신의 연약함을 깨닫고 회개하며 모든 것을 버리고 주님께로 달려갈 때, 여러분이 이처럼 '무화과나무 아래에 있을 때,' 여러분이 눈물로 기도하며 고통과 번민으로 사색하고 자각하며 믿음과 회개가 시작되는 바로 그 순간에, 주 예수 그리스도께서 여러분을 보았노라고 말씀하십니다. 구주께서 여러분에게 이렇게 대답하십니다.

"나의 영이 너를 그곳으로 인도하여 말할 수 없는 탄식을 하게 하였다. 나는 네가 모를 때에 너를 나의 소유로 삼았다. 네가 나를 너의 것으로 삼은 것은, 사실 '내가 재앙의 날에 너를 지키고'(시 41:1,2 참고) 내가 '너의 고난을 보고 환난 중에 있는 네 영혼을 알았으며'(시 31:7 참고) 너를 은밀히 은혜로 인도하고 너의 영혼이 연약할 때 보호하며 강하게 하였기 때문이 아니냐?"

이제 여러분은 자신이 영적으로 번민하며 기도할 때 자비롭고도 은혜로운 그리스도의 눈이 지켜보고 계셨으며, 자비롭고도 은혜로운 그리스도의 영이 여러분을 감화하고, 이 모든 과정을 은밀히 인도하고 주관하신 것을 깨닫습니다. 그리고 이와 같이 메시아로부터 새로운 빛이 여러분의 마음과 삶을 비추고 그 영광이 여러분의 생애를 주관하는 가운데, 여러분은 "랍비여, 당신은 하나님의 아들이시요 당신은 이스라엘의 임금이로소이다"(요 1:49)라고 고백하게 됩니다.

"예수께서 대답하여 이르시되 내가 너를 무화과나무 아래에서 보았다 하므로 믿느냐. 이보다 더 큰 일을 보리라. 또 이르시되 진실로 진실로 너희에게 이르노니 (이후에) 하늘이 열리고 하나님의 사자들이 인자 위에 오르락내리락하는 것을 보리라 하시니라"(요 1:50,51).

그렇습니다. 여러분의 '이후에'는 밝고 환할 것이며, 벧엘에서 하나님과 언약하고 은혜의 가족이 되어 하늘과 교제한 야곱의 미래와 같을 것입니다. 여러분은 온전하게 된 의인의 영들과 교제하며, 시온산과 살아 계신 하나님의 도성인 하늘의 예루살렘과 천만 천사와 교제할 것입니다(히 12:22 참고). 이 교제는 지금도 믿음으로 그리스도와 함께 다시 살리심을 받고 하늘의 처소에 앉아 있는 사람들이 누리는 살아 있는 교제입니다. 여러분은 중보자 되시는 인자의 중보로 말미암아 하나님과 모든 거룩한 교제를 나눌 것이며, 형제들과 함께 하늘의 특권을 누릴 것입니다. 여러분은 이 강력한 중보자를 통해 하늘의 은총과 사랑 위에 굳게 설 것이며, 거룩한 천사들의 보이지 않는 섬김을 받게 될 것입니다. 여러분은 '이후에' 하늘과 땅을 연결하는 인자의 중보 사역에 대해 더욱 큰 통찰력을 가지게 될 것입니다. 여러분은 '이후에' 믿음의 가정 안에 있는 자신의 자리와 하늘의 권속을 향한 생명의 길을 더욱 분명하게 볼 것입니다.

이것이 바로 신자들이 소망 가운데 기뻐할 수 있는 또 하나의 '이후에'입니다. 그것은 가야바의 '이후에'와는 전혀 다른 것이며, 알 수 없는 어둠으로부터 들려오는 무겁고도 불길한 소환장 같은 것이 아닙니다. 그것은 기쁘고 즐거운 사색이요 어둠이 지나가고 점차 환하게 비치는 참빛과 같습니다. 더 넓고 포괄적인 관점에서 볼 때 신자의 미래, 즉 신자의 '이후에'가 모든 두려움과 의심과 공포를 없애고 점점 다가오고 있습니다. 그리스도께서 주님의 교훈으로 나를 인도하시고 후에는 영광으로 나를 영접하실 것입니다(시 73:24 참고). 이제 여러분은 이 땅에서 하늘이 열리고 하나님의 사자들이 인자 위에 오르락내리락하는 것을 보게 될 것입니다(요 1:51 참고).

돌이 여러분의 베개가 되고, 차가운 땅이 여러분의 잠자리가 될 수도 있습니다. 여러분은 아버지의 집을 떠나 알지 못하는 땅으로 가게 될지도 모릅니다. 그러나 모든 영적 본질과 내재하는 요소와 위대하고도 중요한 특징을 볼 때, 사실상 여러분의 '이후에'는 여러분을 상속자로 삼으시고 참된 복을 누리게 하신 이스라엘의 왕, 성자께서 여러분을 위해 마련하고 활짝 열어 놓으신 집인 천국을 향해 점점 다가가고 있습니다.

　여러분은 가야바처럼 그리스도를 부인하는 쪽을 택하거나 나다나엘처럼 그분을 영접하는 쪽을 택해야만 합니다. 두 경우 모두 '이후에'가 뒤따릅니다. 문제는 여러분이 이 두 '이후에' 중에서 어느 쪽을 택하는가 하는 것입니다. 여러분은 '오직 오늘이라 일컫는 동안에'(히 3:13) 선택해야 합니다.

　"보라 지금은 은혜 받을 만한 때요 보라 지금은 구원의 날이로다"(고후 6:2).

13장 공의롭고도 정당한 정죄

"이에 대제사장이 자기 옷을 찢으며 이르되 그가 신성모독 하는 말을 하였으니 어찌 더 증인을 요구하리요 보라 너희가 지금 이 신성모독 하는 말을 들었도다 너희 생각은 어떠하냐 대답하여 이르되 그는 사형에 해당하니라 하고"(마 26:65,66).

"대제사장이 자기 옷을 찢으며 이르되 우리가 어찌 더 증인을 요구하리요 그 신성모독 하는 말을 너희가 들었도다 너희는 어떻게 생각하느냐 하니, 그들이 다 예수를 사형에 해당한 자로 정죄하고"(막 14:63,64).

산헤드린 공회에 대한 예수님의 항변과 호소는, 장차 하늘과 땅이 사라지고 크고 흰 보좌가 펼쳐질 그날에 그들을 자신의 법정에 소환함으로써 재판을 절정으로 이끌었습니다. 그분은 자신이 하나님의 아들임을 명백히 주장하셨습니다. 그분은 자신을 하나님과 동등으로 삼으셨습니다. 만일 그분이 실제로 메시아가 아니라면, 또는 만일 그들 가운데 계신 그리스도의 영의 증거를 통해 선지자들이 주장한 메시아가 성부와 동등하신 거룩한 인간임이 제시되지 않는다면, 그들 앞에 서서 마지막 날 펼쳐질 심판의 보좌에 대해 단호히 최후통첩을 하고 계신 예수님이야말로 신성모독죄를 범하고 있음이 틀림없습니다. 그들은 예수님이 메시아가 아님을 확신하였으며, 이 문제에 대해 조금도 재고할 여지를 남기지 않기로 결심하였습니다. 이처럼 그들이 약간의 가능성도 부여하지 않은 바대로 그분의 말씀이 사실이 아니라면, 지금 그들의 귀에 들리는 그리스도의 말씀은 신성모독이라고 볼 수밖에 없는 참람한 말입니다. 대제사장은 마치 하나님의 이름과 영광을 지극히 위하고 존중하는 듯이, 그처럼 엄청난 범죄에 대해 분노와 혐오감을 극적으로 드러냈습니다. 그는 방금 죄수의 입에서 나온 말이 한마디로 신성모독이며, 그것만으로도 그를 정죄하기에 충분하다고 생각하였습니다. 그러고는 즉시 가장 편파적이고 단호한 태도로 배심원들의 동조를 구했습니다.

"대제사장이 자기 옷을 찢으며 이르되 그가 신성모독 하는 말을 하였으니 어찌 더 증인을 요구하리요……너희 생각은 어떠하냐?"(마 26:65,66)

그들은 약간의 망설임이나 다시 생각할 여지도 없이 모두 한마음이 되어 즉시 유죄를 선고했습니다.

"대답하여 이르되 그는 사형에 해당하니라"(마 26:66).

"그들이 다 예수를 사형에 해당한 자로 정죄하고"(막 14:64).

"사형!" 그들은 정확히 사형을 원했습니다. 왜냐하면 '죄의 삯은 사망'(롬 6:23)이며, '범죄하는 그 영혼은 죽을지라'(겔 18:20)라고 했기 때문입니다.

"사형에 해당하니라!"

이렇게 해서 영광의 주님은 사형 선고를 받은 죄수로 정죄를 당했습니다. 그러면 이제 우리 주님이 정죄 받으신 이 엄청난 장면에 대해 잠시 고찰해 봅시다.

이 정죄는 그분이 메시아가 아니라는 판단이 옳다는 근거를 율법에서 찾습니다. 유대인들은 빌라도에게 진심으로 "우리에게 법이 있으니 그 법대로 하면 그가 당연히 죽을 것은 그가 자기를 하나님의 아들이라 함이니이다"(요

19:7)라고 말했습니다. 만일 그가 그리스도가 아니라면 그는 하나님께서 모세를 통해 신성모독의 죄를 범한 자에게 내리시는 형벌을 받아 마땅하다는 것입니다.

"여호와의 이름을 모독하면 그를 반드시 죽일지니 온 회중이 돌로 그를 칠 것이니라. 거류민이든지 본토인이든지 여호와의 이름을 모독하면 그를 죽일지니라"(레 24:16).

심지어 성경은 "그 저주한 사람을 진영 밖으로 끌어내어"(레 24:14)라고 말합니다. 이 말씀이 정확히 예수님에게 이루어졌습니다.

"그러므로 예수도 자기 피로써 백성을 거룩하게 하려고 성문 밖에서 고난을 받으셨느니라. 그런즉 우리도……영문 밖으로 그에게 나아가자"(히 13:12,13).

이와 같이 예수님은 율법의 저주를 지고 우리에게 나타나셨습니다. 만일 우리가 인간의 불의한 행동이 미리 결정된 하나님의 섭리와 손길을 성취하는 도구로 사용된 것일 뿐이라는 관점을 잠시 제쳐 둔다면, 우리는 예수님을 "하나님께 맞으며 고난을 당한다"(사 53:4)라는 말씀의 정확한 의미 안에서 관조하게 되며, 그분을 참으로 '하늘이 정죄한 자'로 여기게 됩니다.

이 위대한 장면에는 어떤 의미가 내포되어 있습니까? 영광의 주님은 죄인으로 체포되어 갇히셨으며, 이제 유죄 선고를 받고 '사형'을 선고받았습니다. 이것은 우리에게 어떤 생각과 감정을 불러 일으킵니까? 이 장면은 우리에게 어떤 의무를 부과하며 무엇을 요구합니까? 주님께서 정죄당하신 일과 관련하여 우리가 가장 서둘러 해야 할 일은 무엇입니까?

우리는 무엇보다도 주님이 당한 모든 정죄를 우리 자신과 관련하여 개인적으로 활용해야 합니다. 즉, 그분의 정죄에 대한 깨달음과 인도하심과 호소하는 믿음을 통해 모든 정죄로부터 구원을 받아야 합니다.

우리가 이 일을 할 수 있다는 것이 얼마나 영광스러운 일인지 모릅니다. 예수님께서 참으로 이런 정죄를 받고 돌아가셔야만 했습니까? 여러분은 그분이 '거룩하고 악이 없고 더러움이 없고 죄인에게서 떠나 계시고 하늘보다 높이 되신'(히 7:26) 분임을 잘 알고 있습니다. 그렇다면 어떻게 위대한 만유의 재판장이 자신의 섭리와 손으로 사랑하는 아들, 곧 죄가 없고 그 입에 거짓이 없으며 어떤 아이보다 깨끗하고 누구보다 아버지의 온전한 사랑을 받기에 합당한 분에게 사형을 선고하신 것을 어떻게 정당하다 하겠습니까?

이것은 성육신한 영원한 성자 하나님에게 사형이 선고된 예루살렘 산헤드린의 끔찍한 드라마에 나타난 성부의 공의와 섭리를 정당화할 수 있느냐에 관한 것이 아닙니다. 진실로, 그리고 확실히 성부께서는 이 위대하고도 신비한 일에서 자신이 맡은 역할을 정당화하실 수 있습니다. 여러분과 상관없이, 또는 여러분이 어떤 형태나 모양으로 개입하든 상관없이, 그리스도의 십자가에 나타난 하나님의 공의는 절대적인 광채를 비출 것입니다. 그리고 죄인이 되어 불의한 자를 대신하신 그분이 많은 사람의 죄를 대신 진 대속물이자 살아 계신 머리로서 영원한 언약과 자발적인 순종을 통해 아버지께서 주신 수많은 자기 백성을 위해 죽으셨다는 사실이 드러나게 될 것입니다.

그러나 여러분은 거룩한 예수님을 정죄하신 하나님의 공의가 여러분과 관련하여 정당하다는 것을 입증해야 합니다. 이와 관련하여 여러분이 특히 조심해야 할 한 가지 죄가 있습니다. 만약 이 죄를 조심하지 않으면, 여러분은 여러분 자신에 관한 한, 자칫 자기 아들을 정죄하신 하나님의 공의를 가리고 소멸하며 명예를 실추시키고 의미를 퇴색시키게 될 것입니다. 사실 얼마나 많은 사람들이 이런 죄에 빠져 있는지 모릅니다. 만일 모든 사람이 이 엄청난 죄에 빠진다면, (물론 불가능한 일이지만) 예수님이 당하신 정죄를 아무도 자신의 것으로 적용하지 않는다면, 하나님의 공의는 실제로 감추어지고 손상되며 빛이 바랠 수밖에 없을 것입니다. 그렇습니다. 틀림없이 영원히 사라지게 될 것입니다.

그렇다면 이 죄는 어떤 죄입니까? 그것은 불신의 죄이며, 교만하고 회개하지 않으며 의지하지 않고 자만하는 죄입니다. 그것은 그리스도로부터 떨어져 있으려는 죄이며, 하나님을 떠나 독립적인 삶을 영위하려고 시도하는 죄입니다. 그것은 여러분의 힘으로 하나님을 다루려고 하는 죄입니다. 이러한 시도는 하나님의 거부와 여러분의 끔찍한 실패 의식에 따른 결과로서, 여러분이 하나님께 진지하고 신실하게 접근하지 않을 때 나타납니다.

만일 여러분이 의로우신 분이 재판을 받고 정죄당하셨다는 사실을 알고 여호와로 하여금 이런 자신의 '섭리'와 과정에 대해 최선을 다해 정당화하시도록 만들고, 한편으로 교회에 대해서는 예수님을 자신의 대속물이자 교회가 마땅히 당해야 할 죄와 슬픔과 정죄와 죽음을 짊어지신 분으로 인정하고 받아들임으로써 그분의 정죄를 정당화하도록 만든다고 합시다. 그러면서도 한편 정작 자신과 관련해서는 이러한 신비에 대해 설명하고 하나님의 공의를 보여 줄 수 있는 개인적인 증거를 보여 달라는 요구에 한마디도 대답하지 못하고, 정직하고도 진심 어린 증거를 전혀 내놓지 못한다면 어떻게 되겠습니까? 여러분은 정녕 그렇지 않을 것입니다.

만약 그렇다면, 죄의 삯은 사망이므로 자신이 마땅히 죽어야 할 죄인임을 깨닫고 이 의의 궁전으로 나아와야 할 것입니다. 와서 예수님의 죽음을 선고하신 하나님의 공의를 정당화할 수 있는 다른 가능성이 전혀 없는 것처럼, 여러분 스스로 그것을 정당화하기 바랍니다. "여기 계신 분은 나의 대속물이자 보증이십니다. 이것이 바로 아버지께서 그를 정죄하신 근거이자 설명입니다"라고 말하거나 그렇게 해야 할 불쌍한 죄인이 이 세상에 오직 여러분밖에 없는 것처럼, 홀로 그렇게 고백해 보십시오. 하나님의 공의가 죄 없는 자를 아무 이유 없이 정죄하셨다는 오명을 뒤집어쓰는 것을 막기 위해 모든 하나님의 성도들이 경쟁이라도 하듯이 그렇게 고백해 보십시오. 여러분의 죄를 죄 없으신 하나님의 어린양 앞에 내려놓음으로써, 하나님의 공의를 정당화할 수 있는 죄를 제시함으로써, 그리스도를 정죄하는 것이 마땅하고 그분에게 사형을 선고하는 것이 당연한 보응임을 드러내십시오.

사실 셀 수 없는 무리가 여러분과 함께 이와 같은 방법으로 나아오고 있습니다. 그러나 마치 이 자리에 오직 여러분밖에 없는 것처럼, 모든 책임이 고스란히 여러분의 몫으로 주어져 있습니다. 그러므로 모든 신자가 자기밖에 없는 것처럼, "그분은 나를 사랑하며 나를 위해 자신을 내주셨습니다"라고 고백해야 합니다. 그리스도는 자신의 구원의 능력과 사랑과 의를 수많은 파편과 조각으로 나누어 각 사람에게 일정한 몫을 나누어 주시지 않습니다. 그분은 오직 그렇게 고백하는 그에게 그 모든 것을 주신다고 할 수 있습니다. 마찬가지로, 모든 성도가 구속함을 받은 큰 무리에 속한 한 구성원으로서 책임을 일정 부분 나누어 담당하는 것이 아니라, 모든 책임이 오직 자신에게만 있는 것처럼 홀로 예수님과 함께, 거룩하신 대리자 예수님과 실제로 범죄한 여러분의 악한 영혼이 함께 법정에 서서 여러분의 사건과 그분의 사건이 하나로 연결되고 뒤섞이며 혼합되어야 합니다. 여러분은 구속함을 받은 모든 사람들과 함께 이렇게 고백해야 합니다.

"그는 실로 우리의 질고를 지고 우리의 슬픔을 당하였거늘 우리는 생각하기를 그는 징벌을 받아 하나님께 맞으며 고난을 당한다 하였노라. 그가 찔림은 우리의 허물 때문이요 그가 상함은 우리의 죄악 때문이라. 그가 징계를 받으므로 우리는 평화를 누리고 그가 채찍에 맞으므로 우리는 나음을 받았도다. 우리는 다 양 같아서 그릇 행하여 각기 제 길로 갔거늘 여호와께서는 우리 모두의 죄악을 그에게 담당시키셨도다"(사 53:4-6).

이렇게 할 때 예수님의 정죄를 개인적으로 정당화할 수 있습니다.

길을 잃고 방황하는 자로서 자신의 죄를 인식하고 깨달아 마음을 활짝 여십시오. 그리고 나서 온 마음과 정성을 다해 솔직하고 담대하게, 메시아를 향한 여호와의 정죄로 말미암아 새롭게 열린 이 놀라운 하나님의 계획과 목적에 자신의 전부를 던지십시오. 이것은 매우 고귀하고 영광스러운 의무입니다. 아무 때나 하나님께 나아가 진실하게 구할 수 있다는 것은 참으로 특권일 뿐 아니라 매우 놀라운 일입니다. 그렇지 않았다면 나는 세상의 즐거움과 죄악의 깊은 잠에서 깨어날 수 없었을 것입니다. 뿐만 아니라 나를 지은 창조주의 음성이 연민과 탄식으로 나의 귀에 울리는 것도 듣지 못할 것입니다. 그리하여 오랫동안 그분의 자비 안에서 살면서도 그분의 존재에 대해 무감각한 자에게 주시는 말씀도 듣지 못한 채 '세상에서 소망이 없고 하나님도 없는' 존재가 될 것이며, 그분의 생각이 우리와 다르며 그분의 길이 우리와 다르다는 것을 확실히 보여 줄 무한한 사랑과 긍휼을 구해야만 할 것입니다. 그러므로 화목의 사신이 우리에게 하나님께로 돌아가 화목을 누리며 모든 멸망에서 구원받을 수 있는, 양도할 수 없는 특권을 주셨다는 것은 놀라운 사실이 아닐 수 없습니다.

그러나 이런 은혜는 단순히 복된 특권으로서 나의 삶을 찾아온 것이 아닙니다. 또한 다가올 진노로부터 구원받고 예수님을 믿음으로 누리게 될 수많은 유익이 약속된 계획을 이기적으로 쟁취한 산물로 주어진 것도 아닙니다. 예수님을 믿는다는 것은, 예수님께서 서 계신 법정으로 가서 자신을 정죄하고 두려워하며, "나는 죄인입니다. 나는 주님께 범죄하여 주님의 진노를 멸시한 자요 마땅히 죽어야 할 자입니다. 그러하기에 두려운 마음으로 주님의 심판을 기다리나이다"라고 고백한 후, 하나님의 섭리에 따라 법정으로부터 의로운 자에게 사형이 단호하게 선고될 때 나의 죄와 자백과 모든 정죄가 그 선언 아래 감추어지는 것입니다.

이렇게 함으로써 하나님의 선언은 정당한 근거를 가지게 되며, 따라서 나사렛 예수님과 나에 대해 주님께서 말씀하실 때 "의로우시다" 하고 주님께서 심판하실 때 "순전하시다"라고 할 수 있습니다(시 51:4 참고). 참으로 그분은 미쁘고 의로우사 나의 죄를 사하십니다(요일 1:9 참고). 이것이 나의 편에서 바르고도 의로운 관점으로 하나님의 의를 바라보는 것이며, '의인으로서 불의한 자를 대신하신'(벧전 3:18 참고) 예수님께서 죄를 알지 못하는 자로서 진실로 그들을 위해 '죄로 삼으신 바' 되신 것을 나의 편에서 입증하는 것입니다(고후 5:21 참고). 그러므로 성부 하나님이 사랑하는 아들을 '상하게' 하시기를 '원하사' 정죄하신 것은 불의한 것이 아니라 정당한 것입니다.

혹시 당신은 그리스도를 떠나 율법의 수여자인 하나님에 대한 악한 양심을 그대로 간직하리라 궁리하며 더욱 깊은 죄에 빠져 들면서도 여전히 터진 웅덩이에서 물을 마시고자 합니까? 혹은 하나님을 떠난 잘못을 시인하지 않고, 회개한 죄인으로 돌아와 죄를 끊으려 하지 않으며, "우리에게 선을 보일 자 누구뇨"(시 4:6)라고 말합니까? 혹시 당신은 그리스도께서 자신을 위한 대속물이며 그분의 정죄가 자신을 모든 정죄로부터 해방시키고 그분의 죽음이 자신에게 영원한 생명을 주신다는 사실을 시인하지 않습니까? 혹시 당신은 그분께 나아와 자신의 사건과 모든 삶을 그리스도의 것과 하나가 되게 하려 하지 않습니까? 만일 그렇다면 그것은 자신과 관련하여 거룩한 예수님을 정죄하신 하나님의 공의가 정당화되지 않더라도 상관하지 않겠다는 것과 같습니다. 또한 그것은 예수님에 대한 정죄가 하나님의 허락이나 지시나 섭리나 작정과는 전혀 상관 없으므로 결코 정당하지 않으며, 결국 모든 면에서 근거가 없고 불의하며 무한히 어리석고 악하다고 말하는 것과 같습니다.

영원한 언약이 말하는 모든 구원은 하나님의 성품에 불명예가 될 수 있는 이런 가능성을 예수님의 죽음으로부터 영원히 배제하고 있음이 분명합니다.

물론 그분이 그들의 죄악을 친히 담당하셨기 때문에 많은 사람을 의롭게 하리라는 것은 확실합니다(사 53:11 참고). 그러나 이 말씀과 관계없이, 나에게 주어진 책임은 전혀 달라지지 않습니다. 하나님의 지혜와 의가 자신의 사랑하는 아들에게 사형을 선고하시는 데 조금도 모호함이 없도록 나는 나에게 주어진 역할을 해야 합니다. 그러나 나의 역할이라고 해 봤자 하나님이 자신의 명예를 입증할 증인을 원하실 때에 다른 사람들이 어떻게 하든 나는 "보소서 내가 여기 있나이다"라고 말하는 것 외에는 아무것도 없습니다.

"나는 당연히 이미 사망 선고를 받은 진노의 자식입니다(엡 2:2; 시 51:4 참고). 나는 가서 예수님 곁에 서서 '주여, 나를 주님과 하나 되게 하소서. 내가 범죄하였나이다. 나의 사건을 맡아 주소서. 나를 위한 보증인이 되어 주소서'라고 말할 것입니다. 그리고 실로 공의로운 정죄가 선언될 것입니다. 사형 선고는 마땅하고 당연합니다. 오 주여! 주님은 참으로 의로운 하나님이며 구주이십니다. 아무도 주님의 의를 정당화하지 않을지라도 적어도 나만은 그렇게 할 것입니다. 나는 나의 죄를 고백하고 버렸으며, 그것을 예수님에게 맡겼습니다. 그러므로 하나님께서 그리스도를 정죄하시는 것은 옳습니다. 주님은 미쁘고 의로우사 나를 용서하십니다. 이와 같이 나는 예수님을 믿음으로 하나님께 영광을 돌립니다."

그렇습니다. 나의 모든 죄에도 불구하고 상한 심령으로 회개한 신자가 되는 것은 그저 그런 특권이 아닙니다. 그것은 하나님께 대한 최고의 충성입니다. 그분은 자신의 아들을 정죄하여 사형을 선고한 것이 정당해지기를 원하십니다. 여러분은 그분의 호소에 영광스럽게 응답할 수 있습니다. 여러분은 그분의 영광스러운 목적을 영광스럽게 섬길 수 있습니다.

그러므로 죄인들이여, 결코 두려워하지 마십시오. 모든 죄를 예수님이 당하신 정죄 안으로 가지고 오십시오. 그리고 여러분의 하나님께 여러분 자신이 정죄당하고 선고받은 것으로 여겨 달라고 호소하십시오. 여러분 자신이 그리스도와 함께 십자가에 못 박힌 것으로 여겨 달라고 호소하십시오. 그리스도와 나란히 법정에 서십시오. 그리스도 안에 자리를 잡으십시오. 그분은 여러분의 은신처이자 피난처이며 안식처입니다. 그분께로 피하십시오.

여러분에 대한 하나님의 율법의 의로운 정죄는 사망입니다. 그런데 예수님이 "그는 사형에 해당하니라"(마 26:66)라는 선고를 들으십시오. 이 선고는 오직 여러분과 예수님이 하나로 연합될 때에만 정당해집니다. 그리고 예수님에 대한 선고가 정당해지면 여러분에 대한 선고도 의롭게 됩니다. 영광스러운 이 두 가지 일은 동시에 발생합니다. 여러분은 예수님에 대한 하나님의 정죄를 정당화하였으며, 하나님은 예수님을 정죄하심으로써 여러분을 용서하고 의롭다 하셨습니다.

갈라디아서 2장 21절 말씀을 읽어 보십시오.

"내가 하나님의 은혜를 폐하지 아니하노니 만일 의롭게 되는 것이 율법으로 말미암으면 그리스도께서 헛되이 죽으셨느니라."

우리가 공의나 칭의를 구할 때 그리스도를 제외한다면, 그 어떤 방법도 그리스도의 죽음을 무의미하고도 공허하며 헛되게 만들 뿐입니다. 그것은 하나님의 은혜를 '폐하고 대적하는' 것입니다. 또한 하나님의 은혜로운 계획과 목적을 어리석고도 실패한 것으로 만드는 죄를 범하는 것입니다. 그러나 이런 계획과 언약은 반드시 영광스럽고도 성공적으로 성취될 것입니다.

"내 양은 내 음성을 들으며 나는 그들을 알며 그들은 나를 따르느니라. 내가 그들에게 영생을 주노니 영원히 멸망하지 아니할 것이요 또 그들을 내 손에서 빼앗을 자가 없느니라"(요 10:27,28).

우리는 장차 시온산에서, 성령의 인치심을 받고 이마에는 아버지의 이름이 기록된, 그리고 어린양이 어디로 인도하든지 따라가는 그들을 모두 보게 될 것입니다. 거룩하고 온전하게 된 그들은 하나님의 보좌 앞에 흠 없이 나타날 것입니다. 또한 이 영원한 언약은 그리스도께서 그것을 확실하고 온전하게 성취하심으로써 반드시 이루어질 것입니다(히 10:10,14 참고). 믿지 않는 사람들이 있다 하더라도 이 확실한 언약은 절대 실패할 수 없습니다. 인치심의 피는 절대 헛되이 뿌려지지 않습니다. 그들 때문에 하나님의 모든 계획이 실패하거나 하나님의 은혜가 폐해질 수는 없습니다. 그들이 아무리 원한다고 하더라도 그들은 그렇게 되는 것을 막을 수 없습니다. 일어나야 할 일은 반드시 일어나고야 맙니다. 그들은 결코 성공할 수 없습니다. 그러나 모든 책임과 죄는 그들에게로 돌아갑니다.

하나님 앞에서 스스로 정당화하거나 그것을 시도하거나 그리스도의 의로 말미암는 칭의를 구하지 않는 것은, 그리스도의 죽음을 쓸모없는 것으로 만들고 헛되게 하는 것입니다. 그것은 심지어 그리스도에 대한 모든 재판을 폐하고, 하나님께서 그분에게 시행하시는 모든 공의로운 절차를 조롱하고 비웃으며 헛되게 만듭니다. 만일 여러분이 그리스도를 여러분의 죄를 위한 대속물이자 보증으로 주신 하나님의 마음과 목적에 개인적으로 동참하지 않는다면, 이 모든 것이 여러분의 눈에 구경거리밖에 더 되겠습니까?

산헤드린 공회에는 하나님의 눈앞에서 그리스도께 동참하려는 자들이 은밀할지언정 넘쳐나야 합니다. 모든 재판 절차가 양심의 법정과 하나님의 심판의 보좌와 연결되어야 합니다. 지금은 위대한 변호인이자 희생 제물인 그분이 자신을 하나님에 대한 보증으로 세운 모든 사람들의 죄를 받아들이는 시간입니다. 그러므로 이 시간에 우리는 자신을 체포하여 조물주의 법정에 세워야 합니다. 이 법정이 열려 있는 동안, 어린양에 대한 이 끔찍한 심판이 은밀하게 진행되는 동안, 우리 각자의 사건이 그 속에서 함께 처리되어야만 합니다. 이것은 우리의 입장에서 볼 때 정당하고 마땅하며 당연한 의무입니다. 온 교회가 나아와 복된 교회의 머리에게 자신의 죄를 맡길 때, 그분에 대한 정죄가 하나님 앞에서 거룩하고 영광스러워질 것입니다.

모든 사람이 회개하고 창조주의 임재를 간절히 구하며 그분을 모든 죄를 공의로 심판하는 재판장으로 믿어야 합니다. 모든 사람이 율법을 파기함으로써 하나님의 진노 아래 놓인 자신의 죄를, 이미 모든 정죄가 이루어지고 모든 진노가 지나간 그곳으로 가져올 수 있는 기회를 붙잡아야 합니다. (더 이상 속죄하는 제사가 없기 때문에) 다시는 돌아오지 않는 그 황금 기회를 붙잡아야 합니다. 모든 사람이 회개하고 나아와 만유의 심판자 앞에서 그리스도를 자신의 유일한 머리이자 보증인으로 믿어야 합니다. 그렇게 할 때 그리스도에 대한 재판이 우리에 대한 재판이 될 것이며, 그 재판의 모든 결과가 우리에게 적용될 것입니다. 그리스도에 대한 정죄를 통해 이미 우리에 대한 정죄가 이루어졌습니다. 그러므로 그리스도 안에 있는 사람에게는 결코 정죄함이 없습니다.

이것이야말로 하나님과의 관계에서 우리가 무엇보다 간절히 살펴보아야 할 지혜이며, 임마누엘에 대한 기소와 재판과 정죄와 십자가를 바르게 적용하고 활용하기 위해 반드시 필요한 지혜입니다. 우리는 본질상 하나님 앞에서 죄인이며 감옥에 있는 죄수로서 장차 영원한 멸망으로 들어갈 심판과 재판의 날만 기다리는 자들입니다. 성경은 이런 우리에 대해 "다른 이들과 같이 본질상 진노의 자녀이었다"라고 말합니다(엡 2:3 참고). 회개하지 않고 믿지 않는 자들이 갇혀 있는 감옥에는 창조주의 반가운 발소리가 들리지 않으며, 그분의 얼굴빛도 비취지 않습니다. 죄수들은 어둠 속에 살고 있습니다. 그들에게는 영원한 빛이 결코 비취지 않습니다. 만일 그들에게 빛이 비친다면 그들은 소스라치게 놀랄 것이며, 자신들의 행위가 드러날까 봐 두려워 빛으로 나아오지 않을 것입니다. 오히려 그들은 스스로 피운 불로 자신들의 감옥을 밝히려 하고, 자신의 감방을 꾸미고 장식함으로써 자신의 망상과 기호를 만족시키려 할 것입니다.

그러나 이미 밤이 깊고 새벽이 다가오고 있습니다. 이제 날이 밝으면 여전히 문밖에 서 계신 재판장이 크고 흰 보좌에 앉으실 것입니다. 많은 사람들은 이 일을 생각조차 하기 싫어합니다. 많은 사람들은 재판이 시작되기 전 잠깐 동안 사고팔고 먹고 마시며 장가들고 시집을 갑니다(마 24:38 참고). 그들은 이런 삶에 푹 빠져 있습니다. 그러나 아무리 떨쳐 버리려 해도 무언가가 다가오고 있다는 끔찍한 예감을 떨칠 수가 없습니다. 이제 곧 교도관과 함께 죽음이 찾아올 것입니다. 그리고 죄수의 이름이 불리고, 그 영혼이 문지방에 서는 소름 끼치는 장면을 목도하게 될 것입니다. 죄! 지금까지 범한 모든 죄가 하나의 거대한 덩어리가 되어 문지방에 엎드려 있는 것을 볼 것입니다. 하나님께서 가인에게 말씀하신 대로 '죄가 문에 엎드려'(창 4:7) 있습니다. 문 앞에 웅크리고 앉아서 그를 기다리던 죄는 그를 끌고 심판대로 향할 것입니다. 죄는 그에 대해 증언할 것이며, 영원한 불못에 던지라는 재판장의 말을 공의롭게 할 것입니다. 얼마나 많은 사람들이 이와 같이 자신의 감옥에 있다가 하나님의 위대한 법정으로 끌려가는지 모릅니다. 그들은 자신을 기다리는 누적된 죄를 발견하고, 그것이 자신에 대해 증언하며 지옥으로 끌고 가는 것을 보게 됩니다.

여러분은 자신이 죄수라는 생각을 해 본 적이 없습니까? 하나님께서 낮의 자녀, 빛의 자녀, 자유함을 받은 자녀들과 화목한 웃음을 짓고 계신 그곳, 은혜와 영광의 영적 하늘나라로 향하는 출구가 여러분의 영혼 속에 없다는 생각을 해 본 적이 없습니까? 여러분은 자신이 감옥에 있다고 생각해 본 적이 없습니까? 그곳은 여러분의 영혼이 어떤 방해나 지장도 없이 정해진 목적을 향해 마음껏 활보할 수 있는 영적인 공간입니다. 그러나 실상 여러분은 생명과 영원이라는 밝은 평원으로부터 완전히 차단된, 비참한 죄수가 아닙니까? 여러분의 영혼이 문지방을 넘어 여러분을 기다리는 영원한 나라를 기웃거릴 때마다 여러분의 문 앞에 웅크리고 앉아 있는 죄가 공포의 음성으로 다시 돌아가라고 경고하지 않습니까? 여러분은 감히 영원한 나라에 대해서 편안히 생각할 수도 없습니다. 여러분이 거주하는 영역을 벗어난 세계에 대해서 생각하는 것조차도 자유롭지 못합니다. 그 너머에 있는 모든 것이 여러분에게는 금지되어 있습니다. 그곳은 감방 너머에 있는 초록빛 세상이며, 재판장과 간수가 엄격히 지정한 구역 너머에 있는 세상입니다.

여러분은 진정 그런 생각을 해 본 적이 없습니까? 여러분은 자신의 영혼이 칠팔십여 년이라는 짧은 세월 동안 침몰해 가는 난파선에 남아 끔찍한 수감 생활을 하고 있다고 생각해 본 적이 없습니까? 저 너머에 있는 거룩한 세계, 넓고 환한 나라는 여러분의 악한 양심과 여러분이 잊고 사는 창조주의 진노하심이 생각조차 금하고 있는 곳이 아닙니까? 그 악한 양심과 창조주의 진노가 여러분에게 어둡고 끔찍한 감방으로 돌아가라고 경고하지 않습니까? 여러분은 감옥문이 열리는 마지막 날에 법정으로 들어가 전능하신 분 앞에 서서 여러분의 사건이 다루어지는 것을 두려워해 본 적이 없습니까? 여러분은 재판장이 여러분에게 수많은 죄 가운데 한 가지를 상기시키면서 여러분이 그분을 끔찍하게 증오하고 대적하였으며 그분에게 반역하고 배도하였다고 선고하는 것을 두려워해 본 적이 진정 없습니까? 죄인들이여! 여러분은 여러분의 이름이 불리고 재판이 시작될 그날이 오면 어떻게 하겠습니까? 여러분은 이렇게 생각하면서 여러분에게 무언가 기쁜 소식(복음)이 필요하다고 생각하지 않습니까? 여러분은 결국 복음이 가장 고귀하며 지금까지 들어온 어떤 것보다도 훨씬 낫다고 생각하지 않습니까?

여러분이 죄수입니까? 죄가 문에 엎드려 있고, 재판장도 문 앞에 있습니다. 얼마 있지 않아 결코 거부하거나 지체할 수 없는 음성이 여러분의 사건을 부를 것입니다. 그러나 만일 많은 사람들이 시도해서 성공한 놀라운 방법이 있다면, 이 끔찍한 재판이 제거되고 취소되며 오히려 영광이 된다면, 여러분에 대해 진노한 하나님의 모든 기소가 즉시, 그리고 영원히 사라지고 "나의 사랑 너는 어여쁘고 아무 흠이 없구나"(아 4:7)라는 놀라운 은혜의 선언으로 대치된다면 어떻게 하겠습니까? 여러분은 하나님께서 이 중요한 문제, 여러분의 영원이 달린 이 사건에 대해 돌아보시기를 원합니까?

여러분의 감옥 문 앞에 죄가 엎드려 있습니다. 그 죄로 인해 여러분은 감히 바깥세상을 쳐다보지도 못합니다. 그러나 이 문에는 죄 외에도 하나가 더 있습니다. 그리스도께서 "볼지어다. 내가 문밖에 서서 두드리노니"(계 3:20)라고 말씀하십니다. 그리스도께서 포로 된 자에게 자유를, 갇힌 자에게 놓임을 선포하십니다(사 61:1 참고). 그리스도를 영접하십시오. 그분은 여러분 대신 포로가 되어 모든 법적 절차를 이행하셨습니다. 그분께서는 잡히고 정죄받고 십자가에 달려 "다 이루었다"(요 19:30)라고 크게 부르짖음으로써 하늘을 뚫고 열기까지의 그 모든 일을 여러분의 성취로 만드실 것입니다.

와서 그리스도께서 감옥에서 건지고 의롭다 하고 자유롭게 한 영혼이 부르짖는 소리를 들어 보십시오. 지금 영광의 영역인 하늘에 거하는 사람들을 비롯하여 부활하신 주님으로 말미암아 자유함을 얻고 이 땅에서 부활의 생명을 소유하고 하나님과 함께 평화를 누리면서 살아가는 사람들에게 물어보십시오.

"말해 주십시오. 오, 복된 자들이여! 여러분이 감옥에서 벗어나 영광스럽게 해방된 일과 포로와 속박에서 풀려난 일과 법정에서 사면을 선고받은 것과 하나님과 자유롭게 교제하고 그분의 영광에 대해 온전하고도 두려움이 없는 소망을 가지는 것에 대해 말해 주십시오. 여러분은 어떻게 죄수의 자리에서 벗어나, 잡혀 가거나 법정에 앉아 내가 범한 것과 동일한 죄에 대해 정죄 받을 필요가 없게 된 것입니까? 어떻게 해서 영원한 미래가 여러분에게로 들어와 여러분의 거룩한 묵상 속에, 마치 구름 한 점 없는 아침이나 비온 후의 햇살처럼 그렇게 맑고 투명하게 자리 잡게 되었습니까? 여러분의 행복한 마음속에 있는 영광의 소망과 여러분의 맑고도 선한 눈 속에 드러나는 하늘의 빛이 나에게는 주어질 수 없는 것입니까?"

아마도 이 행복한 영혼은 이렇게 대답할 것입니다.

"여러분은 진정 알고 싶습니까? 내가 정죄로부터 벗어난 비밀과 나의 두려움 없는 자유, 죽는 순간 심판에 대한 두려움 대신 아버지께서 예비해 놓으신 거할 곳이 많은 집을 바라볼 것에 대해 듣고 싶습니까? 나는 이 모든 특권을 오직 그리스도 안에서 얻었습니다. 왜냐하면 내가 두려워하던 모든 것들이 그분 안에서 이미 사라지고 지나갔다는 사실을 알았기 때문입니다. 나는 실제로 언제든지 불려 심판으로 달려가야 하는 죄인이었습니다. 그러나 나 자신을 예수님께 맡김으로써 이 모든 것은 예수님의 잡히심과 함께 지나가 버린 과거가 되었습니다. 그로 말미암아 나는 나의 영혼을 잡아가려고 했던 모든 자들을 쫓아냈으며, 예수님은 잡혀 가실 때 '나를 찾거든 이 사람들이 가는 것은 용납하라'(요 18:8)라고 하심으로써 나에게 큰 보증을 주셨습니다.

나는 한때 나를 붙들고 있는 정욕과 욕심, 죄와 사탄의 뜻에 따라 이리저리 끌려 다니는 포로요 죄수였습니다. 그러나 나는 그리스도께서 포로로 결박당하심으로써 사로잡힌 자들을 취하셨다는 사실을 알았습니다. 나는 그분이 결박당하신 명분과 능력으로 나를 사로잡은 자들을 꾸짖고 나의 결박을 끊어 자유롭게 해 달라고 그분에게 구했습니다. 이런 영적인 간구와 신앙을 통해, 나는 그리스도의 결박당하심과 그 영광스러운 열매로 말미암아 내가 그분의 도움을 받고 이 결박에서 풀려날 수 있는 권리와 능력을 얻었음을 알았습니다.

나는 한때 버림받은 영혼으로 영원을 위한 교제가 전혀 없었습니다. 나는 죽음 이후의 소망과 영생에 대해 그 누구와도 나누지 못했습니다. 나의 영혼은 고독과 우울함과 막연한 불안감으로 가득했습니다. 나는 영적으로 소외된 자요 혼자라는 냉랭하고도 오싹한 두려움만을 느꼈습니다. 그러나 나는 그리스도가 버림받은 것을 보았습니다. 그분의 제자들이 모두 그분을 버렸으며, 여호와 하나님마저도 그분을 버렸습니다. 만일 이것이 헛되지 않다면, 나도 그분처럼 나아올 때 결코 버림받지 않으며, 영원한 자비를 입은 거룩한 자들과 하늘에 기록된 장자들의 모임과 교회와 하나님의 집, 시온에 거하는 모든 자들과 함께 모일 것이라는 사실을 알았습니다(히 12:22,23 참고).

나는 예수님이 포로가 되어 잔인하고도 불신앙적인 대제사장의 집으로 끌려가는 것을 보았습니다. 그분은 필요할 때 어떠한 긍휼이나 동정도 받지 못했습니다. 그분이 당한 이 일의 정당한 열매(예수님이 그렇게 하신 의도와 은혜로운 목적)로, 나같이 자격 없는 죄인도 장차 자비롭고 신실한 대제사장이요 지극히 높은 분의 궁전에서 그가 계신 은혜의 보좌로 담대히 나아가 필요한 긍휼과 은혜를 바랄 수 있게 되었습니다.

나는 '나는 그 사람을 알지 못하노라'(마 26:72,74)라고 부인하는 한 제자의 목소리를 예수님이 들으신 것을 압니다. 나는 예수님께서 그렇게 배신당하심으로써 나와 같은 죄인에게 '너는 내 목전에 은총을 입었고 내가 이름으로도 너를 아느니라'(출 33:17)라고 말씀하실 수 있게 되었다고 믿습니다. 주님은 자기 백성을 알고, 성부와 거룩한 천사들 앞에서 그들을 시인하실 것입니다.

나는 그분이 고소당하시는 것을 보았습니다. 매수된 증인이 거짓 증언으로 그분을 고소했습니다. 그분이 가난하게 되심으로 말미암아 우리가 부요해졌다면, 마찬가지로 그분과 연합하고 그분 안에 거할 때에 법정에서 어떤 거짓 증인에게서도 공격을 받지 않으리라는 특권을 기대하는 것은 지나친 생각일까요? '유다의 죄를 찾을지라도 찾아내지 못하리니'(렘 50:20)라는 약속이나 '일어나 너를 대적하여 송사하는 모든 혀는 네게 정죄를 당하리니'(사 54:17)라는 약속이 성취되리라 기대할 수 있지 않을까요? 이런 도전은 결코 성공할 수 없습니다. '누가 능히 하나님께서 택하신 자들을 고발하리요?'(롬 8:33) 왜냐하면 성전을 헐고 사흘 동안 다시 세우는 일이 이미 많은 도전을 받았기 때문입니다. '누가 정죄하리요 죽으실 뿐 아니라 다시 살아나신 이는 그리스도 예수시니'(롬 8:34).

나는 예수님이 침묵하시는 것을 보았습니다. 그분은 도살자 앞에 선 양처럼 잠잠했으며, 입을 열지 않았습니다. 그로 말미암아 나는 변론할 말을 내 입에 채울 수 있지 않을까요?(욥 23:4 참고) 그분이 잠잠하신 것은 내 입을 열어 그분을 찬양하게 하기 위함입니다. '하나님이여, 나의 구원의 하나님이여, 피 흘린 죄에서 나를 건지소서. 내 혀가 주의 의를 높이 노래하리이다. 주여 내 입술을 열어 주소서. 내 입이 주를 찬송하여 전파하리이다'(시 51:14,15).

나는 그분의 아들 되심이 부인되고 멸시당하는 것을 보았습니다. 그분의 주장은 신성모독으로 몰려 조롱당했습니다. 그러나 다시 한 번 그분의 가난이 나의 부요함이 되었습니다. 나의 아들 됨이 보장되고 입증되었습니다. '보라 아버지께서 어떠한 사랑을 우리에게 베푸사 하나님의 자녀라 일컬음을 받게 하셨는가'(요일 3:1).

끝으로, 나는 그분이 나를 위해 정죄당하시는 것을 보았습니다. 그것은 재판의 절정이자 이 사건을 종결하는 모든 절차의 마무리였습니다. 지극히 온전하게 예언된 바 그분에 대한 정죄처럼 나를 공격하는 모든 율법과 공의를 철저히 소멸시킨 것도 없습니다. 그분은 마지막까지 나를 위해 이 모든 일을 겪으심으로써 나를 구원하셨습니다. 나는 그분이 정죄당하는 것을 결코 피하지 않으셨음을 압니다. 영광의 주님은 자원하여 정죄당하셨습니다. 생명의 주님께서 사형 선고를 받아들이셨습니다. 그러나 나는 얼마나 큰 죄인입니까? 나의 양심은, 내가 '마음을 다하고 목숨을 다하고 뜻을 다하여 주 너의 하나님을 사랑하라'(마 22:37)라는 율법을 끊임없이 어기는 자이며 마음속에 부패와 사망의 냄새가 진동하는 죄의 샘을 가지고 있다고 증언하며, 어떤 탈출구나 방법도 없다고 말합니다. 그런데도 마치 결혼한 여자가 남편과 법적으로 하나가 되어 그 안에 숨는 것처럼, 나는 율법에 대해 완전히 죽고 그것에서 벗어났습니다. 이 얼마나 놀라운 일입니까! 참으로 나에게는 만족과 구원과 위로가 되며, 하나님께는 영광을 돌리지 않을 수 없습니다.

이제 나는 나 자신을 부인합니다. 나의 손과 마음을 예수님께 드립니다. 죄를 알지도 못하나 우리를 대신하여 죄가 되신 그분께 나의 모든 죄책을 맡깁니다. 이제 나의 죄는 아무리 찾을지라도 그리스도 안에서가 아니면 발견되지 않을 것입니다. 나 역시 아무리 찾을지라도 그리스도 안에서가 아니면 발견할 수 없을 것입니다. 나는 이 방패 아래 숨어 있습니다. 모든 진노와 사망의 선고는 결국 이 방패에 부딪쳐 깨질 것입니다. 그렇습니다. 그것은 이미 깨져 영원히 소멸되었습니다. 이제 나는 '그리스도 예수 안에 있는 자에게는 결코 정죄함이 없다'(롬 8:1 참고)는 사실을 압니다."

이제 이 행복한 영혼은 마지막으로 우리에게 이렇게 경고합니다.

"이것은 광신이나 공상이 아니며, 비현실적인 상상도 아닙니다. 이것은 모든 회개한 신자들이 경험하는 본질이며, 여러분도 마찬가지로 경험할 실재입니다. 여러분은 예수님이 받은 재판과 정죄를 통해 두려운 진노로부터 벗어났습니다. 이것이 예수님께서 복음을 통해 제시하시는 진리입니다. 만일 여러분이 그분의 은혜의 풍성함을 따라 죄 사함을 받았다고 하면서도(엡 1:7

참고) 그분의 정죄와 죽음과 그분의 피로 말미암는 구원이 아닌 다른 복음을 받아들인다면, 그것은 하나님의 참된 복음을 바꾸고, 대속물이요 구원자이신 그리스도 안에서 이루어진 놀라운 구원을 조작하는 일이 될 것입니다.

예수님은 여러분의 변호자이자 중보자로서 자신을 내주셨습니다. 그분은 대제사장으로서 하나님께 자신을 어린양으로 드리고 저주와 정죄를 당하셨습니다. 그리고 이런 저주와 정죄로 말미암아 여러분을 온전히 사하고 모든 속죄의 은혜를 베풀었으며, 교회를 하늘의 의로운 진노로부터 영원히 벗어나게 하셨습니다. 그러므로 여러분은 즉시 자유함을 얻고 모든 두려움에서 벗어나게 되었습니다. 영혼을 엄습하는 엄청난 두려움의 무게, 당황스러운 양심의 죄책감과 수치심, 생각조차 하기 싫은 영원한 미래에 대한 막연한 불안감과 끔찍한 공포, 이 모든 것이 우리를 대신한 죽음으로 말미암아 영원히 제거되었습니다. 그분은 여러분의 미래에 깊게 드리운 공포의 그림자를 걷어 내어 여러분 뒤로, 과거로 던져 버리셨습니다. 그것은 그분이 당한 말할 수 없는 고난의 어두운 시간(어둠의 권세와 어둠의 때) 속으로 사라졌으며, 갈보리의 그림자는 이 모든 것을 덮어 버렸습니다. 그분은 장차 이 모든 것을 여러분에게 드러내시고 측량할 수 없는 은혜로 채우시며, 지극히 아름다운 거룩하심으로 비추실 것입니다."

오! 그것은 참으로 죽음으로부터 나오는 생명과 같고, 포로의 결박을 끊어 버린 것과 같으며, 어둠의 땅과 사망의 음침한 골짜기에서 방황하는 자에게 햇빛이 비췬 것과 같습니다. 그것은 마치 작은 새장을 탈출한 새가 높고 푸른 하늘을 마음껏 날며 노래하는 것과 같습니다. 그것은 어린 딸이 사랑하는 아버지의 품 안에서 무서움이 사라져 울음을 그치고 평온히 안겨 있는 것과 같습니다. 만일 여러분이 이처럼 대속의 제물이 되신 그분의 영광스러운 중재를 깊이 깨닫고, 정죄당하고 십자가에 못 박힌 그리스도에게로 피한다면, 여러분의 영혼은 하늘에 대한 소망으로 기뻐 뛰며 이렇게 부르짖을 것입니다.

"나는 그리스도와 함께 정죄를 받아 십자가에 못 박혔습니다. 나는 그리스도와 함께 십자가에 못 박혔으나 살았습니다. 나는 그리스도와 함께 정죄를 당하였지만, 아니, 그렇기 때문에 이제 그리스도 예수 안에 있는 나에게는 결코 정죄함이 없습니다."

"율법이 육신으로 말미암아 연약하여 할 수 없는 그것을 하나님은 하시나니 곧 죄로 말미암아 자기 아들을 죄 있는 육신의 모양으로 보내어 육신에 죄를 정하사 육신을 따르지 않고 그 영을 따라 행하는 우리에게 율법의 요구가 이루어지게 하려 하심이니라"(롬 8:3,4).

옮긴이 황의무 목사는 한국외국어대학교 영어과를 졸업하고 한국은행에서 근무하다가 기독신학대학원대학에서 신학을 공부하였습니다. 그리고 한국은행을 퇴직한 후에 고려신학교를 졸업(M.Div)하고, 현재 상도교회(고신)에서 담임목사로 시무하고 있습니다. 역서로는 『그리스도인』, 『고난을 주시는 하나님』, 『그리스도의 임재』, 『그리스도인의 성장』, 『내게로 오라』 등이 있습니다.

우상현 목사는 충남대학교 수학과를 졸업한 후에 총신대학교 신학대학원을 거쳐 London Theological Seminary와 Westminster Theological Seminary(Th. M. 교회사 전공)에서 공부하였습니다. 현재 노량진 강남교회에서 부목사로 시무하고 있습니다.

스코틀랜드 P&R 시리즈 8
갈보리의 그림자

지은이 | 휴 마틴
옮긴이 | 황의무, 우상현

펴낸곳 | 지평서원
펴낸이 | 박명규

편 집 | 정 은, 이윤경
마케팅 | 전두표

펴낸날 | 2012년 1월 20일 초판

서울 강남구 역삼동 684-26 지평빌딩 135-916
☎ 538-9640,1 Fax. 538-9642
등 록 | 1978. 3. 22. 제 1-129

값 14,000원
ISBN 978-89-6497-017-1-94230
ISBN 978-89-86681-74-1(세트)

메일주소 jipyung@jpbook.kr
홈페이지 www.jpbook.kr
페이스북 www.facebook.com/jipyung
트 위 터 @_jipyung